Datenschutz 2024

Alles, was Sie jetzt wissen müssen!

März 2024

Autoren:

Regina Mühlich
Dr. Christian Velten
Christina Diegel
Sascha Kuhrau
Regina Stoiber

FORUM

WISSEN,
DAS ANKOMMT.

Bibliografische Information der Deutschen Bibliothek

Die Deutsche Bibliothek verzeichnet diese Publikation in der Deutschen Nationalbibliografie; detaillierte bibliografische Daten sind im Internet über http://dnb.dnb.de abrufbar.

Mandichostraße 18
86504 Merching

Telefon: +49 (0)8233 381-123
Fax: +49 (0)8233 381-222
E-Mail: service@forum-verlag.com
Internet: https://www.forum-verlag.com

Hinweis: Aus Gründen der besseren Lesbarkeit und Einfachheit wird in den folgenden Texten meist die männliche Form verwendet. Die verwendeten Bezeichnungen sind als geschlechtsneutral bzw. als Oberbegriffe zu interpretieren und gelten gleichermaßen für alle Geschlechter.

Titelfoto/-illustration: © Nmedia – stock.adobe.com
Satz: Reemers Publishing Services GmbH, 47799 Krefeld
Druck: Esser printSolutions GmbH, 75015 Bretten
Printed in Germany

ISBN 978-3-96314-964-1 (Print)
ISBN 978-3-96314-966-5 (Kombi)

Vorwort

In diesem Buch finden Sie die Grundlagen des Datenschutzes und der IT-Sicherheit sowie wichtige Neuerungen aus 2023 und für 2024 – kompakt zusammengefasst und aus der Praxis für Sie aufbereitet.

Dass Datenschutz in Unternehmen und Institutionen nicht auf die leichte Schulter genommen werden kann, zeigen die Bußgelder, die die europäischen Aufsichtsbehörden im Jahr 2023 verhängt haben. Laut einer Studie der internationalen Anwaltskanzlei DLA Piper, die die 27 EU-Mitgliedstaaten, Großbritannien, Norwegen, Island sowie Liechtenstein umfasst[1], verhängten sie 14 % mehr Bußgelder als 2022 – Spitzenreiter ist nach wie vor Irland, das bei Technologieunternehmen als Standort für ihre EU-Hauptniederlassungen sehr beliebt ist. Und gerade im Bereich Social Media und Big Tech wurden seit dem 25.05.2018 die zehn höchsten Bußgelder wegen Datenschutzverstößen verhängt. In Deutschland wurden zwischen dem 28.01.2023 und dem 27.01.2024 32.030 Datenschutzverletzungen gemeldet – Dänemark hingegen führt die Tabelle bei der Anzahl der gemeldeten Datenschutzverletzungen pro 100.000 Einwohner an.

Vor dem Hintergrund neuer Technologien und Tools im Arbeitsalltag ist es für Unternehmen und Institutionen umso wichtiger, die aktuellen Anforderungen zu erfüllen und geplante Gesetze und Verordnungen genau zu beobachten[2]. Laut Lagebericht des BSI vom 02.11.2023[3] ist die Bedrohungslage im Bereich der IT-Sicherheit zudem weiterhin von einer hohen Dynamik geprägt. Eine ständige Überprüfung und Anpassung des Datenschutzes und der

---

1 Vgl. https://www.dlapiper.com/en-gb/insights/publications/2024/01/dla-piper-gdpr-fines-and-data-breach-survey-january-2024 (zuletzt aufgerufen am: 09.02.2024).

2 Falls es kurzfristig zu wichtigen Änderungen bzgl. der DSGVO durch die Verordnung zur Harmonisierung des Datenschutzrechts in Europa kommen sollte, werden wir Ihnen auf www.forum-verlag.com/3598-beiblatt das Wichtigste zusammenfassen.

3 Vgl. https://www.bsi.bund.de/SharedDocs/Downloads/DE/BSI/Publikationen/Lageberichte/Lagebericht2023.html (zuletzt aufgerufen am: 09.02.2024).

IT-Sicherheit ist deshalb ebenso zu gewährleisten wie ein effektives Risikomanagement, um die rechtliche Komplexität zu beherrschen und Risiken zu minimieren. Und oft sind es die „Kleinigkeiten" und Einzelfallbetrachtungen, die entscheidend sind.

Gerade mit KI und der für dieses Jahr geplanten KI-Verordnung stehen große Herausforderungen bevor und auch mit der Verabschiedung mehrerer Gesetzesinitiativen im digitalen Bereich – wie aktuell dem Data Act – ist es für Unternehmen wichtig, die Nutzung der bereitgestellten Daten so effizient wie möglich zu gestalten und dies rechtssicher zu dokumentieren, sei es in Form von internen Richtlinien, wie KI im Arbeitsalltag eingesetzt werden darf, oder im Umgang mit Auskunftsersuchen von Betroffenen.

Unsere Experten bringen Sie mit diesem Jahrbuch praxisnah auf den neuesten Stand. Sie zeigen Ihnen u. a. die aktuellen Entwicklungen beim internationalen Datentransfer – etwa beim Trans-Atlantic Data Privacy Framework –, bei der bis Oktober 2024 in nationales Recht umzusetzenden NIS-2-Richtlinie, die mit strengeren Sicherheitsanforderungen für mehr Cybersicherheit in der EU sorgen wird, welche aktuellen Urteile zum Beschäftigtendatenschutz Sie kennen sollten und worauf Sie beim bereits erwähnten Data Act achten müssen.

Denken Sie daran, selbst auf dem Laufenden zu bleiben und Ihre Mitarbeitenden regelmäßig für Datenschutz und IT-Sicherheit zu sensibilisieren, um unnötige Risiken zu vermeiden.

Der Verlag
März 2024

Die Autoren

Regina Mühlich, zertifizierte Datenschutzbeauftragte und Datenschutz-Auditorin

Regina Mühlich ist Wirtschaftsjuristin und Geschäftsführerin der Unternehmensberatung AdOrga Solutions GmbH. Ihre Tätigkeitsschwerpunkte liegen im Datenschutz und Compliance. Als externe Datenschutzbeauftragte, anerkannte und geprüfte Sachverständige für Datenschutz und Informationsverarbeitung, CIPM, zertifizierte Compliance Officer und Auditorin für Datenschutz berät und unterstützt sie nationale und internationale Unternehmen aus unterschiedlichsten Branchen. Im Datenschutz ist sie seit über 20 Jahren tätig. Sie ist gefragte Referentin, Autorin zahlreicher Fachartikel und Veröffentlichungen.

Christina Diegel, Syndikusrechtsanwältin, Rechtsanwältin und zertifizierte Datenschutzbeauftragte

Christina Diegel ist seit 2021 als Rechtsanwältin und seit 2022 als Syndikusrechtsanwältin im Unternehmen tätig. Dort ist sie v. a. für arbeitsrechtliche Fragen zuständig. Ihre rechtliche Beratung umfasst sowohl Fragen des individuellen als auch des kollektiven Arbeitsrechts, wobei sie auch in eigener Kanzlei überwiegend Arbeitgeber berät. Diese Beratung umfasst u. a. Verhandlungen mit dem Betriebsrat, allgemeine Vertragsgestaltung (auch von Aufhebungsverträgen) sowie die Vorbereitung von Kündigungen. Sie publiziert seit ihrer Studienzeit zu Fragen des Arbeits- und Datenschutzrechts und ist außerdem zertifizierte Datenschutzbeauftragte.

Dr. Christian Velten, Rechtsanwalt, Fachanwalt für Arbeitsrecht und zertifizierter Datenschutzbeauftragter

Rechtsanwalt Dr. Velten ist seit 2011 als Rechtsanwalt tätig. Als Fachanwalt für Arbeitsrecht liegt sein Schwerpunkt im Bereich des Arbeitsrechts. Er betreut sowohl Arbeitgeber als auch Arbeitnehmer und Betriebsräte in allen Bereichen des individuellen und kollektiven Arbeitsrechts. Hierzu gehören insbesondere die Vertretung in Kündigungsschutzverfahren, die Vertragsgestaltung sowie die Verhandlung von Aufhebungsverträgen. Daneben berät Herr Dr. Velten speziell im Bereich des Softwarevertragsrechts und des Datenschutzrechts. Er ist zudem zertifizierter Datenschutzbeauftragter und betreut bundesweit Unternehmen als externer Datenschutzbeauftragter.

Sascha Kuhrau, freiberuflicher Berater für Datenschutz und Informationssicherheit

Sascha Kuhrau ist seit 2007 als freiberuflicher Berater für Datenschutz und Informationssicherheit tätig und Inhaber der a.s.k. Datenschutz e. K., welche sich auf die Gestellung externer Datenschutz- und Informationssicherheitsbeauftragter spezialisiert hat. Neben der Einführung von Datenschutzkonzepten und Informationssicherheitsmanagementsystemen nach den Standards BSI IT-Grundschutz, ISO 27001 und CISIS12 hat er die „Arbeitshilfe zur Erstellung von Informationssicherheitskonzepten" für bayerische Kommunen im Auftrag der Bayerischen Kommunalen Spitzenverbände entwickelt und setzt diese im kommunalen Bereich mit seinen Mitarbeitern um. Als Dozent und Referent ist Herr Kuhrau sehr gefragt und u. a. für die Bayerische Verwaltungsschule tätig. Dort bildet er zertifizierte Informationssicherheitsbeauftragte aus. Pragmatismus prägt sein Handeln.

Regina Stoiber, externe Informationssicherheitsbeauftragte und Datenschutzbeauftragte, IT-Auditorin

Regina Stoiber tauchte bereits 2007 in die Materie Informationssicherheit ein. Seitdem konnte sie einen großen praktischen Erfahrungsschatz mit der Weiterentwicklung von IT-Sicherheit, Datenschutz und Managementsystemen für Informationssicherheit sammeln. Als Gründerin und Geschäftsführerin der Datenbeschützerin® GmbH unterstützt sie gemeinsam mit ihrem Expertenteam KMU und große Unternehmen dabei, ihre Informationssicherheit und den Datenschutz aktuell zu halten. Die Grundlage der Arbeitsweise der Datenbeschützerin® ist es, Informationssicherheit verständlich zu machen.

Ehemaliger Autor: Dr. Jan K. Köcher, Rechtsanwalt

Inhaltsverzeichnis

1 Einführung und Grundlagen im Überblick

Die Datenschutzgrundverordnung (DSGVO) ist nun seit über fünf Jahren unmittelbar in den EU-Mitgliedstaaten anzuwenden. Mit dem Inkrafttreten wurde das gesamte Datenschutzrecht innerhalb der Europäischen Union (EU) auf eine völlig neue Grundlage gestellt. Man kann sagen, dass eine Zeitenwende des Datenschutzrechts eingetreten ist. Es war dringend an der Zeit, das Datenschutzrecht zu reformieren und auf EU-Ebene zu vereinheitlichen – nachdem die Datenschutzregeln aus dem Jahr 1995, zu weiten Teilen und in vielerlei Hinsicht veraltet, in den einzelnen Ländern der Europäischen Gemeinschaft (EG) auch unterschiedlich umgesetzt wurden.

Es gab viele Kritiker der Vollharmonisierung des Datenschutzrechts durch die DSGVO und des angeblichen Paradigmenwechsels. Dabei wurde vielfach übersehen, dass bereits eine inhaltlich weitreichende sekundärrechtliche Europäisierung des Datenschutzrechts erfolgt war. Im Kern geschah dies bereits mit der im Jahr 1995 verabschiedeten Datenschutzrichtlinie 95/46/EG. Sie erfasste sämtliche Datenverarbeitungsprozesse und schloss lediglich Datenverarbeitungen in Familien und rein persönlichen Zusammenhängen aus, wie es auch die DSGVO (Art. 2 Abs. 2 lit. c) aktuell regelt.

Am 25.05.2018 beendete die DSGVO einen nationalen Flickenteppich beim Schutz von personenbezogenen Daten. Sie verdrängt die nationalen Datenschutzgesetze der damals 28 Mitgliedstaaten der Europäischen Union – denn bis dahin hatte, basierend auf der EU-Datenschutzrichtlinie (95/46/EG), jeder Mitgliedstaat auf nationaler Ebene sein eigenes Datenschutzgesetz, so z. B. Deutschland das Bundesdatenschutzgesetz a. F. (BDSG) und Österreich sein Datenschutz-Gesetz (DSG 2000).

Tipp

Die Begrifflichkeiten der DSGVO können nicht nur nach deutschem Verständnis ausgelegt werden. Genauso wenig kann man sich einfach an das BDSG a. F. anlehnen. Es empfiehlt sich, auch eine englische Sprachfassung der DSGVO parat zu haben.

Die Sprachfassungen der DSGVO sind bisher dreimal textlich korrigiert worden – und zwar zum 27.10.2016, zum 19.04.2018 und zum 04.03.2021. Die ursprünglich veröffentlichte Textfassung der DSGVO vom 27.04.2016 ist damit nicht mehr korrekt. Daher ist unbedingt darauf zu achten, dass eine aktuelle, also eine bereits korrigierte, Textfassung der DSGVO verwendet wird.

Artikel 97 DSGVO sieht vor, dass bis zum 25.05.2020 von der Europäischen Kommission ein „Bericht über die Bewertung und Überprüfung“ der DSGVO erfolgen sollte. Danach soll die DSGVO alle vier Jahre einer Evaluierung unterzogen werden, d. h., die nächste Evaluierung erfolgt im Mai 2024.

Am 18.02.2020 hat der Europäische Datenschutzausschuss (EDSA) einen gemeinsamen Antwortbeitrag zur Evaluierung der DSGVO beschlossen. Er wurde von der EU-Kommission um einen Beitrag zum Evaluierungsverfahren gebeten. Der Ausschuss betonte in seiner Antwort die Bedeutung der DSGVO für den Schutz und die Stärkung des Grundrechts auf Datenschutz innerhalb der EU.[1]

Mit der DSGVO wurde das Datenschutzrecht innerhalb der EU für den privaten und öffentlichen Bereich vereinheitlicht. Die Europäisierung des Datenschutzrechts bietet ein hohes Schutzniveau. Dieser hohe Datenschutzstandard gilt für knapp 448 Mio. EU-Bürger (ohne UK)[2], und es gilt gleiches Recht für alle.

---

[1] Vgl. https://www.bfdi.bund.de/DE/Infothek/Pressemitteilungen/2020/04_EDSA-Evaluierungsverfahren-DSGVO.html (zuletzt aufgerufen am: 09.02.2024). Der vollständige Bericht der EU-Kommission zur Evaluierung der DSGVO kann heruntergeladen werden unter: https://ec.europa.eu/commission/presscorner/detail/de/ip_20_1163 (zuletzt aufgerufen am: 09.02.2024).

[2] Vgl. https://www.destatis.de/Europa/DE/Thema/Basistabelle/Bevoelkerung.html (zuletzt aufgerufen am: 09.02.2024).

1.1 Datenschutz in der EU

Die erste europäische verfassungsrechtliche Regelung für Datenschutz besteht in Art. 8 der Europäischen Menschenrechtskonvention des Europarats vom 04.11.1950. Dieser basiert auf Art. 12 zur Wahrung von Privat- und Familienleben der allgemeinen Erklärung der Menschenrechte der Vereinten Nationen (EMRK)[1] vom 10.12.1948. Alle Mitgliedstaaten des Europarats setzten die EMRK in ihr nationales Recht um oder haben sie übernommen.

Im Laufe der Jahre verabschiedete das Ministerkomitee des Europarats mehrere Entschließungen zum Schutz von personenbezogenen Daten. Das wohl wichtigste und von allen EU-Staaten ratifizierte Übereinkommen ist Nr. 108 von 1981[2]: das Übereinkommen zum Schutz des Menschen bei der automatischen Verarbeitung personenbezogener Daten.

Die Sammlung Europäischer Verträge (SEV) Nr. 8 schützt den Menschen vor Missbrauch bei der Erhebung und Verarbeitung von personenbezogenen Daten und strebt eine Regelung des grenzüberschreitenden Datenverkehrs an. Die Grundsätze und Regelungen sind auch in den Texten der DSGVO enthalten.

Die verbindliche Regelung für die EU[3] bilden nun die folgenden sieben Grundsteine[4]:

[1] Vgl. https://www.menschenrechtskonvention.eu (zuletzt aufgerufen am: 09.02.2024).

[2] Vgl. https://rm.coe.int/1680078b38 (zuletzt aufgerufen am: 09.02.2024).

[3] Mitgliedstaaten der EU: Belgien (1958), Bulgarien (2007), Dänemark (1973), Deutschland (1958), Estland (2004), Finnland (1995), Frankreich (1958), Griechenland (1981), Irland (1973), Italien (1958), Kroatien (2013), Lettland (2004), Litauen (2004), Luxemburg (1958), Malta (2004), die Niederlande (1958), Österreich (1995), Polen (2004), Portugal (1985), Rumänien (2007), Schweden (1995), die Slowakei (2004), Slowenien (2004), Spanien (1986), die Tschechische Republik (2004), Ungarn (2004) und Zypern (2004).

[4] Reding: Sieben Grundbausteine der europäischen Datenschutzreform, ZD 2012, S. 195.

1. *Einheitliche Rechtsgrundlage einer Verordnung (Rechtssicherheit, Wettbewerbsgleichheit, kein Forum Shopping)*
2. *Eindeutige Zuständigkeit einer einzelnen Datenschutzbehörde (One-Stop-Shop)*
3. *Einheitlich hohes Datenschutzniveau*
4. *Berücksichtigung der Besonderheiten von Polizei und Justiz in der Rechtsarchitektur*
5. *Besondere Aufmerksamkeit für kleinere und mittlere Unternehmen*
6. *Ausgewogene Berücksichtigung aller Grundrechte*
7. *Offenheit des neuen Rechtsrahmens für zukünftige technologische und wirtschaftliche Entwicklungen*

1.1.1 Regelung mit Durchgriffswirkung

Die Vereinheitlichung nationaler Gesetze zum Umgang mit personenbezogenen Daten ist das große Hauptanliegen der Datenschutzgrundverordnung. Entsprechend heißt es am Ende des Art. 99 DSGVO: *„Diese Verordnung ist in allen ihren Teilen verbindlich und gilt unmittelbar in jedem Mitgliedstaat.“* Der vor der DSGVO vorherrschende Flickenteppich nationaler Regelungen gehört damit weitestgehend der Vergangenheit an. Als allgemeine Regelung mit unmittelbarer innerstaatlicher Geltung verfügt die DSGVO über eine „Durchgriffswirkung“. Diese grundsätzliche Vollharmonisierung ersetzt größtenteils nationales Datenschutzrecht.

1.1.2 Bedeutung der englischen Fassung für die Auslegung

Die DSGVO liegt in allen Sprachen der EU-Mitgliedstaaten[5] vor und alle Sprachfassungen sind gleich verbindlich. Zwangsläufig gibt es in den Übersetzungen auch Unterschiede. Die DSGVO wurde überwiegend in der englischen Sprachfassung im Gesetzgebungsverfahren verhandelt und man hat sich auf den Text der DSGVO in der

[5] Vgl. https://eur-lex.europa.eu/eli/reg/2016/679/2016-05-04 (zuletzt aufgerufen am: 09.02.2024).

englischen Fassung verständigt. Anhand der englischen Fassung ist es ggf. einfacher, bei Unklarheiten den Sinn und Zweck der Regelung zu erschließen.

Tipp

Es sollte zur Auslegung eine weitere aktuelle Sprachfassung der DSGVO in der Praxis herangezogen werden. Die englische Sprachfassung bietet sich hierfür an (vgl. Fußnote 5).

1.1.3 Grundsätzliches zur DSGVO

Gegenstand und Ziele

Die DSGVO enthält Vorschriften zum Schutz natürlicher Personen bei der Verarbeitung personenbezogener Daten und zum freien Verkehr solcher Daten (Art. 1 Abs. 1 DSGVO).

Art. 1 Abs. 1 und 2 DSGVO

(1) Diese Verordnung enthält Vorschriften zum Schutz natürlicher Personen bei der Verarbeitung personenbezogener Daten und zum freien Verkehr solcher Daten.

(2) Diese Verordnung schützt die Grundrechte und Grundfreiheiten natürlicher Personen und insbesondere deren Recht auf Schutz personenbezogener Daten.

Der freie Verkehr personenbezogener Daten in der EU darf aus Gründen des Schutzes natürlicher Personen bei der Verarbeitung personenbezogener Daten weder eingeschränkt noch verboten werden (Art. 1 Abs. 3 DSGVO).

Die DSGVO ist – wie bereits die alte Fassung des Bundesdatenschutzgesetzes (BDSG a. F.) – als Verbotsgesetz mit Erlaubnisvorbehalt ausgestaltet. Das bedeutet, dass der Umgang mit personenbezogenen Daten grundsätzlich untersagt ist – es sei denn, die Verordnung, eine andere gesetzliche Vorschrift oder eine Einwilligung des Betroffenen erlauben dies.

Die DSGVO gilt unmittelbar und direkt. Sie hat Vorrang vor anderen Rechtsvorschriften der Mitgliedstaaten, sofern es keine ausdrückliche Möglichkeit für einzelstaatliche Regelungen im Rahmen der Öffnungsklauseln gibt.

Art. 6 Abs. 1 Satz 1 DSGVO

Die Verarbeitung ist nur rechtmäßig, wenn mindestens eine der nachstehenden Bedingungen erfüllt ist: [...]

Begrifflichkeiten

Einige Begrifflichkeiten bzw. Begriffsbestimmungen haben sich mit der DSGVO geändert (Art. 4 DSGVO; ErwG 26–37 DSGVO). Auf diese soll hier kurz eingegangen werden:

- **Verarbeitung:** *„jede[r] mit oder ohne Hilfe automatisierter Verfahren ausgeführt[e] Vorgang oder jede solche Vorgangsreihe im Zusammenhang mit personenbezogenen Daten [...]“*
- **Einschränkung der Verarbeitung:** *„die Markierung gespeicherter personenbezogener Daten mit dem Ziel, ihre künftige Verarbeitung einzuschränken“* – bis 2018 unter dem Begriff „Sperrung“ geführt.
- **Auftragsverarbeiter:** *„eine natürliche oder juristische Person, Behörde, Einrichtung oder andere Stelle, die personenbezogene Daten im Auftrag des Verantwortlichen verarbeitet“* – es wird nicht mehr von einem AuftragsDATENverarbeiter gesprochen.
- **Anonymisieren:** Diese Definition, die in § 3 Abs. 6 BDSG a. F. zu finden war, ist entfallen (▶ Kap. 6.1.3).
- **Beschäftigte:** Eine Definition des Begriffs „Beschäftigter“ fehlt in der DSGVO. Da ein Beschäftigter immer auch eine natürliche Person ist, ist auch keine erforderlich. Ansonsten ist das BDSG im Rahmen des Beschäftigtendatenschutzes zu beachten, konkret § 26 Abs. 8 BDSG (▶ Kap. 2.2).
- **Einwilligung der betroffenen Person:** *„[...] jede freiwillig für den bestimmten Fall, in informierter Weise und unmissverständlich abgegebene Willensbekundung in Form einer Erklärung oder einer sonstigen eindeutigen bestätigenden Handlung, mit der die betroffene Person zu verstehen gibt, dass sie mit der Verarbeitung der sie betreffenden personenbezogenen Daten einverstanden ist [...]“.*

- **Unternehmen:** Die Definition des Begriffs „Unternehmen“ wurde in die DSGVO aufgenommen. Es ist eine natürliche oder juristische Person, die eine wirtschaftliche Tätigkeit ausübt, unabhängig von ihrer Rechtsform. Ein Unternehmen kann Verantwortlicher, Auftragsverarbeiter und Dritter sein.
- **Unternehmensgruppe:** Diese Definition ist ebenfalls neu und umfasst eine Gruppe, die aus einem herrschenden Unternehmen und den von diesem abhängigen Unternehmen besteht (ErwG 37, 36 DSGVO).
- **gemeinsam für die Verarbeitung Verantwortliche (Joint Controllers)** (Art. 26 Abs. 1 DSGVO, § 63 BDSG): Legen zwei oder mehr Verantwortliche gemeinsam die Zwecke und die Mittel der Verarbeitung fest, gelten sie als gemeinsam Verantwortliche (▶ Kap. 4).

Die DSGVO enthält 26 neue Begriffsbestimmungen. Diese Definitionen finden sich nicht nur im Verordnungstext, sondern auch in den Erwägungsgründen. Dabei sollte beachtet werden, dass die DSGVO zwar dieselben Wörter zur Definition eines Begriffs verwendet, diese aber nicht analog zum BDSG a. F. auszulegen sind. Hierfür gibt es v. a. zwei Gründe: Zum einen gab es im deutschen Datenschutzrecht für einige Begriffe Auslegungen, die sich trotz gleichen Wortlauts in den anderen EU-Staaten auch bisher nicht so wiedergefunden haben. Zum anderen darf bei neuen Begriffen nicht nur auf deutsches Rechtsverständnis abgestellt werden, denn diese sind europarechtskonform auszulegen.[6]

[6] Vgl. Eckhardt, Jens/Kramer, Rudi (u. a.): DS-GVO-Kompendium, Bonn: VNR Verlag für die Deutsche Wirtschaft 2019.

1.2 Öffnungsklauseln für nationale Umsetzung

Nach der Veröffentlichung im EU-Amtsblatt hatten die einzelnen Länder bis zum 25.05.2018 Zeit, die EU-Verordnung mit ihrer nationalen Gesetzgebung in Einklang zu bringen. In bestimmten Bereichen hat die DSGVO durch gewisse Öffnungsklauseln Raum für den nationalen Gesetzgeber gelassen, den es vor Inkrafttreten der DSGVO zu regeln galt. Die Liste reichte von Gesundheit und Forschung über den Beschäftigtendatenschutz und den Datenschutzbeauftragten bis hin zu Berufsgeheimnissen. Auch die Bedeutung des Datenschutzrechts für Unternehmen und Betriebe im Detail, sprich für den für die Verarbeitung Verantwortlichen, zählt dazu.

Tipp

Die DSGVO ist nicht abschließend. Dabei öffnet sie nicht den Regelungsbereich für die EU-Länder, sie gibt diesen lediglich die Befugnis, einen vorgegebenen Spielraum zu nutzen. Diese Möglichkeiten werden daher auch „Spezifizierungsklauseln" genannt.

Die DSGVO sieht „Kann"- und „Muss"-Öffnungsklauseln – je nach Zählweise zwischen 50 und 60 Klauseln – vor. Der deutsche Gesetzgeber in Bund und Länder hat im Rahmen des Gesetzes zur Anpassung des Datenschutzrechts an die Verordnung (EU) 2016/679 und zur Umsetzung der Richtlinie (EU) 2016/680 (Datenschutz-Anpassungs- und -Umsetzungsgesetz EU – DSAnpUG-EU) vom 30.06.2017 bzw. im Rahmen des 2. DSAnpUG-EU vom 20.11.2019 (BGBl. 2019 I S. 1626) mit dem novellierten Bundesdatenschutzgesetz (BDSG) davon umfassend Gebrauch gemacht. Dabei war im deutschen Datenschutzrecht hinsichtlich des Anpassungsbedarfs zwischen dem öffentlichen und nicht-öffentlichen Bereich zu unterscheiden.

Tipp

Die Regelungsmöglichkeiten können auch in anderen Gesetzen der Mitgliedstaaten ausgeübt werden, wie z. B. die Identifikationsnummer in Steuersachen (Steuer-ID) aus § 139a Abgabenordnung (AO). Es ist daher weiterhin zu prüfen, ob es nationale Vorgaben gibt, welche die Vorgaben der DSGVO ergänzen.[1]

Die EU-Kommission behält sich jedoch zwei Kompetenzen vor:

- Art. 12 Abs. 8 DSGVO: Regelung standardisierter Icons (sog. Bildsymbole)
- Art. 43 Abs. 8 DSGVO: Regelung der Anforderungen an Zertifizierungsverfahren

Von beiden Kompetenzen hat die EU-Kommission bisher keinen Gebrauch gemacht und macht daher hier weiterhin keine Vorgaben.

Art. 43 Abs. 8 DSGVO

Der Kommission wird die Befugnis übertragen, gemäß Artikel 92 delegierte Rechtsakte zu erlassen, um die Anforderungen festzulegen, die für die in Artikel 42 Absatz 1 genannten datenschutzspezifischen Zertifizierungsverfahren zu berücksichtigen sind.

Aufseiten der Aufsichtsbehörden besteht auch immer noch Handlungsbedarf im Rahmen des Regulierungsspielraums. Die nachstehenden Punkte sind EU-weit aufsichtsbehördlich zu regeln:

Artt. 40–41 DSGVO – Verhaltensregeln

Verbände oder andere Vereinigungen, die bestimmte Kategorien von Verantwortlichen oder Auftragsverarbeiter vertreten, können in Grenzen der DSGVO Verhaltensregeln ausarbeiten, um eine wirksame Anwendung der DSGVO zu erleichtern (ErwG 98–99 DSGVO).

[1] Vgl. Eckhardt, Jens/Kramer, Rudi (u. a.): DS-GVO-Kompendium, Bonn: VNR Verlag für die Deutsche Wirtschaft 2019.

Tipp

Verhaltensregeln, auch „Codes of Conduct" (CoC) genannt, sind allgemein ein Instrument der Selbstregulierung der Wirtschaft. Sie müssen sich nicht zwangsläufig auf den Datenschutz und die DSGVO beziehen. Ein wichtiger Vorteil der Verhaltensregeln aus datenschutzrechtlicher Sicht: Datenübermittlungen und Auftragsverarbeitungen lassen sich auf Grundlage von branchenspezifischen Verhaltensregeln gem. Art. 40 DSGVO legitimieren. Dazu sind sie mit rechtsverbindlichen und durchsetzbaren Verpflichtungen des Verantwortlichen oder des Auftragsverarbeiters zu versehen und die zuständige Datenschutzaufsichtsbehörde muss sie genehmigen.

Diese Verhaltensregeln gibt es bisher:

- Trusted Data Processor „Anforderungen an die Auftragsverarbeiter nach Artikel 28 DS-GVO" vom 09.06.2023[2]
- „Verhaltensregeln zu technischen und organisatorischen Maßnahmen der Notarinnen und Notare im Hinblick auf elektronische Aufzeichnungen und Hilfsmittel"[3]
- Verhaltensregeln für den Umgang mit personenbezogenen Daten durch die deutsche Versicherungswirtschaft vom 29.06.2018[4]
- Verhaltensregeln für die Prüf- und Löschfristen von personenbezogenen Daten durch die deutsche Wirtschaftsauskunfteien vom 25.05.2018[5]

---

[2] https://www.verhaltensregel.eu/wp-content/uploads/2022/11/Verhaltensregel_Trusted_Data_Processor_V1.pdf (zuletzt aufgerufen am: 09.02.2024).

[3] https://www.bfdi.bund.de/DE/DerBfDI/Dokumente/Verhaltensregeln/Verhaltensregeln_node.html (zuletzt aufgerufen am: 09.02.2024).

[4] https://www.gdv.de/resource/blob/90408/c391b1dd04b41448fdb99918ce6d03bf/download-code-of-conduct-data.pdf (zuletzt aufgerufen am: 09.02.2024).

[5] Vgl. https://edpb.europa.eu/system/files/2022-02/dw_coc_loeschfristen_20200101_de_1.pdf (zuletzt aufgerufen am: 09.02.2024).

Artt. 55–56 DSGVO – One-Stop-Shop-Verfahren (Zuständigkeiten der Aufsichtsbehörden)

Die DSGVO führte einen sog. One-Stop-Shop-Mechanismus ein.[6] Grundsätzlich erhält damit jedes Unternehmen für grenzüberschreitende Datenverarbeitungsvorgänge einen einheitlichen Ansprechpartner. Dies ist im Normalfall die Aufsichtsbehörde am Sitz der Hauptniederlassung. Diese „federführende Aufsichtsbehörde" trägt die Hauptverantwortung in Bezug auf die grenzüberschreitenden Datenverarbeitungen, wenn etwa eine betroffene Person eine Beschwerde zur Verarbeitung ihrer personenbezogenen Daten vorbringt. Die federführende Aufsichtsbehörde koordiniert auch Ermittlungen, in die andere „betroffene" Aufsichtsbehörden eingebunden sind.

Die betroffene Person kann sich bei einer Aufsichtsbehörde beschweren, wenn sie der Ansicht ist, dass die Verarbeitung ihrer personenbezogenen Daten rechtswidrig erfolgt (Art. 77 DSGVO – Recht auf Beschwerde bei einer Aufsichtsbehörde). Jede betroffene Person hat das Recht, bei einer einzigen Aufsichtsbehörde, insbesondere im Mitgliedstaat ihres gewöhnlichen Aufenthalts, eine Beschwerde einzureichen (vgl. ErwG 141 DSGVO).

Artt. 63–67 DSGVO – Kohärenzverfahren

Sollte es in One-Stop-Shop-Fällen keinen Konsens zwischen den Aufsichtsbehörden geben, trifft der Europäische Datenschutzausschuss (EDSA) einen verbindlichen Beschluss.[7]

---

[6] Vgl. https://www.datenschutzstelle.li/datenschutz/themen-z/one-stop-shop-art-56-dsgvo (zuletzt aufgerufen am: 09.02.2024).

[7] Zum Verfahren der Zusammenarbeit der Aufsichtsbehörden in Deutschland und Europa nach der DSGVO vgl. https://www.bfdi.bund.de/DE/Fachthemen/Inhalte/ZASt/Kohaerenzverfahren.html (zuletzt aufgerufen am: 09.02.2024).

1.3 Aufsichtsbehörden

1.3.1 Allgemeines

Die Datenschutzaufsichtsbehörden haben im Rahmen der DSGVO umfangreiche Befugnisse. Denn ein effektiver Datenschutz fordert auch eine effektive Durchsetzung.

Der europäische Gesetzgeber ermächtigt die Datenschutzaufsichtsbehörden der jeweiligen EU-Länder, für Verstöße gegen die DSGVO Geldbußen i. H. v. bis zu 20 Mio. Euro bzw. 4 % des weltweiten Jahresumsatzes des Vorjahrs zu verhängen – je nachdem, welcher Betrag höher ist. Die Sanktionen sollen *„wirksam, verhältnismäßig und abschreckend“* (Art. 83 Abs. 1 DSGVO, ErwG 148, 150, 151 DSGVO) sein.

Art. 83 Abs. 1 DSGVO
Jede Aufsichtsbehörde stellt sicher, dass die Verhängung von Geldbußen gemäß diesem Artikel für Verstöße [...] in jedem Einzelfall wirksam, verhältnismäßig und abschreckend ist.

Nach Art. 58 DSGVO können die Aufsichtsbehörden für Datenschutz u. a. auch gegenüber Behörden Anordnungen erlassen, um z. B. die Löschung von personenbezogenen Daten zu erwirken, eine Datenübermittlung in Drittländer zu untersagen oder eine rechtswidrige Datenverarbeitung zu unterbinden. Aufsichtsbehörden im öffentlichen Bereich hatten zumindest in Deutschland diese Befugnisse bisher nicht.

Ein unionsweiter wirksamer Schutz personenbezogener Daten fordert auch eine Verschärfung der Verpflichtungen von Verantwortlichen und Auftragsverarbeitern und gleich starke Befugnisse bei der Überwachung. Aufsichtsbehörden benötigen zur konsequenteren Durchsetzung der Vorschriften neben sonstigen Maßnahmen (Art. 58 DSGVO), die sie gemäß der Verordnung verhängen können, auch die Kompetenz zur Verhängung von Bußgeld, um Verstöße zu sanktionieren, und erforderlichenfalls auch für strafrechtliche Sanktionen (Art. 84 DSGVO).

> **Tipp**
>
> Die Kontaktdaten der Datenschutzbeauftragten der Länder, der Aufsichtsbehörden für den nicht-öffentlichen Bereich, des Rundfunks, der Kirchen, in Europa und im übrigen Ausland sowie die Anschriften der unabhängigen Informationsfreiheitsbeauftragten der Bundesländer sind abrufbar unter: https://www.bfdi.bund.de/DE/Service/Anschriften/anschriften_table.html (zuletzt aufgerufen am: 09.02.2024).

1.3.2 Datenschutzkonferenz (DSK)

Die Datenschutzkonferenz – Konferenz der unabhängigen Datenschutzbehörden des Bundes und der Länder – ist ein Zusammenschluss der deutschen Aufsichtsbehörden für Datenschutz. Das Ziel der DSK ist es, die europäischen und nationalen Datenschutzgrundrechte zu wahren und zu schützen, eine einheitliche Anwendung des Datenschutzrechts zu erreichen und gemeinsam für seine Fortentwicklung einzutreten. Mehrmals jährlich tagt die DSK unter turnusmäßig (jährlich) wechselndem Vorsitz.[1] Sie verabschiedet abgestimmte Beschlüsse und Entschließungen, um ihre Ansicht und Haltung zu Fragen aus Technik, Recht oder Wirtschaft darzulegen. Die DSK verabschiedet seit dem Inkrafttreten der DSGVO mehrere Kurzpapiere, Orientierungshilfen, Standardisierungen und Stellungnahmen, die die Anwendung der DSGVO erläutern und Hilfestellung in der Anwendung der DSGVO geben.

> **Tipp**
>
> Eine Zusammenstellung aller verabschiedeten Kurzpapiere, Anwendungshinweise sowie Entschließungen und Orientierungshil-

[1] Im Jahr 2024 übernimmt ab Mai interimsmäßig der Hessische Beauftragte für Datenschutz und Informationsfreiheit, Herr Prof. Dr. Alexander Roßnagel, den Vorsitz.

fen findet sich auf der Website der DSK unter: https://www.datenschutzkonferenz-online.de (zuletzt aufgerufen am: 09.02.2024).

1.3.3 Europäischer Datenschutzausschuss (EDSA)

Der Europäische Datenschutzausschuss, kurz EDSA, ist der Nachfolger der Artikel-29-Datenschutzgruppe, die als unabhängiges Gremium die EU-Kommission in Datenschutzfragen beriet sowie Leitlinien und Positionspapiere veröffentlichte. Die Datenschutzgruppe wurde mit Art. 29 der Datenschutzrichtlinie 95/46/EG geschaffen und setzte sich aus den Vertretern der in jedem Mitgliedstaat des EWR bestehenden unabhängigen Datenschutz-Kontrollstellen (i. S. d. Art. 28 der Datenschutzrichtlinie 95/46/EG) zusammen.

Mit Geltung der DSGVO zum 25.05.2018 hat der EDSA die Artikel-29-Datenschutzgruppe abgelöst. Der Ausschuss besteht aus den Leitern der Datenschutzbehörden der EU-Mitgliedstaaten und dem Europäischen Datenschutzbeauftragten oder ihren jeweiligen Vertretern. Einige Leitlinien der Artikel-29-Datenschutzgruppe wurden vom EDSA bestätigt.

Der EDSA ist eine Einrichtung der EU mit eigener Rechtspersönlichkeit. Er nimmt seine Aufgaben und Befugnisse unabhängig wahr und unterliegt keinen Weisungen.

Die Kernaufgabe des Ausschusses ist es, die einheitliche Anwendung der DSGVO innerhalb der EU sicherzustellen. Im Rahmen dieses Harmonisierungsauftrags weist die Verordnung dem EDSA ein umfangreiches Aufgabenspektrum zu. Hierzu gehört die beratende Funktion im Hinblick auf datenschutzpolitische und -rechtliche Fragestellungen auf EU-Ebene, v. a. zu Legislativvorschlägen der Europäischen Kommission. Ferner kann der Ausschuss aus eigener Initiative oder auf Ersuchen der Kommission Leitlinien, Empfehlungen und bewährte Verfahren zu datenschutzspezifischen Fragestellungen erarbeiten.[2]

✎ Beispiel

Im März 2023 hat der EDSA Version 2.0 seiner Leitlinien zum Recht auf Auskunft angenommen, die für mehr Klarheit und Einheitlichkeit sorgen sollen. Diese legen v. a. fest, welche Daten vom Auskunftsrecht erfasst sind und dass dem Betroffenen im Regelfall eine Kopie und nicht nur eine Zusammenfassung der Daten übergeben werden muss. Zudem haben die für die Datenverarbeitung Verantwortlichen angemessene Maßnahmen zur Identifizierung der anfragenden Person zu ergreifen, um unberechtigten Dritten keinen Zugriff auf diese Daten zu ermöglichen. Gleichzeitig dürfen aber keine höheren Hürden aufgebaut werden, als für die Identifizierung erforderlich sind.[3]

■ Neu

Am 14.02.2023 hat der EDSA die Leitlinien 7/2022 über die Zertifizierung als Instrument für Übermittlungen angenommen. Diese Leitlinien dienen als Orientierungshilfe für die Anwendung von Art. 46 Abs. 2 lit. f DSGVO in Bezug auf Übermittlungen von personenbezogenen Daten an Drittländer oder an internationale Organisationen auf der Grundlage einer Zertifizierung.[4]

---

[2] Vgl. https://edpb.europa.eu/about-edpb/about-edpb_de und https://www.bfdi.bund.de/DE/Fachthemen/Gremienarbeit/EuropaeischerDatenschutzausschuss/europaeischerdatenschutzausschuss_node.html (jeweils zuletzt aufgerufen am: 09.02.2024).

[3] https://edpb.europa.eu/our-work-tools/our-documents/guidelines/guidelines-012022-data-subject-rights-right-access_en (zuletzt aufgerufen am: 09.02.2024).

[4] https://edpb.europa.eu/system/files/2023-05/edpb_guidelines_07-2022_on_certification_as_a_tool_for_transfers_v2_de_0.pdf (zuletzt aufgerufen am: 09.02.2024).

Aufgaben des EDSA

Der EDSA nimmt folgende Aufgaben wahr[5]:

- Überwachung und Sicherstellung der ordnungsgemäßen Anwendung der DSGVO
- Beratung der Europäischen Kommission in Datenschutzfragen
- Bereitstellung von Leitlinien und Empfehlungen
- Förderung des Austauschs von Fachwissen und von Dokumentationen über Datenschutzvorschriften und -praxis mit Datenschutzaufsichtsbehörden in aller Welt
- Führen eines öffentlich zugänglichen elektronischen Registers, in dem die Beschlüsse der Datenschutzbehörden und Gerichte in Bezug auf Fragen, die im Rahmen des Kohärenzverfahrens behandelt wurden, dokumentiert sind

Der EDSA hat v. a. im Rahmen des Kohärenzverfahrens (Art. 63 DSGVO) dafür sorgen, dass die DSGVO in allen Mitgliedstaaten der EU möglichst einheitlich angewendet wird. Sollte es zu keiner Einigung der betroffenen EU-Datenschutzaufsichtsbehörden kommen, kann er strittige Fragen rechtsverbindlich lösen.

Wie wird die deutsche Verhandlungsposition für den EDSA bestimmt?

Die Bestimmung der deutschen Position für Sitzungen des EDSA unterliegt einem formellen Verfahren. Als Grundsatz sieht das BDSG vor, dass die Aufsichtsbehörden des Bundes und der Länder in EU-Angelegenheiten miteinander kooperieren und gemeinsame Standpunkte im Einvernehmen erarbeiten. Dieser Grundsatz der koordinierten Willensbildung gilt für alle Aufgaben, welche die DSGVO dem EDSA überträgt. Können sich die deutschen Aufsichtsbehörden nicht auf einen gemeinsamen Standpunkt einigen, regelt das BDSG ein abgestuftes Verfahren zur Entscheidungsfindung, an dessen Ende die deutsche Position auf der Grundlage von Mehrheitsentscheidungen aller Aufsichtsbehörden bestimmt werden kann.

[5] Dokumente des EDSA finden sich unter: https://edpb.europa.eu/our-work-tools/documents/our-documents_de (zuletzt aufgerufen am: 09.02.2024).

In der Vollversammlung des EDSA (Plenum) werden die deutschen Aufsichtsbehörden durch den gemeinsamen Vertreter, den Bundesbeauftragten für den Datenschutz und die Informationsfreiheit (BfDI), vertreten. Stellvertreter des gemeinsamen Vertreters ist eine Leiterin oder ein Leiter der Aufsichtsbehörde eines Bundeslandes.

1.4 Aufbau der DSGVO

1.4.1 Überblick

Die DSGVO besteht aus elf Kapiteln mit insgesamt 99 Artikeln sowie 173 Erwägungsgründen. In Deutschland erfolgt die Einteilung der meisten Gesetze in Paragrafen. Die wichtigsten Beispiele für Gesetze, die ebenfalls in Artikel unterteilt sind, sind das Grundgesetz (GG), das Scheckgesetz (ScheckG), das Wechselgesetz (WG) und das Gesetz zum Schutz von Geschäftsgeheimnissen (GeschGehG).

Die meisten völkerrechtlichen Verträge sowie Rechtsakte des Europarats und der EU, z. B. die Europäische Menschenrechtskonvention (EMRK), der EU-Vertrag und die DSGVO, sind in Artikel gegliedert.

Die sog. Erwägungsgründe (ErwG) geben die Ziele, die mit der Formulierung der Artikel der DSGVO verfolgt wurden, wieder. Sie sind nicht die eigentlichen Rechtsnormen, sind aber hilfreich für die Interpretation und das Verständnis der DSGVO.

1.4.2 Anwendungsbereich

Die DSGVO gilt für die voll oder teilweise automatisierte Verarbeitung personenbezogener Daten sowie für die nicht-automatisierte Verarbeitung personenbezogener Daten, die in einem Dateisystem gespeichert sind oder in einem derartigen System gespeichert werden sollen.

Begriffsbestimmung

Personenbezogene Daten sind alle Informationen, die sich auf eine identifizierte oder identifizierbare natürliche Person beziehen (Art. 4 Nr. 1 DSGVO). Kurz gesagt ist eine natürliche Person ein Mensch, im Gegensatz zur juristischen Person (Firma, Verein).

Die DSGVO gilt nicht für personenbezogene Daten Verstorbener:

ErwG 27 DSGVO

Diese Verordnung gilt nicht für die personenbezogenen Daten Verstorbener. Die Mitgliedstaaten können Vorschriften für die Verarbeitung der personenbezogenen Daten Verstorbener vorsehen.

Tipp

Mit dem am 01.12.2021 in Kraft getretenen TTDSG (► Kap. 6.1.8) hat der deutsche Gesetzgeber den „digitalen Nachlass" explizit geregelt[1]: Laut § 4 TTDSG steht das *„Fernmeldegeheimnis [...] der Wahrnehmung von Rechten gegenüber dem Anbieter des Telekommunikationsdienstes nicht entgegen, wenn diese Rechte statt durch den betroffenen Endnutzer durch seinen Erben oder eine andere berechtigte Person, die zur Wahrnehmung der Rechte des Endnutzers befugt ist, wahrgenommen werden."* Wenn Auskunftsersuchen von Erben oder anderen Berechtigten auch personenbezogene Daten von (noch lebenden) Kommunikationspartnern betreffen, könnten die Vorschriften der DSGVO (ergänzend) zur Anwendung gelangen. Denn der BGH erachtete die Übermittlung und dauerhafte Bereitstellung der jeweiligen Inhalte im Urteilsfall jedenfalls nach Art. 6 Abs. 1 lit. b 1. Variante DSGVO und Art. 6 Abs. 1 lit. f DSGVO für zulässig.[2]

Die DSGVO gilt sowohl für eine elektronische Datenverarbeitung, auch wenn diese nur aus einem einzigen Rechner besteht, als auch bei einem nach bestimmten Kriterien geordneten Karteisystem (in Papierform, nicht-automatisierte Verarbeitung). Hier spricht man vom sog. sachlichen Anwendungsbereich gem. Art. 2 Abs. 1 DSGVO.

Geschützt werden durch die DSGVO die Grundrechte und Grundfreiheiten natürlicher Personen und „insbesondere" deren Recht

[1] Vgl. dazu BGH-Rechtsprechung: Urteil vom 12.07.2018, Az. III ZR 183/17; Beschluss vom 27.08.2020, Az. III ZB 30/20.

[2] Vgl. https://www.cmshs-bloggt.de/tmc/ttdsg-part-i-telekommunikationsdatenschutz-2-0/ (zuletzt aufgerufen am: 09.02.2024).

auf Schutz personenbezogener Daten. In erster Linie richtet sich der Schutz des Einzelnen gegen Gefahren für sein Persönlichkeitsrecht, die von einer Verarbeitung seiner personenbezogenen Daten ausgehen. Die DSGVO gilt gem. Art. 2 Abs. 2 lit. c nicht für die Verarbeitung zu persönlichen und familiären Zwecken (Haushaltsausnahme).

Tipp

Das heißt aber nicht, dass man mit personenbezogenen Daten von Familienangehörigen machen kann, was man will. Auch hier sind „Spielregeln" zu beachten, wie z. B. beim Veröffentlichen von Fotos in sozialen Medien (▶ Kap. 7.10).

Die Anwendung der DSGVO umfasst also sowohl personenbezogene Daten als auch die automatisierte oder manuelle Verarbeitung von personenbezogenen Daten.

Die DSGVO unterscheidet in Kap. I – Allgemeine Bestimmungen zwischen einem sachlichen (Art. 2 DSGVO) und einem räumlichen Anwendungsbereich (Art. 3 DSGVO).

Begriffsbestimmung

Sachlicher Anwendungsbereich: ganz oder teilweise automatisierte Verarbeitung personenbezogener Daten sowie nicht-automatisierte Verarbeitung personenbezogener Daten, die in einem Dateisystem gespeichert sind oder gespeichert werden sollen.

Tipp

Die DSGVO gilt dagegen nicht bei Datenverarbeitungen für Zwecke der gemeinsamen Außen- und Sicherheitspolitik, der Verhütung, Ermittlung, Aufdeckung oder Verfolgung von Straftaten sowie für persönliche und familiäre Zwecke.

Räumlicher Anwendungsbereich: die Verarbeitung personenbezogener Daten im Rahmen der Tätigkeiten einer Niederlassung eines Verantwortlichen oder eines Auftragsverarbeiters in der Union, unabhängig davon, ob die Verarbeitung in der Union stattfindet.

1.4.3 Struktur

Kapitel I – Allgemeine Bestimmungen

In den Artt. 1–4 DSGVO finden sich Regelungen zum Geltungsbereich, Definitionen, der Zweck und Begriffe. In Art. 4 DSGVO finden sich die Begriffsbestimmungen, die ausführliche Beschreibungen zu den Begrifflichkeiten aus der DSGVO enthalten.

Enthalten sind hier auch Erläuterungen zu den Begriffen Hauptniederlassung, Vertreter, Unternehmen und Unternehmensgruppe (Art. 4 Nr. 16–19 DSGVO). Wie bereits das BDSG a. F. kennt die DSGVO weiterhin kein Konzernprivileg.

An der grundsätzlichen eigenen Verantwortlichkeit jeder einzelnen Stelle ändert dies jedoch nichts. Auswirkungen hat das Vorliegen einer Unternehmensgruppe aber bei der nach Art. 6 Abs. 1 Satz 1 lit. f DSGVO notwendigen Interessenabwägung im Rahmen der Entscheidung, ob ein Erlaubnistatbestand greift. Hierzu legt ErwG 48 DSGVO fest, dass die Übermittlung von Daten innerhalb einer Unternehmensgruppe ein berechtigtes Interesse darstellen kann.

Tipp

Das aus dem Aktienrecht bekannte Konzernprivileg war und ist im deutschen Datenschutzrecht nicht anerkannt. Mit der DSGVO wird der Datenaustausch im Konzern auf der Grundlage von Einwilligungen (Art. 7 DSGVO) oder dem Instrument der Auftragsverarbeitung (Art. 28 DSGVO) erschwert, allerdings durch Art. 6 Abs. 1 DSGVO auch erleichtert. Der konzerninterne Datenaustausch kann als „berechtigtes Interesse" angesehen werden. Der ErwG 48 DSGVO erkennt für den Konzern *„interne Verwaltungszwecke"* als ein berechtigtes Interesse an, welches allerdings entsprechend zu belegen und zu dokumentieren ist.

Begriffsbestimmung

Die **Anonymisierung** ist das Verändern personenbezogener Daten derart, dass diese Daten nicht mehr einer Person zugeordnet werden können. Bei der **Pseudonymisierung** wird der Name oder ein anderes Identifikationsmerkmal durch ein Pseudonym (zumeist eine mehrstellige Buchstaben- oder Zahlenkombination, auch Code genannt) ersetzt, um die Feststellung der Identität der betroffenen Person auszuschließen (vgl. § 46 Nr. 5 BDSG).

Die DSGVO kennt den Begriff „Anonymisierung" nicht. Gleichwohl können personenbezogene Daten anonymisiert werden, um damit den Schutz der personenbezogenen Daten zu gewährleisten. Es ist nachvollziehbar, warum die DSGVO diesen Begriff nicht (mehr) regelt: Mit anonymisierten Daten ist eine natürliche Person nicht mehr identifizierbar.

Anonymisierung wird in Art. 3 Ziff. 7 der Richtlinie (EU) 2019/1024[3] wie folgt definiert als *„den Prozess, in dessen Verlauf Dokumente in anonyme Dokumente umgewandelt werden, die sich nicht auf eine identifizierte oder identifizierbare natürliche Person beziehen, oder personenbezogene Daten so anonym gemacht werden, dass die betroffene Person nicht oder nicht mehr identifiziert werden kann."*

Diese Begriffsbestimmung entspricht der Definition der internationalen Norm ISO/IEC 29100[4], nach der Anonymität definiert wird als Merkmale von Informationen, die eine direkte oder indirekte Identifizierung des Betroffenen nicht zulassen.

Kapitel II – Grundsätze

Neben den Regelungen zur Rechtmäßigkeit und zu den Erlaubnisvorbehalten finden sich in Artt. 5–11 DSGVO Regelungen zur Datensparsamkeit, Transparenz und Einwilligung.

---

[3] Richtlinie (EU) 2019/1024 des Europäischen Parlaments und des Rates vom 20. Juni 2019 über offene Daten und die Weiterverwendung von Informationen des öffentlichen Sektors, abrufbar unter: http://data.europa.eu/eli/dir/2019/1024/oj (zuletzt aufgerufen am: 09.02.2024).

[4] ISO/IEC 29100:2011: „Information technology – Security techniques – Privacy framework", abrufbar unter: https://www.iso.org/standard/45123.html (zuletzt aufgerufen am: 09.02.2024).

Kapitel III – Rechte der betroffenen Person

In Kap. III sind alle Rechte der betroffenen Person (▶ Kap. 7) zusammengefasst. Diese gliedern sich in folgende Abschnitte:

- Artt. 12–15 DSGVO: Transparenz, Informationspflicht, Recht auf Auskunft
- Artt. 16–20 DSGVO: Berichtigung und Löschung
- Artt. 21–22 DSGVO: Widerspruchsrecht
- Art. 23 DSGVO: Beschränkungen

Das „Recht auf Datenübertragbarkeit" (Datenportabilität; ▶ Kap. 7.7), das es erst seit der DSGVO gibt, stärkt die Rechte der betroffenen Person. Der Grundgedanke der Datenübertragbarkeit ist, dass eine betroffene Person, wenn sie es wünscht, von dem Verantwortlichen die personenbezogenen Daten, die sich auf sie beziehen, erhält. Sie soll dadurch die Möglichkeit erhalten, diese Daten in das Verarbeitungssystem eines anderen Verantwortlichen übertragen zu können bzw. diese direkt zwischen den Verantwortlichen übertragen zu lassen.

Kapitel IV – Verantwortlicher und Auftragsverarbeiter

In Kap. IV sind die Rechte und Pflichten der Unternehmen im Rahmen der Verarbeitung von personenbezogenen Daten geregelt. Diese gliedern sich in folgende Abschnitte:

- Artt. 24–31 DSGVO: Verantwortliche und Auftragsverarbeiter
- Artt. 32–34 DSGVO: Sicherheit personenbezogener Daten
- Artt. 35–36 DSGVO: Datenschutz-Folgenabschätzung
- Artt. 37–39 DSGVO: Datenschutzbeauftragter
- Artt. 40–43 DSGVO: Verhaltensregeln und Zertifizierungen

Hier ist insbesondere Art. 28 DSGVO hervorzuheben, welcher die Bedingungen für die Verarbeitung im Auftrag regelt (sog. Auftragsverarbeitung). Des Weiteren sollte der Art. 32 DSGVO – Sicherheit der Verarbeitung (ErwG 83 DSGVO) beachtet werden. Personenbezogene Daten bedürfen demnach eines technischen und organisatorischen Schutzes (Stichwort: technische und organisatorische Maßnahmen [TOM]; vgl. ▶ Kap. 5.3).

Kapitel V – Übermittlungen personenbezogener Daten an Drittländer oder an internationale Organisationen

Das Kap. V dient vorrangig der Verbesserung und Konkretisierung der bisherigen europäischen Rechtslage zum Datentransfer in ein Drittland. Hier ist insbesondere der folgende Abschnitt zu nennen:

- Artt. 44–50 DSGVO: Übermittlung personenbezogener Daten an Drittländer

Das vorgegebene hohe Datenschutzniveau innerhalb der EU soll auch bei einer Übermittlung in ein Drittland gewährleistet und nicht unterlaufen werden können.

Kapitel VI – Unabhängige Aufsichtsbehörden

Die Aufsichtsbehörden der EU sind unabhängige Behörden (Art. 8 Abs. 3 GRCh und Art. 16 Abs. 2 AEUV). In Kap. V sind die folgenden Abschnitte relevant:

- Artt. 51–59 DSGVO: Unabhängige Aufsichtsbehörden

Die Anwendung und Kontrolle der DSGVO bleibt in der Zuständigkeit von mitgliedstaatlichen Behörden. Des Weiteren verpflichtet das Kap. VI die Aufsichtsbehörden für Datenschutz zur Zusammenarbeit. Die konkrete Ausgestaltung der Behörden überlässt die Verordnung den EU-Mitgliedstaaten.

Kapitel VII – Zusammenarbeit und Kohärenz

In diesem Kapitel wird die Zusammenarbeit der Aufsichtsbehörden geregelt, u. a. auch die gegenseitige Amtshilfe, gemeinsame Maßnahmen sowie der Informationsaustausch untereinander. Die detaillierten Beschreibungen finden sich hier:

- Artt. 60–76 DSGVO: Zusammenarbeit und Kohärenz

Eine fundamentale Neuerung der DSGVO ist der sog. One-Stop-Shop-Mechanismus. Für Unternehmen, die eine oder mehrere unselbstständige Niederlassungen in der EU haben, ist bei der grenzüberschreitenden Datenverarbeitung nur die Aufsichtsbehörde der

Hauptniederlassung oder einzigen Niederlassung in der EU zuständig (▶ Kap. 1.2).

Kapitel VIII – Rechtsbehelfe, Haftung und Sanktionen

Kapitel VIII regelt das Recht der Beschwerde einer betroffenen Person bei einer Aufsichtsbehörde, zu finden unter:

- Artt. 77–84 DSGVO: Rechtsbehelfe, Haftung und Sanktionen

Das Beschwerderecht ist dem Petitionsrecht (Art. 17 GG) wesensgleich. Des Weiteren wird hier das Verbandsklagerecht geregelt (in Deutschland: Gesetz über Unterlassungsklagen bei Verbraucherrechts- und anderen Verstößen [UKlaG]).

Kapitel IX – Vorschriften für besondere Verarbeitungssituationen

- Mit Art. 85 DSGVO wurde eine Öffnungsklausel geschaffen, die einen weitreichenden Regulierungsspielraum zum Schutz der Meinungs- und Informationsfreiheit eröffnet.
- Der Art. 90 DSGVO gibt die Möglichkeit, spezielle Vorschriften für Berufsgeheimnisträger wie z. B. Notare, Rechtsanwälte oder Steuerberater zu schaffen.
- In Art. 91 DSGVO findet sich die Öffnungsklausel für Kirchen und religiöse Vereinigungen oder Gemeinschaften. Die katholische und evangelische Kirche haben von diesem Recht Gebrauch gemacht und verfügen weiterhin jeweils über ein eigenes Datenschutzgesetz (KDG = Gesetz über den Kirchlichen Datenschutz; DSG-EKD = Kirchengesetz über den Datenschutz der Evangelischen Kirche in Deutschland; vgl. ▶ Kap. 2.1.2 und ▶ Kap. 3.8).

Kapitel X – Delegierte Rechtsakte und Durchführungsrechtsakte

In Kap. X sind folgende Abschnitte enthalten:

- Artt. 92–93 DSGVO: Delegierte Rechtsakte und Durchführungsrechtsakte

Seit Inkrafttreten des Lissabonvertrags sind delegierte Rechtsakte (Art. 290 AEUV) und Durchführungsrechtsakte (Art. 291 AEUV) als Formen von Rechtsakten etabliert. Durch den Vertrag von Lissabon wurde die EU institutionell reformiert. Das Ziel des Vertrags ist es, die EU demokratischer, transparenter und effizienter zu machen. Der Vertrag wurde am 13.12.2007 unter portugiesischer Ratspräsidentschaft in Lissabon von den damals 27 EU-Mitgliedstaaten unterzeichnet und trat am 01.12.2009 in Kraft.

Kapitel XI – Schlussbestimmungen

In Kap. XI werden noch ein paar Rahmenbedingungen geregelt, die in Teilen seit dem Gültigwerden der DSGVO nicht mehr relevant sind. Sie finden sich in folgenden Abschnitten wieder:

- Artt. 94–99 DSGVO: Schlussbestimmungen

Dies sind z. B. die Außerkraftsetzung der Datenschutzrichtlinie, der Umbau der Artikel-29-Datenschutzgruppe (Näheres dazu und zu ihrem Nachfolger, dem Europäischen Datenschutzausschuss, vgl. ► Kap. 1.3.3) und die Inkraftsetzung der DSGVO.

1.5 Verbotsgesetz mit Erlaubnisvorbehalt

Die DSGVO regelt die Frage, wann eine Verarbeitung personenbezogener Daten erlaubt ist. Es gilt das Prinzip des „Verbots mit Erlaubnisvorbehalt", d. h., jede Form der Datenverarbeitung ist nicht gestattet – es sei denn, eine Rechtsgrundlage legitimiert die Datenverarbeitung oder die betroffene Person hat dafür ihre Einwilligung gegeben. Die vor der DSGVO bewährten Grundprinzipien des Datenschutzrechts bleiben bestehen. Die Zulässigkeitsregelungen änderten sich im Detail und mit Artt. 4 Abs. 2, 12, 24 sowie 35 und 36 gab es eine Neuausrichtung bzgl. Datenschutz durch Organisation und Dokumentation.

Artikel 6 DSGVO regelt als zentrale Vorschrift die Rechtmäßigkeit der Verarbeitung von personenbezogenen Daten und listet die entsprechenden Erlaubnistatbestände auf:

Art. 6 Abs. 1 DSGVO

Die Verarbeitung ist nur rechtmäßig, wenn mindestens eine der nachstehenden Bedingungen erfüllt ist […].

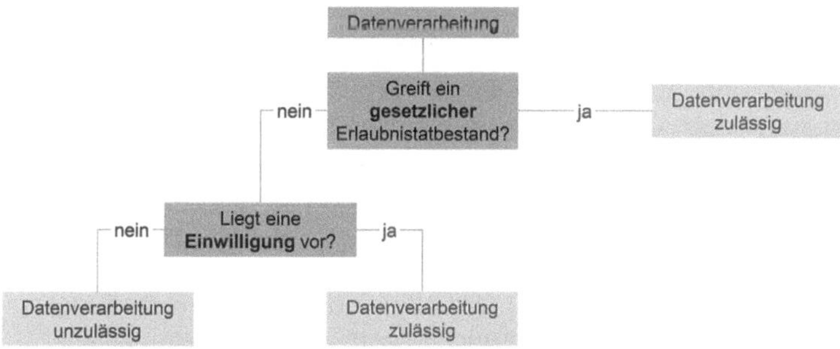

Bild 1: *Verbot mit Erlaubnisvorbehalt (Quelle: © 2024 Regina Mühlich)*

Begriffsbestimmung

Personenbezogene Daten sind alle Informationen, die sich auf eine identifizierte oder identifizierbare Person (betroffene Person) beziehen. Identifizierbar ist eine natürliche Person, die direkt oder indirekt, v. a. mittels Zuordnung zu einer Kennung wie einem Namen, zu einer Kennnummer, zu Standortdaten oder einem oder mehreren besonderen Merkmalen, die Ausdruck der physischen, physiologischen, genetischen, psychischen, wirtschaftlichen, kulturellen oder sozialen Identität dieser natürlichen Person sind, identifiziert werden kann (Art. 4 Nr. 1 DSGVO).

✎ Beispiel

Name, Wohnort, Fotos, Sprachaufzeichnungen, Kfz-Kennzeichen, Fahrgestellnummer, Kundennummer, IMEI-Nummer, IP-Adresse.

■ Neu

In seinen Schlussanträgen vom 04.05.2023 zur Rs. C-319/22[1] kommt der Generalanwalt am EuGH zum Ergebnis, dass eine Fahrzeugidentifikationsnummer (FIN) ein personenbezogenes Datum sein kann, aber nicht zwingend sein muss. Gemäß § 45 StVG ist die FIN ein personenbezogenes Datum und die deutschen Datenschutzaufsichtsbehörden wie auch der EDSA schreiben der FIN einen Personenbezug zu.

Die Zulässigkeit der Verarbeitung besonderer Kategorien personenbezogener Daten ist in Art. 9 DSGVO geregelt. Für die in Abs. 1 abschließend aufgelisteten besonderen Kategorien personenbezogener Daten gilt grds. ein generelles Verarbeitungsverbot. Unter gewissen Bedingungen dürfen sie jedoch trotzdem verarbeitet werden. Dazu muss nicht nur ein Rechtfertigungsgrund aus Art. 6 Abs. 1 DSGVO vorliegen, sondern zusätzlich auch einer der Ausnahmetatbestände gem. Art. 9 Abs. 2 DSGVO erfüllt sein. Dabei fällt auf, dass Art. 9 Abs. 2 DSGVO weder eine Verarbeitung zur Vertragserfüllung noch aufgrund berechtigter Interessen zulässt.[2]

---

[1] Vgl. https://eur-lex.europa.eu/legal-content/de/TXT/?uri=CELEX:62022CC0319 (zuletzt aufgerufen am: 09.02.2024).

[2] Vgl. https://www.datenschutzstelle.li/datenschutz/themen-z/art-9_u_art-10-dsgvo (zuletzt aufgerufen am: 09.02.2024).

Beispiel

Besondere Kategorien von personenbezogenen Daten sind u. a.:

- rassische und ethnische Herkunft
- politische Meinungen
- religiöse oder weltanschauliche Überzeugung
- Gewerkschaftszugehörigkeit
- Gesundheitsdaten (vgl. ▶ Kap. 2.3.6)
- Angaben zu Sexualleben oder der sexuellen Orientierung
- biometrische und genetische Daten

In Art. 5 DSGVO sind die Grundsätze der Verarbeitung personenbezogener Daten geregelt, sprich die Prinzipien zur Datenverarbeitung. So müssen personenbezogene Daten auf rechtmäßige Weise, nach Treu und Glauben und in einer für die betroffene Person nachvollziehbaren Weise verarbeitet werden. Der Grundsatz der Transparenz (Art. 6 Abs. 1 lit. a DSGVO) ist mit der DSGVO neu hinzugekommen. Dies passt zur erheblichen Ausweitung der Informationspflichten des Verantwortlichen und der Auskunftsrechte für die betroffene Person.

Die Verarbeitung ist nur rechtmäßig, wenn mindestens eine von sechs Bedingungen erfüllt ist (Art. 6 Abs. 1 DSGVO):

a) Die betroffene Person hat ihre Einwilligung zur Verarbeitung der sie betreffenden personenbezogenen Daten gegeben.
b) Die Verarbeitung dient der Erfüllung eines Vertrags, dessen Vertragspartei die betroffene Person ist, oder zur Durchführung vorvertraglicher Maßnahmen (z. B. Angebotserstellung), die auf Antrag der betroffenen Person erfolgen.
c) Die Verarbeitung unterliegt der Erfüllung einer rechtlichen Verpflichtung, welcher der Verantwortliche unterliegt.
d) Die Verarbeitung ist erforderlich, um lebenswichtige Interessen der betroffenen Person oder einer anderen natürlichen Person zu schützen.
e) Die Verarbeitung liegt im öffentlichen Interesse oder ist zur Erfüllung hoheitlicher Aufgaben erforderlich.

f) Die Verarbeitung ist zur Wahrung berechtigter Interessen des Verantwortlichen oder eines Dritten erforderlich, sofern die Interessen oder Grundrechte und Grundfreiheiten der betroffenen Person nicht überwiegen. Dieser Rechtfertigungsgrund gilt nicht für Behörden.

Es muss nur einer der genannten sechs Punkte gegeben sein, damit die Rechtmäßigkeit für eine Verarbeitung von personenbezogenen Daten gegeben ist. Darüber hinaus regelt Art. 9 DSGVO die Erlaubnistatbestände für die Verarbeitung besonderer Kategorien personenbezogener Daten.

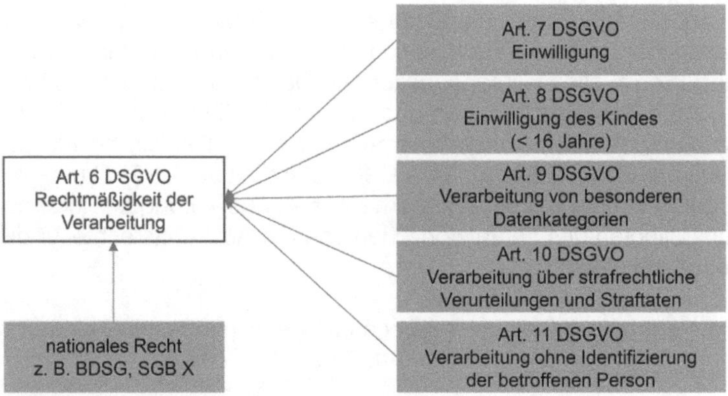

***Bild 2:** Rechtmäßigkeit der Verarbeitung (Quelle: © 2024 Regina Mühlich)*

Tipp

Die Vorschrift legt die grundlegenden Voraussetzungen für die Rechtmäßigkeit der Verarbeitung personenbezogener Daten fest und bestimmt die Prüfungskriterien für die Zulässigkeit einer Zweckänderung.[3]

[3] Heberlein, Horst: Kapitel II, in: Ehmann, Eugen/Selmayr, Martin (Hrsg.): Datenschutz-Grundverordnung. Kommentar, München: C.H. Beck 2. Aufl. 2018, S. 206 Rn. 1.

1.6 Grundsätze des Datenschutzes

Die DSGVO hat den Datenschutz nicht neu erfunden. Sie stützt sich auf die seit Jahrzehnten bewährten Grundprinzipien des Datenschutzes. Die sieben Grundsätze des BDSG a. F. waren:

1. Rechtmäßigkeit (Datenverarbeitungsverbot mit Erlaubnisvorbehalt)
2. Zweckbindung
3. Direkterhebung
4. Datenvermeidung und Datensparsamkeit
5. Erforderlichkeit
6. Transparenz
7. Kontrolle

Die DSGVO übernimmt diese Grundsätze – bis z. B. auf den Wegfall der Direkterhebung – und erweitert sie in Teilen. Folgende Grundprinzipien der DSGVO sind zu beachten:

Rechtmäßigkeit

Die Verarbeitung der Daten muss „rechtmäßig" sein, d. h., es muss mindestens eine der Rechtsgrundlagen i. S. d. Artt. 6 oder 9 (besondere Datenkategorien) oder Art. 10 (strafrechtlich relevante Daten) DSGVO gegeben sein. Diese sind z. B. die (freiwillige, informierte) Einwilligung, ein Vertrag, der zwischen den Parteien abgeschlossen ist/wird, eine rechtliche Verpflichtung des Verarbeiters, lebenswichtige Interessen der betroffenen Person, öffentliche Interessen oder ein überwiegend berechtigtes Interesse des Verantwortlichen an der Verarbeitung.

Transparenz und Information

Die Verarbeitung personenbezogener Daten hat transparent zu erfolgen. Die natürlichen Personen, deren Daten verarbeitet werden, sollen Kenntnis darüber haben, welche konkreten Datenkategorien von welchem Verarbeiter für welchen Zweck verarbeitet werden.

Es sind daher umfassende Informationspflichten bei der Erhebung und Verwendung von personenbezogenen Daten normiert. So ist

z. B. bei der Einwilligung darauf hinzuweisen, dass die betroffene Person das Recht hat, die Einwilligung zu widerrufen, und es ist über die Rechte der betroffenen Personen – wie z. B. das Recht auf Auskunft, Löschung, Datenportabilität – zu informieren (► Kap. 7).

Zweckbindung

Die Verarbeitung der Daten muss einem eindeutigen, festgelegten Zweck (Zweckbindung) dienen. Die personenbezogenen Daten dürfen nur für diesen konkreten Zweck verwendet werden.

Datenminimierung

Datenminimierung bedeutet, dass nur diejenigen personenbezogenen Daten verarbeitet werden dürfen, die für den konkreten Zweck erforderlich sind.

Speicherbegrenzung

Die Speicherbegrenzung schreibt vor, dass jeder Verantwortliche und Auftragsverarbeiter im Rahmen der gesetzlichen Anforderungen festlegen muss, wann die Daten zu löschen sind (sofern keine gesetzliche Aufbewahrungsfrist dem entgegensteht), bzw. es dürfen personenbezogene Daten nur so lange gespeichert werden, wie dies für den Zweck (Zweckbindung) erforderlich ist.

Die steuerlichen aufbewahrungspflichtigen Unterlagen jedes (deutschen) Steuerpflichtigen sind u. a. in § 147 Abgabenordnung (AO) aufgelistet. Grundsätzlich sind sämtliche Bücher und Aufzeichnungen aufzubewahren, soweit diese für die Besteuerung von Bedeutung sind.

- Eine **zehnjährige Aufbewahrungsfrist** (§ 147 Abs. 2 i. V. m. Abs. 1 Nr. 1, 4 und 4a AO, § 14b Abs. 1 UStG) gilt z. B. für Jahresabschlüsse, Inventare, Buchungsbelege und Rechnungen.
- Eine **sechsjährige Aufbewahrungsfrist** gilt für alle anderen aufbewahrungspflichtigen Geschäftsunterlagen wie z. B. empfangene Handels- oder Geschäftsbriefe, Wiedergaben der abgesandten Handels- oder Geschäftsbriefe und sonstige Unterlagen, soweit diese für die Besteuerung von Bedeutung sind.

Integrität und Vertraulichkeit

Dieses Prinzip erfordert, dass die Integrität der Daten und auch deren Vertraulichkeit zu schützen sind.

Integrität und Vertraulichkeit sind Begriffe aus der Informationssicherheit (► Kap. 5.2.3). Das Schutzziel Integrität bedeutet ein durchgängiges Funktionieren von IT-Systemen sowie eine Vollständigkeit von Daten und Informationen. Integrität ist das Verhindern von nicht-genehmigten Veränderungen an wichtigen Informationen (z. B. Einfügen oder Löschen von Zeichen).

Tipp

Die Grundsätze des Datenschutzrechts sind erhalten geblieben, auch wenn es im Detail erhebliche Änderungen gegeben hat, z. B. der Wegfall der Direkterhebung oder die Datenrichtigkeit. Die allgemeinen Leitplanken des Datenschutzrechts sind jedoch auch mit der DSGVO im Wesentlichen die gleichen geblieben.

1.7 Die DSGVO im Überblick

1.7.1 Betroffenenrechte

Mit Kap. III der DSGVO werden die Rechte der betroffenen Person (► Kap. 7) gestärkt und auch modernisiert. So normiert z. B. Art. 12 DSGVO die Anforderungen an die Transparenz der Informationen, an die Kommunikation und die Modalitäten für die Ausübung der Rechte der betroffenen Person.

Die wichtigsten Rechte für die betroffene Person sind:

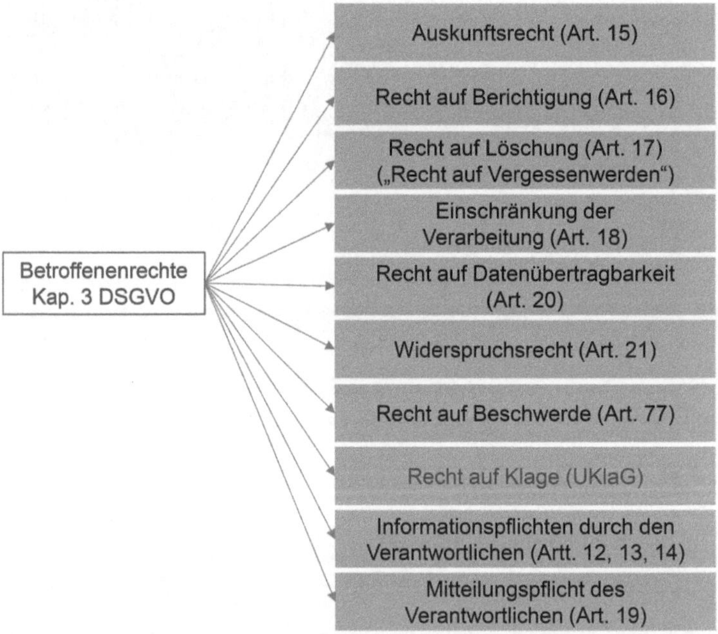

***Bild 1:** Betroffenenrechte (Quelle: © 2024 Regina Mühlich)*

Bei allem gilt der Grundsatz gem. Art. 5 Abs. 1 DSGVO (ErwG 39 DSGVO): *„Rechtmäßigkeit, Verarbeitung nach Treu und Glauben,*

Transparenz". Im Rahmen des Art. 12 Abs. 1 DSGVO trifft der Verantwortliche geeignete Maßnahmen, um der betroffenen Person alle Informationen, die sich auf die Verarbeitung beziehen, *„in präziser, transparenter, verständlicher und leicht zugänglicher Form in einer klaren und einfachen Sprache zu übermitteln; dies gilt insbesondere für Informationen, die sich speziell an Kinder richten"* (Informationspflichten).

In der DSGVO nimmt, im Gegensatz zum BDSG, der Kinder- und Jugendschutz eine wichtige Rolle ein. Die zentrale Norm hierfür ist Art. 6 DSGVO, soweit es um die Beurteilung der Rechtmäßigkeit einer Datenverarbeitung geht. Wichtigster Auffangtatbestand ist Art. 6 Abs. 1 lit. f DSGVO, der die Datenverarbeitung auf Basis von berechtigten Interessen der Unternehmen erlaubt:

Art. 6 Abs. 1 DSGVO

Die Verarbeitung ist nur rechtmäßig, wenn mindestens eine der nachstehenden Bedingungen erfüllt ist: [...]

f) die Verarbeitung ist zur Wahrung der berechtigten Interessen des Verantwortlichen oder eines Dritten erforderlich, sofern nicht die Interessen oder Grundrechte und Grundfreiheiten der betroffenen Person, die den Schutz personenbezogener Daten erfordern, überwiegen, insbesondere dann, wenn es sich bei der betroffenen Person um ein Kind handelt.

Artikel 8 DSGVO hat eine Altersgrenze eingeführt: Ab 16 Jahre können Kinder und Jugendliche in die Verarbeitung ihrer personenbezogenen Daten wirksam einwilligen. Ansonsten, also bei Kindern und Jugendlichen unter 16 Jahre, ist eine Einwilligung der Erziehungsberechtigten erforderlich. Nach der DSGVO muss ein Erziehungsberechtigter seine Einwilligung erteilen, wenn es sich um ein Angebot von Diensten einer Informationsgesellschaft handelt, das einem Kind oder Jugendlichen direkt gemacht wird (Art. 8 Abs. 1 DSGVO). Die DSGVO definiert allerdings nicht, was unter „Angebot von Diensten der Informationsgesellschaft" zu verstehen ist.

Art. 8 DSGVO – Bedingungen für die Einwilligung eines Kindes in Bezug auf Dienste der Informationsgesellschaft

(1) Gilt Artikel 6 Absatz 1 Buchstabe a bei einem Angebot von Diensten der Informationsgesellschaft, das einem Kind direkt gemacht wird, so ist die Verarbeitung der personenbezogenen Daten des Kindes rechtmäßig, wenn das Kind das sechzehnte Lebensjahr vollendet hat. Hat das Kind noch nicht das sechzehnte Lebensjahr vollendet, so ist diese Verarbeitung nur rechtmäßig, sofern und soweit diese Einwilligung durch den Träger der elterlichen Verantwortung für das Kind oder mit dessen Zustimmung erteilt wird. Die Mitgliedstaaten können durch Rechtsvorschriften zu diesen Zwecken eine niedrigere Altersgrenze vorsehen, die jedoch nicht unter dem vollendeten dreizehnten Lebensjahr liegen darf.

(2) Der Verantwortliche unternimmt unter Berücksichtigung der verfügbaren Technik angemessene Anstrengungen, um sich in solchen Fällen zu vergewissern, dass die Einwilligung durch den Träger der elterlichen Verantwortung für das Kind oder mit dessen Zustimmung erteilt wurde.

(3) Absatz 1 lässt das allgemeine Vertragsrecht der Mitgliedstaaten, wie etwa die Vorschriften zur Gültigkeit, zum Zustandekommen oder zu den Rechtsfolgen eines Vertrags in Bezug auf ein Kind, unberührt.

Der ErwG 38 DSGVO gibt hier weitere Anhaltspunkte für die Beurteilung:

ErwG 38 DSGVO

Kinder verdienen bei ihren personenbezogenen Daten besonderen Schutz, da Kinder sich der betreffenden Risiken, Folgen und Garantien und ihrer Rechte bei der Verarbeitung personenbezogener Daten möglicherweise weniger bewusst sind. Ein solcher besonderer Schutz sollte insbesondere die Verwendung personenbezogener Daten von Kindern für Werbezwecke oder für die Erstellung von Persönlichkeits- oder Nutzerprofilen und die Erhebung von personenbezogenen Daten von Kindern bei der Nutzung von Diensten, die Kindern direkt angeboten werden, betreffen. Die Einwilligung des Trägers der elterlichen Verantwortung sollte im Zusammenhang mit

Präventions- oder Beratungsdiensten, die unmittelbar einem Kind angeboten werden, nicht erforderlich sein.

Die DSGVO stellt Unternehmen bei der Verarbeitung von personenbezogenen Daten von Kindern und Jugendlichen vor besondere Herausforderungen. Im Zentrum steht das besondere Schutzbedürfnis von Kindern, welchem Rechnung zu tragen ist. Artikel 40 Abs. 2 lit. g DSGVO sagt hierzu noch:

Art. 40 Abs. 2 lit. g DSGVO

[...] Unterrichtung und Schutz von Kindern und Art und Weise, in der die Einwilligung des Trägers der elterlichen Verantwortung für das Kind einzuholen ist; [...]

Im Hinblick auf die Bestimmung des Alters eines Kindes konnte der nationale Gesetzgeber von seiner nationalen Regelungsbefugnis Gebrauch machen. Im BDSG hat der deutsche Gesetzgeber nicht darauf zurückgegriffen. Die zulässige Einwilligung durch einen Minderjährigen kann lt. DSGVO erst ab dem 16. Lebensjahr erbracht werden.

In der EU bzw. in Norwegen, in UK und in der Schweiz – als Nicht-EU-Länder jeweils mit einem * versehen – gelten z. B. folgende Altersgrenzen[1]:

Belgien:	13 Jahre	Niederlande:	16 Jahre
Bulgarien:	14 Jahre	Österreich:	14 Jahre
Dänemark:	13 Jahre	Polen:	16 Jahre
Deutschland:	16 Jahre	Portugal:	13 Jahre
Estland:	13 Jahre	Rumänien:	16 Jahre
Finnland:	13 Jahre	Schweden:	13 Jahre
Frankreich:	15 Jahre	Schweiz*:	16 Jahre
Griechenland:	15 Jahre	Slowakei:	16 Jahre
Irland:	16 Jahre	Slowenien:	15 Jahre
Italien:	14 Jahre	Spanien:	14 Jahre

[1] Vgl. Milkaite, Ingrida/Lievens, Eva: „Status quo regarding the child's article 8 GDPR age of consent for data processing across the EU", auf: https://www.betterinternetforkids.eu/web/portal/practice/awareness/detail?articleId=3017751 (zuletzt aufgerufen am: 09.02.2024).

Kroatien:	16 Jahre	Tschechien:	15 Jahre
Lettland:	13 Jahre	Ungarn:	16 Jahre
Litauen:	14 Jahre	Vereinigtes Königreich Großbritannien und Nordirland*:	13 Jahre
Luxemburg:	16 Jahre		
Malta:	13 Jahre		
Norwegen*:	13 Jahre	Zypern:	14 Jahre

Bei der Zurverfügungstellung der Information an die betroffene Person gilt es außerdem, eine Frist einzuhalten. Artikel 12 Abs. 3 DSGVO spricht von *„unverzüglich, in jedem Fall aber innerhalb eines Monats"*. Diese Unterrichtung hat den Grundsatz der Unentgeltlichkeit.

Die betroffene Person hat das Recht, vom Verantwortlichen darüber Auskunft zu erhalten, ob personenbezogene Daten verarbeitet werden (Art. 15 Abs. 1 DSGVO; ► Kap. 7.3). Die Auskunft hat unentgeltlich zu erfolgen und nachstehende Informationen zu beinhalten:

- ☐ Verarbeitungszweck
- ☐ Kategorien personenbezogener Daten, die verarbeitet werden
- ☐ Empfänger oder Kategorien von Empfängern (vgl. Art. 4 Nr. 9 DSGVO; hierzu gehören u. a. Auftragsverarbeiter und Dritte)
- ☐ falls möglich die geplante Dauer
- ☐ Recht auf Berichtigung, Recht auf Löschung sowie Recht auf Einschränkung der Verarbeitung
- ☐ Bestehen eines Beschwerderechts bei einer Aufsichtsbehörde
- ☐ Herkunft der Daten, wenn nicht bei der betroffenen Person erhoben
- ☐ automatisierte Entscheidungsfindung einschließlich Profiling

Tipp

Der Hessische Beauftragte für Datenschutz und Informationsfreiheit hat auf seiner Online-Präsenz ein Muster für die Beantwortung von Auskunftsersuchen nach Art. 15 DSGVO/§ 500 StPO i. V. m. § 57 BDSG und § 52 HDSIG für Verantwortliche im Bereich Justiz und Rechtspflege veröffentlicht.[2] Das Muster gibt einen guten Überblick auch für Bereiche außerhalb der Justiz.

Art. 4 Nr. 4 DSGVO

„Profiling" [bezeichnet] jede Art der automatisierten Verarbeitung personenbezogener Daten, die darin besteht, dass diese personenbezogenen Daten verwendet werden, um bestimmte persönliche Aspekte, die sich auf eine natürliche Person beziehen, zu bewerten, insbesondere um Aspekte bezüglich Arbeitsleistung, wirtschaftliche Lage, Gesundheit, persönliche Vorlieben, Interessen, Zuverlässigkeit, Verhalten, Aufenthaltsort oder Ortswechsel dieser natürlichen Person zu analysieren oder vorherzusagen;

Die DSGVO enthält allerdings keine detaillierten Regelungen zur Profilbildung und ist somit im materiellen Datenschutzrecht nicht klar und abschließend geregelt.

Tipp

Die Datenschutzstelle des Fürstentums Liechtenstein gibt auf ihrer Online-Präsenz Hinweise im Umgang mit Profiling inkl. Beispielen.[3]

Der Bayerische Landesbeauftragte für den Datenschutz erläutert in seiner Orientierungshilfe „Das Recht auf Auskunft nach der Datenschutz-Grundverordnung"[4] nach Art. 15 DSGVO. Dabei geht er auch auf ausgewählte nationale Bestimmungen ein, die Anspruchshindernisse vorsehen oder sonst für die Verwirklichung dieser Vorschrift von Bedeutung sind. Im Anhang finden sich veröffentlichte Papiere, die Verständnishilfen im Zusammenhang mit Art. 15 DSGVO beinhalten. Die Orientierungshilfe richtet sich zwar in erster Linie an bayerische öffentliche Stellen und an be-

2 Vgl. https://datenschutz.hessen.de/datenschutz/polizei-und-justiz/auskunftsersuchen-in-den-bereichen-justiz-und-rechtspflege (zuletzt aufgerufen am: 09.02.2024).

3 Vgl. https://www.datenschutzstelle.li/datenschutz/themen-z/profiling (zuletzt aufgerufen am: 09.02.2024).

4 Vgl. https://www.datenschutz-bayern.de/verwaltung/OH_Recht_auf_Auskunft.pdf (zuletzt aufgerufen am: 09.02.2024).

hördliche Datenschutzbeauftragte. Der Schwerpunkt liegt aber generell auf der praktischen Umsetzung der Betroffenenrechte.

Begriffsbestimmung

Das **materielle Recht**, auch als sachliches Recht bezeichnet, ist dabei die Gesamtheit aller Rechtsnormen, die Inhalt, Entstehung, Veränderung und Löschung von Rechten regeln. Das Gegenstück wird als formelles Recht bezeichnet (z. B. Prozessrecht).

Das **Auskunftsrecht** schließt auch das Recht der betroffenen Person auf Auskunft über ihre eigenen gesundheitsbezogenen Daten ein, z. B. Patientenakten, Diagnosen, Untersuchungsergebnisse, Befunde der behandelnden Ärzte oder Eingriffe (ErwG 63 DSGVO).

Nach Möglichkeit sollte der Verantwortliche einen sicheren Fernzugang zu seinem System bereitstellen, um der betroffenen Person einen direkten Zugang zu ihren personenbezogenen Daten zu ermöglichen. In Unternehmen bieten sich hier z. B. Wikis oder das Intranet an.

1.7.2 Recht auf Datenübertragbarkeit (Datenportabilität)

In Art. 20 DSGVO ist das Recht der betroffenen Person auf Datenübertragbarkeit (▶ Kap. 7.7) geregelt. Der Grundgedanke der Datenübertragbarkeit ist es, dass die betroffene Person, wenn sie es wünscht, von dem Verantwortlichen die personenbezogenen Daten erhält, die sich auf ihre Person beziehen. Der Betroffene hat dadurch die Möglichkeit, diese Daten in das Verarbeitungssystem eines anderen Verantwortlichen übertragen zu können bzw. direkt zwischen den Verantwortlichen übertragen zu lassen.

Die betroffene Person soll im Fall der Verarbeitung von personenbezogenen Daten eine bessere Kontrolle über die eigenen Daten haben. Außerdem hat sie einen Anspruch darauf, dass sie die sie betreffenden personenbezogenen Daten, die sie einem Verantwortlichen bereitgestellt hat, in einem strukturierten, gängigen maschinenlesbaren und interoperablen Format erhält. Das Recht gilt nur, sofern die betroffene Person die personenbezogenen Daten mit ihrer Einwilligung zur Verfügung gestellt hat oder die Verarbeitung zur Erfüllung eines Vertrags erforderlich ist. Das Recht gilt nicht, wenn die Verarbeitung auf einer anderen Rechtsgrundlage – z. B. sonstigen Rechtsvorschriften – erfolgt.

Diese Anforderung stellt die Verantwortlichen und Auftragsverarbeiter vor eine Herausforderung. Was dies für datenverarbeitende Unternehmen bedeuten kann, hat die Artikel-29-Datenschutzgruppe in einer ersten Empfehlung am 13.12.2016 veröffentlicht, welche am 05.04.2017[5] zuletzt überarbeitet und vom EDSA bestätigt wurde.

So können Nutzende sozialer Netzwerke vom Anbieter des Netzwerks die Herausgabe ihrer personenbezogenen Daten verlangen. Das „Recht auf Datenübertragbarkeit" besteht auch im Beschäftigungsverhältnis. Mitarbeitende können ebenso von diesem Recht Gebrauch machen (▶ Kap. 2.2).[6]

Tipp

Die Stiftung Datenschutz untersuchte in der Studie „Praktische Umsetzung des Rechts auf Datenübertragbarkeit"[7] die rechtlichen, technischen und verbraucherbezogenen Implikationen des Rechts auf Datenportabilität und gibt Empfehlungen, wie das Instrument nutzbar gemacht werden kann.

[5] Vgl. https://datenschutzkonferenz-online.de/media/wp/20170405_wp242_rev01.pdf bzw. Anhang: https://datenschutzkonferenz-online.de/media/wp/20170405_wp242_rev01_anhang.pdf (jeweils zuletzt aufgerufen am: 09.02.2024).

[6] Vgl. Gola, Peter/Pötters, Stephan (u. a.): Handbuch Arbeitnehmerdatenschutz, Frechen: DATAKONTEXT 2016, Kap. 9 Ziff. 4.5.

[7] Vgl. https://stiftungdatenschutz.org/fileadmin/Redaktion/Dokumente/Datenportabilitaet/kurzversion_studie_datenportabilitaet.pdf (zuletzt aufgerufen am: 09.02.2024).

1.7.3 Recht auf Löschung

Die betroffene Person hat gem. Art. 17 DSGVO das Recht, von dem Verantwortlichen zu verlangen, dass die sie betreffenden personenbezogenen Daten unverzüglich gelöscht werden (▶ Kap. 7.5). Das „Recht auf Löschung“ gab es schon vor der DSGVO (§§ 20, 35 BDSG a. F.), wurde aber auf das Internet ausgeweitet. Mit dem „Recht auf Vergessenwerden“ wird der Verantwortliche, der die personenbezogenen Daten öffentlich gemacht hat, verpflichtet, den Verantwortlichen, die diese personenbezogenen Daten verarbeiten, mitzuteilen, dass alle Links zu diesen personenbezogenen Daten bzw. Kopien oder Replikationen der personenbezogenen Daten zu löschen sind.

Mit dem „Recht auf Vergessenwerden“ werden die Rechte der betroffenen Person gestärkt. Denn damit erhält sie das Recht eines Löschungsanspruchs auch gegenüber Dritten des Verantwortlichen. Auf Grundlage des EuGH-Urteils zu Google Spain und Google Inc. vom 13.05.2014 (Rs. C-131/12) ist das Recht auf Löschung bzw. auf Vergessenwerden als subjektives Recht eine spezielle Ausprägung der Grundrechte auf Achtung des Privatlebens und auf Schutz personenbezogener Daten, wie sie nun in Artt. 7 und 8 Abs. 1 GRCh und in Art. 16 Abs. 1 AEUV niedergelegt sind.[8]

Das Urteil des EuGH, das die Verbraucherrechte in der digitalen Welt stärkt, war wegweisend. Internetdienste müssen unter bestimmten Voraussetzungen Links zu Daten über Verbraucher löschen, wenn diese sich mit dem Wunsch an die Betreiber von Suchmaschinen wenden. Das Urteil des EuGH bezieht sich ausdrücklich nur auf Links und Verweise in Suchmaschinen und nicht auf Inhalte im Netz. Hintergrund dafür ist, dass eine Suche in den Suchmaschinen sofort strukturierte und umfassende Ergebnislisten liefert, anders als bspw. die Suche in Zeitungsarchiven, in denen man immer nur punktuelle Ergebnisse findet. Der EuGH stärkt somit das

---

[8] Vgl. Kamann, Hans-Georg/Braun, Martin: Kapitel III, in: Ehmann, Eugen/Selmayr, Martin (Hrsg.): Datenschutz-Grundverordnung. Kommentar, München: C.H. Beck, 2. Aufl. 2018, Rn. 8.

Recht des Verbrauchers auf Privatsphäre und Selbstbestimmtheit. Er sieht die Suchmaschinenbetreiber als Verantwortliche und somit als richtige Ansprechpartner für die Verbraucher an.

Mit diesem umstrittenen Urteil hat der Art. 17 DSGVO jedoch nur am Rande zu tun. Die Vorschrift regelt das Recht von betroffenen Personen auf die korrespondierende Pflicht von verantwortlichen Unternehmen, personenbezogene Daten zu löschen, sobald keine Zweckbindung mehr vorliegt. Dies gilt auch für Beschäftigtendaten und ist ebenfalls nicht neu (§ 35 BDSG a. F.). Das Recht zwingt den Verantwortlichen, ein entsprechendes und umfassendes Löschkonzept zu erstellen und umzusetzen – dies unter Berücksichtigung der gesetzlichen Aufbewahrungsfristen, die sich u. a. aus HGB, SGB X oder AO ergeben.

Begriffsbestimmung

Das „**Recht auf Vergessenwerden**" (engl.: right to be forgotten) soll sicherstellen, dass digitale Informationen mit einem Personenbezug nicht dauerhaft zur Verfügung stehen („digitaler Radiergummi"). Der Begriff geht auf Viktor Mayer-Schönberger zurück. Der österreichische Rechtswissenschaftler schlug vor, elektronisch gespeicherte Informationen mit einem Ablauf- oder Verfallsdatum zu versehen.

1.7.4 Direkterhebung

Einer der wichtigsten Grundsätze des „alten" Datenschutzrechts war das Gebot der Direkterhebung, das die DSGVO nicht übernommen hat. Der § 4 Abs. 2 BDSG a. F. schrieb vor: *„Personenbezogene Daten sind beim Betroffenen zu erheben [...]".* Wenn Staat und Wirtschaft Daten der Bürger sammeln, sollte dies offen (direkt beim Bürger) und nicht heimlich (bei Dritten) geschehen. Jedwede Befugnis, über einen Bürger hinter dessen Rücken Informationen zu sammeln, bedurfte nach dem Grundsatz der Direkterhebung einer sorgfältigen Begründung (vgl. Plath in: Plath, BDSG, 4 BDSG Rn. 20).

Werden personenbezogene Daten nun nicht bei der betroffenen Person erhoben, bedarf es hierfür nach der DSGVO keines besonderen Grundes (mehr). Allerdings sind bei einer sog. **Dritterhebung** – die personenbezogenen Daten wurden also nicht direkt bei der betroffenen Person erhoben – ein paar Dinge zu beachten. Denn in diesem Fall hat der Verantwortliche der betroffenen Person entsprechende Informationen gem. Art. 14 DSGVO (Informationspflichten, wenn die personenbezogenen Daten nicht bei der Person erhoben werden) mitzuteilen. Über die Erhebung der Daten hat er die betroffene Person gem. Art. 14 Abs. 1 DSGVO zu informieren. Diese Information über die Erlangung der personenbezogenen Daten sind der betroffenen Person innerhalb einer angemessenen Frist, längstens jedoch innerhalb eines Monats (Art. 14 Abs. 3 DSGVO), zur Verfügung zu stellen.

In diesem Zusammenhang erläutert ErwG 61 DSGVO, dass, wenn die personenbezogenen Daten rechtmäßig einem anderen Dritten offengelegt werden dürfen, die betroffene Person bei der erstmaligen Offenlegung der personenbezogenen Daten für diesen Empfänger ebenfalls darüber aufgeklärt werden muss.

Der Verantwortliche hat die erforderliche Transparenz außerhalb der Direkterhebung herzustellen. Artikel 14 DSGVO enthält keine nähere Bestimmung über die Form der Information. Insbesondere gilt Art. 12 Abs. 1 DSGVO. Die Frage nach dem zulässigen Medienbruch wird vom Gesetz ebenfalls nicht beantwortet. Es wird allerdings der leichte Zugang betont. Insofern dürfte neben der unmittelbaren Angabe essenzieller Informationen z. B. ein Verweis auf eine Kurz-URL nebst QR-Code genügen (Gola, Datenschutz-Grundverordnung Kommentar, Art. 13 Rn. 34).

1.7.5 Marktortprinzip

Der europäische Gesetzgeber erstreckt den räumlichen Anwendungsbereich der DSGVO mit Einführung des Marktortprinzips auf datenschutzrechtlich relevante Geschäftsaktivitäten von Unternehmen, die keine Niederlassungen in der EU besitzen und damit an sich außerhalb des territorialen Anwendungsbereichs nach Art. 3 Abs. 1 DSGVO liegen würden.

Unternehmen, die keine Niederlassung in der EU haben, auf dem europäischen Markt aber Waren und Dienstleistungen anbieten, müssen die DSGVO uneingeschränkt anwenden. Diese Unternehmen sind außerdem verpflichtet, einen Vertreter in der EU zu benennen. So will man die Rechte der EU-Bürger stärken und diese gegenüber Unternehmen in Drittstaaten durchsetzen.

Begriffsbestimmung

Das **Marktortprinzip** regelt und erweitert den räumlichen Anwendungsbereich des europäischen Datenschutzrechts durch datenverarbeitende Stellen außerhalb der EU bei der Verarbeitung personenbezogener Daten, sofern das jeweilige Angebot auf den europäischen Markt („Marktort") gerichtet ist (Schantz, NJW 2016, 1841, 1842).

Der Marktort ist der Ort, an dem die Interessen von Leistungsanbieter und Leistungsempfänger aufeinandertreffen, d. h., wenn EU-Bürgern (betroffene Personen) Waren oder Dienstleistungen angeboten werden (Art. 3 Abs. 2 lit. a DSGVO) oder deren Verhalten beobachtet wird (Art. 3 Abs. 2 lit. b DSGVO) und weder der Sitz noch eine Niederlassung des Anbieters sich in der EU befinden (► Kap. 1.8.3).

Nach dem **Herkunftslandprinzip** dagegen findet das Recht des Staates Anwendung, in dem das Unternehmen seinen Sitz hat.

1.7.6 „Privacy by Design" und „Privacy by Default"

Die DSGVO schreibt Prinzipien wie „Privacy by Design" (Art. 25 Abs. 1 DSGVO) und „Privacy by Default" (Art. 25 Abs. 2 DSGVO) verbindlich vor. Diese gelten u. a. auch für Apps und Smart Home.

Das existierende Grundprinzip im Datenschutzrecht lautet: Personenbezogene Daten dürfen nicht verarbeitet werden – es sei denn, es liegt eine Einwilligung vor oder eine gesetzliche Vorschrift gestattet den Datenumgang. Einem Gerätehersteller ist es bspw. gesetzlich gestattet, jene personenbezogenen Daten des Kunden zu verarbeiten, die für die richtige Durchführung des Kaufvertrags oder aber für die Erbringung von Dienstleistungen notwendig sind.

Die geregelten Konzepte des Datenschutzes durch Technikgestaltung („Privacy by Design") und datenschutzfreundliche Voreinstellungen („Privacy by Default") sind nicht neu. Bereits in den 1990er-Jahren wurden sie von der Informationsfreiheits- und Datenschutzbeauftragten Ann Cavoukian (Ontario/Kanada) aufgegriffen, um das Risikopotenzial von Datenverarbeitungssystemen und -prozessen mittels proaktiver technischer Gestaltung zu vermindern.

Ein effektiver Datenschutz kann nicht nur durch eine reaktive Ex-post-Betrachtung eines Verarbeitungsvorgangs realisiert werden. Die Einhaltung der Anforderungen der DSGVO ist nur dann möglich, wenn technische Prozesse ex ante, also im Vorhinein, mit dem Datenschutz in Einklang gebracht werden.

Artikel 25 DSGVO ist eine reine Verfahrensvorschrift und keine Voraussetzung für die Rechtmäßigkeit einer Verarbeitung i. S. d. Artt. 5 ff. DSGVO (sog. Erlaubnistatbestand).

Privacy by Design (Art. 25 Abs. 1 DSGVO)

„Privacy by Design" bedeutet „Datenschutz durch Technikgestaltung". Der Datenschutz ist am besten einzuhalten, wenn er bereits bei der Einführung eines Verarbeitungsvorgangs technisch integriert ist. Anders formuliert: Der Schutz personenbezogener Daten erfolgt durch das früh- und rechtzeitige Ergreifen technischer und organisatorischer Maßnahmen (TOM). Diese sollten dafür ausgelegt sein, gesetzlich geforderte Datenschutzgrundsätze wirksam umzusetzen und die notwendigen Garantien in die Verarbeitung aufzunehmen, um

a) gesetzeskonform zu sein und
b) die Rechte der betroffenen Person zu schützen.

> **Tipp**
>
> **Norm: ISO 31700 Privacy by design for consumer goods and services**
>
> Ziel des Datenschutzprinzips „Privacy by Design" ist es also, Datensicherheit bereits im Entwicklungsprozess von Produkten oder Systemen zu berücksichtigen und zu integrieren, um Datenschutzrisiken zu minimieren und die Einhaltung gesetzlicher Vorgaben sicherzustellen, ohne die Betroffenen unnötig zu belasten. Diese Anforderungen finden sich in der ISO 31700 wieder, Diese Norm befasst sich zum einen mit Verfahren zu Produktgestaltung, Benutzeroberfläche, Verbraucherkommunikation, Tests und Maßnahmen für Einstellungen etc. (ISO 31700-1) und zum anderen mit Beispielen für den Standardeinsatz (ISO 31700-2).[9] Durch die Umsetzung des globalen Standards zur Standardisierung von „Privacy by Design" wird das Vertrauen der Verbraucher in Unternehmen gestärkt.

Privacy by Default (Art. 25 Abs. 2 DSGVO)

„Privacy by Default" bedeutet „Datenschutz durch datenschutzfreundliche Voreinstellungen". Die Werkeinstellungen sind also „datenschutzfreundlich" auszugestalten. Der Gedanke dahinter ist, dass die Nutzer und deren Privatsphäre entsprechend geschützt sind, sie aber nicht aktiv entsprechende Einstellungen selbst vornehmen müssen.

Der Verantwortliche hat dabei sicherzustellen, dass nur personenbezogene Daten verarbeitet werden, deren Verarbeitung für den jeweiligen Verarbeitungszweck erforderlich sind (Zweckbindung und Datenminimierung). Dies gilt ebenfalls für die Rahmenbedingungen der Verarbeitung wie Art, Umfang, Speicherfristen und Zugänglichkeit.

---

9 Vgl. https://www.beuth.de/en/standard/iso-31700-1/364657348 und https://www.beuth.de/en/technical-rule/iso-tr-31700-2/364657407 (jeweils zuletzt aufgerufen am: 09.02.2024).

Absatz 2 bezieht sich hauptsächlich auf internetbasierte Dienste wie Online-Shops oder soziale Netzwerke, bei denen durch die standardmäßige Konfiguration von Privatsphäre-Einstellungen sicherzustellen ist, dass Nutzer ihre Daten nur dem Personenkreis und nur in dem Umfang zugänglich machen, die sie vorab festgelegt haben.

Hintergrund für diese Voreinstellung ist, das Horten von Daten in Form eines „Data Warehousing“ zu vermeiden. Eigentlich ergibt sich das bereits aus den beiden Grundsätzen der Zweckbindung und Datenminimierung.

Tipp

Bei den Anforderungen aus Art. 25 DSGVO handelt es sich um extrem praxisrelevante Regelungen, die allerdings keine Standardantwort erlauben und ermöglichen. Insbesondere „Privacy by Design“ ist sehr früh zu berücksichtigen und entsprechende Auswirkungen auf das gesamte Datenverarbeitungssystem sind zu beachten. Der Verantwortliche hat sich also früh- und rechtzeitig mit den Anforderungen zu befassen.

1.7.7 Datenschutz-Folgenabschätzung (DSFA)

Die Datenschutz-Folgenabschätzung (DSFA; engl.: data protection impact assessment) – geregelt in Art. 35 DSGVO; ► Kap. 5.6 – ist ein Instrument, um das Risiko zu erkennen und zu bewerten, das für die betroffene Person (z. B. Kunde, Patient, Mitarbeiter) durch den Einsatz einer bestimmten Technologie oder eines Systems durch das Unternehmen entsteht. Ziel einer DSFA ist es, Kriterien des operationalisierten Grundrechtsschutzes zu definieren, die Folgen von Datenverarbeitungspraktiken möglichst umfassend zu erfassen sowie objektiv und nachvollziehbar mit Blick auf die verschiedenen Rollen und die damit verbundenen Interessen so zu bewerten, dass typischen Angriffen durch Organisationen mit adäquaten Gegenmaßnahmen begegnet werden kann.

Jede Verarbeitung und jedes Verfahren personenbezogener Daten ist daher vor Beginn durch den Verantwortlichen dahin gehend zu prüfen, ob die Verarbeitung voraussichtlich ein hohes Risiko für die betroffenen Personen birgt. Für die Durchführung ist das Unternehmen verantwortlich, sprich die Stelle, die für die Verarbeitung verantwortlich ist.

Tipp

Die DSFA erfüllt damit die Funktion eines „Frühwarnsystems" und es wird erwartet, dass dieses möglichst bereits in der Entwicklungsphase greift, auf jeden Fall aber vor Beginn der jeweiligen Verarbeitungstätigkeit durchgeführt wird. Das Konzept basiert auf dem Grundsatz des risikobasierten Datenschutzes und einer detaillierten Risikoanalyse durch den Verantwortlichen der eigenen Datenverarbeitung. Übergeordnetes Ziel ist die Sicherheit der Verarbeitung und die Vermeidung von Verstößen – somit trägt die DSFA zur Risikominimierung bei.

Der Rat des Datenschutzbeauftragten (DSB) kann bei der Durchführung eingeholt werden (Art. 35 Abs. 2 DSGVO). Die Durchführung einer DSFA gehört aber nicht zu den Aufgaben eines DSB. Er hat nach Erstellung und Zurverfügungstellung durch den Verantwortlichen die Dokumentation der DSFA zu prüfen, seiner Kontroll- und Überwachungsfunktion gem. Art. 39 DSGVO nachzukommen und das Ergebnis zu dokumentieren. Dies ist ggf. verbunden mit Empfehlungen von Abhilfemaßnahmen und Minimierung des Verarbeitungsrisikos für die betroffene Person.

Die DSFA ist vor Beginn einer Verarbeitung durchzuführen und regelmäßig zu überprüfen. Bei mehreren ähnlichen Verarbeitungsvorgängen mit ähnlich hohen Risiken reicht eine gemeinsame Abschätzung. Der DSFA kann sich eine verpflichtende Konsultation der zuständigen Aufsichtsbehörde anschließen (Art. 36 DSGVO).

Erweiterte Dokumentationspflichten entstehen bei einem Datentransfer in ein Drittland. Hier sind die Risikoabschätzung und die ergriffenen Schutzmaßnahmen nach Art. 28 DSGVO zu dokumentieren (Art. 49 DSGVO) und zum Gegenstand des Verarbeitungsverzeichnisses (Art. 30 DSGVO) zu machen.

Weitere umfangreiche Dokumentationspflichten bestehen zwecks Erfüllung der Transparenzregelungen gegenüber den betroffenen Personen (Artt. 12–22, 34 DSGVO). Der Verantwortliche muss also jederzeit in der Lage sein, die Rechtmäßigkeit seiner Verarbeitungen nachzuweisen – er ist für die Einhaltung rechenschafts- und nachweispflichtig (engl.: accountability). Der Nachweis ist mittels entsprechender Dokumentationen zu führen (Art. 5 Abs. 2 DSGVO).

Eine fehlende Dokumentation kann mit einem Bußgeld belegt werden. Die Nichtdurchführung einer DSFA und die dadurch fehlende Dokumentation einer Risikoabschätzung können mit bis zu 10 Mio. Euro bzw. 2 % des weltweiten Jahresumsatzes des Vorjahres, je nachdem, was höher ist, sanktioniert werden.

1.7.8 Sanktionen

Gemäß der DSGVO drohen bei Datenschutzverstößen empfindliche Bußgelder und Sanktionen. So können gem. Art. 83 Abs. 4 DSGVO bei Verstößen gegen

Art. 83 Abs. 4 lit. a–c DSGVO

a) die Pflichten der Verantwortlichen und der Auftragsverarbeiter gemäß den Artikeln 8, 11, 25 bis 39, 42 und 43;

b) die Pflichten der Zertifizierungsstelle gemäß den Artikeln 42 und 43;

c) die Pflichten der Überwachungsstelle gemäß Artikel 41 Absatz [4].

Geldbußen von **bis zu 10 Mio. Euro** oder im Fall eines Unternehmens von **bis zu 2 % seines gesamten weltweit erzielten Jahresumsatzes des vorangegangenen Geschäftsjahrs** verhängt werden, je nachdem, welcher der Beträge höher ist. Gemäß Art. 83 Abs. 5 DSGVO können bei Verstößen gegen

Art. 83 Abs. 5 lit. a–e DSGVO

a) *die Grundsätze für die Verarbeitung, einschließlich der Bedingungen für die Einwilligung, gemäß den Artikeln 5, 6, 7 und 9;*
b) *die Rechte der betroffenen Person gemäß den Artikeln 12 bis 22;*
c) *die Übermittlung personenbezogener Daten an einen Empfänger in einem Drittland oder an eine internationale Organisation gemäß den Artikeln 44 bis 49;*
d) *alle Pflichten gemäß den Rechtsvorschriften der Mitgliedstaaten, die im Rahmen des Kapitels IX erlassen wurden;*
e) *Nichtbefolgung einer Anweisung oder einer vorübergehenden oder endgültigen Beschränkung oder Aussetzung der Datenübermittlung durch die Aufsichtsbehörde gemäß Artikel 58 Absatz 2 oder Nichtgewährung des Zugangs unter Verstoß gegen Artikel 58 Absatz [1]*

Geldbußen von **bis zu 20 Mio. Euro** oder im Fall eines Unternehmens von **bis zu 4 % seines gesamten weltweit erzielten Jahresumsatzes des vorangegangenen Geschäftsjahrs** verhängt werden, je nachdem, welcher der Beträge höher ist.

Die auf den ersten Blick hohen Strafen relativieren sich: Artikel 83 Abs. 1 und 2 DSGVO normiert die Bedingungen für die Geldbußen im Einzelfall. Die Aufsichtsbehörden für Datenschutz haben die Geldbußen danach für jeden Einzelfall so festzusetzen, dass sie gem. Art. 83 Abs. 1 DSGVO *„wirksam, verhältnismäßig und abschreckend“* sind. Laut Art. 83 Abs. 2 DSGVO sind dabei zu berücksichtigen:

Art. 83 Abs. 2 lit. a–k DSGVO

a) *Art, Schwere und Dauer des Verstoßes unter Berücksichtigung der Art, des Umfangs oder des Zwecks der betreffenden Verarbeitung sowie der Zahl der von der Verarbeitung betroffenen Personen und des Ausmaßes des von ihnen erlittenen Schadens;*
b) *Vorsätzlichkeit oder Fahrlässigkeit des Verstoßes;*
c) *jegliche von dem Verantwortlichen oder dem Auftragsverarbeiter getroffenen Maßnahmen zur Minderung des den betroffenen Personen entstandenen Schadens;*
d) *Grad der Verantwortung des Verantwortlichen oder des Auftragsverarbeiters unter Berücksichtigung der von ihnen gemäß den*

Artikeln 25 und 32 getroffenen technischen und organisatorischen Maßnahmen;

e) *etwaige einschlägige frühere Verstöße des Verantwortlichen oder des Auftragsverarbeiters;*
f) *Umfang der Zusammenarbeit mit der Aufsichtsbehörde, um dem Verstoß abzuhelfen und seine möglichen nachteiligen Auswirkungen zu mindern;*
g) *Kategorien personenbezogener Daten, die von dem Verstoß betroffen sind;*
h) *Art und Weise, wie der Verstoß der Aufsichtsbehörde bekannt wurde, insbesondere ob und gegebenenfalls in welchem Umfang der Verantwortliche oder der Auftragsverarbeiter den Verstoß mitgeteilt hat;*
i) *Einhaltung der nach Artikel 58 Absatz 2 früher gegen den für den betreffenden Verantwortlichen oder Auftragsverarbeiter in Bezug auf denselben Gegenstand angeordneten Maßnahmen, falls solche Maßnahmen angeordnet wurden;*
j) *Einhaltung von genehmigten Verhaltensregeln nach Artikel 40 oder genehmigten Zertifizierungsverfahren nach Artikel 42 und*
k) *jegliche anderen erschwerenden oder mildernden Umstände im jeweiligen Fall, wie unmittelbar oder mittelbar durch den Verstoß erlangte finanzielle Vorteile oder vermiedene Verluste.*

Sicherlich sind die festgesetzten Rechtsbehelfe und Sanktionen „abschreckend". Andererseits bieten sie der Rechtsprechung genügend Spielraum. Bevor Unternehmen Bußgelder zu befürchten haben, gibt es eine Reihe von Benachrichtigungen und Prüfungen durch die Datenschutzaufsichtsbehörden. Geldbußen sind nur der letzte Schritt (▶ Kap. 8.4).

Leitlinien für die Berechnung von Geldbußen

Am 24.05.2023 hat der Europäische Datenschutzausschuss die „Leitlinien 04/2022 für die Berechnung von Geldbußen im Sinne der DSGVO" nach der öffentlichen Konsultation angenommen, mit denen die bestehende Verfahrensweise der Datenschutzbehörden harmonisiert wird.[10] Wesentliches Ziel der Leitlinien ist eine weitere

[10] Vgl. https://edpb.europa.eu/system/files/2023-06/edpb_guidelines_042022_calculationofadministrativefines_en.pdf (zuletzt aufgerufen am: 09.02.2024).

Harmonisierung der europäischen Bußgeldpraxis. Neben Regelungen zur maximalen Bußgeldhöhe ist die Festlegung eines Grundbetrags („starting point") für die Zumessung Kernelement der Leitlinien. Dieser bestimmt sich anhand dreier Größen:

- der Einordnung der Tat anhand der verletzten Norm,
- der Schwere der konkreten Tat sowie
- des Unternehmensumsatzes.

So ist beispielsweise der Grundbetrag, welcher bei mittelschweren Verstößen bis zu 20 % der gesetzlichen Bußgeldgrenze betragen kann, bei Kleinstunternehmen mit einem Umsatz von höchstens 2 Mio. Euro auf 0,2 % dieses Betrags zu reduzieren. Der EDSA macht damit deutlich, dass der Unternehmensumsatz auch für die konkrete Bußgeldberechnung eine maßgebliche Größe ist, Bußgelder umgekehrt die Unternehmen aber nicht überfordern dürfen.[11]

Praxistipp

Eine Übersicht der durch die Aufsichtsbehörden innerhalb der EU verhängten Bußgelder bietet die Website: https://gdprhub.eu/index.php?title=Advanced_Search (zuletzt aufgerufen am: 09.02.2024).

[11] Vgl. https://www.baden-wuerttemberg.datenschutz.de/europa-einheitliche-sanktionierung-von-datenschutzverstoessen/ (zuletzt aufgerufen am: 09.02.2024).

1.8 Drittländer

EU hin, EU her. Geht es um den Datentransfer ins Ausland, bietet das vereinte Europa Vorteile. Die Übermittlung in Vertragsstaaten des Europäischen Wirtschaftsraums (EWR) wie Norwegen, Island und Liechtenstein gestalten sich darüber hinaus unproblematisch.

EWR und Schweiz

Mit dem **EWR**, der 1994 in Kraft getreten ist, sollen die EU-Bestimmungen über den Binnenmarkt auf die Länder der Europäischen Freihandelszone (EFTA) ausgedehnt werden. Entstanden ist er durch ein Abkommen zwischen der EU und den EFTA-Staaten Island, Liechtenstein und Norwegen. Die EWR-Mitglieder bilden einen gemeinsamen Markt. Die **Schweiz** dagegen ist zwar Mitglied der EFTA, aber weder EU-Mitgliedstaat noch EWR-Mitglied. Sie ist durch eine Reihe von bilateralen Verträgen mit der EU verbunden. In vielen Bereichen sind Schweizer Staatsangehörige daher EU-Bürgern gleichgestellt.

Problematisch sind Datentransfers in Länder, die weder der EU noch dem EWR angehören. Sie werden als sog. Drittländer betitelt. Die DSGVO sieht für die Datenübermittlungen in ein Drittland besondere Regelungen vor. Eine Datenübermittlung dorthin ist nur dann rechtlich zulässig, wenn entweder eine Ausnahmeregelung für die konkrete Datenübermittlung vorliegt oder wenn ein angemessenes Datenschutzniveau i. S. d. Art. 45 DSGVO – Datenübermittlung auf der Grundlage eines Angemessenheitsbeschlusses durch zusätzlich ergriffene Maßnahmen sichergestellt wird.[1]

[1] Weitere Informationen dazu bietet die DSK mit ihrem Kurzpapier Nr. 4, auf: https://www.datenschutzkonferenz-online.de/media/kp/dsk_kpnr_4.pdf (zuletzt aufgerufen am: 09.02.2024).

1.8.1 Drittländer mit angemessenem Datenschutzniveau

Die EU-Kommission hat gem. Art. 45 Abs. 1 DSGVO die Möglichkeit, nach entsprechender Prüfung das Bestehen eines angemessenen Schutzniveaus in bestimmten Drittländern festzustellen.

Derzeit existieren Angemessenheitsbeschlüsse für die Übermittlung personenbezogener Daten in folgende Drittländer[2]:

- Andorra[3]
- Argentinien[3]
- Färöer-Inseln[3]
- Guernsey[3]
- Isle of Man
- Israel[3]
- Japan
- Jersey[3]
- Kanada (nur in Bezug auf Privatsektor)[3]
- Neuseeland[3]
- Republik Korea (Südkorea)
- Schweiz[3]
- Uruguay[3]
- Vereinigtes Königreich
- Vereinigte Staaten von Amerika

Die Europäische Kommission hat alle mit [3] gekennzeichneten Angemessenheitsbeschlüsse noch auf Grundlage von Art. 25 Abs. 6 der RL 95/46/EG („EU-Datenschutzrichtlinie") erlassen. Sie gelten auch nach Gültigwerden der DSGVO zum 25.05.2018 fort, solange die Europäische Kommission nicht ihre Änderung, Ersetzung oder Aufhebung beschließt (vgl. Art. 45 Abs. 9 DSGVO).

Am 23.01.2019 hat die EU-Kommission den Angemessenheitsbeschluss, der erste unter der DSGVO, für Japan angenommen und damit den weltgrößten Raum für sicheren Datenverkehr geschaffen. Danach folgten die Angemessenheitsbeschlüsse für UK am 28.06.2021 und für Südkorea am 17.12.2021.

---

[2] Vgl. https://datenschutz.hessen.de/datenschutz/internationaler-datentransfer/angemessenheitsbeschluesse-der-europaeischen-kommission (zuletzt aufgerufen am: 09.02.2024).

[3] Der Beschluss kann jederzeit aufgrund der Erfahrungen in der Umsetzung oder wenn sich etwas an den Rechtsvorschriften ändert, angepasst werden.

Tipp

Als Folge gilt für diese Drittländer ein vergleichbares Datenschutzniveau. Eine Datenübermittlung in jene Länder ist daher ohne eine weitere eigene Überprüfung datenschutzrechtlich zulässig. Dies entbindet den Verantwortlichen und Auftragsverarbeiter selbstverständlich nicht von seiner Verpflichtung, sämtliche sonstigen Voraussetzungen einer rechtmäßigen Datenverarbeitung, die sich aus den geltenden Datenschutzgesetzen ergeben, zu prüfen (z. B. Einhaltung der Sicherheit der Verarbeitung gem. Art. 32 DSGVO beim Auftragsverarbeiter) und zu erfüllen (z. B. Abschluss einer Vereinbarung zur Auftragsverarbeitung gem. Art. 28 Abs. 3 DSGVO).

Datenübermittlung in die USA

Der Europäische Gerichtshof (EuGH) in Luxemburg hat in seinem Urteil vom 16.07.2020 (Rs. C-311/18 – „Schrems II") den Beschluss 2016/1250 der Europäischen Kommission zur Übermittlung personenbezogener Daten in die USA – den sog. EU-U.S.-Privacy Shield[4], der bereits mit seinem Gültigwerden am 01.08.2016 unter Kritik stand – für unwirksam erklärt. Seine Begründung war, dass das durch den EuGH bewertete US-Recht kein Schutzniveau biete, das dem in der EU im Wesentlichen gleichwertig sei. Unter das betroffene US-Recht fallen z. B. die nachrichtendienstlichen Erhebungsbefugnisse nach Section 702 FISA und Executive Order 12 333.

■ **Neu**

Die Europäische Kommission hat am 10.07.2023 ihren Angemessenheitsbeschluss für den EU-US-Datenschutzrahmen angenommen.[5] Dieser kommt zu dem Schluss, dass die Vereinigten Staaten

[4] Vgl. https://www.baden-wuerttemberg.datenschutz.de/ueberblick-eu-u-s-privacy-shield/ (zuletzt aufgerufen am: 09.02.2024).

[5] https://commission.europa.eu/system/files/2023-07/Adequacy%20decision%20EU-US%20Data%20Privacy%20Framework_en.pdf (zuletzt aufgerufen am: 09.02.2024).

ein angemessenes Schutzniveau – vergleichbar mit dem der EU – für personenbezogene Daten gewährleisten, die auf der Grundlage des neuen Rahmens aus der EU an US-Unternehmen übermittelt werden. Auf der Grundlage des neuen Angemessenheitsbeschlusses können personenbezogene Daten aus der EU an US-Unternehmen, die an dem Rahmen teilnehmen, übermittelt werden, ohne dass zusätzliche Datenschutzvorkehrungen getroffen werden müssen.

Was ist das Trans-Atlantic Data Privacy Framework (TADPF)?[6]

Das TADPF – mittlerweile hat sich die Abkürzung „DPF" durchgesetzt – ist kein (neues) Gesetz. Es ist eine Vereinbarung zwischen der EU-Kommission und dem US-Handelsministerium sowie ein Angemessenheitsbeschluss gem. Art. 45 DSGVO. Das DPF ist der dritte Anlauf und der Nachfolger von „Safe Harbor" und „Privacy Shield".

Der DPF erstreckt sie nicht auf die gesamten USA. US-Unternehmen können dem Framework beitreten, indem sie sich zur Einhaltung einer Reihe von Datenschutzvorgaben verpflichten, wie z. B. der Anforderung, personenbezogene Daten zu löschen, wenn sie für den Zweck, für den sie erfasst wurden, nicht mehr erforderlich sind („Selbstzertifizierungsverfahren"). Die zertifizierten US-Unternehmen werden (wieder und wie bei den Vorgängern) in einer Datenbank geführt.

Tipp

Bevor EU-Unternehmen einen US-Dienstleister beauftragen, sollten diese prüfen, ob der Anbieter das Selbstzertifizierungsverfahren durchlaufen hat.[7] Eine Überprüfung der Angaben bzw. der Einhaltung der Datenschutzverpflichtungen der dort gelisteten Unternehmen durch eine Behörde oder Zertifizierungsstelle erfolgt allerdings nicht.

6 https://ec.europa.eu/commission/presscorner/detail/en/ip_23_3721 (zuletzt aufgerufen am: 09.02.2024).

7 Vgl. https://www.dataprivacyframework.gov/s/participant-search (zuletzt aufgerufen: 09.02.2024).

1.8.2 Allgemeine Grundsätze der Datenübermittlung

Begriffsklärungen

Die DSGVO enthält keine Definition des Begriffs „Drittland" (vgl. Art. 4 DSGVO). Denn alle Staaten, die nicht Mitglied der EU sind, gelten als Drittländer. Dies ergibt sich daraus, dass die DSGVO nur für die EU-Mitgliedstaaten gilt und Artt. 44–50 DSGVO darauf abzielen, zusätzliche Anforderungen vorzusehen, wenn Daten aus dem Schutzniveau der DSGVO hinaus in andere Rechtsordnungen übertragen werden.

Die Staaten des EWR zählen nicht zur EU und sind somit eigentlich Drittländer. Diese haben jedoch die Anwendung der DSGVO beschlossen, weshalb sie datenschutzrechtlich wie EU-Mitgliedstaaten und nicht wie Drittländer behandelt werden. Das gilt nach § 1 Abs. 6 BDSG. Für die Praxis bedeutet dies, dass die Übertragung von personenbezogenen Daten nach Island, Liechtenstein[8] und Norwegen auch ohne Berücksichtigung der Voraussetzungen der Artt. 44 ff. DSGVO erfolgen kann.

Definitionen des EDSA

Der DSGVO ist keine Definition der „Übermittlung personenbezogener Daten in ein Drittland oder an eine internationale Organisation" zu entnehmen. Der Europäische Datenschutzausschuss (EDSA) hat daher in den gegenständlichen Leitlinien 05/2021 drei kumulative Kriterien identifiziert, bei deren Vorliegen eine Verarbeitung als „Übermittlung" zu qualifizieren ist[9]:

1. Der Verantwortliche oder Auftragsverarbeiter (in weiterer Folge: Exporteur) unterliegt im Hinblick auf die konkrete Verarbeitung der DSGVO. Der EDSA betont, dass Exporteure ohne Niederlas-

[8] Vgl. Ministerium für Äusseres, Justiz und Kultur: Vernehmlassungsbericht der Regierung, Datenschutzgrundverordnung vom 28.02.2018.

[9] Die Leitlinien sind in Englisch abrufbar unter: https://edpb.europa.eu/our-work-tools/our-documents/guidelines/guidelines-052021-interplay-between-application-article-3_en (zuletzt aufgerufen am: 09.02.2024).

sung in der EU gleichermaßen umfasst sind (vgl. Art. 3 Abs. 2 DSGVO).

2. Der Exporteur stellt einem anderen Verantwortlichen, einem gemeinsamen Verantwortlichen oder Auftragsverarbeiter (in weiterer Folge: Importeur) personenbezogene Daten, die Gegenstand der Verarbeitung sind, durch Übermittlung oder auf andere Weise zur Verfügung. Nach den Ausführungen des EDSA liegt dabei keine „Übermittlung" vor, wenn eine betroffene Person ihre Daten direkt an einen Empfänger weitergibt. Als Beispiel wird hier eine Bestellung in einem Onlineshop genannt. Der EDSA hebt zudem hervor, dass bei einer „Übermittlung" jeweils zwei verschiedene Beteiligte agieren. Wenn etwa ein Arbeitnehmer für ein Meeting in ein Drittland reist und auf dem Dienst-Laptop auf personenbezogene Daten zugreift, stellt dieser Vorgang keine „Übermittlung" dar, zumal dieser Verarbeitungsvorgang dem Arbeitgeber als datenschutzrechtlich Verantwortlichen zuzurechnen ist. Dementgegen weist der EDSA darauf hin, dass eine „Übermittlung" von Daten an ein Drittland auch dann vorgenommen wird, wenn ein Auftragsverarbeiter, der unter den Anwendungsbereich der DSGVO fällt, für einen Verantwortlichen tätig wird, der nicht unter die DSGVO fällt.
3. Der Importeur befindet sich in einem Drittland oder ist eine internationale Organisation. Unbeachtlich ist dabei, ob er im Hinblick auf die konkrete Verarbeitung der DSGVO unterliegt oder nicht.

Sind alle o. g. Kriterien erfüllt, kommt Kap. V der DSGVO, unbeschadet des Art. 3 DSGVO, zur Anwendung. Die Leitlinien des EDSA schaffen somit Klarheit über den Anwendungsbereich der DSGVO im Zusammenhang mit internationalem Datentransfer.

Was versteht man unter „Übermittlung"?

Der Begriff „Übermittlung" wird – wie bereits in der EU-Datenschutzrichtlinie 95/46/EG – bewusst nicht, etwa in Form einer Legaldefinition, konkretisiert.[10] Herkömmlich wird unter Übermittlung i. S. d. Artt. 44 ff. DSGVO jeglicher Verarbeitungsvorgang verstanden, bei

[10] Vgl. Hünermann, Rolf in: Schwartmann, Rolf/Jaspers, Andreas (u. a.) (Hrsg.): DS-GVO/BDSG, Heidelberg: C. F. Müller, 2. Aufl. 2020, Art. 44, S. 1181 Rn. 5.

dem personenbezogene Daten außerhalb des Geltungsbereichs der DSGVO gebraucht werden und sich die Endbestimmung der Daten außerhalb des Gebiets der EU befindet oder ein Zugriff auf die Daten außerhalb der Union möglich ist.[11] Ein typischer und seit Langem diskutierter Fall ist daher die Bereitstellung von Informationen zum Abruf im Internet (z. B. Website eines Unternehmens).

Allgemeine Grundsätze lt. DSGVO

Die DSGVO will ein einheitliches Datenschutzniveau in der EU schaffen. Sie ermöglicht damit einen freien Datenverkehr zwischen den EU-Mitgliedstaaten (vgl. Art. 1 Abs. 1 DSGVO). Gleichzeitig grenzt sie damit aber auch die EU von anderen Staaten ab, indem sie nur durch Artt. 44–50 DSGVO der Verarbeitung personenbezogener Daten in Drittländern Grenzen setzt: Bevor also eine Übermittlung in ein Drittland bzw. an eine internationale Organisation stattfinden darf, muss diese zuerst nach den allgemeinen Maßstäben der DSGVO (vgl. Art. 44) zulässig sein. Erst dann muss eines der Instrumente der Artt. 45–50 DSGVO ergänzend herangezogen werden, um eine zulässige Datenübermittlung gewährleisten zu können (sog. „Zwei-Stufen-Prüfung").

Artikel 44 DSGVO normiert in Satz 1 Halbsatz 1, dass die Übermittlung an ein Drittland sowie eine internationale Organisation nur zulässig ist, wenn sowohl die besonderen Bedingungen des Kap. V der DSGVO als auch die sonstigen Bestimmungen der Verordnung erfüllt bzw. eingehalten werden.[12]

Art. 44 DSGVO – Allgemeine Grundsätze der Datenübermittlung

Jedwede Übermittlung personenbezogener Daten, die bereits verarbeitet werden oder nach ihrer Übermittlung an ein Drittland oder eine internationale Organisation verarbeitet werden sollen, ist nur zulässig, wenn der Verantwortliche und der Auftragsverarbeiter die in diesem Kapitel niedergelegten Bedingungen einhalten und auch die

[11] Vgl. ebenda.

[12] Vgl. Hünermann, Rolf in: Schwartmann, Rolf/Jaspers, Andreas (u. a.) (Hrsg.): DS-GVO/BDSG, Heidelberg: C. F. Müller, 2. Aufl. 2020, Art. 44, S. 1180 Rn. 3.

sonstigen Bestimmungen dieser Verordnung eingehalten werden; dies gilt auch für die etwaige Weiterübermittlung personenbezogener Daten aus dem betreffenden Drittland oder der betreffenden internationalen Organisation an ein anderes Drittland oder eine andere internationale Organisation. Alle Bestimmungen dieses Kapitels sind anzuwenden, um sicherzustellen, dass das durch diese Verordnung gewährleistete Schutzniveau für natürliche Personen nicht untergraben wird.

Es kommt also darauf an, ob der Datenverarbeiter im Drittland ein angemessenes Datenschutzniveau einhält. Ist dies nicht der Fall, ist zu prüfen, ob eine Ausnahme für die Datenübermittlung greift.

Die DSGVO sieht für Datentransfers in Drittländer folgende Möglichkeiten vor (für öffentliche Stellen gelten im Einzelfall ergänzende Regelungen):

- Feststellung der **Angemessenheit** des Datenschutzniveaus im Drittland durch die EU-Kommission (Art. 45 DSGVO) oder
- Vorliegen geeigneter **Garantien** (Art. 46 DSGVO)
  - verbindliche interne Datenschutzvorschriften (Binding Corporate Rules) (Art. 46 Abs. 2 lit. b, Art. 47 DSGVO)
  - Standarddatenschutzklauseln der Kommission oder einer Aufsichtsbehörde (Art. 46 Abs. 2 lit. c und d DSGVO)
  - genehmigte Verhaltensregeln und genehmigter Zertifizierungsmechanismus (Art. 46 Abs. 2 lit. e und f DSGVO)
  - einzeln ausgehandelte Vertragsklauseln (Art. 46 Abs. 3 DSGVO) oder
- **Ausnahmen** für bestimmte Fälle (Art. 49 DSGVO)
  - Einwilligung (Art. 49 Abs. 1 Unterabsatz 1 lit. a DSGVO)
  - Erforderlichkeit zur Vertragserfüllung (Art. 49 Abs. 1 Unterabsatz 1 lit. b und c DSGVO)
  - wichtige Gründe des öffentlichen Interesses (Art. 49 Abs. 1 Unterabsatz 1 lit. d DSGVO)
  - Verfolgung von Rechtsansprüchen (Art. 49 Abs. 1 Unterabsatz 1 lit. e DSGVO)
  - Schutz lebenswichtiger Interessen (Art. 49 Abs. 1 Unterabsatz 1 lit. f DSGVO)

- Wahrung zwingender berechtigter Interessen (Art. 49 Abs. 1 Unterabsatz 2 Satz 1 DSGVO)

Was ist bei einer internationalen Datenübermittlung zu beachten?

Wird durch die Kommission festgestellt, dass ein angemessenes Schutzniveau für personenbezogene Daten gegeben ist, ist eine Datenübermittlung ohne besondere Genehmigung möglich.

Sollte ein angemessenes Datenschutzniveau nicht vorliegen, müssen seit dem 25.05.2018 die bekannten Instrumente wie Binding Corporate Rules, Standarddatenvertragsklauseln (▶ Kap. 1.8.4) oder die Einwilligung des Betroffenen herangezogen werden.

Auch die Weitergabe von Daten innerhalb eines Konzerns (verbundene Unternehmen) stellt eine datenschutzrechtlich relevante Datenübermittlung dar. Die DSGVO kennt, wie auch das BDSG a. F., kein Konzernprivileg. Ein angemessenes Datenschutzniveau setzt eine nationale Gesetzgebung in dem Drittland voraus, die die wesentlichen Datenschutzgrundsätze in einer Weise festlegt, wie sie auch für das Datenschutzrecht der EU und der EU-Mitgliedstaaten gelten. Das bedeutet, dass das Mutter- bzw. Tochterunternehmen wie ein „fremdes Unternehmen" zu betrachten ist.

Tipp

Der BayLfD veröffentlichte im Mai 2023 die Orientierungshilfe „Internationale Datentransfers"[13]. Die Orientierungshilfe richtet sich vornehmlich an bayerische öffentliche Stellen. Allerdings gibt es Handlungsempfehlungen, deren Einhaltung auch für nicht-öffentliche Stellen ratsam sind. Insbesondere sind geeignete Garantien und somit die technischen und organisatorischen Maßnahmen (Datenschutz-Sicherheitskonzept) vorzusehen bzw. umzusetzen.

[13] Vgl. https://www.datenschutz-bayern.de/datenschutzreform2018/OH_Drittstaatentransfer.pdf (zuletzt aufgerufen am: 09.02.2024).

1.8.3 Was müssen Anbieter mit Sitz außerhalb der EU beachten?

Gemäß Art. 3 Abs. 2 DSGVO (Räumlicher Anwendungsbereich) findet die Verordnung Anwendung, sobald ein nicht in der EU niedergelassener Verantwortlicher oder Auftragsverarbeiter Daten von betroffenen Personen, die sich in der EU befinden, verarbeitet. Man spricht hier vom sog. Marktortprinzip (► Kap. 1.7.5). Davon betroffen sind somit u. a. Betreiber von Online-Portalen, Versandhändler, Exporteure sowie jegliche Dienstleister, die Leistungen in der EU anbieten und dabei personenbezogene Daten verarbeiten.

Das bedeutet: Das Markortprinzip gilt, wenn ein Unternehmen weder seinen Sitz noch eine Niederlassung in der EU hat, jedoch Personen in der EU entgeltlich oder unentgeltlich Waren oder Dienstleistungen anbietet oder deren Verhalten (Profiling, Tracking) beobachtet.

Beispiel

Die bloße Zugänglichkeit einer Website führt nicht automatisch zur Anwendung der DSGVO, die Verwendung einer Sprache oder Währung, die in einem oder mehreren Mitgliedstaaten der EU gebräuchlich ist, in Verbindung mit der Möglichkeit, Waren und/oder Dienstleistungen in der anderen Sprache zu verwenden (ErwG 23 DSGVO), dagegen schon.

Unter anderem regelt Art. 3 DSGVO den räumlichen Anwendungsbereich:

Art. 3 Abs. 2 DSGVO

Diese Verordnung findet Anwendung auf die Verarbeitung personenbezogener Daten von betroffenen Personen, die sich in der Union befinden, durch einen nicht in der Union niedergelassenen Verantwortlichen oder Auftragsverarbeiter, wenn die Datenverarbeitung im Zusammenhang damit steht [...].

Checkliste: Drittland – Handlungsbedarfe

- ☐ **Information über die Datenübermittlung in ein Drittland:** Im Informationsblatt zur Datenverarbeitung und in der Datenschutzerklärung einer Website ist gem. Art. 13 Abs. 1 lit. f bzw. Art. 14 Abs. 1 lit. f DSGVO über die Datenübermittlung in ein Drittland zu informieren.
- ☐ **Recht nach Auskunft:** Im Rahmen eines Auskunftsersuchens einer betroffenen Person ist sie gem. Art. 15 Abs. 1 lit. c, Abs. 2 DSGVO über die Datenübermittlung in Drittländer zu beauskunften.
- ☐ **Verzeichnis der Verarbeitungstätigkeiten:** Im Verarbeitungsverzeichnis sind Datenübermittlungen in Drittländer gem. Art. 30 Abs. 1 lit. d und e bzw. Abs. 2 lit. c DSGVO als solche zu dokumentieren.
- ☐ **Datenschutz-Folgenabschätzungen:** Eventuell sind DSFA (Art. 35 DSGVO) für Verarbeitungen durchzuführen oder bereits durchgeführte DSFA im Hinblick auf die neue Situation zu prüfen.
- ☐ **Übermittlungen an Drittländer:** Es sind geeignete Garantien zum Schutz personenbezogener Daten bei der Übermittlung in ein Drittland zu schaffen, wenn keine Ausnahmetatbestände greifen (Artt. 44 ff. DSGVO).

1.8.4 EU-Standardvertragsklauseln

Mit dem Durchführungsbeschluss (EU) 2021/914 vom 04.06.2021 (ABl. 2021 L 199/31 vom 07.06.2021) hat die Europäische Kommission neue Standardvertragsklauseln (engl.: Standard Contractual Clauses – SCC) erlassen – und damit an die DSGVO angepasst.

Die mit vier Modulen aufgebauten von der Kommission vorgegebenen – und damit ohne besondere Genehmigung durch die Aufsichtsbehörden einsetzbaren – Vertragsklauseln, die im Rahmen von Transfers personenbezogener Daten durch „Datenexporteure“ (u. a. Verantwortlicher) an „Datenimporteure“ (u. a. Auftragsverarbeiter) in Drittländer erforderlich sind, lassen sich in folgenden Konstellationen einsetzen[14]:

- Modul 1: Übermittlung zwischen zwei Verantwortlichen
- Modul 2: Übermittlung von einem Verantwortlichen an einen Auftragsverarbeiter
- Modul 3: Übermittlung von einem Auftragsverarbeiter an einen weiteren (Unter-)Auftragsverarbeiter
- Modul 4: Übermittlung von einem Auftragsverarbeiter an einen Verantwortlichen

Diese Klauseln sind seit dem 27.09.2021 zwingend für Neuverträge zu verwenden. Bei Altverträgen waren die bereits abgeschlossenen SCC bis zum 27.12.2022 durch die neuen Vertragsklauseln zu ersetzen.

Tipp

Die Klauselsets setzen zwar die Forderungen des EuGH zum US-Datentransfer (Rs. C-311/18 – „Schrems II") um. Auch wenn sie für die beteiligten Unternehmen sehr leicht implementierbar und unverändert zu verwenden sind, muss der Datenexporteur dennoch nach wie vor die Rechtslage und -praxis des Drittlands prüfen und ggf. zusätzliche Schutzmaßnahmen ergreifen.[15] Der EDSA hat dafür sechs Schritte ausgearbeitet, die Datenexporteure bei ihrer Prüfung unterstützen sollen.[16]

Die SCC decken bei Auftragsverarbeitungsverträgen die Anforderungen aus Art. 28 DSGVO mit ab, wodurch die Notwendigkeit zum Abschluss einer zusätzlichen Auftragsverarbeitungsvereinbarung entfällt. Das heißt, wenn ein Vertrag auf Grundlage der SCC ge-

[14] Vgl. https://eur-lex.europa.eu/eli/dec_impl/2021/914/oj; https://eur-lex.europa.eu/eli/dec_impl/2021/915/oj (jeweils zuletzt aufgerufen am: 09.02.2024).

[15] Vgl. DSK-Pressemitteilung vom 22.06.2021, abrufbar unter: https://datenschutzkonferenz-online.de/media/pm/2021_pm_neue_scc.pdf (zuletzt aufgerufen am: 09.02.2024).

[16] Vgl. https://edpb.europa.eu/system/files/2021-06/edpb_recommendations_202001vo.2.0_supplementarymeasurestransferstools_en.pdf (zuletzt aufgerufen am: 09.02.2024).

schlossen wird, ist der Abschluss einer zusätzlichen AVV nicht mehr erforderlich. Allerdings erfüllen die SCC zur Auftragsverarbeitung (Durchführungsbeschluss (EU) 2021/915 der EU-Kommission vom 04.06.2021, ABl. 2021 L 199/18 vom 07.06.2021) lt. LfD Niedersachsen nicht die Anforderungen an eine Übermittlung personenbezogener Daten in Drittländer gem. Kap. V der DSGVO.[17]

Tipp

Zu beachten ist, dass die Genehmigungsfreiheit bei der Verwendung der SCC nur dann gilt, wenn jene unverändert verwendet werden. Die Auswahl eines Moduls bzw. die Ergänzung oder Aktualisierung von Informationen in der Anlage bleibt davon unberührt. Zudem lassen sich die Klauselsets auch in einen umfangreicheren Vertrag integrieren – vorausgesetzt, weitere Klauseln oder zusätzliche Garantien stehen weder unmittelbar noch mittelbar im Widerspruch zu ihnen bzw. beschneiden keine Grundrechte oder Grundfreiheiten der betroffenen Personen.

Checkliste[18]

- ☐ Werden personenbezogene Daten in Drittländern und/oder von Unternehmen mit Sitz in einem Drittland verarbeitet?
- ☐ Sind Subunternehmer (Unterauftragsverarbeiter wie Cloud-Services, Rechenzentren, Newsletter-Anbieter), die personenbezogene Daten in Drittländer verarbeiten, beauftragt?
- ☐ Haben Anbieter aus Drittländern die SCC bereits vorgelegt (ansonsten anfragen)?
- ☐ Liegt die Auskunft von Subunternehmern vor, ob entsprechende Standardvertragsklauseln mit deren Subunternehmer in Drittländern geschlossen wurden (Vertragskopien angefordert?)?
- ☐ Haben Anbieter aus Drittländern die TOM genannt, mit denen die besonderen Risiken des Drittlandtransfers aufgefangen wer-

[17] Vgl. https://lfd.niedersachsen.de/startseite/themen/internationaler_datenverkehr/standardvertragsklauseln/ (zuletzt aufgerufen am: 09.02.2024).

[18] In Anlehnung an: https://www.adorgasolutions.de/neue-standardvertragsklauseln-fuer-den-datentransfer-in-drittlaender/ (zuletzt aufgerufen am: 09.02.2024).

den, und haben sie mit Subunternehmern entsprechende Maßnahmen vereinbart (Auflistung der beauftragten Unternehmen und Kopien)?

- ☐ Zum SCC: Wurden die Klauselsets tatsächlich unverändert verwendet und die Anhänge ordnungsgemäß und vollständig ausgefüllt?
- ☐ Datenexporteur: Ist sichergestellt, dass das vom Anbieter zugesicherte Datenschutzniveau erstmals und später regelmäßig geprüft und dies auch sorgfältig dokumentiert wird (Rechenschaftspflicht)?

2 Beschäftigtendatenschutz

2.1 Einleitung ins Thema

Das Verhältnis der verschiedenen unionsrechtlichen Regelungsebenen zum mitgliedstaatlichen Recht führt im Datenschutzrecht in vielen Bereichen zu schwierigen Fragestellungen. Dies gilt in besonderem Maße für den Schutz von Beschäftigtendaten. Die DSGVO enthält keine spezifischen und umfassenden Regelungen zum Beschäftigtendatenschutz. Dieser Befund mutet auf den ersten Blick unter Berücksichtigung des Verordnungsziels einer Vereinheitlichung des Datenschutzniveaus zunächst etwas seltsam an; insbesondere wenn man bedenkt, dass gerade in einem Beschäftigungsverhältnis zahlreiche, teils sensible personenbezogene Daten von Arbeitnehmern verarbeitet werden und zudem ein besonderes Abhängigkeitsverhältnis zwischen Arbeitnehmer und Arbeitgeber besteht. Andererseits machen es die zahlreichen verschiedenen Verarbeitungssituationen im Beschäftigungskontext, in denen die konfligierenden Rechte und Freiheiten des Arbeitgebers auf der einen und der Arbeitnehmer auf der anderen Seite in Ausgleich gebracht werden müssen, schwierig, allgemein gültige Regelungen zu treffen. Das Ergebnis dieses Ausgleichs wird nicht zuletzt auch politisch kontrovers diskutiert. Hinzukommen die fortschreitenden technologischen Entwicklungen, z. B. der Einsatz von künstlicher Intelligenz (KI) im Arbeitsverhältnis, und die unterschiedlichen Rechtstraditionen der einzelnen Mitgliedstaaten.

2.1.1 Öffnungsklausel für die Datenverarbeitung im Beschäftigungskontext

Es ist daher im Ergebnis nachvollziehbar, wenn die DSGVO keine besonderen Regelungen für Datenverarbeitungen im Beschäftigungskontext enthält, sondern in Art. 88 Abs. 1 den Mitgliedstaaten den Erlass spezifischer Vorschriften überlässt.

Demnach können die Mitgliedstaaten durch Rechtsvorschriften oder durch Kollektivvereinbarungen (wie Tarifverträge, Betriebsvereinbarungen) spezifischere Vorschriften zur Gewährleistung des Schutzes der Rechte und Freiheiten hinsichtlich der Verarbeitung personenbezogener Beschäftigtendaten im Beschäftigungskontext festlegen. Dies gilt insbesondere für folgende Zwecke:

- Einstellung und Erfüllung des Arbeitsvertrags inkl. der Erfüllung von durch Rechtsvorschriften oder durch Kollektivvereinbarungen festgelegten Pflichten
- Managementzwecke
- Planung und Organisation der Arbeit
- Gleichheit und Diversität am Arbeitsplatz
- Gesundheit und Sicherheit am Arbeitsplatz
- Schutz des Eigentums der Arbeitgeber oder Kunden
- Inanspruchnahme der mit der Beschäftigung zusammenhängenden individuellen oder kollektiven Rechte und Leistungen
- Beendigung des Beschäftigungsverhältnisses

Diese Regelungen müssen angemessene und besondere Maßnahmen zur Wahrung der menschlichen Würde, der berechtigten Interessen und der Grundrechte der betroffenen Person enthalten. Besonderes Gewicht legt die DSGVO hierbei auf die Transparenz der Verarbeitung und bei der Übermittlung personenbezogener Daten innerhalb einer Unternehmensgruppe oder einer Gruppe von Unternehmen, die eine gemeinsame Wirtschaftstätigkeit ausüben. Ausdrücklich angesprochen sind außerdem die Überwachungssysteme am Arbeitsplatz.

Die auf Basis von Art. 88 Abs. 1 DSGVO erlassenen mitgliedstaatlichen Vorschriften müssen ihrerseits den unionsrechtlichen Vorgaben entsprechen. Dies führt insbesondere dazu, dass das Datenschutzniveau der DSGVO nicht unterschritten werden darf. Die Regelungstechnik des Verordnungsgebers bedingt zudem, dass die Regelungen der DSGVO, insbesondere die Begriffsbestimmungen (▶ Kap. 1.1.3), die Datenschutzgrundsätze aus Art. 5 DSGVO (▶ Kap. 1.6) und die Betroffenenrechte aus Artt. 12 ff. DSGVO (▶ Kap. 7) auch im Beschäftigungskontext Geltung beanspruchen und – soweit diese nicht selbst eine Öffnungsklausel enthalten – nicht zur Disposition des mitgliedstaatlichen Gesetzgebers stehen.

Mit ihrem gegenüber der Vorgängernorm zugunsten der Betroffenen weiter gefassten Schutzkonzept und v. a. erheblich verschärften Sanktionen hat die DSGVO Handlungsbedarf im nationalen Recht ausgelöst. Die Reaktion des nationalen Gesetzgebers erfolgte in Deutschland mit dem Datenschutz-Anpassungs- und -Umsetzungsgesetz (DSAnpUG-EU) vom 30.06.2017. Im BDSG fand jedoch keine umfassende Neuregelung statt. Vielmehr entspricht § 26 BDSG als Nachfolgenorm weitgehend § 32 BDSG a. F. Das mag aufgrund konzeptioneller Unklarheiten und Widersprüche zu bedauern sein, hat aber den Vorteil, dass zumindest teilweise auf bekanntes Praxiswissen und auf die zu § 32 BDSG a. F. ergangene Rechtsprechung zurückgegriffen werden kann.

§ 26 BDSG enthält keine detaillierte Regelung, welche Verarbeitungstätigkeiten im Arbeitsverhältnis (ggf. unter welchen Voraussetzungen) zulässig sind und welche nicht. Absatz 1 Satz 1 übernimmt den aus Art. 6 Abs. 1 Satz 1 lit. b DSGVO und auch bereits aus § 2 BDSG a. F. bekannten Maßstab, nach dem Verarbeitungen zulässig sind, soweit sie für die Begründung, Durchführung oder Beendigung des Beschäftigungsverhältnisses erforderlich sind. Ergänzend wird in § 26 Abs. 1 Satz 1 2. Alt. BDSG eine Zulässigkeit von Verarbeitungen begründet, wenn diese zur Ausübung oder Erfüllung der sich aus einem Gesetz oder einem Tarifvertrag, einer Betriebs- oder Dienstvereinbarung (Kollektivvereinbarung) ergebenden Rechte und Pflichten der Interessenvertretung der Beschäftigten erforderlich sind.

■ **Neu**

Die Unionsrechtskonformität des § 26 Abs. 1 BDSG wurde in der Vergangenheit bereits von einigen Stimmen angezweifelt, wohingegen das BAG die Norm für zweifelsfrei europarechtskonform (BAG, Beschluss vom 07.05.2019, Az. 1 ABR 53/17 - NZA 2019, 1218) hielt. Nach der neuen Rechtsprechung des EuGH (Urteil vom 30.03.2023, Rs. C-34/21) zu § 23 Abs. 1 HDSIG – einer im Wesentlichen § 26 Abs. 1 Satz 1 BDSG nachempfundenen hessischen Landesregelung – ist davon auszugehen, dass § 26 Abs. 1 Satz 1 BDSG jedenfalls in seiner 1. Alternative europarechtswidrig ist und unangewendet bleiben muss. Eine nationale Vorschrift, die letztlich nur Art. 6 Abs. 1 Satz 1 lit. b DSGVO wiedergibt, gerät nach Auffassung des EuGH in Konflikt mit dem europarechtlichen Wiederholungsverbot und es handele sich nicht um eine „spezifische Vorschrift" i. S. v. Art. 88 Abs. 1 DSGVO. Zudem müssten solche spezifische Vorschriften Maßnahmen zum Schutz personenbezogener Daten im Beschäftigtenkontext vorgesehen werden. Dem genügt § 26 Abs. 1 Satz 1 1. Alt BDSG nicht. Für die Praxis dürften sich hieraus zwar bei der Frage der Rechtmäßigkeit einer Datenverarbeitung keine gravierenden Änderungen ergeben. Eine Verarbeitung, die bisher auf § 26 Abs. 1 Satz 1 BDSG gestützt wurde, wird sich in den allermeisten Fällen ebenfalls auf einen der Erlaubnistatbestände des Art. 6 Abs. 1 Satz 1 lit. a–f (ggf. i. V. m. Art. 9 Abs. 2) DSGVO stützen lassen.

Tipp

Praktische Auswirkungen hat die Entscheidung des EuGH aber auf die Datenschutzdokumentation, insbesondere auf die Datenschutzinformationen nach Artt. 13, 14 DSGVO für Arbeitnehmer und Bewerber, da hier nunmehr die Erlaubnisgrundlagen angepasst werden müssen.

Zudem ist noch nicht ganz klar, inwiefern die weiteren Regelungen aus § 26 BDSG, ebenfalls an der EuGH-Rechtsprechung gemessen, europarechtswidrig sind. Hohe praktische Relevanz hat dies für die Frage, ob Betriebsvereinbarungen eigenständige Erlaubnisgrundlagen für Datenverarbeitungen bilden können. Da der EuGH betont, dass die Auflistung möglicher Erlaubnistatbestände in Art. 6 Abs. 1 Satz 1 DSGVO abschließend ist, wird eine Betriebsvereinbarung als alleinige Erlaubnisnorm für Datenverarbeitung durch den Arbeitgeber nur unter Beachtung der hohen Anforderungen des Art. 88 Abs. 2 DSGVO i. V. m. Art. 6 Abs. 1 lit. b DSGVO, § 26 Abs. 4 BDSG in Betracht kommen. Eine EuGH-Entscheidung zu der Thematik steht noch aus.

Demgegenüber ist § 26 Abs. 3 BDSG, der die Öffnungsklausel des Art. 9 Abs. 2 lit. b DSGVO für die Verarbeitung besonderer Kategorien personenbezogener Daten im Beschäftigtenkontext umsetzt, nach Auffassung des BAG europarechtskonform (Beschluss vom 09.05.2023, Az. 1 ABR 14/22 – NZA 2023, 1404). Im Übrigen wird auf die Thematik in den folgenden Abschnitten bei den jeweils relevanten Verarbeitungssituationen eingegangen.

Tipp

Eine datenschutzrechtliche Bewertung ohne Kenntnis der verstreuten arbeitsrechtlichen Vorschriften ist nicht möglich. Daher ist es für Arbeitgeber wichtig, bei der Auswahl betrieblicher Datenschutzbeauftragter auch auf arbeitsrechtliche Fachkenntnisse Wert zu legen und in spezielle Fortbildungen und Schulungen zum Beschäftigtendatenschutz zu investieren..

2.1.2 Exkurs: Kirchliches Datenschutzrecht

Die Kirchen genießen in allen europäischen Mitgliedstaaten einen mehr oder weniger stark ausgeprägten besonderen Schutz. Sie sind jedoch vom Datenschutz nicht ausgenommen. Das ist auch sinnvoll. Denn Kirchengemeinden veröffentlichen in ihren Mitteilungsblättern Geburts-, Heirats- und Sterbedaten ihrer Mitglieder. Die Kirchen sind zudem große Arbeitgeber. In Art. 91 DSGVO räumt der Verordnungsgeber deshalb den Religionsgesellschaften die Möglichkeit ein, für ihre Einrichtungen eigene Regelungen zu erstellen. Diese müssen freilich mit der Grundverordnung im Einklang stehen.

Katholische Kirche
Das Kirchliche Datenschutzgesetz (KDG), das am 24.05.2018 in Kraft getreten ist, regelt auch eine zivilrechtliche Haftung, gerichtet auf Schadensersatz und Schmerzensgeld (§ 50 KDG). Der Höhe nach ist diese Haftung unbegrenzt. Die Betroffenenrechte werden hinsichtlich der Durchsetzbarkeit von Ansprüchen vor den Zivilgerichten gestärkt (§ 47 Abs. 2 KDG).

Im Laufe des ersten Quartals 2019 haben praktisch alle (Erz-)Diözesen in Deutschland die Durchführungsverordnung zum Gesetz über den Kirchlichen Datenschutz (KDG-DVO) in der Fassung des einstimmigen Beschlusses der Vollversammlung des Verbandes der Diözesen Deutschlands vom 19.11.2018 in Kraft gesetzt. Damit regelt diese (mit Wirkung zum 01.03.2019) verbindlich die praktische Umsetzung des KDG in bestimmten Bereichen.

Evangelische Kirche
Bereits am 15.11.2017 wurde das Datenschutzgesetz der Evangelischen Kirche in Deutschland (DSG-EKD) beschlossen. Es ist ebenfalls am 24.05.2018 in Kraft getreten (§ 56 DSG-EKD). Soweit ersichtlich, lehnt sich auch das DSG-EKD recht eng an die DSGVO an.

2.2 Grundlagen

Tipp

Der LfDI BW hat zum Beschäftigtendatenschutz einen Leitfaden (aktueller Stand 04/2020) herausgegeben, der sich als Einstiegslektüre sehr empfiehlt und anhand von Beispielen Probleme anschaulich darstellt.[1] Es ist davon auszugehen, dass die dort beschriebenen Hinweise auch nach der Entscheidung des EuGH vom 30.03.2023 (Rs. C-34/21) im Wesentlichen auf Art. 6 DSGVO übertragbar sind.

Der Beschäftigtendatenschutz stellt, wie im vorherigen Kapitel beschrieben, keine eigenständige Regelungsmaterie dar. Es gibt weder auf nationaler noch auf europäischer Ebene ein spezifisches Beschäftigtendatenschutzgesetz. Nach der EuGH-Entscheidung (► Kap. 2.1.1) zu § 23 Abs. 1 Satz 1 HDSIG steht fest, dass sich jede Datenverarbeitung auch im Beschäftigtenkontext insbesondere an Artt. 5, 6 und 9 DSGVO messen lassen muss und auch die Betroffenenrechte der Artt. 12 ff. DSGVO zu gewährleisten sind.

Tipp

Zwar hat die EuGH-Entscheidung auch die politische Diskussion um ein Beschäftigtendatenschutzgesetz wieder neu entzündet und Vorstöße für entsprechende Entwürfe wurden unternommen. Ob und wann sich aber ein politischer Konsens finden lassen wird, ist offen.

[1] Abrufbar unter: https://www.baden-wuerttemberg.datenschutz.de/wp-content/uploads/2020/04/Ratgeber-Besch%C3%A4ftigtendatenschutz.pdf (zuletzt aufgerufen am: 09.02.2024).

2.2.1 Persönlicher Anwendungsbereich – Betroffene

Geht man davon aus, dass abgesehen von Abs. 1 Satz 1 1. Alt. die weiteren Bestimmungen in § 26 BDSG zumindest teilweise europarechtskonform sind und angewendet werden können (z. B. die spezifischen Anforderungen an eine Einwilligung im Beschäftigtenkontext nach § 26 Abs. 2 BDSG), so muss vorab geklärt werden, für welche Personengruppe diese spezifischen Normen Anwendung finden.

Wer unter „Beschäftigter" im Sinne des Gesetzes zu verstehen ist, zählt § 26 Abs. 8 BDSG (früher: § 3 Nr. 11 BDSG a. F., im Wesentlichen unverändert) abschließend auf.

§ 26 Abs. 8 BDSG

1. *Arbeitnehmerinnen und Arbeitnehmer, einschließlich der Leiharbeitnehmerinnen und Leiharbeitnehmer im Verhältnis zum Entleiher,*
2. *zu ihrer Berufsbildung Beschäftigte,*
3. *Teilnehmerinnen und Teilnehmer an Leistungen zur Teilhabe am Arbeitsleben sowie an Abklärungen der beruflichen Eignung oder Arbeitserprobung (Rehabilitandinnen und Rehabilitanden),*
4. *in anerkannten Werkstätten für behinderte Menschen Beschäftigte,*
5. *Freiwillige, die einen Dienst nach dem Jugendfreiwilligendienstegesetz oder dem Bundesfreiwilligendienstgesetz leisten,*
6. *Personen, die wegen ihrer wirtschaftlichen Unselbständigkeit als arbeitnehmerähnliche Personen anzusehen sind; zu diesen gehören auch die in Heimarbeit Beschäftigten und die ihnen Gleichgestellten,*
7. *Beamtinnen und Beamte des Bundes, Richterinnen und Richter des Bundes, Soldatinnen und Soldaten sowie Zivildienstleistende.*

Bewerberinnen und Bewerber für ein Beschäftigungsverhältnis sowie Personen, deren Beschäftigungsverhältnis beendet ist, gelten als Beschäftigte.

Dabei sorgt insbesondere die Einbeziehung von Leiharbeitnehmern sowie Bewerbern und ehemaligen Beschäftigten für Rechtsklarheit. Für Landesbeamte und Richter gelten die besonderen Landesgesetze, auf die im Folgenden nicht weiter eingegangen wird.

2.2.2 Arbeitgeber als Verantwortlicher

Adressat der Pflichten des Beschäftigtendatenschutzes ist wie im Übrigen auch der Verantwortliche. Verantwortlich für die Datenverarbeitung i. S. v. Art. 4 Nr. 7 DSGVO ist im Beschäftigtendatenschutz i. d. R. der Arbeitgeber. Er muss u. a. die Einhaltung der in Artt. 5 Abs. 1 und 6 Abs. 1 DSGVO sowie § 26 BDSG (soweit europarechtskonform) geregelten Grundsätze der Datenverarbeitung nicht nur gewährleisten, sondern darüber auch gem. Art. 5 Abs. 2 DSGVO Rechenschaft ablegen können. Um Rechenschaft ablegen zu können, muss er die hierfür nötigen Maßnahmen (technische und organisatorische Maßnahmen, kurz: „TOM") ergreifen (Art. 24 Abs. 1 DSGVO). Vom Arbeitgeber kann der Beschäftigte als Betroffener Auskunft, Berichtigung, Löschung oder Sperrung seiner Daten verlangen (▶ Kap. 7) und gegen ihn werden im Fall eines Datenschutzverstoßes Sanktionen verhängt.

Bis zur Regelung durch das Betriebsrätemodernisierungsgesetz, das am 18.06.2021 in Kraft getreten ist, war es zwischen den Aufsichtsbehörden und in der Rechtsprechung umstritten, ob nicht nur der Arbeitgeber, sondern auch der Betriebsrat als Verantwortlicher i. S. d. Art. 4 DSGVO anzusehen ist. Mit der Neuregelung in § 79a BetrVG hat sich dies geklärt: Der Arbeitgeber ist danach ausdrücklich als Verantwortlicher ausschließlich Adressat der datenschutzrechtlichen Pflichten – auch für die Datenverarbeitungen des Betriebsrats, wodurch er infolgedessen die Haftung für dessen Datenverarbeitung zu übernehmen hat. Das heißt aber nicht, dass der Betriebsrat „raus" ist. Denn gem. § 79a BetrVG hat er bei der Verarbeitung personenbezogener Daten zur Wahrnehmung seiner

Aufgaben aus dem Betriebsverfassungsrecht die datenschutzrechtlichen Vorschriften einzuhalten (▶ Kap. 2.3.6). Tut er dies nicht, so hat der Arbeitgeber Auskunftsansprüche gem. § 79 Abs. 1 Satz 3 BetrVG gegen den Betriebsrat, die er im Beschlussverfahren durchsetzen kann. Zudem kann er die Erfüllung von Informationspflichten – jedenfalls, soweit besondere Kategorien personenbezogener Daten betroffen sind – verweigern, wenn der Betriebsrat die Einhaltung datenschutzrechtlicher Vorgaben nicht (z. B. über ein dokumentiertes Datenschutzkonzept) nachweisen kann. Eine Verletzung datenschutzrechtlicher Bestimmungen kann im Rahmen des § 23 Abs. 1 BetrVG sanktioniert werden.

2.2.3 Sondervorschriften für besondere Kategorien von Daten

Die DSGVO ordnet für die besonderen Kategorien personenbezogener Daten nach Art. 9 DSGVO nicht nur ein grundsätzliches Verarbeitungsverbot an, von dem lediglich gem. Art. 9 Abs. 2 DSGVO Ausnahmen bestehen. Im Beschäftigtendatenschutz begegnet man diesen besonders schützenswerten Daten häufig, z. B. in Gestalt von Gesundheitsdaten (Beurteilung der Arbeitsfähigkeit, Betriebliches Eingliederungsmanagement [BEM]); aber auch Fragen nach den Familienverhältnissen, die über steuerliche Stammdatenerfassung hinausgehen, sind nicht unproblematisch.

✎ Beispiel

Die Information, ob jemand schwerbehindert ist oder nicht, fällt unter die besonderen Kategorien personenbezogener Daten i. S. d. Art. 9 Abs. 1 DSGVO. Die Angabe im Personalfragebogen ist als „freiwillige Angabe" zu kennzeichnen, denn die einzige in Betracht kommende Verarbeitungsgrundlage ist Art. 9 Abs. 2 lit. a DSGVO (Einwilligung). Eine Einwilligung aber muss stets freiwillig sein (Art. 4 DSGVO). Auch bei der Anbahnung eines Arbeitsverhältnisses muss es den Bewerbern mit Schwerbehinderung freigestellt sein, ob sie den ihnen gewährten Schutz aus dem AGG bereits im Bewerbungsverfahren in Anspruch nehmen wollen oder nicht.

Tipp

Nicht nur die direkte Angabe zu einem Datum (beispielsweise Gewerkschaftszugehörigkeit ja/nein) aus der besonderen Kategorie nach Art. 9 DSGVO unterliegt den strengeren Voraussetzungen; auch die sich aus einem Zusammenspiel mit anderen Informationen mittels Denkvorgangs ergebenden Rückschlüsse auf ein Datum aus der besonderen Kategorie (z. B. Bezug eines Gewerkschaftsmagazins, das ohne Mitgliedschaft nicht möglich wäre) können von Art. 9 DSGVO umfasst sein.[2] Es geht daher bei Art. 9 DSGVO immer darum, dass Daten erhoben werden, „aus denen" ein Datum der Kategorie „hervorgeht", der Verarbeitungskontext kann mithin ebenfalls entscheidend sein.

Diese besonderen Kategorien personenbezogener Daten dürfen ausschließlich unter den Voraussetzungen von Artt. 9 Abs. 2, 6 DSGVO i. V. m. §§ 26 Abs. 3, 22 Abs. 2 DSGVO verarbeitet werden:

- Artt. 9 Abs. 2 lit. b, 6 Abs. 1 lit. b DSGVO i. V. m. §§ 26 Abs. 3, 22 Abs. 2 BDSG (Erforderlichkeit der Verarbeitung zur Wahrnehmung von Rechten und Pflichten aus dem Arbeitsrecht durch Verantwortliche oder betroffene Personen oder aus dem Recht der sozialen Sicherheit und des Sozialschutzes)
- Art. 9 Abs. 2 lit. c–j DSGVO (diverse Ausnahmetatbestände wie z. B. Schutz lebenswichtiger Interessen, offensichtliche Veröffentlichung durch den Betroffenen, Arbeitsmedizin)
- Artt. 9 Abs. 2 lit. b, 6 Abs. 1 Satz 1 lit. b i. V. m. Art. 88 Abs. 1 DSGVO i. V. m. § 26 Abs. 4 BDSG (Verarbeitung auf Grundlage einer Kollektivvereinbarung, z. B. Betriebsvereinbarungen, eingeschränkt durch Art. 88 Abs. 2 DSGVO)
- Art. 9 Abs. 2 lit. a DSGVO (Einwilligung, soweit sie zulässig ist)
- Artt. 9 Abs. 2 lit. b, 6 Abs. 1 lit. b und e, Abs. 3 i. V. m. § 26 Abs. 1 Satz 1 2. Alt., Abs. 3, 22 Abs. 2 BDSG (Datenübermittlung an Arbeitnehmervertretungen wie Betriebsräte)

[2] EuGH, Urteil vom 01.08.2022, Rs. C-184/20 – ZD 2022, 611.

Das maßgebliche Kriterium für die Zulässigkeit ist wie bei Art. 6 Abs. 1 Satz 1 lit. b DSGVO die Erforderlichkeit der Datenverarbeitung sowie die Verhältnismäßigkeit.

Der Arbeitgeber hat bei der Verarbeitung von besonderen personenbezogenen Daten gem. Art. 9 Abs. 2 lit. b DSGVO i. V. m. § 26 Abs. 3 Satz 3 BDSG i. S. v. § 22 Abs. 2 BDSG angemessene und spezifische Schutzmaßnahmen zu ergreifen, die über die nach Art. 24 Abs. 1 DSGVO ohnehin bestehende Verpflichtung hinausgehen.

2.2.4 Erlaubnistatbestände nach Art. 6 DSGVO und § 26 BDSG

Der deutsche Gesetzgeber hat zwar von seiner Ermächtigung aus Art. 88 DSGVO Gebrauch gemacht und mit § 26 BDSG Erlaubnistatbestände für die Verarbeitung von Beschäftigtendaten im deutschen Recht geschaffen. Nach dem EuGH-Urteil zu § 23 HDSIG steht allerdings fest, dass § 26 Abs. 1 Satz 1 BDSG jedenfalls insoweit europarechtswidrig ist, wie er Art. 6 Abs. 1 Satz 1 lit. b DSGVO lediglich wiederholt. Dagegen hält das BAG § 26 Abs. 1 Satz 1 BDSG, soweit er in seiner 2. Alternative die Datenverarbeitung zur Wahrnehmung von Rechten und Pflichten der Interessenvertretungen von Arbeitnehmern betrifft, weiter für anwendbar (BAG, Beschluss vom 09.05.2023, Az. 1 ABR 14/22).

Grundsatz: Erforderlichkeit und Verhältnismäßigkeit im Einzelfall

Auch im Beschäftigtendatenschutz greift das in Art. 6 Abs. 1 DSGVO zum Ausdruck kommende sog. Verbot mit Erlaubnisvorbehalt (▶ Kap. 1.5). Nur dann, wenn ein gesetzlicher Erlaubnistatbestand für eine Datenverarbeitung vorliegt, ist die Datenverarbeitung ausnahmsweise zulässig. Nach Art. 6 Abs. 1 DSGVO ist diese nur rechtmäßig, wenn mindestens eine der nachstehenden – abschließend aufgezählten – Bedingungen erfüllt ist, also einer der Tatbestände in Art. 6 Abs. 1 lit. a–f DSGVO einschlägig ist.

Alle Tatbestände des Art. 6 DSGVO sind – mehr oder weniger ausgeprägt – vom allgemeinen Grundsatz der Erforderlichkeit als übergreifendem Prinzip durchzogen. Dieser war bereits Inhalt des § 26 Abs. 1 Satz 1 BDSG und kommt weiterhin gleichermaßen zum Tragen, wenn man nunmehr Art. 6 Abs. 1 DSGVO statt § 26 Abs. 1 Satz 1 BDSG als bedeutsamste Rechtsgrundlage im Beschäftigtenkontext heranzieht. Nach der bisher im Beschäftigtendatenschutz vorherrschenden Interpretation muss eine Datenverarbeitung danach **erforderlich** und insbesondere **verhältnismäßig** sein.

Auf der **ersten Ebene** der **Erforderlichkeitsprüfung** ist danach zu fragen, ob der Arbeitgeber die Daten „vernünftigerweise benötigt".[3]

Auf der **zweiten Ebene** wird dann eine **Verhältnismäßigkeitsprüfung** durchgeführt:

- Auf Stufe 1 dieser Verhältnismäßigkeitsprüfung wird geprüft, ob die Verarbeitung für den vom Arbeitgeber verfolgten Zweck geeignet ist,
- auf Stufe 2, ob die Verarbeitung für diesen Zweck erforderlich ist. Diese zweite Stufe innerhalb der zweiten Ebene ist dogmatisch von der Erforderlichkeit auf erster Ebene zu trennen.[4] Erforderlich für den Zweck ist eine Verarbeitung, wenn dem Arbeitgeber kein anderes gleich geeignetes und wirksames Mittel zur Verfügung steht, welches das allgemeine Persönlichkeitsrecht des Arbeitnehmers weniger belastet.[5]
- Auf Stufe 3 ist im Rahmen der Angemessenheit zwischen dem Interesse des Betroffenen mit dem Interesse des Arbeitgebers ein Ausgleich zu schaffen – hierbei ist zwischen den Stadien Begründung, Durchführung und Beendigung des Arbeitsverhältnisses zu unterscheiden.

Zweck der Verarbeitung muss dabei immer ein solcher sein, der mit der Durchführung des Beschäftigtenverhältnisses im Zusammen-

---

[3] Vgl. Franzen, Martin in: Erfurter Kommentar zum Arbeitsrecht, BDSG § 26, Rn. 9.
[4] Vgl. ebenda.
[5] Vgl. BAG, Urteil vom 20.06.2013, Az. 2 AZR 546/12 – NZA 2014, 143 Rn. 28.

hang steht und als solcher legitim ist. Die Erhebung und Nutzung der Daten muss dabei zur Erfüllung einer gesetzlichen, kollektiv- oder einzelarbeitsvertraglichen Pflicht bestimmt sein oder es muss um die Wahrnehmung von Rechten aus dem Beschäftigungsverhältnis gehen. Für diesen Zweck muss die Datenverarbeitung bei vernünftiger Betrachtung sinnvoll erscheinen. Voraussetzung ist demgegenüber nicht, dass ohne die Datenverarbeitung das Beschäftigungsverhältnis nicht durchgeführt werden könnte.

Diese bisherige Interpretation des Erforderlichkeitsgrundsatzes in § 26 BDSG durch die nationalen Arbeitsgerichte deckt sich nicht vollständig mit dem europarechtlichen Verständnis, dass bei der Anwendung von Art. 6 DSGVO zu berücksichtigen ist. Dieses Verständnis stellt in den Mittelpunkt, dass die Verarbeitung im Hinblick auf den verfolgten Zweck relevant und angemessen sowie auf das notwendige Maß beschränkt sein muss.[6] Letztlich dürften auch hier wieder im Einzelfall konkrete Verhältnismäßigkeitserwägungen anzustellen sein.

Gemäß Art. 88 Abs. 1 DSGVO i. V. m. § 26 Abs. 4 BDSG können auch **Kollektivvereinbarungen** nach bisherigem Verständnis einen datenschutzrechtlichen Erlaubnistatbestand darstellen. Hierunter fallen v. a. Tarifverträge sowie Betriebsvereinbarungen. Hierbei darf allerdings der datenschutzrechtliche Standard, der ohne eine Betriebsvereinbarung oder einen Tarifvertrag gelten würde, nicht umgangen werden. Art. 88 Abs. 2 DSGVO verlangt auch im Falle einer Kollektivvereinbarung besondere und angemessene Maßnahmen zur Wahrung der Interessen und Grundrechte der Betroffenen. Ob die Regelung des § 26 Abs. 4 BDSG europarechtskonform ist, wird noch durch den EuGH zu klären sein.

Tipp

Das BAG hat mit Beschluss vom 22.09.2022 (Az. 8 AZR 209/21) dem EuGH erneut eine datenschutzrechtliche Fragestellung vorgelegt. Kern des Vorlagebeschlusses ist die Klärung, wie weit

[6] Vgl. Albers, Marion/Veit, Raoul-Darius in: Brink, Stefan/Wolff, Heinrich Amadeus (Hrsg.): BeckOK Datenschutzrecht, München: C. H. Beck, Art. 6 DSGVO, Rn. 15 ff.

der datenschutzrechtliche Ermessensspielraum innerhalb einer Betriebsvereinbarung geht, und ob neben der Betriebsvereinbarung außerdem auch die sonstigen Vorgaben der DSGVO zu beachten sind. Ferner möchte es wissen, ob dem Gericht bei der Beurteilung der Erforderlichkeit der Datenverarbeitung nach Artt. 5, 6 Abs. 1, 9 Abs. 1, 2 DSGVO ein Beurteilungsspielraum zusteht. Die Rechtsprechung diesbezüglich bleibt abzuwarten, um den künftigen Prüfungsrahmen für Betriebsvereinbarungen mit Datenschutzbezug einschätzen zu können und zu wissen, wie weit der Spielraum von Betriebsrat und Arbeitsgeber bei der Gestaltung solcher Betriebsvereinbarungen reicht.

Beim Abschluss von Betriebsvereinbarungen ist unbedingt der Transparenzgrundsatz zu beachten, andernfalls droht ihre Unwirksamkeit. Das Transparenzgebot sollte nicht lediglich als überflüssiges Unterfangen aufgefasst werden, sondern es ist zwingend notwendig, um eine Unwirksamkeit der getroffenen Regelungen zu vermeiden und keinen Wegfall der Rechtsgrundlage für die betroffenen Verarbeitungstätigkeiten zu riskieren. Schwierigkeiten bereitet v. a. die Balance zwischen Detailgrad und Verständlichkeit. Je tiefer eine Betriebsvereinbarung einzelne Verarbeitungsvorgänge konkretisiert, desto größer ist ggf. die Gefahr, dass sie unübersichtlich und am Ende intransparent wird. Auf der anderen Seite kann sie, richtig eingesetzt, der Effizienzsteigerung im Unternehmen und Betrieb dienen. Bei sorgfältiger Beschreibung aller geplanten Verarbeitungsprozesse und sauberer Dokumentation lassen sich Arbeitsabläufe optimieren. Kommt ein durchdachtes, zwischen Arbeitgeber und Betriebsrat abgestimmtes Dokumentenmanagement hinzu, werden künftige Darlegungs- und Beweislastprobleme minimiert. Zumindest eine für die Beschäftigten verständliche Zusammenfassung der Datenschutzgrundsätze in Art. 5 DSGVO dürfte ratsam sein und auch den Anforderungen des § 26 Abs. 5 BDSG entsprechen.

Mit dem Betriebsrätemodernisierungsgesetz wurde in § 77 BetrVG aufgenommen, dass Betriebsvereinbarungen auch unter Nutzung einer jeweils qualifizierten elektronischen Signatur der beiden Betriebsparteien auf **einem** Dokument abgeschlossen werden können. Der Arbeitgeber hat die Einhaltung der technischen Voraussetzungen für die qualifizierte elektronische Signatur sicherzustellen.

Ob sich eine Verarbeitung schließlich auf einen Erlaubnistatbestand stützen lässt, ist zusammenfassend damit das Ergebnis einer Einzelfallprüfung von Verarbeitungszweck und Erforderlichkeit.

Besondere Situation: Verarbeitung zur Aufdeckung von Straftaten

Eine Verarbeitungssituation nennt § 26 Abs. 1 BDSG ausdrücklich: Für die **Aufdeckung von Straftaten** ist die Datenverarbeitung nach § 26 Abs. 1 Satz 2 BDSG nur unter sehr hohen Anforderungen erlaubt[7] – vorausgesetzt, es liegen tatsächliche Anhaltspunkte für eine Straftat vor, die sich auf Tatsachen stützen, der Tatverdacht ist hinreichend dokumentiert und die Datenverarbeitung erforderlich. Beispielsweise ist es bei Vorliegen der strengen Voraussetzungen denkbar, dass auf die E-Mail-Konten der Beschäftigten oder Chatverläufe zugegriffen werden darf.

§ 26 Abs. 1 Satz 2 BDSG dürfte mangels Regelung zu Datenverarbeitungen zur Aufdeckung von Straftaten in der DSGVO und der spezifischen Anforderungen auch nach der neueren Rechtsprechung des EuGH europarechtskonform sein.

Erlaubnistatbestand Einwilligung gem. Art. 6 Abs. 1 lit. a DSGVO, § 26 Abs. 2 BDSG

Die DSGVO sieht in Art. 6 Abs. 1 lit. a die Möglichkeit der Einwilligung des Betroffenen in die Datenverarbeitung als Erlaubnistatbestand vor.

Tipp

Die Einwilligung des Beschäftigten ist (nur) dann ein sinnvolles Mittel zur Legitimierung von Datenverarbeitungen, wenn die Datenverarbeitung sich nicht auf eine der oben genannten Erlaubnisnormen stützen lässt.

[7] Vgl. u. a. BAG, Urteil vom 29.06.2017, Az. 2 AZR 597/16.

§ 26 Abs. 2 BDSG normiert über die Anforderungen der DSGVO hinausgehende spezifische Anforderungen an die Erteilung einer datenschutzrechtlichen Einwilligung im Beschäftigungsverhältnis und dürfte im Ergebnis europarechtskonform sein. Dem besonderen Abhängigkeitsverhältnis im Beschäftigtenkontext wird hierdurch Rechnung getragen.

Zunächst konkretisiert § 26 Abs. 2 BDSG die Formvoraussetzungen einer Einwilligung näher. Früher war nach Satz 3 für eine Einwilligung, anders als nach Art. 7 i. V. m. Art. 4 DSGVO, eine schriftliche Erklärung des Beschäftigten erforderlich. Seit November 2019 kann die Einwilligung schriftlich oder elektronisch erklärt werden. Sie muss außerdem freiwillig und auf den konkreten Fall bezogen ausgesprochen werden. Bei der Beurteilung der Freiwilligkeit ist die im Beschäftigungskontext bestehende Abhängigkeit zu berücksichtigen sowie die Umstände, unter denen die Einwilligung erteilt worden ist. Freiwilligkeit kann insbesondere vorliegen, wenn für die beschäftigte Person ein rechtlicher oder wirtschaftlicher Vorteil erreicht wird oder Arbeitgeber und beschäftigte Person gleichgelagerte Interessen verfolgen.

Sollte sich Unwirksamkeit der Einwilligung herausstellen, besteht jedoch wegen eines nach der h. M. fehlenden Rückgriffverbots grds. noch die Möglichkeit der Prüfung anderer, oben erläuterter Erlaubnistatbestände nach § 26 Abs. 1 BDSG. Darauf, dass ggf. weitere Rechtsgrundlagen für die beabsichtigte Verarbeitung vorliegen können, sollte bereits in der Einwilligungserklärung hingewiesen werden, um sich nicht dem Vorwurf eines treuwidrigen Verhaltens auszusetzen. Ein solches könnte sonst darin zu erblicken sein, dass dem Betroffenen vorgespiegelt wird, dass man seine Einwilligung für die Datenverarbeitung benötige, sich im Fall eines Widerrufs aber gleichwohl auf einen anderen gesetzlichen Erlaubnistatbestand beruft, um die Verarbeitung nicht einstellen zu müssen.

Beschäftigte können eine erteilte Einwilligung gem. Art. 7 Abs. 3 Satz 1 DSGVO jederzeit widerrufen. Dieser Widerruf führt zum Wegfall der Einwilligung als Erlaubnistatbestand für die Datenverarbeitung, weshalb die auf Basis dieser Einwilligung gespeicherten Daten gem. Art. 17 Abs. 1 lit. b DSGVO zu löschen sind, wenn keine andere Rechtsgrundlage für eine fortgesetzte Verarbeitung vorliegt.

Tipp

Das heißt, dass Arbeitgeber wichtige Datenverarbeitungsprozesse bzw. -verfahren so weit wie möglich aufgrund der Gefahr des Widerrufs nicht auf eine Einwilligung des Beschäftigten stützen sollten. Im Fall eines Widerrufs sollten sie ggf. prüfen, ob gesetzliche Erlaubnisnormen einschlägig sind, die die Datenverarbeitung weiterhin rechtfertigen.

Zusammenfassung

Grundsätzlich kommen für die Verarbeitung von personenbezogenen Daten von Beschäftigten vorwiegend folgende Erlaubnisnormen infrage:

- Art. 6 Abs. 1 Satz 1 lit. b DSGVO
- Art. 6 Abs. 1 Satz 1 lit c, Abs. 3 DSGVO i. V. m. einer nationalen Rechtspflicht
- Artt. 9 Abs. 2 lit. b, 6 Abs. 1 lit. b DSGVO i. V. m. § 26 Abs. 3 BDSG (bei besonderen Kategorien von Daten)
- Art. 88 Abs. 1 DSGVO i. V. m. § 26 Abs. 4 BDSG (Betriebsvereinbarung und Tarifvertrag)
- Art. 6 Abs. 1 Satz 1 lit. a DSGVO i. V. m. § 26 Abs. 2 BDSG (Einwilligung)
- Art. 6 Abs. 1 Satz 1 lit. f DSGVO (auf Basis einer umfassenden Interessenabwägung)

2.2.5 Betroffenenrechte im Arbeitsverhältnis

Informationspflichten

Die in Kap. III der DSGVO enthaltenen Vorschriften regeln die Rechte der betroffenen Personen (► Kap. 7). In Artt. 13 und 14 DSGVO werden umfangreiche Informationspflichten begründet. Diese unterscheiden sich danach, ob die Datenerhebung bei der betroffenen Person (Direkterhebung) oder nicht bei ihr stattfand. Für die Unterscheidung ist maßgeblich, ob ein kognitiver Zusammenhang besteht oder nicht. Die betroffene Person soll durch den Grundsatz der Direkterhebung durch offene Informationsbeschaffung in ihrem Grundrecht auf informationelle Selbstbestimmung gestärkt werden. Das gelingt nur, wenn sie zumindest erkennen kann oder damit rechnen muss, dass ihre Daten von Dritten erhoben werden. Besonders bedeutsam ist das bei offener und verdeckter Videoüberwachung. Weiß die betroffene Person nichts von der verdeckten Videoüberwachung, ist Art. 14 DSGVO anzuwenden, bei offener Videoüberwachung hingegen Art. 13 DSGVO. Außerdem spielt die Unterscheidung eine Rolle für die Bestimmung des Zeitpunkts, in dem die Informationspflicht zu erfüllen ist. Dieser reicht von *„sofort"* (= im Zeitpunkt der Datenerhebung nach Art. 13 DSGVO) bis *„angemessen"*, aber nicht länger als einen Monat gem. Art. 14 Abs. 3 lit. a DSGVO.

Inhaltlich wird die Information durch die jeweiligen Auflistungen in Artt. 13 und 14 DSGVO, insbesondere Art. 13 Abs. 1 lit. a–f und Abs. 2 lit. a–f DSGVO vorgegeben. Kernbestandteil ist dabei die Erläuterung, für welche Zwecke personenbezogene Daten und auf Basis welcher Rechtsgrundlage Daten verarbeitet werden, sowie die Nennung der Empfänger oder Empfängerkategorien der personenbezogenen Daten.

✎ Beispiel

Die Informationen im Hinblick auf den Bewerbungsprozess lassen sich auf der Unternehmenswebsite bereitstellen, worauf der Bewerber zu verweisen wäre, oder im Rahmen einer automatisierten Antwort-E-Mail bei Eingang der Bewerbung übermitteln. Die Datenschutzerklärung für die Beschäftigten könnte dagegen im Intranet veröffentlicht werden oder bei Abschluss des Anstellungsvertrags durch eine gesonderte Datenschutzerklärung (Beiblatt) erfolgen.

Auskunftsrecht

Auch im Beschäftigungsverhältnis steht den betroffenen Personen, also den Beschäftigten, das Auskunftsrecht nach Art. 15 DSGVO zu (▶ Kap. 7.3).

Gerade im Kündigungsrechtsstreit entwickelt sich Art. 15 DSGVO zu einem unerwartet scharfen Schwert, wie zwei Urteile des LAG Baden-Württemberg (Urteil vom 20.12.2018, Az. 17 Sa 11/18) und des OLG Köln (Urteil vom 26.07.2019, Az. 20 U 75/18) zeigen. Beide Gerichte gehen von einem sehr weitreichenden Auskunftsanspruch aus. Im laufenden Verfahren kann sich ein nicht hinreichend beantwortetes Auskunftsgesuch wegen der in Art. 12 Abs. 3 DSGVO vorgesehenen Monatsfrist zur Erfüllung des Anspruchs schnell zu einer Klageerweiterung in der Zeit zwischen Güte- und Kammertermin auswachsen. Die Intention ist zumeist taktischer Natur. Ziel kann es sein, sich Kenntnis über für den Prozess bedeutsame Informationen und Beweismittel des Arbeitgebers zu beschaffen oder auf Grundlage der erteilten Auskunft Datenschutzverstöße zu identifizieren und anschließend entsprechende Schadensersatzforderungen zu stellen. Jedenfalls wird durch solche Auskunftsverlangen der „Unbequemlichkeitsfaktor" seitens des Beschäftigten und der Druck im Rahmen von Abfindungsverhandlungen erhöht. Es verwundert daher kaum, dass die Geltendmachung von Auskunftsansprüchen im Kündigungsschutzprozess mittlerweile fast zum „guten Ton" gehört. Demensprechend mehren sich auch Entscheidungen aus der Arbeitsgerichtsbarkeit zum Thema. Trotzdem sind Umfang und Grenzen des Auskunftsanspruchs im Beschäftigungsverhältnis bei Weitem noch nicht abschließend geklärt.

In der Praxis werden Auskunftsverlangen zumeist unter Bezugnahme auf Art. 15 Abs. 3 DSGVO mit dem Verlangen nach Kopien der personenbezogenen Daten, die Gegenstand der Verarbeitung sind, verbunden. Nach Art. 15 Abs. 3 DSGVO ist der Verantwortliche verpflichtet, entsprechende Kopien zur Verfügung zu stellen. Nachdem der BGH das Recht auf Kopie in seinem Urteil vom 15.06.2021 (Az. VI ZR 576/19) nahezu uferlos interpretiert, wonach auch interne Vermerke oder Kommunikation mit dem Betroffenen nicht vom Anspruch nach Art. 15 Abs. 1 DSGVO ausgenommen sind, hat sich im Jahr 2023 der EuGH mit der Thematik auseinandergesetzt.

■ **Neu**

Der Begriff „Kopie" bezieht sich nach Auffassung des EuGH nicht auf ein Dokument als solches, sondern auf die personenbezogenen Daten, die es enthalte. Die Kopie müsse daher alle personenbezogenen Daten enthalten, die Gegenstand der Verarbeitung seien. Eine Reproduktion von Auszügen aus Dokumenten oder gar von ganzen Dokumenten oder auch von Auszügen aus Datenbanken könne sich als unerlässlich erweisen, wenn die Kontextualisierung der verarbeiteten Daten erforderlich sei, um ihre Verständlichkeit zu gewährleisten (EuGH, Urteil vom 04.05.2023, Rs. C-487/21). Dementsprechend schränkt der EuGH nunmehr pauschale Verlangen auf Herausgabe z. B. aller E-Mails aus dem betrieblichen E-Mail-Konto ein.

Der BGH hat sich zwischenzeitlich dieser Rechtsprechung angeschlossen (Urteil vom 27.09.2023, Az. IV ZR 177/22).

Nicht unberücksichtigt bleiben sollte zudem, dass auch ErwG 63 DSGVO die Problematik erkennt. Danach sollte der Verantwortliche, der eine große Menge an Informationen über die betroffene Person verarbeitet, verlangen können, dass die Person präzisiert, auf welche Informationen oder Verarbeitungsvorgänge sich ihr Auskunftsverlangen bezieht.

Hieraus hat das LAG Hessen (Urteil vom 10.06.2021, Az. 9 Sa 861/20) abgeleitet, dass bei einem allgemein gehaltenen Auskunftsverlangen zunächst die sog. „Stammdaten" sowie die folgenden Informationen nach Art. 15 Abs. 1 lit. 2 a–h DSGVO zu beauskunften sind. Dies ermöglicht der betroffenen Person, ggf. weitere Betroffenenrechte wie Löschung, Berichtigung oder Einschränkung geltend zu machen oder zumindest im Sinne des ErwG 63 sein Auskunfts- und Kopieverlangen zu konkretisieren.

Nach Auffassung des BAG muss eine solche Konkretisierung aus prozessualer Sicht im Rahmen von Art. 15 Abs. 3 DSGVO erfolgen, da ein allgemein gefasster Antrag auf Herausgabe von Kopien regelmäßig nicht bestimmt genug i. S. v. § 253 Abs. 2 Satz 2 ZPO wäre (BAG, Urteil vom 27.04.2021, Az. 2 AZR 342/20). Das BAG verweist die betroffene Person insofern an das Instrument der Stufenklage. Danach kann zunächst Auskunft nach Art. 15 Abs. 1 DSGVO verlangt werden, die bei Zweifeln an ihrer Richtigkeit oder Vollständigkeit an Eides statt zu versichern wäre. Anschließend könnte die betroffene Person die Herausgabe näher bezeichneter Datenkopien beantragen.

Tipp

Für die Praxis im Personalbereich dürfte sich anhand der Rechtsprechung des LAG Hessen und des BAG empfehlen, zunächst Auskunft über die Stammdaten sowie die Informationen nach Art. 15 Abs. 1 lit. a–h DSGVO im Hinblick auf die weiteren verarbeiteten Daten zumindest in kategorisierter Form (z. B. E-Mail-Verkehr aus dem dienstlichen E-Mail-Konto aus dem Zeitraum 2020 bis heute) zu erteilen und ggf. diesbezügliche Kopien zu übermitteln, sofern diese Kontextualisierung der Datenverarbeitung zur Beurteilung deren Rechtmäßigkeit oder der Wahrnehmung weiterer Betroffenenrechte notwendig ist. Im Übrigen sollte dann die betroffene Person unter Hinweis auf ErwG 63 DSGVO um Präzisierung des Auskunfts- und Kopieverlangens gebeten werden.

Unternehmen ist dringend zu empfehlen, sich auf Auskunfts- und Kopieverlangen von Beschäftigten frühzeitig vorzubereiten, entsprechende Prozess zu etablieren und regelmäßig zu überprüfen. Hierbei sollte die Entwicklung in der Rechtsprechung und die Behördenpraxis aufmerksam verfolgt und nötigenfalls bei der Gestaltung der Prozesse berücksichtigt werden. Grundbedingung für die Erteilung einer vollständigen Auskunft ist, dass das Unternehmen einen Überblick über die relevanten Verarbeitungsprozesse besitzt. Hierzu trägt das sorgsame Führen eines Verarbeitungsverzeichnisses im Personalbereich entscheidend bei.

ArbG Düsseldorf, Urteil vom 05.03.2020 (Az. 9 Ca 6557/18)

Warnendes Beispiel kann ein, wenn auch schon etwas älteres, Urteil des ArbG Düsseldorf sein. Dieses hat einem Arbeitnehmer einen immateriellen Schadensersatz i. H. v. 5.000 Euro zugesprochen, da sein früherer Arbeitgeber seinen Auskunftsantrag um Monate verspätet und unvollständig beantwortet hatte. Auch wenn das Urteil bzgl. der ausgeurteilten Höhe des Schadensersatzes eher einen Ausreißer nach oben darstellt und noch keinesfalls geklärt ist, ob auf eine nicht rechtzeitige Erteilung einer Auskunft nach Art. 15 DSGVO überhaupt bzw. unter welchen Voraussetzungen ein Schadensersatzanspruch gestützt werden kann, so verdeutlicht es doch, dass ein sorgsamer Umgang mit Auskunftsverlangen unbedingt gewährleistet sein muss, um nicht die Tür für folgende Schadensersatzverlangen zu öffnen.

■ **Neu**

LAG Schleswig-Holstein, Urteil vom 21.02.2023 (Az. 1 Sa 148/22)

Anders fiel die Entscheidung in einem Urteil des LAG Schleswig-Holstein aus. Dort stritten ein abgelehnter Bewerber, der auf Entschädigung nach dem AGG und gleichzeitig auch auf Schadensersatz nach Art. 82 DSGVO geklagt hatte, und sein potenzieller Arbeitgeber u. a. über den Umfang eines Auskunftsanspruchs nach Art. 15 DSGVO. Der Bewerber hatte dem Arbeitgeber seine Bewerbungsunterlagen für eine ausgeschriebene Stelle per E-Mail zukommen lassen. Kurz darauf klagte er auf Entschädigung, da er der Auffassung war, aufgrund seines Alters diskriminiert worden zu sein. In diesem Zusammenhang machte er auch seinen Auskunftsanspruch nach Art. 15 DSGVO geltend. Der Arbeitgeber teilte mit, er habe außer der von ihm zugesandten Bewerbungs-E-Mail keine weiteren personenbezogenen Daten von ihm verarbeitet.

Das LAG lehnte im Ergebnis einen Schadensersatzanspruch des Bewerbers aber deshalb ab, weil dieser rechtsmissbräuchlich Schadensersatz verlange. Es stellte fest, dass es dem Kläger bei dem Auskunftsbegehren ausschließlich darum gehe, auf den Arbeitgeber Druck im eigentlichen Entschädigungsstreit nach dem AGG auszuüben. Hinzu kam in diesem Fall, dass das LAG ein systematisches Handeln des Bewerbers als erwiesen ansah, da dieser bereits in mehreren anderen Verfahren die gleiche Taktik verfolgte.

Zusammenfassung

- Der Auskunftsanspruch besteht während der Dauer des Arbeitsverhältnisses, aber auch danach und damit auch nach der Kündigung.
- Dabei sind die erforderlichen Angaben aus Art. 15 Abs. 1 lit. a–h DSGVO sorgfältig zu ermitteln und zu erteilen.
- Arbeitnehmer sollen in die Lage versetzt werden, die Rechtmäßigkeit der Verarbeitung zu prüfen und ggf. weitere Betroffenenrechte wahrzunehmen.
- Der Anspruch bezieht sich im Arbeitsverhältnis auf alle Stammdaten, sonstigen Inhalte der (digitalen) Personalakte sowie sonstigen erfassten Informationen, die sich auf den Beschäftigten beziehen. Dabei kann es sich um sehr große Datenmengen handeln.
- Nach den neuen Urteilen des EuGH und des BGH müssen Dokumente, die personenbezogene Daten enthalten, im Rahmen eines Auskunftsanspruchs nach Art. 15 Abs. 1 und 3 DSGVO in Kopie übermittelt werden, wenn diese Kontextualisierung zur Gewährleistung der Verständlichkeit erforderlich ist.

Löschpflicht

Als weiteres Betroffenenrecht ist auch das Recht auf Löschung aus Art. 17 Abs. 1 DSGVO sowie die Pflicht zur Löschung von personenbezogenen Daten im Beschäftigtenkontext zu beachten. Dies bedeutet, dass u. a. nach Wegfall des Verarbeitungszwecks proaktiv eine Löschung der verarbeiteten Daten erfolgen muss, sofern keine der Ausnahmen des Art. 17 Abs. 3 DSGVO einschlägig ist, z. B. noch eine gesetzliche Aufbewahrungsfrist erfüllt werden muss oder die Verarbeitung noch zur Geltendmachung, Ausübung oder Verteidigung von Rechtsansprüchen erforderlich ist. Auch im Personalbereich müssen damit Standardlöschfristen für die einzelnen Verarbeitungsprozesse definiert und deren Umsetzung in einem Löschkonzept geregelt werden.

Recht auf Datenübertragbarkeit im Arbeitsverhältnis

Eine Neuerung aus der DSGVO ist das Recht auf Datenübertragbarkeit in Art. 20 DSGVO. Die betroffene Person hat demnach das Recht, ihre Daten vom Verantwortlichen in einem strukturierten, gängigen und maschinenlesbaren Format zu erhalten, wenn sie ihm diese vorher im Rahmen der Vertragsdurchführung oder gedeckt durch eine Einwilligung bereitgestellt hat (▶ Kap. 7.7) – bei Datenverarbeitungen, die sich auf eine andere Grundlage im Rahmen des Art. 6 Abs. 1 DSGVO stützen, kommt das Recht auf Datenübertragbarkeit hingegen nicht zum Tragen.

Genau die beiden dafür genannten Voraussetzungen (Vertrag und Einwilligung) liegen bei Arbeitsverhältnissen regelmäßig vor. Bei einer Vielzahl täglich neu entstehender Daten besteht folglich ein Anspruch auf Datenübertragbarkeit. Im Fall seines Ausscheidens könnte daher ein Arbeitnehmer leicht auf die Idee kommen, alle diese Daten vom Altarbeitgeber herauszuverlangen. Der damit verbundene Aufwand wäre natürlich u. U. gewaltig, denn der Begriff der „bereitgestellten Daten" ist weit gefasst.

Eine entgegenstehende oder wenigstens abmildernde Regelung dazu sieht das BDSG, das grds. die nach Art. 88 DSGVO zulässigen mitgliedstaatlichen Spezialregelungen zur DSGVO enthält, nicht vor. Ohne vorrangige Regelung bleibt es daher bei den Vorgaben des Art. 20 DSGVO.

Tipp

Einziger Ausweg im Fall eines Arbeitnehmers, der seinen Anspruch auf Datenübertragbarkeit geltend macht, ist deshalb Art. 20 Abs. 4 DSGVO. Kann sich nämlich der Arbeitgeber auf die Beeinträchtigung seiner eigenen Rechte und Freiheiten berufen, ist der Anspruch auf Datenübertragbarkeit nicht durchsetzbar. Der Wortlaut der Regelung legt freilich nahe, dass hier ein „insoweit" mitzulesen ist. Das bedeutet wiederum, dass der Arbeitgeber wahrscheinlich nur diejenigen Daten nicht wird übertragen müssen, deren Übertragung zu einer Verletzung von Geheimnissen führen würde. Ob auch ein unverhältnismäßig hoher, schlechterdings unzumutbarer Aufwand als Einwand taugt, wird sich zeigen. In der Praxis spielt das Recht auf Datenübertragbarkeit bisher kaum eine Rolle.

Meldepflicht

Kommt es zu Datenschutzverletzungen, sind die Meldepflichten des Art. 33 DSGVO zu beachten. Dieser schreibt eine unverzügliche Meldung an die Aufsichtsbehörde vor. Der Zeitraum hierfür beträgt 72 Stunden ab Kenntnis; eine Überschreitung muss begründet werden. Meldepflichtig sind Schutzverletzungen aller Datenarten.

Da im Beschäftigungskontext vielfach besondere Kategorien personenbezogener Daten verarbeitet werden, kann eine Schutzverletzung in vielen Fällen prognostisch auch ein hohes Risiko für die Rechte und Freiheiten der betroffenen Personen zur Folge haben. Folge ist, dass nicht nur eine Meldepflicht gegenüber der Aufsichtsbehörde bestehen kann, sondern nach Art. 34 DSGVO zusätzlich eine unverzügliche Benachrichtigung der betroffenen Personen zu veranlassen ist.

2.3 Datenschutz im Arbeitsrecht

Das Arbeitsverhältnis als vertragliche Beziehung von idealerweise längerer Dauer bringt eine Vielzahl von Prozessen mit sich, die mit einer Verarbeitung von personenbezogenen Daten verbunden sind. Dementsprechend gibt es für den Beschäftigtendatenschutz zahlreiche Anwendungsfelder (▶ Kap. 6.2). Seine Vorgaben sind bereits im Stadium der Anbahnung von Arbeitsverhältnissen zu beachten und überschneiden sich dabei mit Themen des Antidiskriminierungsrechts. Im laufenden Arbeitsverhältnis gilt es, einen Überblick über sämtliche Verarbeitungsvorgänge sowie insbesondere deren Rechtmäßigkeit und Transparenz zu behalten. Datenschutzverstöße im Arbeitsverhältnis entpuppen sich immer mehr als erhebliches Risiko. Schadensersatzansprüche und Auskunftsverlangen sind in der arbeitsrechtlichen Praxis zu einer beliebten Spielwiese geworden. Die Einbindung versierter Arbeitsrechtler ist aus diesem Grund dringend zu empfehlen.

2.3.1 Anbahnung von Arbeitsverhältnissen

Bereits in der Bewerbungsphase fallen zahlreiche personenbezogene Daten an. Die in ▶ Kap. 2.2.1 angesprochenen Grundsätze der Erforderlich- und Verhältnismäßigkeit gelten auch hier. Zusätzlich sind bereits in diesem Stadium die Informationspflichten nach Artt. 13, 14 DSGVO zu beachten.

Im Bewerbungsverfahren werden zwar primär Daten wie Lebenslauf, Kontakt- und Qualifikationsdaten sowie die Kommunikation und Schriftverkehr zur Durchführung des Bewerbungsverfahrens verarbeitet. Es ist aber möglich, dass sich die Verarbeitung auch auf besondere Kategorien personenbezogener Daten wie z. B. Gesundheitsdaten oder Angaben zur ethnischen Herkunft erstreckt. So kann z. B. ein Bewerber bereits in den Bewerbungsunterlagen auf eine bestehende Schwerbehinderung hinweisen oder sich aus den Angaben im Lebenslauf seine ethnische Herkunft ergeben.

Verarbeitung personenbezogener Daten „besonderer Kategorien“

Die Verarbeitung von besonderen Kategorien personenbezogener Daten unterliegt engeren Voraussetzungen, deren Prüfung nach den in ► Kap. 2.2.1 erläuterten Grundsätzen zu erfolgen hat. Von aktuellem Interesse war während der Corona-Pandemie die Verarbeitung von Daten zum Impfstatus von Bewerbern. Vorausgesetzt, eine epidemische Lage von nationaler Reichweite wurde festgestellt, dürfte das Interesse des Arbeitgebers an der Verarbeitung dieser Daten aus Gründen der Erfüllung von Pflichten aus dem Arbeitsschutz gegenüber dem Interesse des Arbeitnehmers überwiegen. Im Übrigen kommt gerade bei freiwillig durch den Bewerber übermittelten besonderen personenbezogenen Daten eine zulässige Verarbeitung auf Basis von Artt. 9 Abs. 2 lit. b, 6 Abs. 1 lit. b DSGVO i. V. m. §§ 26 Abs. 3, 22 Abs. 2 BDSG in Betracht.

Verarbeitung von Bewerberdaten gem. Art. 6 DSGVO

Üblicherweise wird die Verarbeitung von **„normalen“** personenbezogenen Daten im Rahmen eines Bewerbungsverfahrens auf Grundlage von Art. 6 Abs. 1 Satz 1 lit. b DSGVO erfolgen, der erforderliche Datenverarbeitungen zum Zweck der Begründung des Arbeitsverhältnisses erfasst, sofern dies auf Antrag der betroffenen Person geschieht. Auf der Seite des potenziellen künftigen Arbeitgebers ist daher streng darauf zu achten, dass nicht mehr als nur die für die Entscheidung über die Stellenbesetzung erforderlichen Daten erhoben werden und dass die Verhältnismäßigkeit der Datenverarbeitung gewahrt bleibt.

Tipp

Die von der Rechtsprechung im Hinblick auf Bewerbungsgespräche entwickelten sog. **„Grenzen des Fragerechts“** sind wie das allgemeine Persönlichkeitsrecht lediglich subsidiär zum BDSG anwendbar. Daran hat sich auch durch die Europarechtswidrigkeit des § 26 Abs. 1 Satz 1 1. Alt. BDSG nichts geändert. Der Arbeitgeber kann sich nicht grds. auf ein „Fragerecht“ berufen, sondern muss im Gegenteil eine positive Rechtfertigung für die

Informationserhebung vorweisen können.[1] Arbeitsrechtlich bedingt umgekehrt eine unzulässige Frage des Arbeitgebers ein „Recht zur Lüge“ des Arbeitnehmers.

Einwilligung als Verarbeitungsgrundlage gem. Art. 6 Abs. 1 Satz 1 lit. a DSGVO i. V. m. § 26 Abs. 2 BDSG

Als eine weitere denkbare Alternative der Verarbeitungsgrundlage könnte eine Einwilligung des Bewerbers in die Datenverarbeitung nach Art. 6 Abs. 1 Satz 1 lit. a DSGVO i. V. m. § 26 Abs. 2 BDSG in Betracht kommen. Eine wirksame Einwilligung setzt allerdings voraus, dass diese freiwillig erfolgt.

Tipp

Hauptproblem im Rahmen eines Bewerbungsverfahrens ist die Freiwilligkeit der Einwilligung. Ob eine solche gegenüber einem potenziellen späteren Arbeitgeber im Bewerbungsverfahren wirklich freiwillig erfolgt, ist zweifelhaft. Der Bewerber hat ein hohes Interesse am Zustandekommen des Beschäftigungsverhältnisses und wird deshalb bereit sein, weitergehende datenschutzrechtliche Zugeständnisse zu machen als ein unbeteiligter Dritter. Genau das soll aber vermieden werden und würde zum Ausschluss der Freiwilligkeit führen. Selbst wenn der potenzielle Arbeitgeber versichert, dass die Nichterteilung der Einwilligung keine Nachteile im Bewerbungsverfahren haben soll, dürfte dies die Befürchtung des Bewerbers, doch aus diesem Grund abgelehnt zu werden, kaum entkräften.

Daraus ist zu schließen, dass die an die Freiwilligkeit einer Einwilligung zu stellenden Anforderungen im Rahmen eines Bewerbungsverfahrens einer besonders kritischen Prüfung unterzogen werden müssen. Sie ist zwar nicht pauschal aufgrund der besonderen Situation im Bewerbungsverfahren zu verneinen. Allerdings muss die Freiwilligkeit besonders geprüft werden. Neben den allgemeinen Kriterien für die Freiwilligkeit (▶ Kap. 2.2.4), die sich bereits aus

[1] Vgl. Riesenhuber, Karl in: BeckOK DatenschutzR, 42. Ed. vom 01.08.2023, BDSG § 26, Rn. 72.

Art. 4 Nr. 11 DSGVO ergeben, müssen in die Abwägung in diesem Stadium des Verhältnisses mit einbezogen werden,

1. wie weit die Abhängigkeit des Bewerbers geht und
2. die Umstände, unter denen die Einwilligung gegeben worden ist.[2]

Im Regelfall wird diese Prüfung zu dem Ergebnis kommen, dass aufgrund der Sondersituation eines Bewerbers nicht von einer freiwillig erteilten Einwilligung ausgegangen werden kann.

Ein praktisch bedeutsamer Fall einer wirksamen Einwilligung stellt allerdings die informierte Zustimmung des Bewerbers zur Aufnahme in den Bewerberpool des Unternehmens dar. Dies kommt in Betracht, wenn ein abgelehnter Bewerber trotzdem für das Unternehmen interessant ist und ggf. zukünftig bei offenen Stellen noch zur Abklärung eines potenziellen Interesses angesprochen werden kann. In einem solchen Fall wird man davon ausgehen können, dass der Bewerber seine Entscheidung über die Zustimmung i. d. R. ohne äußeren Zwang wird erteilen können. Liegen also die weiteren Voraussetzungen im Hinblick auf Form und Informiertheit vor, so wird eine entsprechende Einwilligung wirksam sein.

✎ Beispiel

Wenn Unternehmen Bewerbungsportale nutzen bzw. den Bewerbern mit ihrer Einwilligung die Aufnahme in einen Talentpool ermöglichen wollen, sind die Datenschutzhinweise dort konkret zu formulieren. Vor allem auf die Möglichkeit des jederzeitigen Widerrufs der Einwilligung und die Speicherdauer ist hinzuweisen.

---

[2] Vgl. ebenda, Rn. 47.

Tipp

Für den Fall, dass sich ein Bewerber aufgrund eines Vermittlungsvorschlags eines Jobcenters bewirbt und deutlich macht, dass er an der Stelle nicht interessiert ist, muss der Arbeitgeber den Agenturen für Arbeit auf deren Verlangen hin Auskunft über solche Tatsachen erteilen, die für die Entscheidung über einen Anspruch auf Sozialleistungen entscheidend sind. Meist erfolgen solche Anfragen der Bundesagentur für Arbeit (BA) telefonisch oder per E-Mail. Daher empfiehlt es sich für Unternehmen, das Auskunftsverlangen der BA zu Beweiszwecken entsprechend zu dokumentieren.

Informationspflichten nach Artt. 13, 14 DSGVO

Im Bewerbungsprozess ist unbedingt die Erfüllung der Informationspflichten nach Artt. 13, 14 DSGVO zu beachten. Der Umfang dieser Pflichten richtet sich danach, ob die Daten direkt bei den Betroffenen (Art. 13 DSGVO) oder nicht – d. h. z. B. bei Dritten – (Art. 14 DSGVO) erhoben wurden. Der detaillierte Katalog der zu gewährleistenden Informationen ist unter den jeweiligen Artikeln dargestellt und sollte so genau wie möglich beachtet werden. Werden die Daten nicht bei der betroffenen Person selbst erhoben, so trifft den Arbeitgeber nach Art. 14 DSGVO beispielsweise die Pflicht, auch die Quelle der erhobenen Daten mitzuteilen (Art. 14 Abs. 2 lit. f DSGVO). Ferner unterscheidet sich der Zeitpunkt der Informationspflicht – im Fall der Erhebung von Daten beim Betroffenen[3] ist die Information direkt vor Erhebung der Daten oder spätestens bei Erhebung der Daten mitzuteilen.

Beispiel

Möglichst frühzeitig sollten Bewerber darauf hingewiesen werden, im Bewerbungsanschreiben oder in anderen im Bewerbungsverfahren eingereichten Unterlagen besondere Kategorien personenbezogener Daten nach Art. 9 DSGVO, also z. B.

[3] Eine gute kurze Zusammenfassung bietet: Kelleher, Denis/Murray, Karen: EU Data Protection Law, London: Bloomsbury Professional 2018, S. 197, 9.05.

- ein Foto, das die ethnische Herkunft erkennen lässt,
- Angaben über Schwerbehinderteneigenschaft,
- Sehkraft oder chronische Krankheiten oder
- Familienstand (nur in Ausnahmefällen zulässig),

nach Möglichkeit zu vermeiden.

Sondersituation: Pre-Employment-Screening

Pre-Employment-Screenings (▶ Kap. 6.2.1) sollten datenschutzrechtlich nicht unterschätzt werden. Zwar bieten das Internet und die Vielzahl an Bewerberdaten, die sich aus öffentlich zugänglichen Quellen (allen voran die Social-Media-Plattformen mit vorwiegend privatem Charakter wie Facebook, Instagram, Snapchat oder auch X [vormals Twitter]) sammeln lassen, eine gewaltige Fundgrube. Anders als man vielleicht meint, handelt es sich bei diesen leicht zugänglichen Daten nicht um einen Informationssteinbruch, aus dem der Arbeitgeber oder ein von ihm damit beauftragter Dritter wie z. B. Recruiter, Headhunter, Personalberater und -vermittler sich frei bedienen darf.

Für die Verarbeitung der personenbezogenen Daten bedarf es grds. einer Erlaubnis nach Art. 6 Abs. 1 Satz 1 lit. a–f (ggf. i. V. m. Art. 9 Abs. 2) DSGVO. Daraus folgt, dass die Daten nur dann für das Recruiting im Rahmen der Recherche über potenzielle Kandidaten für freie Stellen im Unternehmen genutzt werden dürfen, wenn die Datenverarbeitung für die Entscheidung über eine Bewerbung erforderlich und verhältnismäßig ist oder der Bewerber in die Datenverarbeitung eingewilligt hat. Daraus folgt u. a., dass nur diejenigen Informationen, die der Arbeitgeber zulässigerweise beim Bewerber erfragen dürfte, auch aus öffentlichen Netzwerken erhoben werden dürfen. Hierbei sollten soziale Netzwerke unterschieden werden in hauptsächlich freizeitorientierte Netzwerke (wie Facebook) und hauptsächlich berufsorientierte Netzwerke (wie Xing oder LinkedIn).

Auf Arbeitnehmerdaten in sozialen Netzwerken, die hauptsächlich berufsorientiert sind, sollen Arbeitgeber dann im Rahmen von Art. 6 Abs. 1 Satz 1 lit. f DSGVO aufgrund einer dokumentierten Interessenabwägung zugreifen dürfen, wenn die personenbezogenen Daten von den Betroffenen gerade auch zur Darstellung des eigenen

Lebenslaufs gegenüber potenziellen Geschäftspartnern online veröffentlicht wurden. In privaten Netzwerken kommt es ebenfalls auf den genauen Kontext an: Stellt der Bewerber seine Daten der Allgemeinheit zur Verfügung, ist darin zwar regelmäßig keine konkludente Einwilligung in eine Datenverarbeitung zu erkennen (hierzu fehlt es bereits am Absehen einer konkreten Bewerbungssituation und dem konkreten Arbeitgeber), allerdings ist diese Tatsache im Rahmen von Art. 6 Abs. 1 Satz 1 lit. f DSGVO innerhalb der Verhältnismäßigkeitsprüfung zu berücksichtigen – genauso wie, dass der Arbeitgeber das grundrechtlich geschützte Recht hat, sich aus allgemein zugänglichen Quellen ungehindert zu unterrichten (Art. 5 Abs. 1 Satz 1 GG, Art. 11 Abs. 1 Satz 1 GRCh).[4] Begrenzt wird dieses Recht wiederum durch die bereits in ► Kap. 2.2.1 genannten Grundsätze, u. a. dadurch, dass nur die erforderlichen Daten erhoben werden dürfen (insbesondere beachtenswert bei Instagram). Für die Erhebung besonderer Kategorien personenbezogener Daten aus öffentlich zugänglichen Quellen kommt Art. 9 Abs. 2 lit. e i. V. m. Art. 6 Abs. 1 lit. f DSGVO als Rechtsgrundlage in Betracht.

Beispiele unzulässiger Datenverarbeitung

Geburtsort, Alter und Nationalität dürften nur in den seltensten Fällen benötigt werden, etwa, wenn Einreiseverbote in bestimmte Länder oder aus bestimmten Ländern bestehen. Werden diese Daten ohne Grund erhoben, droht im Ablehnungsfall zugleich der Verdacht einer Diskriminierung. Noch kritischer ist der Wunsch des Arbeitgebers nach Vorlage von polizeilichen Führungszeugnissen oder Bonitäts(selbst)auskünften zu sehen. Das gilt in der Bewerbungsphase ebenso wie im bestehenden Arbeitsverhältnis. Selbst bei Beschäftigungsverhältnissen im Sicherheitsgewerbe dürfte eine datenschutzrechtliche Rechtfertigung dafür nur im Ausnahmefall und bei handfesten Anhaltspunkten für einen Beschäftigungsbezug zu bejahen sein. Immer wieder werden deshalb ausufernd gestaltete Onboardingprozesse in Branchen wie etwa dem Bankwesen von den Aufsichtsbehörden beanstandet.

[4] So auch Riesenhuber, Karl in: BeckOK DatenschutzR, 42. Ed. vom 01.08.2023, BDSG § 26 Rn. 99.

Einholen von Referenzen

Die Inflation guter und sehr guter Zeugnisse lässt deren Aussagewert mittlerweile weithin gegen null tendieren. Ein mehr oder weniger diskreter Anruf beim Altarbeitgeber verspricht oftmals brauchbarere Informationen, als sie sich dem Zeugnis entnehmen lassen. Diese Praxis steht allerdings im Konflikt mit dem Direkterhebungsgrundsatz und begegnet datenschutzrechtlich erheblichen Bedenken, auch wenn Bewerber nur selten offen damit konfrontiert werden dürften, dass Alt- und potenzieller Neuarbeitgeber sich über ihn ausgetauscht haben.

Sicherheitsprüfungen

Gelegentlich fordern Kunden von Unternehmen aus Sicherheitsgründen die Überprüfung der im Kundenverhältnis eingesetzten Mitarbeitenden. Inwiefern in solchen Fällen eine Vorabüberprüfung von Bewerbern noch von einem berechtigten Interesse des Arbeitgebers gedeckt sein kann, ist schwer vorherzusagen und unterliegt immer einer im Einzelfall vorzunehmenden Erforderlichkeitsprüfung. So kann es beim Einsatz in der Bewachung eines Regierungsgebäudes berechtigt sein, dass ein Arbeitgeber von seinen dort eingesetzten Mitarbeitenden ein polizeiliches Führungszeugnis verlangt. Ein darüber hinausgehendes, nicht für den speziellen Einsatz notwendiges „Durchleuchten" jedoch wird vom berechtigten Interesse schon nicht mehr gedeckt, jedenfalls nicht mehr erforderlich (näher ► Kap. 2.4) sein.

Tipp

Sollten Unternehmen zu solch einer Überprüfung externe Dienstleister einschalten, ist zudem zu prüfen, ob es sich um eine Auftragsverarbeitung handelt, eine gemeinsame Verantwortlichkeit vorliegt oder jeweils getrennte Verantwortlichkeiten.

Sprachanalyse

Eine marktgängige Spracherkennungssoftware analysiert die Verwendung bestimmter Worte, von Tonlage, Sprechgeschwindigkeit und Atemrhythmus[5] sowie zahlreiche andere Parameter. Manche Unternehmen nutzen Sprachanalysesoftware für Telefoninterviews im Bewerbungsprozess, andere – etwa im Finanzsektor – überwachen Telefonate und sonstige Kommunikation, um z. B. Insiderdeals zu verhindern. Eine Einwilligung in die Sprachanalyse muss aber vorab eingeholt werden und es erscheint sehr zweifelhaft, ob diese im Bewerbungsprozess den Anforderungen an die Freiwilligkeit genügen würde.

Arbeitnehmeranalyse im Vorfeld von Stellenbesetzungen

Unternehmen haben ein Interesse daran, den bestgeeigneten Bewerber für eine offene Stelle zu identifizieren, High Performer und Führungskräfte frühzeitig zu erkennen und zu fördern, wechselwillige Mitarbeitende zu identifizieren bzw. Compliancerisiken zu minimieren, kurz: die Wertschöpfungskette zu optimieren. Big-Data-Analysen können aufgrund ihrer Fähigkeit, weit verstreute und höchst verschiedenartig strukturierte Daten bzw. Datensätze in Echtzeit zu analysieren, bei der Befriedigung dieser vielschichtigen Interessen behilflich sein. Der Einsatz einer KI-gestützten Big-Data-Analyse liegt daher bereits im Bewerbungsverfahren nahe.

Tipp

In HR-Abteilungen ist ein „händisches“ Pre-Employment-Screening inzwischen Standard.[6] Dabei werden Bewerber zumindest durch Suchmaschinenabfrage und Recherche in berufsbezogenen sozialen Netzwerken überprüft. Das ist zeitaufwendig und verführt zu oberflächlicher, also potenziell fehlerträchtiger Arbeitsweise. Eine Big-Data-Analyse ermöglicht dagegen eine leidenschaftslose Überprüfung unter Einbindung einer extrem gesteigerten Anzahl von Suchparametern und dennoch in Echtzeit, also ohne besonders großen Zeitaufwand.

[5] Gola, Peter/Pötters, Stephan (u. a.): Handbuch Arbeitnehmerdatenschutz, Frechen: DATAKONTEXT 2016, Rn. 1315.

[6] Gemäß Art. 4 Nr. 4 DSGVO handelt es sich um Profiling. Die Begriffe „Background-Check“ bzw. bei vermuteten Verstößen auch „internal investigations“ o. Ä. werden synonym verwendet.

Datenschutzrechtlich weitgehend unproblematisch wäre trotz des intensiven Eingriffs, den allein schon die Untersuchung des gewaltigen Datenbestands darstellen kann, eine Einstellungsentscheidung, wenn hierbei nur Merkmale wie Eignung, Erfahrung und Qualifikation anhand von vorgegebenen Kriterien für die Verantwortlichen im Personalwesen aufbereitet werden und die Gestaltung des Analyseprogramms diskriminierungsfrei ist. Unzulässig ist dagegen eine Merkmalsabfrage, die auf Kriterien außerhalb des Fragerechts des Arbeitgebers zielt; ferner darf auch der Wesenskern der Persönlichkeit des Bewerbers nicht berührt werden. Das bedeutet wiederum, dass eine datenschutzrechtlich einwandfreie Big-Data-Analyse auf eine Vielzahl von Daten verzichten muss. Somit stellt sich v. a. die Frage nach dem Schutz des Betroffenen durch entsprechendes Programmdesign der Big-Data-Analyse. Hierauf kann der Arbeitgeber i. d. R. nur sehr begrenzt Einfluss nehmen und Kontrollrechte ausüben, wodurch die Einsatzmöglichkeiten von Big-Data-Analysetools, die naturgemäß auch zu unvorhersehbaren Ergebnissen führen können, drastisch eingeschränkt werden.

Suchmaschinen

Suchmaschinen wie Google, Bing, Duckduckgo, aber auch Kataloge und sonstige Online-Verzeichnisse wie etwa Yahoo liefern Unmengen wenig oder gar nicht strukturierter Informationen. Nach überwiegender Ansicht darf der Arbeitgeber auf derartige öffentlich zugängliche Arbeitnehmerdaten im Internet zugreifen, etwa indem er diese mit einer Suchmaschine abfragt, soweit dies für die Einstellungsentscheidung erforderlich ist.[7]

Unterrichtungs- und Beratungsrecht des Betriebsrats bzgl. KI

Die Rechte des Betriebsrats bei der Planung von Arbeitsverfahren und Abläufen gelten auch dann, wenn diese ausschließlich oder mit Unterstützung von KI (▶ Kap. 6.1.7, ▶ Kap. 6.2.1) erstellt werden (vgl. § 90 Nr. 2 und 3 BetrVG). Zur Beurteilung der KI kann der Betriebsrat einen Sachverständigen unter den Voraussetzungen des § 80 Abs. 3 BetrVG n. F. hinzuziehen – wobei dies im Falle der Beurteilung von KI bereits gesetzlich als „erforderlich" gilt.

[7] Vgl. König, Tassilo-Rouven: Beschäftigtendatenschutz in der Beratungspraxis, Baden-Baden: Nomos 2020, S. 112.

2.3.2 Durchführung und Beendigung von Arbeitsverhältnissen

(Digitale) Personalakte

Arbeitgeber sind berechtigt und in Teilbereichen auch verpflichtet, Unterlagen über das Personal zu führen, und können dabei grds. frei über den Ort der Aufbewahrung, die Quantität der aufzunehmenden Unterlagen und die Form der Personalaktenführung entscheiden. Digital geführte Personalakten unterfallen zweifellos dem Beschäftigtendatenschutz. Denselben Schutz genießen aber auch in Papierform geführte Akten, die nach bestimmten Kriterien strukturiert sind. Weiter ist zu beachten, dass § 26 Abs. 1–6 BDSG, soweit noch europarechtskonform, auch anzuwenden sind auf die Verarbeitung von personenbezogenen Daten, die nicht in einem Dateisystem gespeichert sind oder werden sollen, z. B. handschriftliche Notizen über ein Personalgespräch (vgl. § 26 Abs. 7 BDSG).

Zulässiger Inhalt

Dieser richtet sich (unabhängig von der Form) nach Art. 6 Abs. 1 Satz 1 lit. a–f DSGVO (ggf. i. V. m. Art. 9 Abs. 2 lit. b DSGVO) i. V. m. § 26 Abs. 3 BDSG.

In einer Personalakte dürfen gem. Art. 6 Abs. 1 lit. b DSGVO nur Informationen und Unterlagen gespeichert werden, die für die Durchführung des Arbeitsverhältnisses oder für vorvertragliche Maßnahmen auf Antrag des Arbeitnehmers erforderlich und zur Zweckerreichung unbedingt notwendig sind (Verhältnismäßigkeitsprüfung) – schließlich gilt auch hier das Gebot der Datensparsamkeit gem. Art. 5 Abs. 1 lit. c DSGVO.

Tipp

Moderne Softwarelösungen für eine digitale Personalakte ermöglichen zumeist umfangreiche Analysen, sei es zu statistischen Zwecken oder zu einer Bewertung der Persönlichkeit von Beschäftigten. Aus Datenschutzsicht ist festzuhalten: Je mehr Auswertungsmöglichkeiten die Software bietet, desto schwieriger wird es, die jeweilige Verarbeitung vor dem Hintergrund des

Grundsatzes der Datensparsamkeit und Zweckbindung zu rechtfertigen.

Nach Art. 5 Abs. 1 lit. d DSGVO darf die Personalakte nur sachlich richtige Daten enthalten. Sie muss vertraulich behandelt und entsprechend sorgfältig aufbewahrt werden. Das heißt, der Kreis der Zugriffsberechtigten ist auf das erforderliche Maß zu reduzieren und bei digitalen Personalakten sind Lese-, Speicher-, Lösch- und Editierberechtigungen unter Beachtung des Need-to-know-Prinzips festzulegen. Im Fall, dass besondere Kategorien personenbezogener Daten auf Basis von Art. 6 Abs. 1 Satz 1 lit. b i. V. m. Art. 9 Abs. 2 lit. b DSGVO, § 26 Abs. 3 BDSG gespeichert werden, müssen auch die weiteren, in § 22 Abs. 2 BDSG aufgeführten Schutzmaßnahmen berücksichtigt werden.

Tipp

Von besonderer Bedeutung sind dabei Schulungs- und andere Sensibilisierungsmaßnahmen für die Mitarbeitenden, die mit der Bearbeitung der Personalakten befasst sind. Damit soll ihnen der datenschutzkonforme Umgang mit den sensiblen Personaldaten vermittelt werden. Auch wenn eine Verpflichtung der Mitarbeitenden auf das Datengeheimnis anders als im BDSG a. F. nicht mehr ausdrücklich im Gesetz geregelt ist, gehört diese nach wie vor zu den grundlegenden technisch-organisatorischen Maßnahmen i. S. d. Art. 24 Abs. 1 DSGVO sowie zu den Schutzmaßnahmen i. S. v. § 22 Abs. 2 BDSG. Gerade die Mitarbeitenden im Personalbereich sollten daher nach wie vor auf die Vertraulichkeit verpflichtet werden.

Einsichts- und Auskunftsrecht

Arbeitnehmer dürfen grds. gem. § 83 BetrVG Einsicht in die Personalakte nehmen (für leitende Angestellte gilt § 26 Abs. 2 SprAuG). Daneben haben sie auch das Recht auf Auskunft gem. Art. 15 Abs. 1 DSGVO sowie auf eine Datenkopie nach Art. 15 Abs. 3 DSGVO (d. h., sie dürfen grds. auch eine vollständige Aufstellung ihrer in der Personalakte gespeicherten personenbezogenen Daten verlangen und, sofern eine Kontextualisierung zur Gewährleistung der Verständlichkeit erforderlich ist, auch die Übermittlung von Dokumenten oder Auszügen hieraus [▶ Kap. 6.1.2]).

Löschen von Daten

Die Vorgaben der DSGVO zum Löschen von personenbezogenen Daten, insbesondere bei Unrichtigkeit oder Wegfall des Verarbeitungszwecks, gelten auch für (digitale) Personalakten. Wenn Informationen und Unterlagen unrichtig sind (z. B. unberechtigte Abmahnungen), sind diese aus der Personalakte zu entfernen. Nach Beendigung seines Beschäftigungsverhältnisses kann der Arbeitnehmer nach einer im Vordringen befindlichen Auffassung einen Entfernungsanspruch datenschutzrechtlich auf Art. 17 Abs. 1 DSGVO stützen (vgl. ▶ Kap. 7.5).

Tipp

Das LAG Sachsen-Anhalt entschied mit Urteil vom 23.11.2018 (Az. 5 Sa 7/17), dass der Arbeitgeber die erhobenen Daten löschen muss, da mit Beendigung des Arbeitsverhältnisses die Abmahnung ihre Warnfunktion nicht mehr erfüllen könne. Die Abmahnung kann allenfalls noch für einen folgenden Zeugnisstreit von Relevanz sein. Ist dies aber nicht der Fall, besteht eine Löschpflicht nach Art. 17 Abs. 1 DSGVO. Dem hat sich zwischenzeitlich das LAG Hamm (Urteil vom 13.09.2022, Az. 6 Sa 87/22) angeschlossen. Das LAG Niedersachsen dagegen hält mit Urteil vom 04.05.2021 (Az. 11 Sa 1180/20) an der Rechtsprechung des BAG fest: Danach besteht der Anspruch auf Entfernung einer Abmahnung nach Beendigung des Arbeitsverhältnisses regelmäßig nicht – was jedenfalls für in Papierform geführte Personalakten gelten soll. Hier wird man also abwarten müssen, wie sich das BAG zu gegebener Zeit diesbezüglich positionieren wird.

Schwerbehinderung

Im Bewerbungsgespräch ist die Frage nach einer (Schwer-)Behinderung gem. § 2 Abs. 2, 3 SGB IX im Allgemeinen unzulässig. Zumeist wird ein Arbeitsplatzbezug nicht bestehen.

Tipp

Nach der Rechtsprechung des BAG ist die Frage des Arbeitgebers nach der Schwerbehinderung bzw. einem diesbezüglich gestellten Antrag im bestehenden Arbeitsverhältnis aber jedenfalls nach sechs Monaten zulässig. Das gilt aufgrund des bestehenden Sonderkündigungsschutzes Schwerbehinderter insbesondere zur Vorbereitung von beabsichtigten Kündigungen (BAG, Urteil vom 16.02.2012, Az. 6 AZR 553/10 – NJW 2012, 2058, NZA 2012, 555).

Telekommunikation und Mailkontrolle

Die Nutzung von E-Mail, Chatsystemen und anderen Kommunikationsmitteln gehören heute zum Arbeitsalltag. Datenschutzrechtliche Fragen stellen sich dabei v. a., wenn es um Zugriffe des Arbeitgebers auf die Kommunikation der Beschäftigten geht, etwa weil eine E-Mail des Kollegen, der sich gerade im Urlaub befindet, dringend benötigt wird oder Pflichtverletzungen von Beschäftigten aufgeklärt werden sollen.

Wichtige Weichenstellung für die datenschutzrechtliche Beurteilung von solchen Zugriffen auf Kommunikationsinhalte ist zunächst, ob der Arbeitgeber die private Nutzung der betrieblichen Kommunikationsmittel erlaubt oder untersagt hat.

Ist die private Nutzung zugelassen, könnte der Arbeitgeber als Telekommunikationsanbieter anzusehen sein, sodass dieser das Fernmeldegeheimnis wahren müsste (§ 3 TTDSG). Dies entsprach der bisher wohl leicht überwiegenden Auffassung. Diese konnte allerdings auch bisher schon nicht überzeugen. Insbesondere handelt es sich beim Telekommunikationsrecht um spezifisches Wettbewerbsrecht. Die Anwendung im Beschäftigungskontext würde zu systematischen Verwerfungen führen. Demgegenüber bestehen im Beschäftigtendatenschutz keine Schutzlücken, die eine Anwendung insbesondere des Fernmeldegeheimnisses erfordern würden.[8]

[8] Vgl. Riesenhuber, Karl in: BeckOK DatenschutzR, § 26 BDSG Rn. 166 ff. m. w. N.

Tipp

Um die Diskussion um die Anwendbarkeit des Fernmeldegeheimnisses nicht führen zu müssen, ist es empfehlenswert, die private Nutzung von betrieblichen Kommunikationsmitteln zu untersagen.

Aber auch im Fall der Untersagung der Privatnutzung sind Zugriffen auf Kommunikationsinhalte von Beschäftigten datenschutzrechtlich Grenzen gesetzt. Zu messen sind diese an Art. 6 Abs. 1 Satz 1 DSGVO. Bei der vorzunehmenden Erforderlichkeits- inkl. Verhältnismäßigkeitsprüfung haben sich in der Rechtsprechung einige wichtige Gesichtspunkte herauskristallisiert. Eine Vollüberwachung wird jedenfalls als unverhältnismäßig anzusehen sein. Will der Arbeitgeber die Einhaltung des Verbots der Privatnutzung kontrollieren, darf er dies allenfalls stichprobenartig. Zudem ist zu berücksichtigen, ob die Stichprobenkontrollen gegenüber den Beschäftigten transparent gemacht wurden, z. B. indem mit der Mitteilung über das Verbot der Privatnutzung auf etwaige Kontrollen hingewiesen wurde. Daneben muss sich die Kontrolle auf das für den jeweiligen Zweck Erforderliche beschränken. Dies hat v. a. bei Zugriffen wegen des Verdachts einer Straftat oder schweren Pflichtverletzung Bedeutung. Soll ein Arbeitnehmer z. B. im Zeitraum Juli/August gegenüber einem Lieferanten eine finanzielle Gegenleistung für die Erteilung eines Auftrags verlangt haben, wäre es unverhältnismäßig, sämtliche E-Mails, die vielleicht bereits Jahre zurückliegen, zu durchsuchen. An diesen Erwägungen dürfte sich inhaltlich wenig geändert haben, unabhängig davon, ob man bei potenziell in Rede stehenden Straftaten § 26 Abs. 1 Satz 2 BDSG oder Art. 6 Abs. 1 Satz 1 lit. f DSGVO als Erlaubnistatbestand heranzieht.

Datenschutz und BEM

Immer noch viel zu oft werden bei arbeitsrechtlichen Auseinandersetzungen die Möglichkeiten des betrieblichen Eingliederungsmanagements (BEM) übersehen (§ 167 Abs. 2 SGB IX). Bei der Art der Durchführung dieses als eher unspezifisch wahrgenommenen Instruments bestehen nach wie vor Unsicherheiten. Das wirkt sich auch auf datenschutzrechtlicher Seite aus.

Ist ein Beschäftigter innerhalb eines Jahres länger als sechs Wochen ununterbrochen oder wiederholt arbeitsunfähig, ist der Arbeitgeber gem. § 167 Abs. 2 SGB IX dazu verpflichtet, dem Beschäftigten die Durchführung eines BEM anzubieten (die Initiative muss dabei vom Arbeitgeber ausgehen). Dies geschieht regelmäßig durch ein an den Beschäftigten adressiertes Einladungsschreiben. Eine ordnungsgemäße Einladung erfordert es, dass der Arbeitgeber den Beschäftigten u. a. auch über Art und Umfang der während des BEM erhobenen und verwendeten Daten informiert. Bei diesen Daten handelt es sich regelmäßig um Gesundheitsdaten des Mitarbeiters. Arbeitgeber dürfen sie nur unter den strengeren Voraussetzungen von Art. 9 Abs. 2 DSGVO, § 26 Abs. 3 BDSG i. V. m. § 22 Abs. 2 BDSG verarbeiten. Bisher nicht abschließend geklärt ist, ob die Verarbeitung von personenbezogenen Daten bei der Durchführung eines BEM (inkl. Gesundheitsdaten) bereits gem. § 26 Abs. 3 Satz 1 BDSG i. V. m. § 167 Abs. 2 SGB IX zulässig ist. Die Verarbeitung von personenbezogenen Daten ist zwar notwendigerweise mit dem BEM-Verfahren verbunden; es erscheint aber zweifelhaft, ob die Datenverarbeitung in § 167 Abs. 2 SGB IX bereits konkret genug angelegt ist, um diesen als Erlaubnistatbestand i. V. m. § 26 Abs. 3 BDSG heranziehen zu können.

Tipp

Es empfiehlt sich für die Praxis, zweistufig vorzugehen. In einem ersten Schritt ist zu prüfen, welchen Arbeitnehmern aufgrund ihrer Arbeitsunfähigkeitszeiten ein BEM anzubieten ist. Die damit verbundene Datenverarbeitung ist nach Art. 6 Abs. 1 lit. b und c, Art. 9 Abs. 2 lit. b DSGVO i. V. m. §§ 26 Abs. 3, 22 Abs. 2 BDSG, § 167 Abs. 2 SGB IX zulässig. Hiervon umfasst sind sowohl die Prüfung der Arbeitsunfähigkeitszeiten als auch die Einladung und Durchführung eines ersten Klärungsgesprächs, damit der Arbeitnehmer sich entscheiden kann, ob er grds. überhaupt an einem BEM teilnehmen möchte. Nach Auffassung des BAG (Urteil vom 15.12.2022, Az. 2 AZR 162/22) darf der Arbeitgeber deshalb auch nicht die Durchführung eines solchen Klärungsgesprächs von der Erteilung einer datenschutzrechtlichen Einwilligung abhängig machen. Erst in einem zweiten Schritt, wenn der Arbeitnehmer also bereit ist, an einem BEM teilzunehmen, und in der Folge insbesondere Gesundheitsdaten in das Verfahren einbezogen werden sollen, ist eine datenschutzrechtliche Einwilligung erforderlich.

Gesundheitsdaten, die z. B. im Rahmen eines BEM angefallen sind, sind dabei gegen Kenntnisnahme gesondert zu sichern und daher getrennt von den sonstigen Inhalten der Personalakte zu verarbeiten bzw. aufzubewahren. Zugriff auf die BEM-Unterlagen dürfen grds. nur Personen haben, die auch am BEM-Verfahren beteiligt sind. Jedoch können in der Personalakte Informationen darüber, ob ein BEM angeboten und durchgeführt wurde, aufbewahrt werden, z. B. das Einladungsschreiben sowie die Rückmeldung des Arbeitnehmers dazu.

Tipp

Es empfiehlt sich, dem Einladungsschreiben ein Beiblatt mit sämtlichen datenschutzrechtlichen Informationen, v. a. über Art und Umfang der Datenverarbeitung, beizufügen. Auch wenn § 167 Abs. 2 SGB IX nur einen Hinweis über „die Art und den Umfang" der im Rahmen des BEM erhobenen und verwendeten Daten verlangt, sollten sich Arbeitgeber an den Angaben zur Transparenz gem. Art. 13 DSGVO mit dem dort vorgesehenen Inhalt orientieren. Eine datenschutzrechtliche Einwilligung zur Verarbeitung von Gesundheitsdaten im Rahmen des BEM sollte aufgrund der aktuellen Rechtsprechung des BAG erst eingeholt werden, wenn der Arbeitnehmer seine grundsätzliche Zustimmung zur Durchführung des BEM erteilt hat und konkrete Gesundheitsangaben im Rahmen des BEM notwendig werden.

Datenschutz und Unternehmensnachfolge

Für den Datenschutz im Rahmen der Unternehmensveräußerung oder -nachfolge gelten an sich keine Besonderheiten. Zu beachten ist aber, dass sich die erforderlichen Daten in unterschiedlichen Phasen des Unternehmensübergangs ändern können. Im Rahmen der Vertragsanbahnung und Absichtserklärung (letter of intent – LOI) sind Personaldaten daher nicht weiterzugeben; in den verschiedenen Transaktionsphasen (due diligence, signing, closing, post merger) wird es kaum vermeidbar sein, den Erwerber bspw. über besondere Vergütungsregelungen, Abfindungsvereinbarungen und Altersvorsorgeverträge z. B. der Führungskräfte des Unternehmens zu informieren. Hier muss aber geprüft werden, ob auch anonymisierte oder pseudonymisierte Unterlagen zur Erreichung des angestrebten Zwecks ausreichend sind.

Zwischen Asset Deal und Share Deal bestehen im Ergebnis kaum Unterschiede. Während es beim Share Deal nicht zur Datenübermittlung kommt, ist der Erwerber beim Asset Deal Arbeitgeber und somit nicht mehr Dritter.

Bei grenzüberschreitenden Transaktionen müssen die Grundsätze der Datenübermittlung in Drittländer (▶ Kap. 1.8) beachtet werden.

2.3.3 Datenverarbeitung durch künstliche Intelligenz (KI)

Der technische Fortschritt – insbesondere die Weiterentwicklung künstlicher Intelligenz – stellt den Datenschutz auch im Arbeitsverhältnis vor neue Herausforderungen. Dabei treffen technische Begriffe aufeinander, die aus juristischer Sicht oft noch nicht als etabliert gelten können. Das führt zu sprachlichen, kulturellen und juristischen Unschärfen.

Arbeitsrecht 4.0 oder „Industrie 2.0"

Deutlich erkennbar ist die massive Veränderung der Arbeitswelt unter dem Einfluss von Social Media, „Bring your own device", mobiler Arbeit und dem Einsatz von KI. Ein weiterer bestimmender Faktor von Arbeitsrecht 4.0 ist das Phänomen der Entgrenzung der Arbeit v. a. in räumlicher und zeitlicher Hinsicht. Damit verbunden sind Fragen des Arbeitszeitrechts, des Arbeitsschutzrechts und des Beschäftigtendatenschutzes. Den Auswirkungen von Industrie 4.0 und entgrenzter Arbeit stehen gleichzeitig technisch hochentwickelte Möglichkeiten der Datenanalyse unter Einsatz von KI gegenüber, die zu Vorhersagemodellen verdichtet und für Personalentscheidungen herangezogen werden können.

Big Data und KI

Bezogen auf das Arbeitsumfeld sind die Begriffe People Analytics, HR Analytics und Workforce Analytics mit Big Data (Analytics) bedeutungsgleich. Im Grunde handelt es sich hier um nichts weniger als um gewaltige Datenmengen (gigantic digital datasets), die einer gezielten Analyse zugänglich gemacht werden.

Big Data bezieht sich dabei aber nicht nur auf trivial angeordnete Einzeldaten, sondern gem. Working Paper Nr. 203 (S. 34, 45) der Artikel-29-Gruppe auf Datensätze (datasets).[9] Deren Zusammensetzung und Verknüpfung kann innerhalb von Unternehmen, Behörden und sonstigen Organisationen abteilungs- und systemübergreifend sein, die Daten können zudem unterschiedlichen Zugriffs- und Löschkonzepten unterliegen, sie können auch von außerhalb stammen. Die zunehmend verbreitete Matrixorganisation von Unternehmen begünstigt die dezentralisierte Speicherung von Daten. Dadurch ergibt sich eine erheblich gesteigerte Komplexität des Datenbestands. Die Datenauswertung findet dann notwendigerweise mittels künstlicher Intelligenz statt. Diese ermöglicht es, sehr große Datenmengen unterschiedlichster Herkunft in Echtzeit unter den verschiedensten Parametern neu zu kombinieren und zu analysieren, um bspw. bisher unerkannte Muster herauszufiltern. Dadurch sollen objektive und verlässliche Rückschlüsse auf persönliche Eigenschaften wie Teamfähigkeit, Ehrgeiz, Belastbarkeit oder Verantwortungsbewusstsein erleichtert werden. Möglichkeiten solch großer Datenauswertungen sind heute bereits in Standardsoftware wie MS 365/Office integriert.

✎ Beispiel

Arbeitgeber, die ihre Belegschaft daraufhin untersuchen, ob sich ein Arbeitnehmer „auf dem Absprung" befindet, könnten bei ihrer Personalplanung großen Nutzen aus solchen Analysen ziehen. Denn wechselwillige Arbeitnehmer wird man bei Fortbildungs- und Qualifizierungsmaßnahmen anders berücksichtigen als langfristig loyale Mitarbeitende. In sozialen Netzwerken und im

[9] Vgl. https://ec.europa.eu/justice/article-29/documentation/opinion-recommendation/files/2013/wp203_en.pdf (zuletzt aufgerufen am: 09.02.2024).

Internet finden sich hierzu oft ertragreiche Informationsquellen. Diese einzeln von Personalsachbearbeitern auswerten zu lassen, wäre außerhalb sehr kleiner Unternehmen wenig erfolgversprechend. Big-Data-Analysen verschaffen Unternehmen hingegen die Möglichkeit, Datenrecherchen in kürzester Zeit durchzuführen. Künftiges Verhalten wird auf diese Weise leichter prognostizierbar.

KI-basierte Erkenntnisse sind aber nicht immer zwingend richtig, sondern können Wahrscheinlichkeiten falsch berücksichtigen oder Zufälligkeiten über-/unterbewerten. Auch spielt die Qualität der zugrunde liegenden (Trainings-)Daten eine wesentliche Rolle. Zudem stellt sich bei KI die Problematik, dass zumeist nicht nachvollziehbar ist, wie diese zu ihren Ergebnissen oder Entscheidungen gelangt ist. Sie stellt insofern eine weitreichende „Blackbox“ dar.

Bezogen auf konkrete Beschäftigungsverhältnisse bedeutet der Einsatz von Big-Data-Analysen einen starken Eingriff in das aus dem allgemeinen Persönlichkeitsrecht abgeleitete Grundrecht auf informationelle Selbstbestimmung, in das Datenschutzgrundrecht aus ErwG 1 DSGVO und in die europäischen Grundrechte (Art. 8 GRCh, Art. 8 EMRK und Art. 16 AEUV). Die Möglichkeiten der Big-Data-Analyse sind aus technischer Sicht beachtlich. Die juristische Erforderlichkeit einer solchen ist aber fraglich. Oft bleibt eine für den Arbeitgeber schwer zu kalkulierende Abwägung zwischen Interessen des Arbeitnehmers und des Arbeitgebers übrig, die bei zunehmender Analysetiefe mit größer werdender Wahrscheinlichkeit zur Unzulässigkeit der Maßnahme führt. Oftmals werden derartige „Überwachungen“ der Mitarbeitenden nicht den gewünschten Erfolg bringen – z. B. im Rahmen von Kündigungen basierend auf „Low Performance“ –, da sie als aufgrund des starken Eingriffs in die informationelle Selbstbestimmung des Mitarbeiters einem Verwertungsverbot unterliegen können. Big-Data-Analysen im Personalbereich dürfen also nicht zu einer Durchleuchtung bis zum Persönlichkeitskern führen – auch nicht, wenn es um die Besetzung von Führungspositionen geht. Eine erhöhte Prognosesicherheit bei der Einschätzung des Verhaltens von Arbeitnehmern stellt aber noch keine Verletzung dar (Däubler: Gläserne Belegschaften, Rn. 120). Erst wenn die verarbeiteten Daten sich selbst und auch die gezogene Schlussfolgerung sich dicht am Kern des Persönlichkeitsrechts bewegen, liegt ein unzulässiges Ausleuchten der Persönlichkeit vor (Dzida, a. a. O.; BAG, Urteil vom 16.09.1982, Az. 2 AZR 228/80 – NJW 1984, 448).

Werden personelle Einzelmaßnahmen weitergehend alleine durch eine KI getroffen und nicht mehr durch einen Personalverantwortlichen, ist Art. 22 DSGVO zu beachten, sodass eine solche automatisierte Entscheidungsfindung i. d. R. nur mit einer Einwilligung des Betroffenen erfolgen darf und das Recht der betroffenen Person beachtet werden muss, ein menschliches Eingreifen zu erwirken.

2.3.4 Weitere Praxisfragen

Cloud-Computing

Das Thema Cloud-Computing hält verstärkt auch in den Personalabteilungen Einzug. Zumeist geht es dabei um sog. „Software as a Service"-Lösungen. Beispiele sind etwa Tools für das Bewerbermanagement und Recruiting, aber auch zur Führung von digitalen Personalakten. Die Vorteile solcher Lösungen liegen einerseits in ihrer Aktualität durch regelmäßige Updates, wobei die internen IT-Kapazitäten zumeist weit weniger belastet werden als bei einer On-Premise-Lösung, d. h. einer auf den eigenen Systemen installierten Software. Andererseits werden bei einer Nutzung von Cloud-Lösungen durch die Personalabteilung die Personaldaten aus der eigenen Hand gegeben und Dritten anvertraut. Deshalb ist bei der Auswahl des Anbieters sehr sorgfältig vorzugehen. Da es sich in den allermeisten Fallkonstellationen um eine Auftragsverarbeitung (▶ Kap. 4) handeln wird, ist ein den Vorgaben der Artt. 28, 29 DS-GVO entsprechender Auftragsverarbeitungsvertrag zu schließen. Gerade die Implementierung dem Schutzbedarf angemessener TOM ist hier wesentlicher Bestandteil. Dabei können aussagekräftige Zertifizierungen der Dienstleister ein wichtiger Indikator sein.

Eigene TOM und die Beauftragung zertifizierter Dienstleister sollten Grundbedingung sein (Details dazu ▶ Kap. 5.7). Aber Achtung: Nicht alle Anbieter, die mit „DSGVO-konform" werben, sind es tatsächlich auch. Insbesondere bei Einsatz von Dienstleistern aus

Drittstaaten ist unbedingt auf das Vorliegen der Voraussetzungen nach Artt. 45 ff. DSGVO zu achten. Sofern nicht eine der Ausnahmen des Art. 49 DSGVO einschlägig ist, bedarf es des Vorliegens eines Angemessenheitsbeschlusses der EU-Kommission oder geeigneter Garantien i. S. v. Art. 46 DSGVO (▶ Kap. 1.8).

Bei der Prüfung des Anbieters sollte so früh wie möglich der Datenschutzbeauftragte und ggf. die Arbeitnehmervertretung eingebunden werden. Einem im Unternehmen gebildeten Betriebsrat steht bei der Einführung z. B. einer Cloud-Lösung zur digitalen Personalakte in aller Regel ein Mitbestimmungsrecht nach § 87 Abs. 1 Nr. 6 BetrVG zu.

Datenschutz bei mobilem Arbeiten

Für viele Arbeitnehmer ist mobiles und zeitlich flexibles Arbeiten ein wichtiger Beitrag zur Vereinbarkeit von Familie und Beruf. Dagegen gibt es bei vielen Arbeitgebern noch Vorbehalte. Der gefühlte Kontrollverlust durch die Vorgesetzten, wenn Arbeitnehmer nicht im Büro anwesend sind, führt dazu, dass die Neigung zu Kontrollmaßnahmen wächst, z. B. hinsichtlich der Einhaltung der Arbeitszeit.

Mögliche Kontrollhandlungen können von der Überprüfung der An- und Abmeldezeiten von den IT-Systemen des Unternehmens, über ein Aktivitätstracking (z. B. mittels Analysetools aus dem Office365-Paket) bis hin zur Ortung von mobilen Arbeitsmitteln zur Erstellung eines Bewegungsprofils gehen. Datenschutzrechtlich sind dem allerdings Grenzen gesetzt. Zwar wird eine stichprobenartige Kontrolle der An- und Abmeldezeiten zur Überprüfung der Einhaltung der Arbeitszeit zu rechtfertigen sein, nicht dagegen ein umfassendes Aktivitätstracking oder die Erstellung von Bewegungsprofilen.

Ausgestaltung von mobiler Arbeit

Zur Förderung mobiler Arbeit und Gewährleistung von einheitlichen und verbindlichen Rahmenbedingungen führt das Betriebsrätemodernisierungsgesetz ein neues Mitbestimmungsrecht bei der Ausgestaltung mobiler Arbeit ein (vgl. § 87 Abs. 1 Nr. 14 BetrVG). Themen der Ausgestaltung können z. B. der zeitliche Umfang mobiler Arbeit, Beginn und Ende der täglichen Arbeitszeit, Konkretisierung der Orte, von welchen aus mobil gearbeitet werden kann und darf, oder welche Maßnahmen dazu bzgl. des Datenschutzes zu treffen sind, sein. Auch Regelungen zu Anwesenheitspflichten in der Betriebsstätte des Arbeitgebers und zur Erreichbarkeit (z. B. für regelmäßige Online-Meetings) können in entsprechenden Betriebsvereinbarungen enthalten sein. Bei der Frage, welche Regelungsinhalte durch den Betriebsrat erzwingbar sind und welche lediglich freiwillig geregelt werden können, sind die Grenzen aktuell nicht von der Rechtsprechung herausgearbeitet.

Bring Your Own Device (BYOD)

Die Verwendung von IT für private und dienstliche Zwecke ist datenschutzrechtlich nicht unproblematisch. Eine strikte Trennung lässt sich mittlerweile kaum mehr durchhalten und entspricht oft auch nicht dem Wunsch der Beschäftigten. Mitarbeitende aus der Unternehmenskommunikation nutzen regelmäßig ihre mobilen Endgeräte und die darauf installierten Social-Media-Apps beruflich wie privat. Über die damit verbundenen datenschutzrechtlichen Risiken machen sich dabei oft weder Beschäftigte noch Arbeitgeber Gedanken. Dabei drohen nicht nur den Beschäftigten Eingriffe in das Persönlichkeitsrecht – auch der Arbeitgeber muss mit Haftungsrisiken rechnen.

Denn eine Nutzung privater Geräte für den Zugriff auf dienstliche IT-Systeme macht personenbezogene Daten des Unternehmens auf privat eingesetzten Geräten zugänglich, die nicht der vollen Kontrolle des Arbeitgebers unterliegen – gleichzeitig trägt dieser jedoch als datenschutzrechtlich Verantwortlicher die Verantwortung für die personenbezogenen Daten, die auf diesen Geräten verarbeitet werden.

Dabei müssen z. B. auf dem Privatgerät ausreichende Sicherheitsmaßnahmen gewährleistet sowie die Nutzung durch Dritte wie Familienmitglieder und Freunde unterbunden werden, um so eine unbefugte Offenbarung von schutzwürdigen (dienstlichen) Daten zu verhindern. Neben TOM sollten daher Vorkehrungen für regelmäßige Kontrollen der Endgeräte getroffen werden, um zu prüfen, ob die Vorgaben des Arbeitgebers eingehalten werden und eine datenschutzwidrige Nutzung ausgeschlossen werden kann (z. B. durch Protokollierung). Es sind sowohl Regelungen über die Kontrolle und Löschung von dienstlichen Daten zu treffen als auch zur Verpflichtung des Arbeitnehmers, berufliche und private Daten voneinander zu trennen (dies muss auch technisch z. B. durch den Einsatz von sog. „Container"-Lösungen sichergestellt sein).

Tipp

Soweit die jeweiligen Anforderungen aufgrund des technischen Entwicklungsstands auf den gewünschten Geräten nicht zum Einsatz kommen können (z. B. fehlende Verschlüsselung, mangelnde Möglichkeiten zur Datentrennung), ist von einer Verwendung privater Endgeräte abzusehen. Ansonsten sollte, wenn sich eine Trennung beruflicher und privater Gerätenutzung nicht bewerkstelligen lässt, nur die Nutzung bestimmter, datenschutzrechtlich unproblematischer Apps gestattet oder vorinstalliert vom Arbeitgeber zur Verfügung gestellt werden.

Zu beachten ist, dass Arbeitnehmer nicht verpflichtet werden können, ihre privaten Smartphones oder Laptops etc. betrieblich zu nutzen. Auf alle Fälle sollte das private BYOD vor der Nutzung vom Arbeitgeber genehmigt und dem Beschäftigten eine entsprechende (zur gewerblichen Nutzung geeignete) Software zur Verfügung gestellt werden. Zudem empfiehlt sich eine Unterweisung der Beschäftigten bzgl. möglicher Lizenzverstöße und das Untersagen einer Installation oder Nutzung weiterer Software zu geschäftlichen Zwecken ohne vorherige Genehmigung. Da BYOD-Nutzungsvereinbarungen der AGB-Kontrolle unterliegen, ist darauf zu achten, dass sämtliche Vorgaben, die den Beschäftigten in der Nutzung seines Privatgeräts einschränken (man denke an Kontrollrechte, Sicherheitsvorkehrungen, Herausgabepflicht), am Maßstab von § 307 BGB zu messen sind, der unangemessene Benachteiligungen des Arbeitnehmers durch entsprechende Vertragsgestaltung verbietet.

***Kontrollfragen für eine Vereinbarung im Hinblick auf BYOD*[10]**

- ☐ Auf dem BYOD-Gerät sind geschäftliche von den privaten Daten des Arbeitnehmers strikt zu trennen (z. B. dürfen private Apps nicht auf das dienstliche Adressbuch zugreifen können und die Datenablage muss in getrennten Verzeichnissen erfolgen). Die Speicherung dienstlicher personenbezogener Daten muss verschlüsselt erfolgen. Dabei ist darauf zu achten, dass private und dienstliche Daten separat verschlüsselt vorgehalten werden, sodass auch ein Administrator des Arbeitgebers nicht auf die Privatdaten des Nutzers zugreifen kann.
- ☐ Der Arbeitnehmer hat das Gerät vor dem Zugriff durch Dritte zu schützen und einen Passwortschutz einzurichten. Bei der Nutzung von Schnittstellen wie Bluetooth muss sichergestellt sein, dass der Kommunikationspartner keinen Zugriff auf dienstliche Daten erhält.
- ☐ Auf die geschäftlichen Daten erhält der Arbeitgeber ein Zugriffsrecht, sodass eine kurzfristige Remote-Löschung der Daten durch den Arbeitgeber bei einem Verlust des Geräts etc. möglich ist. Es ist auch arbeitsrechtlich abzuklären, dass die IT-Abteilung im Streitfall zwischen Arbeitgeber und Mitarbeiter insoweit Verfügungsgewalt über das Privatgerät besitzt, dass eine Löschung der geschäftlichen Daten sichergestellt werden kann.
- ☐ Scheidet der Arbeitnehmer aus dem Unternehmen aus, ist er verpflichtet, dem Arbeitgeber alle geschäftlichen Daten zu übergeben und auf dem Privatgerät restlos zu löschen.
- ☐ Werden personenbezogene Daten auf dem Gerät gespeichert oder verarbeitet, bleibt der Arbeitgeber als Verantwortlicher i. S. d. Datenschutzrechts für den rechtskonformen Umgang mit personenbezogenen Daten verantwortlich. Entsprechend hat er TOM zur Gewährleistung des Datenschutzes zu veranlassen: u. a. Festlegen der Sicherheitseinstellungen im Hinblick auf Betriebssystem und Schutzeinstellungen, die vom Arbeitnehmer nicht verändert oder deaktiviert werden dürfen; Verpflichtung des Arbeitnehmers zur unverzüglichen Durchführung von Software-Updates nach Anweisung oder Bereitstellung durch den

[10] In Anlehnung an: https://www.datenschutz-bayern.de/tbs/tb25/k2.html#2.1.3 (zuletzt aufgerufen am: 09.02.2024).

Arbeitgeber und zum umgehenden Löschen der Daten nach Zweckerreichung.

- Es empfiehlt sich auch im Hinblick auf die höchstzulässige werktägliche Arbeitszeit lt. ArbZG, in die Vereinbarung aufzunehmen, dass der Arbeitnehmer über die werktäglich vereinbarte Arbeitszeit nicht verpflichtet ist, geschäftliche Tätigkeiten wie Beantworten von E-Mails vorzunehmen. Zudem kann eine Regelung über die Verteilung der entstehenden Kosten (für Dienstgespräche über das Privathandy, Beteiligung an Reparatur-/Wartungskosten durch den Arbeitgeber etc.) vereinbart werden.

Haftungsfragen bei Verlust oder Diebstahl

Wenn ein BYOD-Gerät verloren geht, ist damit die Frage nach der Haftung für das Gerät selbst sowie der darauf enthaltenen Daten verbunden. Wenn ein daraus entstandener Schaden auf eine Pflichtverletzung des Arbeitnehmers zurückzuführen ist, greift die Arbeitnehmerhaftung – unabhängig davon, ob der Schaden auf dem Verlust eines BYOD-Geräts oder auf dem Verlust von Daten basiert. Zur Haftungsverteilung muss der Grad an Fahrlässigkeit der pflichtverletzenden Handlung ermittelt werden.

Im Fall eines Cyberangriffs auf das BYOD-Gerät haftet grds. der Arbeitgeber, da er die zur Verfügung gestellten Arbeitsmittel vor Verwendung und das Privatgerät im Rahmen der Genehmigung mit den nötigen Sicherheitseinstellungen auszustatten hat. Wenn der Datenabgriff bzw. die Manipulation etc. allerdings erst durch ein pflichtwidriges Verhalten des Arbeitnehmers ermöglicht wurde, ist der sog. innerbetriebliche Schadensausgleich zur Ermittlung der Haftungsverteilung heranzuziehen. Eventuell ist ein grob fahrlässiges Verhalten (und damit die volle Haftung) des Arbeitnehmers anzunehmen, wenn dieser die vom Arbeitgeber implementierte Sicherheitseinstellung wissentlich außer Betrieb setzt.

Videoüberwachung und Mitarbeiterüberwachung

Videoüberwachung von Arbeitnehmern – also die Beobachtung mittels optoelektronischer Einrichtungen – kann von einer beiläufigen Aufnahme bis hin zur gezielten Kontrolle reichen. Ist aufgrund des gewählten Bildausschnitts eine Individualisierung von Personen nicht möglich (z. B. bei der Kameraerfassung von Fertigungsstraßen in Produktionsbetrieben, wenn allenfalls unscharf die Finger oder Hände sichtbar sind), fallen bereits keine personenbezogenen Daten an.

Tipp

Keine Erfassung von personenbezogenen Daten erfolgt zudem beim Einsatz von Kameraattrappen. Diese ermöglichen keine Bildübertragung oder -aufzeichnung. Allerdings erzeugen sie trotzdem einen Überwachungsdruck bei Personen, die keine Kenntnis davon haben, dass es sich um eine Attrappe handelt. Es handelt sich folglich um einen Eingriff in das allgemeine Persönlichkeitsrecht, der ebenfalls unter Verhältnismäßigkeitsgesichtspunkten zu prüfen ist.

Sobald eine Identifizierung von Personen auf den Videobildern möglich ist, bedarf der Einsatz der Überwachungstechnik eines Erlaubnistatbestands. Bei der grundsätzlichen Zulässigkeit des Einsatzes von Kameras im Unternehmen und Betrieb macht es einen bedeutsamen Unterschied, ob die Beobachtung offen oder verdeckt erfolgt.

Offene Videoüberwachung

Eine offene Videoüberwachung dient zumeist bestimmten Schutzinteressen des Betriebs oder dessen Beschäftigten (z. B. Tresorraum einer Bank, Tiefgarage). In Betracht kommt aber auch der Schutz von Interessen Dritter wie etwa von Kunden oder Patienten, die sich im Betrieb aufhalten (z. B. Neugeborenenstation einer Klinik wird zum präventiven Schutz vor Kindesentführungen überwacht). Eine solche Videoüberwachung ist in aller Regel ohne die Erfassung der Beschäftigten nicht möglich. Als Erlaubnistatbestand ließe sich zunächst an Art. 6 Abs. 1 Satz 1 lit. b DSGVO denken, da eine enge Verknüpfung zwischen der Erbringung der Arbeitsleistung und der Videoüberwachung besteht. Dies kann z. B. der Fall sein, wenn die Videoüberwachung zumindest auch dem Schutz der Beschäftigten dient (etwa Überwachung des Kassenbereichs einer auch nachts geöffneten Tankstelle). Liegt der Schwerpunkt des Zwecks dagegen auf dem Schutz gewichtiger Interessen des Arbeitgebers oder

Dritter, spricht mehr für die Anwendung von Art. 6 Abs. 1 lit. f DS-GVO als Erlaubnistatbestand.

In beiden Fällen dürfte die erforderliche Interessenabwägung aber zumeist zu identischen Ergebnissen führen. Die Videoüberwachung muss zur Erreichung des verfolgten Zwecks überhaupt geeignet sein. Hieran kann es fehlen, wenn eine Videoüberwachung zu generalpräventiven Zweck überhaupt nicht kenntlich gemacht wird und damit keine abschreckende Wirkung entfalten kann.

Im Rahmen der anschließenden Verhältnismäßigkeitsprüfung sind insbesondere weniger eingriffsintensive Mittel zur Zweckerreichung in den Blick zu nehmen. Sind solche nicht ersichtlich, muss sich die Eingriffsintensität noch in einem angemessenen Maß halten.

Für die Verhältnismäßigkeitsprüfung haben sich in der Praxis wichtige Eckpunkte herausgebildet:

- Unzulässig ist eine Überwachung von Sanitärräumen.
- Auch eine Überwachung von Sozial- oder Raucherbereichen ist in aller Regel unverhältnismäßig.
- In zeitlicher Hinsicht sind Videoaufzeichnungen auf das erforderliche Maß zu begrenzen, z. B. auf die Nachtzeit.
- Nicht benötigte Funktionen, wie etwa Tonaufzeichnungen durch die Kamera oder Zoom- und Schwenkfunktionen, sind i. d. R. zu deaktivieren.
- Je höher die Bildauflösung ist, desto höher ist die Eingriffsintensität.
- Als vorrangiges, milderes Mittel kommt eine reine Bildschirmübertragung ohne Aufzeichnung in Betracht, z. B. wenn es um die Kontrolle eines Zutritts betriebsfremder Personen geht.
- Der Aufnahmewinkel der Kamera ist auf das notwendige Maß zu reduzieren.
- Die Überwachung von Durchgangsbereichen, in denen Beschäftigte normalerweise nicht länger verweilen, ist grds. weniger eingriffsintensiv als die Überwachung von Arbeitsbereichen (bleiben den Beschäftigten genug kontrollfreie Bereiche?).
- Unzulässig ist die Erfassung des öffentlichen Straßenraums.

- ☐ Zugriffberechtigungen und die Dokumentation von Zugriffen auf die Videoaufzeichnungen sind auf das Nötigste einzuschränken.
- ☐ Die Speicherdauer ist auf das unbedingt erforderliche Maß zu begrenzen, i. d. R. auf max. 48–72 Stunden; Löschung durch automatisiertes Überschreiben der Aufnahmen.
- ☐ Überwachung ist durch entsprechende Hinweisschilder transparent zu machen.

Diese Aufzählung kann naturgemäß keinen Anspruch auf Vollständigkeit erheben. Zu erkennen ist, dass Verhältnismäßigkeitsprüfung und datenschutzfreundliche Technikgestaltung miteinander verknüpft sind. Die Technikgestaltung, insbesondere im Sinne der Datenminimierung, Vertraulichkeit und Sicherstellung der Zweckbindung trägt einen wesentlichen Teil dazu bei, dass die Verhältnismäßigkeitsprüfung im Ergebnis zugunsten der Zulässigkeit der Videoüberwachung ausfällt. Die Einführung einer Videoüberwachung erfordert zudem in aller Regel eine Datenschutz-Folgenabschätzung nach Art. 35 DSGVO. Aufgrund ihrer Eingriffsintensität bringt sie im Regelfall ein hohes Risiko für die Betroffenen, insbesondere die Beschäftigten, mit sich (▶ Kap. 5.6).

Unzulässig sind Videoüberwachungen zum Zweck der Leistungs- und Verhaltenskontrolle. Diese Funktion müssen in erster Linie die menschlichen Vorgesetzten und nicht eine Kameraüberwachung übernehmen.

Verdeckte Videoüberwachung

Neben der offenen Videoüberwachung spielt in der Praxis die verdeckte Videoüberwachung eine wichtige Rolle. Diese dient zumeist der Aufdeckung von Straftaten oder erheblichen Pflichtverletzungen von Beschäftigten. Dabei stellt sie einen schwerwiegenden Eingriff in die Privatsphäre der Beschäftigten dar, der nur unter hohen Voraussetzungen zulässig ist. Als Erlaubnistatbestände kommen grds. Art. 6 Abs. 1 Satz 1 lit. f DSGVO und § 26 Abs. 1 Satz 2 BDSG in Betracht. Dabei bezieht sich § 26 Abs. 1 Satz 2 BDSG auf die Aufdeckung von Straftaten. Das BAG (Urteil vom 29.06.2017, Az. 2 AZR 597/16) hat aber zwischenzeitlich klargestellt, dass dies einen Rückgriff auf Satz 1 für Datenverarbeitungen zur Aufdeckung von erheblichen Pflichtverletzungen im Arbeitsverhältnis nicht ausschließt. Allerdings müssen dabei erst recht die gesonderten Anforderungen des Satzes 2 erfüllt werden. Das bedeutet, eine Datenverarbeitung ist im Rahmen einer verdeckten Videoüberwachung nur zulässig, wenn zu dokumentierende tatsächliche Anhaltspunkte einen konkreten Verdacht einer erheblichen Pflichtverletzung oder Straftat durch einen Beschäftigten begründen. Ausreichend ist danach, dass sich der Verdacht gegen einen abgrenzbaren Personenkreis richtet, z. B. Beschäftigte im Kassenbereich, und dass die verdeckte Videoüberwachung auf diesen Personenkreis beschränkt ist. Zudem muss die verdeckte Videoüberwachung das letzte Mittel zur Aufklärung sein, d. h., alle anderen Aufklärungsmöglichkeiten müssen vorher ausgeschöpft sein. Zu guter Letzt ist eine umfassende Interessenabwägung im Einzelfall vorzunehmen.

Tipp

Ob sich die bisherige Rechtsprechung aufgrund der Europarechtswidrigkeit des § 26 Abs. 1 Satz 1 BDSG nun auf die Anwendung von Art. 6 Abs. 1 lit. b und f DSGVO übertragen lässt, erscheint offen. In jedem Fall sollte eine verdeckte Videoüberwachung in der Praxis nur in extremen Ausnahmefällen und erst nach vollständiger Ausschöpfung sämtlicher weniger belastender Aufklärungsmaßnahmen durchgeführt werden.

In Betrieben mit Betriebsrat unterliegt eine Videoüberwachung der Mitbestimmung nach § 87 Abs. 1 Nr. 6 BetrVG. Der Abschluss einer Betriebsvereinbarung ist daher – jedenfalls bei einer offenen Videoüberwachung – sinnvoll. Dort sollten u. a. die zur Umsetzung der Datenschutzgrundsätze des Art. 5 DSGVO getroffenen Maßnahmen festgelegt und die Voraussetzung für einen Zugriff auf die Aufzeichnung definiert werden. Die Betriebsvereinbarung stellt dann einen zusätzlichen Erlaubnistatbestand für die Datenverarbeitung dar.

Tipp

Weitere praktische Hinweise bietet die „Orientierungshilfe Videoüberwachung durch nicht-öffentliche Stellen" (Stand Juli 2020) des LfDI BW.[11]

Standortbestimmung

Eine Mitarbeiterkontrolle kann nicht nur durch optische Überwachung ausgeübt werden, sondern auch durch Auswertung der Standorte der Mitarbeitenden via GPS-Tracking z. B. durch Ortung eines Dienstwagens oder Diensthandys. Aus solchen Daten lassen sich umfangreiche Bewegungsprofile zu Beschäftigten erstellen.

Beispiel

Große Datenmengen entstehen z. B. bei geografischen Bewegungsmustern etwa durch die gesetzlich vorgeschriebene Tachometer-Überwachung, einer nach § 87 Abs. 1 Nr. 6 BetrVG mitbestimmungspflichtigen GPS-Ortung oder auch bei der Erfassung im Drei-Minuten-Takt bei Standzeiten von Taxifahrern (Rechtmäßigkeit abgelehnt vom ArbG Berlin, Urteil vom 10.08.2017, Az. 41 Ca 12115/16, RDV 2017, 254). Vernetzte Dienstfahrzeuge mit der Möglichkeit zur Privatnutzung, Smartphones, Tablets, Kunden- und Kreditkarten sowie Social Media liefern u. U. laufend weitere gewaltige Datenmengen, sei es mit oder ohne Erlaubnis des Betroffenen.

Datenschutzrechtlich darf ein GPS-Tracking von Dienstfahrzeugen nur im Ausnahmefall erfolgen, wenn dies aus Sicherheitsgründen oder aufgrund gesetzlicher Vorschriften zwingend erforderlich sowie im Einzelfall auch verhältnismäßig ist. Dies kann z. B. bei der Überwachung von Geldtransportern per GPS oder auch bei Rettungswagen der Fall sein.

[11] Vgl. https://www.baden-wuerttemberg.datenschutz.de/wp-content/uploads/2020/09/20200903_oh_vue.pdf (zuletzt aufgerufen am: 09.02.2024).

RFID-Chips, die zur Standortbestimmung von Mitarbeitenden eingesetzt werden – sei es in Zutrittsausweisen oder im Dienstwagen –, müssen gesteigerten Sicherheitsanforderungen genügen. Eine verdachtsunabhängige Dauerortung ist jedenfalls unzulässig. Sollen RFID-Chips nur als Schlüsselersatz dienen, um Gebäude oder einzelne Bereiche betreten zu können, muss technisch und organisatorisch ausgeschlossen werden, dass aus gespeicherten Zutrittsdaten Bewegungsprofile von Beschäftigten erstellt werden (vgl. LAG Sachsen, Urteil vom 17.08.2023, Az. 4 Sa 73/23).

Mitarbeiterzufriedenheitsumfragen und -feedbacks

Unternehmen haben in Zeiten des Fachkräftemangels ein Interesse daran, einen möglichst objektiven Eindruck von der Stimmung und Zufriedenheit innerhalb der Belegschaft zu erhalten. Ein probates Mittel hierfür sind Zufriedenheitsumfragen. Diese können sehr unterschiedlich ausgestaltet sein, insbesondere im Hinblick auf die gestellten Fragen. Grundsätzlich ist aus Datenschutzsicht darauf zu achten, dass die Umfrage freiwillig erfolgt und eine nachträgliche Zuordnung der Antworten zu einer bestimmten Person ausgeschlossen ist. Letzteres ist gerade bei kleinen Abteilungen oder Stabsstellen problematisch, z. B. wenn sich die Fragen auf die Abteilung beziehen, in der die Person beschäftigt ist. Dies ist bereits bei der inhaltlichen, technischen und organisatorischen Gestaltung der Umfrage zu berücksichtigen. Zudem kann sich die Zwischenschaltung eines qualifizierten Dienstleisters anbieten, der die Auswertung der Antworten vornimmt und dem Arbeitgeber lediglich aggregierte Daten liefert. Dabei sollte ein Zugriff des Arbeitgebers auf die Rückmeldungen der Beschäftigten vertraglich ausgeschlossen sein und eine unverzügliche Löschpflicht des Anbieters nach Erstellung der Auswertung vereinbart werden.

Hinweisgeberschutz

Nachdem die Whistleblower-Richtlinie (EU-RL 2019/1937; ABl. 2019 L 305 vom 26.11.2019) zum Schutz von Hinweisgebern bis zum 17.12.2021 in nationales Recht umgesetzt hätte werden müssen, hat die EU-Kommission ein Vertragsverletzungsverfahren gegen Deutschland und 23 andere Mitgliedstaaten (aufgrund von ebenfalls fehlender oder verspätet in Kraft tretender Umsetzung in nationales Recht) eingeleitet. Der deutsche Gesetzgeber hat mittlerweile reagiert und das Hinweisgeberschutzgesetz (HinSchG) erlassen

Was bringt das HinSchG?

Das grundlegende Ziel ist es, die Aufdeckung und Unterbindung von Rechtsverstößen und Straftaten zu erleichtern. Unternehmen und auch juristische Personen des öffentlichen Rechts mit 50 oder mehr Beschäftigten werden verpflichtet, eine interne Meldestelle einzusetzen, die Hinweise auf strafrechtlich relevante Handlungen und bestimmte bußgeldbewehrte Sachverhalte (vgl. Aufzählung in § 2 Abs. 1 Nr. 2–10 HinSchG) entgegennimmt und unabhängig bearbeitet. Dabei galt für Unternehmen ab 50 und bis zu 249 Beschäftigten eine Übergangsfrist für die Umsetzung bis zum 17.12.2023.

Gleichzeitig sollen Hinweisgeber besser vor negativen zivil-, straf- oder verwaltungsrechtlichen Konsequenzen im Nachgang zu einer Meldung geschützt werden. Gerade im Arbeitsverhältnis hat dies erhebliche Bedeutung. Im Rahmen einer Beweislastumkehr muss der Arbeitgeber künftig beweisen, dass die Kündigung nicht aus der Aktivität des Hinweisgebers resultiert.

Wesentliches Element des HinSchG ist die branchenübergreifende Einführung von Meldeverfahren. Dabei wird zwischen externen und internen Meldestellen unterschieden.

Als **externe Meldestelle** ist auf Bundesebene das Bundesamt für Justiz vorgesehen. Die Bundesländer können daneben externe Meldestellen für Meldungen, die die jeweilige Landesverwaltung und die jeweiligen Kommunalverwaltungen betreffen, einrichten. Ergänzend fungieren die BaFin und das Bundeskartellamt als bereichsspezifische externe Meldestellen.

Herausfordernd für die betroffenen Unternehmen ist die Einrichtung einer **internen Meldestelle**. Als solche können entweder eigene Organisationseinheiten oder Beschäftigte des Unternehmens fungieren. Die Aufgabe kann aber ebenso von externen Dritten übernommen werden. Auch können mehrere private Unternehmen mit i. d. R. 50–249 Beschäftigten eine gemeinsame Meldestelle einrichten. Nach dem Verständnis des Gesetzgebers soll dies grds. auch innerhalb eines Konzerns gelten. Ob dies jedoch mit der Whistleblower-Richtlinie in Einklang steht, wird bezweifelt.

Es ist in jedem Fall dafür Sorge zu tragen, dass die interne Meldestelle über die notwendige Fachkunde verfügt und ihre Aufgaben unabhängig wahrnehmen kann.

Die Meldestelle hat Meldekanäle einzurichten und Meldungen über diese Kanäle entgegenzunehmen. Nach einer Last-Minute-Änderung im Gesetzgebungsverfahren müssen im Rahmen des Meldeverfahrens anonyme Hinweise nicht mehr ermöglicht werden. Allerdings sollen auch eingehende anonyme Meldungen bearbeitet werden.

Die Meldestelle hat die Identität dieser Personen grds. vertraulich zu behandeln. Dies gilt auch für die Identität in sonstiger Weise in der Meldung genannter Personen. Ausnahmen hierzu sind in § 9 Abs. 1–3 HinSchG detailliert geregelt. Von Bedeutung ist u. a. Abs. 1, wonach nicht nach dem HinSchG geschützt wird, wer vorsätzlich oder grob fahrlässig unrichtige Informationen über Verstöße meldet.

Tipp

Nach dem HinSchG hat die meldende Person ein Wahlrecht, ob sie sich zunächst an eine interne oder externe Meldestelle wendet (§ 7 Abs. 1). Es gibt keinen Vorrang einer internen vor einer externen Meldung. Die betroffenen Unternehmen sollen aber Anreize dafür schaffen, dass sich hinweisgebende Personen vor einer Meldung an eine externe Meldestelle an die jeweilige interne Meldestelle wenden. Auch müssen klare und leicht zugängliche Informationen über die Nutzung des internen Meldeverfahrens bereitgestellt werden (vgl. § 7 Abs. 3 HinSchG).

Dabei kann es auch für Unternehmen mit unter 50 Beschäftigten lohnenswert sein, ein internes Meldesystem einzurichten, um zu verhindern, dass Hinweisgebern sonst nur der behördliche Meldeweg oder sogar die öffentliche Bekanntmachung bleibt.

Der Hinweisgeber muss innerhalb von sieben Tagen eine Eingangsbestätigung erhalten und innerhalb von drei Monaten nach der Bestätigung des Eingangs, spätestens aber drei Monate und sieben Tage nach Eingang der Meldung, über die Folgemaßnahmen benachrichtigt werden. Weiterhin ist die interne Meldestelle dafür verantwortlich, Informationen über externe Meldeverfahren in klarer und leicht zugänglicher Form bereitzustellen, damit Beschäftigte auch über die externen Meldestellen informiert sind.

Tipp

Da die Einrichtung einer internen Meldestelle eine Vielzahl von datenschutzrechtlichen Fragestellungen mit sich bringt, ist unbedingt der DSB einzubinden. Bei Einrichtung eines elektronischen Meldekanals ist gem. § 87 Abs. 1 Nr. 1 und 6 BetrVG der Betriebsrat zu involvieren.

Tipp

Die Meldestellen sind nach § 10 HinSchG befugt, personenbezogene Daten und auch besondere Kategorien personenbezogenen Daten i. S. v. Art. 9 Abs. 1 DSGVO zu verarbeiten, soweit dies zur Erfüllung ihrer in §§ 13 und 24 HinSchG beschriebenen Aufgaben erforderlich ist. § 22 Abs. 2 Satz 2 BDSG ist entsprechend anzuwenden.

Da die Meldung von Missständen ein hohes Risiko für die Rechte und Freiheiten natürlicher Personen birgt, ist eine Datenschutz-Folgenabschätzung (DSFA) (► Kap. 5.6) unter Berücksichtigung der Anforderungen der Datenschutzaufsichtsbehörden durchzuführen. Zudem gelten hohe Sicherheitsbestimmungen sowohl beim Zugang als auch bei der internen Verarbeitung.

Datenschutzrechtlich ist bei der Einführung des Meldesystems an die Ergänzung des Verfahrensverzeichnisses und die Erteilung der nach Artt. 13, 14 DSGVO erforderlichen Datenschutzinformationen bzgl. des Meldesystems zu denken. Datenschutzinformationen für Beschäftigte müssen ggf. ergänzt werden.

Zudem sollten sich die betroffenen Unternehmen frühzeitig über den Umgang mit Auskunftsverlangen von Personen, die Gegenstand einer Meldung sind, Gedanken machen. Wird eine Person im Rahmen einer Meldung einer Straftat oder eines bußgeldbewehrten Verhaltens i. S. d. § 2 HinSchG bezichtigt, liegt aus deren Sicht der Gedanke nahe, sich Kenntnis über die Person des Hinweisgebers zu verschaffen. Hierzu könnte ein Auskunftsanspruch nach Art. 15 Abs. 1 DSGVO geltend gemacht werden. Die Beantwortung eines solchen Auskunftsersuchens wirft schwierige Rechts- und Abwägungsfragen auf. Insbesondere ist im Einzelfall zu prüfen, inwieweit eine Auskunft gem. § 29 Abs. 1 Satz 1 BDSG aufgrund überwiegender berechtigter Interessen Dritter verweigert werden kann.

Für das Löschkonzept sieht § 11 Abs. 5 HinSchG dankenswerterweise ausdrücklich eine Löschung der Verfahrensdokumentation drei Jahre nach Abschluss des Verfahrens vor.

Verwendung von Mitarbeiterfotos

Bei Foto- oder Videoaufnahmen von Beschäftigten handelt es sich um personenbezogene Daten. Diese werden gerne aus Marketingzwecken z. B. auf Unternehmenswebsites, ihren Social-Media-Kanälen wie Facebook bzw. Instagram oder Business-Plattformen wie LinkedIn oder Xing veröffentlicht. Dafür bedarf es einer entsprechenden Rechtsgrundlage.

Die zentrale Erlaubnisnorm nach Art. 6 Abs. 1 Satz 1 lit. b BDSG wird regelmäßig nicht einschlägig sein, da in den meisten Fällen die Veröffentlichung nicht zur Durchführung des Beschäftigungsverhältnisses erforderlich sein dürfte – genauso wie Art. 6 Abs. 1 lit. f DSGVO, da das Persönlichkeitsinteresse des Beschäftigten an einem Unterbleiben der Anfertigung und Veröffentlichung seines Fotos gegenüber den Arbeitgeberinteressen überwiegen dürfte. Eine Ausnahme können Beschäftigte darstellen, die das Unternehmen nach außen repräsentieren und in engem Kundenkontakt stehen, z. B. Außendienstmitarbeitende. Ausnahmsweise könnte die Veröffentlichung von Mitarbeiterfotos unter den Voraussetzungen des § 23 KUG denkbar sein (► Kap. 7.10).

In allen anderen Fällen kommt als Erlaubnisnorm die Einwilligung gem. Art. 6 Abs. 1 lit. a DSGVO infrage, die sich jedoch an den Voraussetzungen von Art. 7 DSGVO und § 26 Abs. 2 BDSG messen lassen muss.[12]

Tipp

Arbeitgeber müssen beachten, dass die Einwilligung jederzeit widerrufbar ist. Sofern auf dieser Grundlage Mitarbeiterfotos veröffentlicht wurden, sind diese zu löschen. Gegebenenfalls kann auch eine Unkenntlichmachung durch Verpixeln ausreichen.

Als Alternative zur Einwilligung wird vermehrt der Abschluss eines sog. Model-Release-Vertrags empfohlen. Ob und in welcher Form ein solcher in Betracht kommt, sollte im Vorfeld sorgfältig geprüft werden.

Datenschutz und freie Mitarbeitende

Weder für die sozialversicherungspflichtig Beschäftigten i. S. d. § 7 SGB IV noch für die nach § 611a BGB Dienstverpflichteten – mit den vielgestaltig abgestuften Verhältnissen wie z. B. dem angestellten Fremdgeschäftsführer oder eben dem Einsatz freier Mitarbeitender – gibt es, da schon ein einheitlicher Arbeitnehmerbegriff fehlt, ein einheitlich kodifiziertes Datenschutzrecht.

Bereits der Begriff des „klassischen" Arbeitnehmers ist denkbar nebulös, die Abgrenzung von anderen oder neuartigen Formen der Mitarbeit ist dementsprechend schwierig. Sozialversicherungs- und Arbeitsrecht, Unionsrecht, Steuer- und Strafrecht bieten dazu zahlreiche, aufeinander aufbauende und einander überlagernde Möglichkeiten, aber keine praxistaugliche Lösung an. Im Kern geht es freilich stets um den Begriff der weisungsabhängigen Beschäftigung. Das Datenschutzrecht bildet da keine Ausnahme.

[12] So haben das ArbG Münster (Urteil vom 25.03.2021, Az. 3 Ca 391/20) und das ArbG Lübeck (Beschluss vom 20.06.2019, Az. 1 Ca 538/19) dem Arbeitnehmer in Ermangelung einer rechtswirksamen schriftlichen Einwilligung gem. § 26 Abs. 2 Satz 3 BDSG Recht gegeben und ihnen aufgrund rechtswidriger Verarbeitung von Mitarbeiterfotos immateriellen Schadensersatz zugesprochen.

Das ist im Ergebnis nicht ganz befriedigend. Denn für Arbeit-/Auftraggeber besteht eine doppelte Unsicherheit. Einerseits ist nämlich ungeklärt, wie sie mit den Daten dieser Mitarbeitenden (im weiteren Sinn) umzugehen haben: Ist die Verarbeitung an § 26 BDSG zu messen oder doch an Art. 6 Abs. 1 Satz 1 lit. b DSGVO? Da § 26 Abs. 1 Satz 1 BDSG ohnehin nunmehr als europarechtswidrig angesehen wird, haben sich die Auswirkungen der Unterscheidung in der Praxis reduziert. Nunmehr ist Art. 6 als Ausgangsnorm heranzuziehen sowie ggf. Art. 9 DSGVO, wenn es um die Verarbeitung von personenbezogenen Daten freier Mitarbeitenden durch den Auftraggeber geht.

Andererseits bestehen erhebliche Unsicherheiten im Hinblick auf die Verarbeitung von personenbezogenen Daten (von Vertragspartnern, Kunden und ggf. auch der Stammbelegschaft) durch diese Mitarbeitenden: Handelt es sich um eine Auftragsverarbeitung oder nicht? Nicht zuletzt hängt auch die Frage des Schadensausgleichs im Innenverhältnis z. B. im Fall einer Bußgeldverhängung (Art. 83 DSGVO, §§ 42, 43 BDSG) davon ab, um welche Art von Mitarbeit es sich handelt.

Zwar kennt die DSGVO mit Art. 36 ein Konsultationsverfahren, das dem sog. Statusfeststellungsverfahren in § 7a SGB IV nicht ganz unähnlich ist. Doch muss das Konsultationsverfahren erst und nur dann zwingend durchlaufen werden, wenn aus einer DSFA hervorgeht, dass die geplante Verarbeitung ein hohes Risiko zur Folge hätte. Als Massenverfahren ist es nicht konzipiert und auch nicht praktikabel.

Tipp

Einige Grundsätze lassen sich dennoch festhalten. Für den Arbeit-/Auftraggeber ergibt sich seine eigene datenschutzrechtliche Verantwortlichkeit aus Art. 4 Nr. 7 DSGVO, da er es ist, der über die Mittel und Zwecke der Verarbeitung personenbezogener Daten bestimmt. Im Einzelfall ist darüber hinaus zu prüfen, ob ggf. eine gemeinsame Verantwortlichkeit i. S. v. Art. 26 DSGVO vorliegt (► Kap. 4.2).

Tipp

In vielen typischen Fallgestaltungen wird es sich bei freien Mitarbeitenden nicht um Auftragsverarbeiter handeln (▶ Kap. 4). Art und Umfang der Weisungsbefugnis sollten aber unbedingt im Vertrag geregelt werden. Bei freien Mitarbeitenden besteht zudem die Gefahr, dass TOM nicht auf demselben Sicherheitsniveau umgesetzt werden wie im Unternehmen des Auftraggebers, sodass es sich um eine potenzielle Schwachstelle handelt, die besonderer Berücksichtigung bedarf.

2.3.5 Datenschutz im Konzern

Im BDSG a. F. wurde eine Konzernprivilegierung schmerzlich vermisst. Die DSGVO sieht ein solches Privileg ebenfalls nicht vor. Der Datenaustausch innerhalb einer Gruppe von zentral miteinander verbundenen Unternehmen ist aber bei Vorliegen eines berechtigten Interesses zulässig. Das ist alles andere als eine Privilegierung, eröffnet aber der Konzerndatenverarbeitung im Rahmen von Konzernbetriebsvereinbarungen Anwendungsräume.

Dabei muss zunächst geprüft werden, ob die Datenverarbeitung innerhalb des Konzerns im Rahmen einer Auftragsverarbeitung i. S. v. Art. 28 DSGVO erfolgt (▶ Kap. 4). Denkbar ist dies etwa bei einer zentralen Lohnabrechnungsstelle im Konzern, die alleine nach Weisung der Tochterunternehmen tätig wird.

Zumeist handelt es sich in der Praxis aber um Fallkonstellationen, in denen eine zentrale, unternehmensübergreifende Personalabteilung gebildet wird. Hier erfolgen die meisten betroffenen Verarbeitungsprozesse nicht weisungsgebunden, sondern die Personalabteilung agiert als „Sparringspartner“ der Führungskräfte in den einzelnen Konzernunternehmen und setzt mit diesen gemeinsam getroffene Personalentscheidungen um. Ein klassisches Beispiel der für eine gemeinsame Verantwortlichkeit ist die Datenverarbeitung im Rahmen von Matrixorganisationen (vgl. dazu Weichert, NZA 2023, 13).

Werden Softwarelösungen für die Personalarbeit eingesetzt, erfolgt dies i. d. R. auch nicht für jedes Konzernunternehmen getrennt, sondern in einer konzernweit eingesetzten Software. Insofern spricht in solchen Konstellationen viel für das Vorliegen einer gemeinsamen Verantwortlichkeit i. S. v. Art. 26 DSGVO. Konsequenz ist, dass hierüber die von Art. 26 DSGVO geforderte Vereinbarung abgeschlossen werden muss. Insbesondere ist zu regeln, wer welche datenschutzrechtliche Verpflichtung zu erfüllen hat. Die wesentlichen Inhalte dieser Vereinbarung sind den Beschäftigten zur Verfügung zu stellen (Art. 26 Abs. 2 DSGVO).

Tipp

Liegt keine Auftragsverarbeitung vor, so bedarf es für die Datenübermittlung von Beschäftigtendaten innerhalb eines Konzerns einer Rechtsgrundlage. Wie oben ausgeführt, kommt hier das berechtigte Interesse i. S. v. Art. 6 Abs. 1 lit. f DSGVO in Betracht. Insofern ist für jeden betroffenen Verarbeitungsprozess die Erforderlichkeit zu prüfen und eine umfassende Interessenabwägung durchzuführen.

Dies ist mit einigen Unwägbarkeiten verbunden. In der Praxis bietet sich daher als Alternative der Abschluss einer Betriebsvereinbarung zum Datenaustausch im Konzern an.

2.3.6 Datenschutz und Betriebsrat

Der Beschäftigtendatenschutz ist auch deshalb so besonders, weil er neben dem Verantwortlichen (= Arbeitgeber) und den Beschäftigten als betroffene Personen noch eine weitere Partei einordnen muss, nämlich den Betriebsrat. Lange war umstritten, wie der Betriebsrat nun eigentlich in dieses Rollengefüge passt. Mit dem am 18.06.2021 in Kraft getretenen Betriebsrätemodernisierungsgesetz wurde eine Regelung zum Datenschutz ins Betriebsverfassungsgesetz (BetrVG) eingefügt. § 79a BetrVG stellt nun klar, dass der Betriebsrat kein Verantwortlicher i. S. d. DSGVO ist, sondern die datenschutzrechtliche Verantwortlichkeit beim Arbeitgeber liegt, solange der Betriebsrat Beschäftigtendaten **innerhalb** seiner gesetzlich zugewiesenen Aufgaben verarbeitet.

Damit scheidet auch eine Haftung des Betriebsrats selbst auf Grundlage datenschutzrechtlicher Sanktionstatbestände aus, soweit es um Datenverarbeitungen im Rahmen der Erfüllung seiner Aufgaben geht. Auch eine weitergehende Haftung des Betriebsrats als Gremium kommt wegen der Rechts- und Vermögenslosigkeit wohl nicht in Betracht, möglicherweise aber eine Haftung der einzelnen Betriebsratsmitglieder. Nach Stimmen in der Literatur kommt eine Handelndenhaftung nach dem allgemeinen Deliktsrecht in Betracht. Das Datenschutzrecht sperre diese Haftung nicht.[13]

■ Neu

Der Betriebsrat kann sich bei der Verarbeitung von Beschäftigtendaten auf Erlaubnisnormen stützen – sowohl bzgl. der betriebsverfassungsrechtlich gebotenen Weitergabe von Daten durch den Arbeitgeber an den Betriebsrat als auch bzgl. der Verarbeitung zur Ausübung der Beteiligungs- und Mitbestimmungsrechte gem. § 26 Abs. 1 Satz 1 2. Alt. BDSG.[14] Dies ist nach Auffassung des BAG (Beschluss vom 09.05.2023, Az. 1 ABR 14/22) insoweit europarechtskonform, als es die Datenverarbeitung durch Interessenvertretungen der Arbeitnehmer betrifft. Für die Verarbeitung von besonderen Kategorien personenbezogener Daten von Beschäftigten durch den Betriebsrat kommt Art. 6 Abs. 1 Satz 1 lit. e DSGVO i. V. m. § 26 Abs. 1 Satz 1 2. Alt. BDSG, Art. 9 Abs. 2 lit. b DSGVO i. V. m. § 26 Abs. 3 und 1 BDSG in Betracht. Diese erfassen aber von sich aus nicht den Aufbau eines eigenen Personalinformationssystems oder die Datenweitergabe an Gewerkschaften

[13] Vgl. Thüsing, Gregor in: Richardi, Reinhard (Hrsg.): Betriebsverfassungsgesetz, 17. Aufl. 2022, § 79a Rn. 16.
[14] Vgl. auch BAG, Beschluss vom 07.05.2019, Az. 1 ABR 53/17.

Gemäß § 79a Satz 3 BetrVG haben sich Arbeitgeber und Betriebsrat gegenseitig bei der Einhaltung der datenschutzrechtlichen Vorschriften zu unterstützen. Diese Regelung wirft für die Praxis bei näherer Betrachtung zahlreiche Fragen auf, v. a. beim Umgang mit Betroffenenrechten. Der Arbeitgeber ist als verantwortliche Stelle etwa zur Erteilung einer Auskunft nach Art. 15 Abs. 1 DSGVO gegenüber Beschäftigten verpflichtet. Diese erstreckt sich auch auf die Datenverarbeitung durch den Betriebsrat. Hiervon hat der Arbeitgeber aber normalerweise keine Kenntnis, sodass er auf die Mitwirkung des Betriebsrats angewiesen ist. Andererseits hat der Betriebsrat und u. U. auch der Beschäftigte ein legitimes Interesse daran, dass der Arbeitgeber keine Kenntnis davon erlangt, welche Daten der Betriebsrat über einen Beschäftigten verarbeitet. Eine Lösung des Problems könnte z. B. darin bestehen, dass bei Auskunftsverlangen von Beschäftigten der Betriebsrat die Auskunft selbst unmittelbar an den Beschäftigten erteilt.

Es empfiehlt sich, die Zusammenarbeit zwischen Betriebsrat und Arbeitgeber bei der Umsetzung datenschutzrechtlicher Vorgaben – z. B. auch im Hinblick auf die Erstellung und Anpassungen im Verarbeitungsverzeichnis oder die Umsetzungen von Betroffenenrechten etc. – in einer Betriebsvereinbarung oder Regelungsabrede zu konkretisieren.

Tipp

Es wird empfohlen, ein Verarbeitungsverzeichnis für den Betriebsrat mithilfe des DSB zu erstellen. Trotzdem hat auch der Arbeitgeber darauf zu achten, dass hier keine Lücke in der Dokumentation seines Verarbeitungsverzeichnisses entsteht.

Konkrete Festlegungen für das Schutzniveau im Rahmen der betriebsverfassungsrechtlichen Zusammenarbeit sind schon allein deshalb sinnvoll, da *„andernfalls arbeitgeberseitige Maßnahmen, die einer Beteiligung des Betriebsrats mit unvermeidbarer Weitergabe von Beschäftigtendaten unterliegen (z. B. Anhörungen zu geplan-*

ten Versetzungen und Kündigungen, §§ 99, 102 BetrVG) verzögert würden.“[15]

DSB und Betriebsrat

Nach der Gesetzesbegründung des Betriebsrätemodernisierungsgesetzes (BT-Drs. 19/28899) richten sich die Aufgaben des Datenschutzbeauftragten nach der DSGVO und bestehen damit auch gegenüber dem Betriebsrat. Außerdem wird nochmals klargestellt, dass der DSB zur Verschwiegenheit bzgl. der Angelegenheiten des Betriebsrats verpflichtet ist (vgl. § 79a Satz 4 BetrVG), die Rückschlüsse auf den Meinungsbildungsprozess des Betriebsrats zulassen.

Tipp

Der DSB darf damit nicht gleichsam vor der Tür des Betriebsverfassungsrechts stehen bleiben. Zwar ist der DSB nach derzeitiger Rechtsprechung des BAG (Beschluss vom 11.11.1997, Az. 1 ABR 21/97) nicht zur Kontrolle des Betriebsrats berechtigt – und auch für den Arbeitgeber ist der Betriebsrat eine abgesicherte „Blackbox“, in die er nicht hineinsehen kann und darf. Diese Rechtsprechung dürfte aber nach der Neuregelung des § 79a BetrVG obsolet sein. Ein ausdrücklicher Verweis auf die Verschwiegenheitspflicht des DSB würde keinen Sinn ergeben, wenn dieser keinerlei Kontrollbefugnis gegenüber dem Betriebsrat hätte. Wegen des ausdrücklichen Verweises in § 79a Satz 5 BetrVG auf die entsprechende Norm in § 6 Abs. 5 Satz 2 BDSG ist davon auszugehen, dass den DSB bei der Verletzung seiner Verschwiegenheitspflicht die entsprechenden Folgen des BDSG und der DSGVO treffen.

[15] https://www.haufe.de/personal/arbeitsrecht/neue-regelung-zum-datenschutz-im-betriebsverfassungsgesetz_76_543860.html (zuletzt aufgerufen am: 09.02.2024).

Praktische Fragen

Gesundheitsdaten

Bei der Verarbeitung von sensiblen Beschäftigtendaten gem. Art. 9 Abs. 1 DSGVO wie z. B. Gesundheitsdaten muss der Betriebsrat – v. a. wenn ein Beschäftigter seinen Auskunftsanspruch diesbezüglich geltend macht – u. a. darlegen, dass diese Daten vor dem Zugriff Dritter geschützt sind, der Kreis der Zugriffsberechtigten beschränkt ist und ein Löschkonzept besteht und umgesetzt wird (vgl. BAG, Beschluss vom 09.04.2019, Az. 1 ABR 51/17). Laut Gesetzesbegründung muss der Betriebsrat innerhalb seiner Zuständigkeit selbstständig die TOM gewährleisten und proaktiv darlegen – dies entspricht auch der BAG-Rechtsprechung (Beschlüsse vom 12.08.2009, Az. 7 ABR 15/08 und vom 09.05.2023, Az. 1 ABR 14/22). Ansonsten hat der Arbeitgeber die Datenweitergabe an den Betriebsrat zu verweigern.

Kommunikationsmittel

Da der Arbeitgeber dem Betriebsrat die erforderlichen Arbeits- und Kommunikationsmittel zur Verfügung stellen muss, hat auch dieser darauf zu achten, dass z. B. Betriebsratssitzungen, die nach § 30 Abs. 2 BetrVG als Telefon- oder Videokonferenzen abgehalten werden können, durch Bereitstellung von entsprechender Technik (Soft- und Hardware) datenschutzkonform durchgeführt werden können.

Tipp

Die Betriebsparteien haben allgemein gemeinsam mit dem DSB die Kommunikationswege sowohl innerhalb der Gremien als auch zum Arbeitgeber auf Datenschutzkonformität zu überprüfen und sicherzustellen. Arbeitgeber und Betriebsrat sollten zusammen mit der IT und dem DSB alle eingesetzten Mittel, Software und Kommunikationswege auf Datenschutzkonformität überprüfen.

Unterrichtungs- und Beratungsrecht bzgl. KI

Die Rechte des Betriebsrats bei der Planung von Arbeitsverfahren und Abläufen gelten auch dann, wenn diese Richtlinien ausschließlich oder mit Unterstützung von KI (▶ Kap. 6.1.7) erstellt werden (vgl. § 90 Nr. 2 und 3 BetrVG). Zur Beurteilung der KI kann der Betriebsrat einen Sachverständigen unter den Voraussetzungen des § 80 Abs. 3 BetrVG hinzuziehen – wobei dies im Fall der Beurteilung von KI bereits gesetzlich als „erforderlich" gilt.

2.4 Folgen rechtswidriger Datenverarbeitung im Beschäftigungskontext

Das Datenschutzrecht führte in (arbeits-)gerichtlichen Auseinandersetzungen lange Zeit ein Schattendasein. Das hat sich, wie bereits erwähnt, mit der DSGVO grundlegend geändert und wird sich weiter verschärfen. Arbeitgeber sehen sich nicht nur drastisch gestiegenen Nachweispflichten, sondern auch ausgeweiteten Schadensersatzrisiken und erheblichen Bußgeldandrohungen gegenüber. Gerade die Bedeutung von Schadensersatzforderungen hat in arbeitsrechtlichen Auseinandersetzungen immens an Bedeutung zugenommen. Zudem stellt sich in Kündigungsschutzverfahren häufig die Frage nach der Verwertbarkeit von datenschutzwidrig erlangten Beweismitteln.

Arbeitsgerichtliche Auseinandersetzungen werden, wenn das streitige Verfahren einmal bis dahin gelangt, in der Beweisaufnahme entschieden. Für die Parteien ist deshalb wichtig zu wissen, ob die ihnen zur Verfügung stehenden Beweismittel verwendbar sind oder nicht. Da ein allgemeines Verbot insofern nicht existiert, ist auf eine Güterabwägung im Einzelfall abzustellen. Der Eingriff des Arbeitgebers in das Persönlichkeitsrecht des Beschäftigten ist je nach Art der Erhebung und Schutzwürdigkeit zu bewerten. Bei einer heimlichen und fortdauernden Datenerhebung ohne konkrete Anhaltspunkte für einen schweren Pflichtverstoß (z. B. Videoüberwachung, Einsatz von Keylogger-Software [▶ Kap. 5.1]) wiegt der Eingriff erheblich schwerer als bei einer einmalig und offen vorgenommenen Maßnahme mit Anknüpfungstatsachen für eine Straftat (z. B. Taschen- oder Spindkontrolle bei Diebstahlverdacht).

2.4.1 Verwertungsverbote

Das deutsche Prozessrecht enthält weder in der Zivil- noch in der Strafprozessordnung (ZPO bzw. StPO) oder im Arbeitsgerichtsgesetz (ArbGG) direkte Beweisverwertungsverbote oder gar eine noch weitergreifende *fruit of the poisonous tree doctrine* (Grundsatz aus dem amerikanischen Prozessrecht für den Umgang mit rechtswidrig gewonnenen Beweisen). Selbst die EMRK schweigt dazu.

Sachvortragsverwertungsverbot

Hat der Arbeitgeber in unrechtmäßiger Weise Daten erlangt und setzt sich der Beschäftigte im Prozess dagegen nicht zur Wehr, kann dennoch ein Sachvortragsverwertungsverbot eingreifen. Ein Sachvortragsverwertungsverbot hat stets zur Konsequenz, dass das Gericht nicht nur den „fehlerhaften" Beweis nicht zur Grundlage seines Urteils machen darf, sondern auch den ganzen diesbezüglichen Sachvortrag. Das BAG steht der Annahme eines Sachvortragsverwertungsverbots zwar skeptisch gegenüber, hat ein solches für den Fall einer schweren Persönlichkeitsrechtsverletzung aber noch nicht final ausgeschlossen.

Beweisverwertungsverbot

Eine auf rechtswidrig erlangten Daten aufbauende Beweisführung ist stets mit Risiken behaftet und kann je nach Schwere der Rechtswidrigkeit zu einem Beweisverwertungsverbot führen. Das gilt ohne Abstriche auch für den Bereich des Beschäftigtendatenschutzes. Eine schematische Betrachtungsweise wird dabei von der Rechtsprechung abgelehnt. Zumeist wird zwar betont, dass die Unzulässigkeit der Datenverarbeitung nicht automatisch zu einem Beweisverwertungsverbot führt, sondern dieses lediglich bei eindeutig unverhältnismäßigen Eingriffen in das Persönlichkeitsrecht im Ergebnis angenommen wird.

Beweiserhebungsverbot

Liegt ausnahmsweise ein Beweisverwertungsverbot vor, so ist automatisch auch ein Beweiserhebungsverbot anzunehmen. War z. B. eine heimliche Videoüberwachung völlig unverhältnismäßig, darf derjenige, der die Auswertung vorgenommen hat, nicht als Zeuge gehört werden.

2.4.2 Rechtsprechung des BAG und der Landesarbeitsgerichte

BAG, Urteil vom 23.08.2018, Az. 2 AZR 133/18: Videoaufzeichnungen

Im August 2018 klärte das Bundesarbeitsgericht (BAG), ob ein Verwertungsverbot besteht, wenn der Arbeitgeber Erkenntnisse aus einer rechtmäßig installierten, offenen Videoüberwachung in den Prozess einführt, auch wenn die Aufzeichnungen schon mehrere Monate alt sind. Einer Mitarbeiterin war vorgeworfen worden, Gelder aus Warenverkäufen unerlaubt für sich zu vereinnahmen. Die Auswertung von Videoaufzeichnungen belegte dies. Es kam zur fristlosen Kündigung und zur Kündigungsschutzklage. Die Klägerin obsiegte bis zum Landesarbeitsgericht (LAG). Dieses war wie das Arbeitsgericht der Auffassung, dass die Aufzeichnungen längst hätten gelöscht sein müssen und ihre prozessuale Einführung einem Beweisverwertungsverbot unterliege.

Das BAG sieht die Sache entschieden lockerer und prägt die – etwas plakative – Formulierung, Datenschutz sei kein Täterschutz. Jedoch müsse es sich um eine rechtmäßige Videoüberwachung handeln. Ob das vorliegend wirklich der Fall war, hatte das BAG nicht zu entscheiden.

■ Neu

BAG, Urteil vom 29.06.2023, Az. 2 AZR 296/22: Offene Videoüberwachung

Im Streitfall stand der Vorwurf eines Arbeitszeitbetrugs im Raum. Im gerichtlichen Verfahren um die darauf basierende Kündigung wurden seitens des Arbeitgebers als Beweis Aufzeichnungen aus einer dauerhaften offenen Videoüberwachung am Werkstor angeboten. Die Betriebsvereinbarung, die der Überwachung zugrunde lag, enthielt zudem ein Auswertungsverbot hinsichtlich der erfassten Daten.

Das BAG geht in seinem Urteil davon aus, dass die Videoaufnahmen verwertbar sind. Es verweist darauf, dass es sich um eine offene Videoüberwachung gehandelt habe, die die Arbeitnehmer lediglich beim Durchschreiten des Werkstors aufgezeichnet habe. Ein auf Art. 2 Abs. 1 i. V. m. Art. 1 Abs. 1 GG gestütztes Verwertungsverbot scheide regelmäßig in Bezug auf solche Bildsequenzen aus einer offenen Videoüberwachung aus, die vorsätzlich begangene Pflichtverletzungen zulasten des Arbeitgebers zeigen (sollen), ohne dass es auf die Rechtmäßigkeit der gesamten Überwachungsmaßnahme ankäme. Auch ein Verwertungsverbot in einer Betriebsvereinbarung stehe dem nicht entgegen. Den Betriebsparteien fehle es bereits an der Regelungsbefugnis bzgl. der Frage einer gerichtlichen Verwertbarkeit von Beweismitteln.

Die Rechtsprechung zeigt, dass Videoaufzeichnungen, die schwere vorsätzliche Pflichtverletzungen, insbesondere strafbare Handlungen des Arbeitnehmers zulasten des Arbeitgebers dokumentieren, u. U. im Prozess verwertet werden können. Dem steht auch ein in einer Betriebsvereinbarung niedergelegtes Verwertungsverbot nicht entgegen. Auch wenn die Hürden für eine Verwertung damit niedriger ausfallen als in der Vergangenheit, sollte die Rechtsprechung Arbeitgeber nicht dazu verleiten, Datenschutzvorgaben außer Acht zu lassen, denn unabhängig von der Frage einer Verwertbarkeit eines Beweismittels kann dies Schadensersatzforderungen und behördliche Verfahren bis hin zu einem Bußgeldverfahren auslösen.

Schadensersatz

Gerade Schadensersatzforderungen wegen Datenschutzverstößen erfreuen sich aktuell bei arbeitsrechtlichen Verfahren großer Beliebtheit. Tendenziell ist zu beobachten, dass die Arbeitsgerichte klägerfreundlicher entscheiden und höhere Schadensersatzzahlungen ausurteilen als die Zivilgerichte. Beispiele aus der Rechtsprechung sind etwa:

- LAG Hamm, Urteil vom 11.05.2021, Az. 6 Sa 1260/20: 1.000 Euro Schadensersatz wegen Verstoß gegen die Auskunftspflicht nach Art. 15 DSGVO
- ähnlich: ArbG Neumünster, Urteil vom 11.08.2020, Az. 1 Ca 247 c/20: bei Verstoß gegen Auskunftspflicht 1.500 Euro Schadensersatz

- LAG Köln, Urteil vom 14.09.2020, Az. 2 Sa 358/20: 300 Euro Schadensersatz wegen unterbliebener Löschung von personenbezogenen Angaben auf der Website
- ArbG Dresden, Urteil vom 26.08.2020, Az.13 Ca 1046/20: 1.500 Euro Schadensersatz wegen unzulässiger Übermittlung von Gesundheitsdaten an andere Behörde

LAG Niedersachsen, Urteil vom 22.10.2021, Az. 16 Sa 761/20: Schadensersatzanspruch im Dieselskandal

Einem im Zusammenhang mit dem Dieselskandal unzulässig fristlos gekündigten VW-Chefentwickler wurde Schadensersatz in Höhe von 1.250 Euro nach Art. 82 DSGVO zugesprochen, da sein Arbeitgeber (mehrfach) nur unvollständig und verzögert Auskunft gem. Art. 15 DSGVO darüber gab, welche Daten über ihn gespeichert worden sind. VW hatte beim Auskunftsersuchen die Frist von einem Monat bereits mit dem Hinweis verlängert, dass man mehr Zeit brauche. Allerdings fehlten später bei den Unterlagen sowohl Anhänge von Dokumenten als auch Bewertungen von Rechtsabteilungen, die den Arbeitnehmer betrafen. Das LAG vermutete ein Verschulden des Arbeitgebers gem. Art. 82 Abs. 3 DSGVO, da dieser nichts Gegenteiliges vorgetragen habe und daher bewusst bestimmte Informationen zurückgehalten habe. Damit sei dem Arbeitnehmer ein immaterieller Schaden entstanden.

Die Richter verneinten die Notwendigkeit für eine „Erheblichkeitsschwelle“ für einen Schmerzensgeldanspruch, da eine solche dem Verständnis der DSGVO widerspreche. Denn es wäre eine Vielzahl von Fallgestaltungen denkbar, in denen Betroffene trotz Verstößen gegen die Regelungen der DSGVO keine Kompensation erhielten. Außerdem verwies das LAG auf die abschreckende Wirkung von Schmerzensgeldern. Bei der Höhe des Schmerzensgelds beliefen sich 250 Euro auf die etwa zwei Monate verspätete Auskunft und 1.000 Euro auf die inhaltlich unzureichende Auskunft.

■ **Neu**

EuGH, Urteil vom 14.12.2023, Rs. C-456/22: Haftung und Recht auf Schadensersatz

Der EuGH geht in seiner jüngsten Rechtsprechung ebenfalls davon aus, dass Art. 82 DSGVO keine Bagatellgrenze kennt. Allerdings führt auch nicht jeglicher Verstoß gegen eine datenschutzrechtliche Vorschrift automatisch zu einem Schadensersatzanspruch, sondern es muss tatsächlich ein immaterieller oder materieller Schaden vorliegen, der auch kausal auf dem Verstoß durch die datenverarbeitende Stelle beruht. Dies haben die nationalen Gerichte im Einzelfall zu prüfen. Ausreichend für einen immateriellen Schaden kann nach Auffassung des EuGH (a. a. O.) bereits die Furcht vor einem potenziellen Missbrauch von personenbezogenen Daten, die bei einem Cyberangriff abgeflossen sind, sein.

Tipp

Die seitens des BAG und zahlreicher Instanzgerichte vertretene, sehr klägerfreundliche Linie, die tendenziell bereits alleine aus einem Verstoß gegen eine Regelung der DSGVO eine Art „Strafschadensersatz" hergeleitet hat, ist damit nicht aufrechtzuerhalten. Da der EuGH die Schwelle für einen immateriellen Schaden allerdings nicht allzu hoch anlegt, kann davon ausgegangen werden, dass Schadensersatzansprüche wegen eines Datenschutzverstoßes in Zukunft weiter eine hohe praktische Bedeutung haben werden.

Dem schließen sich mittlerweile auch vermehrt die Arbeitsgerichte an (vgl. etwa LAG Mecklenburg-Vorpommern, Urteil vom 17.10.2023, Az. 2 Sa 61/23).

2.4.3 Bußgeldvorschriften und Strafbarkeit

Daneben können Verstöße gegen Datenschutzvorgaben im Beschäftigtenkontext mit Bußgeldern sanktioniert werden.

Beispiel

Aufgrund einer schweren Missachtung des Beschäftigtendatenschutzes erließ der Hamburgische Beauftragte für Datenschutz und Informationsfreiheit (HmbBfDI) im Oktober 2020 einen Bußgeldbescheid i. H. v. ca. 35,6 Mio. Euro gegen ein schwedisches Modeunternehmen. Dieses betrieb ein Servicecenter, das mindestens seit 2014 zu einem Teil der Beschäftigten umfangreich private Lebensumstände erfasste, auf einem Netzlaufwerk dauerhaft speicherte – u. a. auch Krankheitssymptome und Diagnosen von Mitarbeitenden oder Notizen von Einzel- und Flurgesprächen mit Angaben zum Privatleben (z. B. familiäre Probleme, religiöse Bekenntnisse) – und diese für bis zu 50 weiteren Führungskräfte im ganzen Haus zugänglich waren. Diese Daten wurden u. a. dazu genutzt, um Profile der Beschäftigten für Maßnahmen und Entscheidungen im Arbeitsverhältnis zu erhalten, z. B. um Leistungen zu bewerten oder Einstellungsentscheidungen zu treffen. Die Datenerhebung wurde bekannt, als aufgrund eines Konfigurationsfehlers im Oktober 2019 die Daten für einige Stunden unternehmensweit zugänglich waren. Nach Bekanntwerden des Verstoßes entschuldigte sich die Geschäftsführung bei den Mitarbeitenden und bot eine finanzielle Entschädigung an. Darüber hinaus wurden gemeinsam mit dem HmbBfDI weitere Schutzmaßnahmen eingeleitet, u. a. ein Datenschutzkonzept mit einem neu berufenen Datenschutzkoordinator, monatlichen Datenschutz-Statusupdates, einem Whistleblowerschutz sowie einem konsistenten Auskunftskonzept.[1]

Zusätzlich ist insbesondere die rechtswidrige Übermittlung oder anderweitige Zugänglichmachung von personenbezogenen Daten einer großen Anzahl von Personen bei gewerbsmäßigem Handeln unter Strafe gestellt (§ 42 Abs. 1 BDSG). Gleiches gilt bei einer unerlaubten Verarbeitung oder einem Erschleichen von personenbezogenen Daten durch unrichtige Angaben, wenn dabei gegen Entgelt oder in Bereicherungs- oder Schädigungsabsicht gehandelt wird (§ 42 Abs. 2 BDSG).

[1] Vgl. https://gdprhub.eu/index.php?title=HmbBfDI_(Hamburg)_-_H%26M (zuletzt aufgerufen am: 09.02.2024).

3 Der Datenschutzbeauftragte

Artikel 37–39 der DSGVO widmen sich dem Thema „Datenschutzbeauftragter“. War diese Funktion vor der DSGVO nur in einigen Mitgliedstaaten bekannt oder vorgeschrieben, so ist sie seit Mai 2018 EU-weit für öffentliche und nicht-öffentliche Stellen etabliert. Der Gesetzgeber verlagert hier weitere Verantwortung an die personenbezogene Daten verarbeitenden Institutionen (vgl. Definition „Verantwortlicher“[1] in Art. 4 Abs. 7 DSGVO) zur Steigerung der Selbstkontrolle.[2]

Im Gegensatz zu den Landesbeauftragten für den Datenschutz in ihrer Funktion als staatliche Aufsichtsbehörde zur korrekten Umsetzung und Einhaltung des Datenschutzrechts in Unternehmen, Vereinen und Landesbehörden („externe Kontrolle“) unterstützt der Datenschutzbeauftragte (DSB) die Selbstkontrolle der Organisation beim Datenschutz („interne Kontrolle“).[3] Dabei gilt der DSB nicht als verlängerter Arm der Aufsichtsbehörden, was fälschlicherweise durchaus unterstellt wird. Der Fokus des DSB liegt auf Beratung und Unterstützung des sog. „Verantwortlichen“.

Die Vorschriften der DSGVO zum Datenschutzbeauftragten gelten in den Mitgliedstaaten unmittelbar. Im Rahmen sog. Öffnungsklauseln hat der nationale Gesetzgeber lediglich einen Spielraum in der Ausgestaltung der Voraussetzungen für die Pflicht zur Benennung (vor der DSGVO: „Bestellung“). Die in der DSGVO etwas unbestimmt gehaltenen Voraussetzungen können in nationalen Anpas-

---

1 Vgl. https://dsgvo-gesetz.de/art-4-dsgvo/ (zuletzt aufgerufen am: 09.02.2024).

2 Vgl. Gola, Peter (Hrsg.): DS-GVO. Datenschutz-Grundverordnung VO (EU) 2016/679. Kommentar, München: C.H. Beck 1. Aufl. 2017, S. 532 (im Folgenden abgekürzt mit: Gola 2017).

3 Vgl. Bayerisches Landesamt für Datenschutzaufsicht (Hrsg.): Erste Hilfe zur Datenschutz-Grundverordnung für Unternehmen und Vereine, München: C.H. Beck 1. Aufl. 2017, S. 32.

sungsgesetzen konkreter gefasst werden, wie es vor 2018 bspw. in § 4f Abs. 1 BDSG a. F. für nicht-öffentliche Stellen der Fall war und in § 38 Abs. 1 BDSG erneut aufgegriffen wurde.

Aber auch das kirchliche Datenschutzrecht nimmt sich der Funktion des DSB an (▶ Kap. 3.8). So widmet das Datenschutzgesetz der Evangelischen Kirche in Deutschland (DSG-EKD) das Kap. 5 den Themen Bestellpflicht, Stellung in der Organisation und Aufgaben.[4] Das katholische Datenschutzgesetz (KDG) befasst sich mit dem Thema in Kap. 4 Abschnitt 3.[5]

---

4 Vgl. https://kirchenrecht-ekd.de/document/41335?#s47000054 (zuletzt aufgerufen am: 09.02.2024).

5 Vgl. https://www.kdsa-nord.de/Download/Osnabrueck/201804_KDG.pdf (zuletzt aufgerufen am: 09.02.2024).

3.1 Aufgaben, Rechte und Pflichten des Datenschutzbeauftragten

Aufgaben gem. Art. 39 DSGVO

Artikel 39 DSGVO regelt die Aufgaben des Datenschutzbeauftragten in der Organisation. Sie werden für Datenschutzbeauftragte in Behörden (öffentliche Stellen) in § 7 BDSG sowie in den verabschiedeten Landesdatenschutzgesetzen nochmals aufgegriffen. Für Unternehmen und Vereine sind die Regelungen des Art. 39 DSGVO einschlägig, aber nicht abschließend:

Art. 39 DSGVO – Aufgaben des Datenschutzbeauftragten

(1) Dem Datenschutzbeauftragten obliegen zumindest folgende Aufgaben:

a) Unterrichtung und Beratung des Verantwortlichen oder des Auftragsverarbeiters und der Beschäftigten, die Verarbeitungen durchführen, hinsichtlich ihrer Pflichten nach dieser Verordnung sowie nach sonstigen Datenschutzvorschriften der Union bzw. der Mitgliedstaaten;
b) Überwachung der Einhaltung dieser Verordnung, anderer Datenschutzvorschriften der Union bzw. der Mitgliedstaaten sowie der Strategien des Verantwortlichen oder des Auftragsverarbeiters für den Schutz personenbezogener Daten einschließlich der Zuweisung von Zuständigkeiten, der Sensibilisierung und Schulung der an den Verarbeitungsvorgängen beteiligten Mitarbeiter und der diesbezüglichen Überprüfungen;
c) Beratung – auf Anfrage – im Zusammenhang mit der Datenschutz-Folgenabschätzung und Überwachung ihrer Durchführung gemäß Artikel 35;
d) Zusammenarbeit mit der Aufsichtsbehörde;
e) Tätigkeit als Anlaufstelle für die Aufsichtsbehörde in mit der Verarbeitung zusammenhängenden Fragen, einschließlich der vorherigen Konsultation gemäß Artikel 36, und gegebenenfalls Beratung zu allen sonstigen Fragen.

(2) Der Datenschutzbeauftragte trägt bei der Erfüllung seiner Aufgaben dem mit den Verarbeitungsvorgängen verbundenen Risiko gebührend Rechnung, wobei er die Art, den Umfang, die Umstände und die Zwecke der Verarbeitung berücksichtigt.

Die DSGVO verzichtet auf die Nennung einzelner operativer Aufgaben wie z. B. die Mitarbeiterschulung oder Vorabkontrolle und weist stattdessen dem Datenschutzbeauftragten Berichts-, Beratungs-, Kontroll- und Kooperationsaufgaben zu (vgl. Gola 2017, S. 543). Im Einzelnen bedeuten diese Aufgaben:

Art. 39 Abs. 1 lit. a DSGVO – Unterrichtung und Beratung

Der Datenschutzbeauftragte hat eine Unterrichtungspflicht gegenüber der Unternehmens-, Vereins- oder Behördenleitung über datenschutzrelevante Vorgänge in der Organisation (vgl. auch ► Kap. 3.2.1). Die zu berichtenden Vorgänge sind durch den DSB mit Vorschlägen zu verbinden, welche Maßnahmen zur Einhaltung des geltenden Datenschutzrechts in der Organisation umgesetzt werden sollten (Beratung). Die persönliche Umsetzung der Maßnahmen obliegt nicht dem Datenschutzbeauftragten – es sei denn, diese fallen bei nur zeitweiser Ausübung der Tätigkeit des Datenschutzbeauftragten in seinen sonstigen Aufgabenbereich. Hierbei ist ebenfalls Art. 38 Abs. 6 DSGVO zu beachten: Es gilt, potenzielle Interessenkonflikte des DSB von vornherein zu vermeiden.

Art. 39 Abs. 1 lit. b DSGVO – Überwachung/Kontrolle

Im Rahmen seiner Kontrollaufgabe stellt der DSB sicher, dass geltendes Datenschutzrecht von der Organisation eingehalten wird. Ausdrücklich sind aber auch organisationsinterne Richtlinien („Strategien") sowie mögliche Auflagen von Auftraggebern oder übergeordneten Behörden zum Umgang mit personenbezogenen Daten in der Kontrolle zu berücksichtigen, ob sie durch die Organisation und ihre Mitarbeiter eingehalten werden. Die Kontrolle erstreckt sich weiterhin auf die Zuständigkeitsverteilung innerhalb der Organisation in Sachen Datenschutz. Der Datenschutzbeauftragte soll sicherstellen, dass die notwendigen Stellen innerhalb der Organisation die ihnen zugedachten Datenschutzaufgaben von der Organisationsleitung zugewiesen bekommen haben und im Anschluss auch umsetzen.

✎ Beispiel

Typische Fragestellungen wären: „Wer liefert wann welche Angaben für das Verzeichnis von Verarbeitungstätigkeiten?" oder auch „Wer führt die Schulung und Sensibilisierung von Mitarbeitern durch?"

Die Durchführung von Schulungen ist keine Aufgabe, die dem Datenschutzbeauftragten durch die DSGVO explizit zugewiesen wird. Das war im BDSG a. F. noch anders geregelt. Seine Aufgabe ist zumindest die Überwachung der Zuständigkeiten für Mitarbeiterschulung und Sensibilisierung. Dennoch kann es empfehlenswert sein, die Schulungen durch den DSB durchführen zu lassen. So ist er doch immerhin aufgrund seiner regelmäßigen Beschäftigung mit dem Thema und seinen Qualifikationen dazu in der Lage. Eine solche Erweiterung der Aufgaben des Datenschutzbeauftragten wäre individuell zwischen der Organisation und dem Datenschutzbeauftragten zu vereinbaren. Die DSGVO nimmt in Art. 39 keine abschließende Aufgabenzuweisung vor und lässt Spielräume zu. Das sollte jedoch nicht zulasten der in Art. 39 DSGVO genannten Kernaufgaben gehen. Und dabei sollte auch Berücksichtigung finden, dass es mit einer einmaligen Schulung nicht getan ist. Es gilt, ein langfristiges Sensibilisierungskonzept einzuführen und durchzuhalten.

Art. 39 Abs. 1 lit. c DSGVO – Beratung bei der DSFA

Der Rat des DSB zu einer Datenschutz-Folgenabschätzung (DSFA) ist bereits nach Art. 35 Abs. 2 DSGVO durch die Organisation bzw. den oder die Verantwortlichen – entweder durch die Organisationsleitung oder den Verfahrensverantwortlichen – einzuholen. In Art. 39 Abs. 1 lit. c DSGVO wird die unterstützende Beratungsleistung dem Datenschutzbeauftragten ins Pflichtenheft geschrieben. Die Beratungsleistung soll er nach Aufforderung erbringen, er wird also nicht eigeninitiativ tätig. Die für die Beratung notwendigen Informationen stellt ihm die Organisation zur Verfügung. Die eigentliche DSFA wird von der Organisationsleitung oder dem Verfahrensverantwortlichen durchgeführt. Als zweite Teilaufgabe aus diesem Abschnitt ergibt sich die Überwachung der Durchführung durch den DSB. Er muss also der Frage nachgehen, ob für die infrage kommenden Verfahren die DSFA nach Art. 35 DSGVO durch die Verantwortlichen in der

Organisation durchgeführt wurde. Sollte es zu Versäumnissen gekommen sein, so wirkt der Datenschutzbeauftragte auf die Durchführung der Abschätzung hin – er führt sie aber nicht selbst durch (Interessenkonflikt).

Im Rahmen der Beratungsaufgabe des Datenschutzbeauftragten ist es notwendig, die Verfahrensverantwortlichen dahin gehend zu instruieren und anzuleiten, dass diese die DSFA i. S. d. DSGVO eigenständig durchführen können. Die Ergebnisse der Beratung und der Überwachung sind durch den Datenschutzbeauftragten zu dokumentieren.

Art. 39 Abs. 1 lit. d und e DSGVO – Zusammenarbeit mit und Anlaufstelle für die Aufsichtsbehörden

Beide Buchstaben verpflichten den DSB zur Zusammenarbeit mit der zuständigen Aufsichtsbehörde. Dabei wird er als zentraler Ansprechpartner für Anfragen seitens der Aufsichtsbehörde zu *„mit der Verarbeitung [personenbezogener Daten] zusammenhängende[n] Fragen“* definiert. Dieser Verpflichtung kann der Datenschutzbeauftragte nur nachkommen, wenn er seitens der Organisation in die entsprechenden Abläufe, aber auch in die DSFA eingebunden ist.

Der Datenschutzbeauftragte kann als Ansprechpartner die Aufsichtsbehörde um Beratung oder Stellungnahmen im Rahmen der Aufgaben der Aufsichtsbehörde (vgl. Art. 57 DSGVO) bitten. Diese Beratungsleistungen sind für den DSB kostenfrei gem. Art. 57 Abs. 3 DSGVO (vgl. Gola 2017, S. 544).

Tipp

Neben der beratenden und unterstützenden Funktion sieht die DSGVO also zusätzlich Kontroll- und Überwachungspflichten vor, die Datenschutzbeauftragte zu erfüllen haben.

Aufgabe darüber hinaus: Verfassen eines Tätigkeitsberichts

Weder nach Art. 39 DSGVO noch gem. ErwG 97 DSGVO oder BDSG ist der Datenschutzbeauftragte explizit verpflichtet, einen Tätigkeitsbericht anzufertigen. Dennoch fordern Aufsichtsbehörden beim Verantwortlichen diese für vergangene Zeiträume zur Prüfung im Rahmen von Art. 58 DSGVO immer wieder einmal an, sofern diese angefertigt worden sind. Damit kann es durchaus triftige Gründe für das Erstellen eines Tätigkeitsberichts geben, da dies z. B. in Arbeitsverträgen oder Stellenbeschreibungen des DSB vorgesehen ist. Auch in Dienstleistungsverträgen externer DSB ist diese Leistung je nach Angebot und Ausgestaltung enthalten.

Der Vorteil eines regelmäßigen Tätigkeitsberichts liegt auf der Hand: Der DSB kann den betrachteten Zeitraum selbst noch mal im Rückblick genauer betrachten und dabei nachvollziehen, was gut oder schlecht lief oder wo Optimierungsbedarf in der Organisation bzw. in der Zusammenarbeit zwischen den Abteilungen und dem DSB herrscht. Ebenso zeigen solche Berichte, welche Punkte erledigt und welche noch offen sind. Da der DSB direkt an die Organisationsleitung berichtet (Art. 38 Abs. 3 Satz 3 DSGVO), eignet sich der Tätigkeitsbericht ebenfalls, um dieser z. B. Verbesserungspotenziale aufzuzeigen, mit ihr zu besprechen und die eigenen Aktivitäten als DSB sichtbar zu machen.

Tipp

Anregungen und Berichtsthemen bieten z. B. die Tätigkeitsberichte des BfDI oder der Landesdatenschutzbeauftragten, abrufbar im Zentralarchiv für Tätigkeitsberichte des Bundes- und der Landesdatenschutzbeauftragten und der Aufsichtsbehörden für den Datenschutz (ZAfTDa) unter https://www.zaftda.de (zuletzt aufgerufen am: 09.02.2024).

Sobald man eine Struktur bzw. Gliederung für einen solchen Bericht entwickelt hat, sollte diese beibehalten werden. Das erleichtert die inhaltliche Vergleichbarkeit der diversen Berichtszeiträume ungemein.

Weitere hilfreiche Informationen bietet auch der Artikel „Der Tätigkeitsbericht des DSB“ von Sascha Kuhrau, in: Infodienst Datenschutz für Praktiker (02/2022), S. 4–8 (für alle Premium- und Onlineabonnenten abrufbar auf FORUMDesk > Arbeitshilfen).

Datenschutz ist eine Aufgabe der gesamten Organisation. Durch die Benennung eines DSB wird die Organisation nicht von dieser Aufgabe entbunden nach dem Motto „Das macht bei uns alles der Datenschutzbeauftragte". Wenn dem so wäre, würde Art. 39 DSGVO in den Aufgaben des Datenschutzbeauftragten den Punkt „Umsetzung des Datenschutzes" enthalten. Einer Umsetzung durch den DSB steht eine seiner in Art. 39 Abs. 1 lit. b DSGVO genannten Kernaufgaben im Weg, nämlich die Überwachung und Kontrolle der Umsetzung.

Tipp

Von daher sollte sich jede Organisation von Anfang an Gedanken über die notwendige Aufgabenverteilung im Hinblick auf die Datenschutzanforderungen machen und diese z. B. in einer Richtlinie oder Geschäftsordnung Datenschutz festschreiben. Fragestellungen dazu sind u. a.:

- Welche Aufgaben obliegen den Führungskräften und Mitarbeitenden im Hinblick auf das Thema Datenschutz?
- Wie werden die dazugehörigen Managementprozesse aussehen? Stichworte dazu sind: frühzeitige Einbindung des DSB; Erkennen, Melden und Bewerten von Datenschutzverletzungen etc.
- Welche Synergien bzw. Schnittmengen gibt es mit anderen Bereichen in der Organisation, z. B. bzgl. Behandlung von Sicherheitsvorfällen im Bereich Informationssicherheit, Umgang mit Störungen in der IT (können durchaus zu Datenschutzverletzungen werden), gemeinsame Schulungskonzepte?

■ Neu

Ergebnis der europaweiten Prüfung zu Stellung und Aufgaben von DSB 2023

Am 17.01.2024 veröffentlichte der EDSA den Bericht über die Ergebnisse seiner zweiten europaweiten Prüfaktion 2023 von 25 Datenschutzaufsichtsbehörden zur Stellung und zu den Aufgaben der

Datenschutzbeauftragten[1]. Durch die Befragung konnten wertvolle Einblicke in deren Profil, Stellung und Arbeit gewonnen werden. Unter anderem werden darin *„Hindernisse auf[gezeigt], mit denen DSB derzeit konfrontiert sind, sowie eine Reihe von Empfehlungen zur weiteren Stärkung ihrer Rolle"*, damit sie mit ihrer Kontrollfunktion angesichts neuer Herausforderungen wie dem Data Act (► Kap. 6.4.4) oder KI u. a. einen wesentlichen Beitrag zum Gelingen einer datenschutzgerechten Digitalisierung leisten können.

Auch wenn sich im Großen und Ganzen ein positives Bild abzeichnet – z. B. zu regelmäßigen Schulungen oder Vorliegen der nötigen Qualifikationen –, appelliert der EDSA für mehr Sensibilisierungs-, Informations- und Durchsetzungsmaßnahmen durch die Datenschutzaufsichtsbehörden. Denn es zeigt sich, dass DSB zunehmend von Verantwortlichen ohne hinreichendes Problembewusstsein mit Zusatzaufgaben etwa im Compliance-Bereich betraut werden. Gerade auf Grundlage der neueren Rechtsprechung des EuGH und des BAG (Urteil vom 09.02.2023, Rs. C-453/21 bzw. vom 06.06.2023, Az. 9 AZR 383/19) zu Betriebsratsvorsitzenden als DSB wird z. B. das BayLDA kritisch prüfen, ob *„Verantwortliche mit solchen Zusatzaufgaben für Datenschutzbeauftragte strukturelle Interessenkonflikte in Kauf nehmen, etwa auch dann, wenn sie externe Datenschutzbeauftragte einsetzen, die zugleich für eigene Auftragsverarbeiter tätig sind. Genauso werden wir weiterhin hinterfragen, wenn Datenschutzbeauftragte schon im Organigramm erkennbar Funktionen oder Ebenen zugewiesen werden, die den direkten Informationsaustausch mit der obersten Führungsebene behindern."*[2]

[1] Vgl. https://edpb.europa.eu/our-work-tools/our-documents/other/coordinated-enforcement-action-designation-and-position-data_en bzw. Pressemitteilung unter https://edpb.europa.eu/news/news/2024/edpb-identifies-areas-improvement-promote-role-and-recognition-dpos_de (jeweils zuletzt aufgerufen am: 09.02.2024).

[2] Pressemitteilung des BayLDA vom 22.01.2024, abrufbar unter https://www.lda.bayern.de/media/pm/pm2024_01.pdf (zuletzt aufgerufen am: 09.02.2024).

3.2 Einordnung in die Organisation

3.2.1 Direktes Vortragsrecht

Der Datenschutzbeauftragte identifiziert im Rahmen seiner Tätigkeit bestehende Datenschutzrisiken in der Organisation im Umgang mit personenbezogenen Daten. Da die Risiken in nicht wenigen Fällen mit Geldbußen gem. Art. 83 DSGVO belegt sein können (eine Ausnahme bildet der öffentliche Bereich), ist es unabdingbar, diese Risiken dem Haftungsträger in der Organisation möglichst unverfälscht und ungefiltert vorzutragen. Haftungsträger ist im Zweifel stets die Organisationsleitung. Daher sieht Art. 38 Abs. 3 Satz 4 DSGVO ein direktes Vortragsrecht des DSB gegenüber der Organisationsleitung vor.

Tipp

Auch im Hinblick auf die leichte Erreichbarkeit des Datenschutzbeauftragten i. S. d. Art. 37 Abs. 2 DSGVO empfiehlt es sich, den DSB mit diesem Vortragsrecht (z. B. als Stabsstelle) gut sichtbar im für alle Mitarbeitende zugänglichen Organigramm einzutragen und auch dessen Kontaktdaten intern bekannt zu geben.

3.2.2 Weisungsungebundenheit

Weiterhin wird in Art. 38 DSGVO die Weisungsungebundenheit des DSB rechtlich festgeschrieben. In Abs. 3 Satz 1 wird der Organisation vorgeschrieben, *„dass der Datenschutzbeauftragte bei der Erfüllung seiner Aufgaben keine Anweisungen bezüglich der Ausübung dieser Aufgaben erhält“*. Dies wird im Erwägungsgrund (ErwG) 97 Satz 4 DSGVO nochmals bekräftigt: *„[...] Datenschutzbeauftragte sollten [...] ihre Pflichten und Aufgaben in vollständiger Unabhängigkeit ausüben können.“*

Tipp

Das ändert jedoch nichts daran, dass die Organisationsleitung verantwortlich bleibt, die datenschutzrechtlichen Vorgaben einzuhalten. Der Datenschutzbeauftragte sollte seine Tätigkeiten und Beurteilungen jedoch ausreichend dokumentieren, auch im Hinblick auf die Rechenschaftspflicht nach Art. 5 Abs. 2 DSGVO.

3.2.3 Vermeidung von Interessenkonflikten

Die im ErwG 97 DSGVO geforderte vollständige Unabhängigkeit des Datenschutzbeauftragten bringt es mit sich, dass – gerade Teilzeit-Datenschutzbeauftragte haben weitere Aufgaben neben dem Datenschutz – Interessenkonflikte vermieden werden müssen. Die DSGVO spezifiziert das in Bezug auf die Vermeidung recht konkret, benennt jedoch keine Beispiele für mögliche Interessenkonflikte. Die Organisationsleitung *„stellt sicher, dass derartige Aufgaben und Pflichten nicht zu einem Interessenkonflikt führen“*, heißt es in Art. 38 Abs. 6 Satz 2 DSGVO.

Die „Guidelines on Data Protection Officers (DPOs)“[1] führen als Beispiele für mögliche Interessenkonflikte folgende Tätigkeiten an:

- Geschäftsleitung, Geschäftsführer oder auch Vorstandsvorsitzende – übertragen in den öffentlichen Bereich: Landräte, Bürgermeister und Verwaltungsleiter
- Finanzvorstand
- Medizinische Leitung
- Leitung Marketing
- Personalleitung
- aber auch IT-Leitung

[1] Vgl. Artikel-29-Datenschutzgruppe: Leitlinien in Bezug auf Datenschutzbeauftragte („DSB“) (WP 243 rev.01) (Stand 05.04.2017), Ziff. 3.5, auf: https://ec.europa.eu/newsroom/article29/item-detail.cfm?item_id=612048 (zuletzt aufgerufen am: 09.02.2024).

Diese Aufzählung ist nicht abschließend und lässt sich um weitere Funktionen erweitern, die entweder aufgrund ihrer Aufgabe ein nachvollziehbares Interesse an der Verarbeitung personenbezogener Daten haben – so z. B. Leitung Vertrieb – oder sich in der Funktion als DSB mit ihrem Handeln in den weiteren Aufgabengebieten selbst kontrollieren müssten („den Bock zum Gärtner machen").

Tipp

Interessenkonflikte können auch bei einer externen Benennung des DSB entstehen. So sind z. B. externe IT-Dienstleister, die für den sicheren Betrieb des internen Netzes zuständig sind, ebenso einem Interessenkonflikt ausgesetzt wie Beratungsunternehmen, die bspw. Marketing- und Vertriebsaktionen für die Organisation entwickeln.

Bereits bei der Auswahl des zukünftigen DSB sollten mögliche Interessenkonflikte berücksichtigt und vermieden werden. Im Zweifel sollte – gerade bei Teilzeit-Datenschutzbeauftragten – eine andere Person für die Funktion ausgewählt und entsprechend qualifiziert werden (▶ Kap. 6.1.1).

Bei einer externen Benennung greifen die Verantwortlichen im Zweifel nicht auf bereits mit der Organisation verbundene Unternehmen zurück, außer sie können mögliche Interessenkonflikte konkret ausschließen. Sinnvollerweise übernimmt der externe Dienstleister ausschließlich die Tätigkeit des Datenschutzbeauftragten für die Organisation und keine weiteren Aufgaben.

Tipp

Hier lohnt sich ebenfalls ein Blick in den Bericht des EDSA[2] von Januar 2024, der u. a. auch die Aspekte der Interessenkonflikte bzw. Unabhängigkeit von DSB beleuchtet.

[2] Vgl. am Ende des Kap. 3.1.

3.2.4 Abberufungsschutz bzw. Sonderkündigungsschutz

Die besondere Schutzstellung des internen Datenschutzbeauftragten findet sich in der Form, die § 4f Abs. 3 Satz 4–5 BDSG a. F. mit Abberufung bzw. Kündigung nur aus wichtigem Grund – wobei dieser Schutz auch im Jahr nach Beendigung der Tätigkeit als interner DSB galt – rechtlich verankerte, in der DSGVO nicht wieder. Schaut man jedoch etwas genauer hin, so entdeckt man in Art. 38 Abs. 3 Satz 2 DSGVO folgenden Passus: *„Der Datenschutzbeauftragte darf von dem Verantwortlichen oder dem Auftragsverarbeiter wegen der Erfüllung seiner Aufgaben nicht abberufen oder benachteiligt werden.“*

Tipp

Hier findet sich zumindest der bisherige Abberufungsschutz sehr konkret wieder. Der interne Datenschutzbeauftragte darf nicht abberufen oder benachteiligt werden, nur weil er seinen Job richtig macht, indem er bspw. fachlich korrekt auf Datenschutzmissstände in der Organisation hinweist und auf deren Beseitigung hinzuwirken versucht. Anders sieht es aus, wenn er seine Aufgaben – die er ja unabhängig und teilweise durchaus eigeninitiativ erbringt – nicht erledigt. In diesem Fall hätte der Arbeitgeber die Möglichkeit der Abberufung.

Betrachtet man nun die ergänzenden Regelungen zur DSGVO im BDSG, so findet sich hier in § 38 Abs. 2 ein interessanter Aspekt. Dort heißt es: *„§ 6 Absatz 4, 5 Satz 2 und Absatz 6 [BDSG] finden Anwendung, § 6 Absatz 4 [BDSG] jedoch nur, wenn die Benennung einer oder eines Datenschutzbeauftragten verpflichtend ist.“*

§ 6 BDSG regelt wiederum die Stellung des Datenschutzbeauftragten für öffentliche Stellen. Dessen Anwendung wird hier – teilweise – auf Datenschutzbeauftragte nicht-öffentlicher Stellen ausgeweitet:

§ 6 Abs. 4 BDSG

Die Abberufung der oder des Datenschutzbeauftragten ist nur in entsprechender Anwendung des § 626 des Bürgerlichen Gesetzbuchs zulässig. Die Kündigung des Arbeitsverhältnisses ist unzulässig, es sei denn, dass Tatsachen vorliegen, welche die öffentliche Stelle zur Kündigung aus wichtigem Grund ohne Einhaltung einer Kündigungsfrist berechtigen. Nach dem Ende der Tätigkeit als Datenschutzbeauftragte oder als Datenschutzbeauftragter ist die Kündigung des Arbeitsverhältnisses innerhalb eines Jahres unzulässig, es sei denn, dass die öffentliche Stelle zur Kündigung aus wichtigem Grund ohne Einhaltung einer Kündigungsfrist berechtigt ist.

Dies entspricht der Sonderstellung und dem Schutz aus dem bisherigen BDSG a. F. für den internen Datenschutzbeauftragten nicht-öffentlicher Stellen.

Dr. Philipp Kramer wies bereits in seinem Beitrag „Kündigung des Datenschutzbeauftragten" im DATENSCHUTZ-BERATER (Ausgabe 01/2018, S. 16) darauf hin, dass eine solche Regelung weder in der DSGVO enthalten noch über eine zulässige Öffnungsklausel abgedeckt ist.

EuGH, Urteil vom 22.06.2022, Rs. C-534/20: Kündigung eines DSB

Der EuGH hatte sich 2022 mit diesem Thema befasst. Im zu verhandelnden Fall wurde einer internen Datenschutzbeauftragten im Zuge einer Restrukturierung gekündigt. Die Tätigkeit des DSB sollte fortan von einem externen Dienstleister erbracht werden. Die Arbeitnehmerin klagte gegen die Kündigung erfolgreich vor dem Arbeits- und Landesarbeitsgericht Nürnberg. Die Revision landete daraufhin beim EuGH. Streitpunkte waren, ob die Restrukturierung einen „wichtigen Grund" i. S. v. § 6 Abs. 4 BDSG darstellt und inwieweit diese Regelung dem Kündigungsschutz *„wegen der Erfüllung der Aufgaben"* i. S. v. Art. 36 Abs. 3 Satz 2 DSGVO widerspricht. Der EuGH beanstandete die strengere nationale Regelung zum Kündigungsschutz nicht. Der deutsche Gesetzgeber war bzw. ist daher berechtigt, dies so festzulegen, ohne dabei mit der DSGVO in Konflikt zu geraten. Ob die Restrukturierung einen wichtigen Grund i. S. v. § 6 BDSG darstellt, hat der EuGH nicht behandelt. Der strenge Kündigungsschutz für interne Datenschutzbeauftragte hat daher nach wie vor Gültigkeit. Angestellte DSB dürfte dies freuen. Arbeitgeber müssen sich damit abfinden, dass einfache betriebliche Gründe nicht ausreichen.[3]

Tipp

Kündigungsfristen für externe Datenschutzbeauftragte regelt üblicherweise der zu schließende Dienstleistungsvertrag. Es gilt dennoch Art. 38 DSGVO, der eine Abberufung bzw. Vertragsauflösung wegen der Erfüllung der Aufgaben verbietet.

■ **Neu**

EuGH, Urteil vom 09.02.2023, Rs. C-453/21: Abberufung aufgrund eines Interessenkonflikts

Der EuGH beschäftigte sich in diesem Urteil mit den Voraussetzungen für die Abberufung eines Datenschutzbeauftragten.[4] Zu klären war, ob eine nationale Regelung, die strengere Voraussetzungen für die Abberufung vorsieht als die DSGVO (im Urteilsfall das BDSG), dem Unionsrecht entgegensteht. Während das BDSG für die Abberufung einen „wichtigen Grund" (§ 626 BGB) voraussetzt, darf gem. DSGVO ein DSB nur aus Gründen abberufen werden, die mit seiner Aufgabenerfüllung zusammenhängen.

Im Urteilsfall war der Kläger sowohl Betriebsratsvorsitzender als auch behördlicher Datenschutzbeauftragter bei seinem Arbeitgeber und bei anderen Unternehmen derselben Unternehmensgruppe. Der für die Verarbeitung Verantwortliche sah dies aufgrund eines potenziellen Interessenkonflikts zwischen den beiden Funktionen unvereinbar an und rief den Mitarbeiter entsprechend als DSB ab – dies forderte auch der Thüringer Landesdatenschutzbeauftragte

[3] Die ausführliche Begründung zum Urteil ist abrufbar unter: https://eur-lex.europa.eu/legal-content/DE/TXT/?uri=CELEX%3A62020CJ0534&qid=1707819830722 (zuletzt aufgerufen am: 09.02.2024).

[4] Vgl. https://eur-lex.europa.eu/legal-content/DE/TXT/?uri=CELEX%3A62021CJ0453&qid=1707833022294 (zuletzt aufgerufen am: 09.02.2024).

(TLfDI). Der Kläger sah dagegen keinen wichtigen Grund zur Rechtfertigung der Abberufung.

Das BAG ersuchte den EuGH um Auslegung der entsprechenden Regelungen der DSGVO, v. a. von Art. 38 Abs. 3 Satz 2 DSGVO. Der EuGH stellte klar, dass eine strengere nationale Regelung grds. mit der DSGVO vereinbar ist, sofern dadurch die Ziele der DSGVO nicht beeinträchtigt werden. Eine Beeinträchtigung würde vorliegen, wenn die Regelung die Abberufung eines DSB aufgrund fehlender beruflicher Qualifikationen oder einer Aufgabenerfüllung, die mit der DSGVO unvereinbar ist, unmöglich machen würde. Ein Interessenkonflikt i. S. v. Art. 38 Abs. 6 DSGVO besteht nur dann, wenn der DSB zusätzlich zu seiner Tätigkeit auch für die Festlegung der Zwecke und Mittel der Verarbeitung personenbezogener Daten verantwortlich ist. Die nationalen Gerichte müssen die Entscheidung darüber unter Berücksichtigung aller Besonderheiten des Einzelfalls treffen.

Das heißt, laut EuGH darf jeder Mitgliedstaat spezifischere Regeln für die Kündigung eines DSB festlegen, sofern diese Regeln mit dem EU-Recht und der DSGVO vereinbar sind. Damit stehen die Anforderungen des BDSG zur Abberufung eines DSB denen der DSGVO nicht entgegen.

3.2.5 Zeitanteile für die Ausübung der Tätigkeit als DSB

Ein gerne diskutierter und häufig durchaus unterschätzter Punkt ist der Zeitanteil, der für die Ausübung der Tätigkeit als Datenschutzbeauftragter zur Verfügung stehen muss. Datenschutz erledigt sich nicht nebenher. Andererseits ist die bei Organisationsleitungen und Führungskräften verbreitete Vorstellung, der Datenschutzbeauftragte kümmere sich allein um das Thema Datenschutz und setze alles persönlich um, ebenfalls recht abwegig bzw. falsch (vgl. Ausführungen am Ende von ► Kap. 3.1). Auch mit der Anschaffung einer beliebigen Datenschutzmanagement-Software ist es nicht getan. Keine Organisation wird umhinkommen, über die gesamte Organisation verteilt ausreichend Zeitanteile für die Umsetzung der Datenschutz-Anforderungen bereitzustellen. Durch die Funktion des ausgebildeten und qualifizierten DSB steht das notwendige Know-how dafür zur Verfügung. Doch auch die in Art. 39 DSGVO genannten Aufgaben des DSB (▶ Kap. 3.1) erfordern einen ausreichenden Zeitanteil für die Funktion des DSB an sich.

Für öffentliche Stellen der Länder findet sich beim Bayerischen Landesbeauftragten für Datenschutz (BayLfD) eine pragmatische Orientierungshilfe zum Zeitbudget für Datenschutzbeauftragte öffentlicher Stellen.[5] Er weist jedoch zu Recht darauf hin, dass seine Ausführungen keine festen Zeitbudgets, sondern eine erste Orientierung darstellen. Der finale Zeitaufwand, der für die Ausübung der Tätigkeit des DSB bereitgestellt werden muss, hängt u. a. von organisatorischen Gegebenheiten wie Umsetzungsgrad der Digitalisierung und des Prozessmanagements ab und muss entsprechend – im Zweifel nach oben – angepasst werden. Während kleine Gemeinden mit ca. 5.000 Einwohnern von einem Zeitanteil von ca. 10 % einer Vollzeitstelle ausgehen sollten, sieht der BayLfD – wie auch der Bundesbeauftragte für den Datenschutz und die Informationsfreiheit (BfDI) – spätestens ab 500 Beschäftigten eine komplette Vollzeitstelle als erforderlich an. In der Praxis oft anzutreffende Zeitbudgets im einstelligen Prozentbereich einer Vollzeitstelle *„sind regelmäßig nicht geeignet, der gesetzlichen Verpflichtung zur Bereitstellung der ‚für die Erfüllung [der] Aufgaben erforderlichen Ressourcen' (Art. 38 Abs. 2 DSGVO) zu genügen"*, so der BayLfD.

Während sich im öffentlichen Bereich das Thema Datenschutz aufgrund der oft identischen Aufgaben noch recht homogen darstellen kann, sieht das bei Unternehmen etwas anders aus. In Abhängigkeit von Organisationsgröße und Geschäftszweck stehen verschie-

[5] Vgl. BayLfD: Aktuelle Kurz-Information 7: Datenschutzbeauftragte kreisangehöriger Gemeinden in Bayern: Inkompatibilitäten, Qualifikation, Zeitbudget, Kap 3 (Stand 01.10.2021), unter https://www.datenschutz-bayern.de/datenschutzreform2018/aki07.html (zuletzt aufgerufen am: 09.02.2024).

dene Unternehmen vor oft auch unterschiedlichen Anforderungen im Datenschutz. Aspekte[6] wie

- Anzahl der Mitarbeitenden,
- Größe des Unternehmens und Anzahl der Standorte,
- Digitalisierungsgrad des Geschäftsfelds,
- Umfang der Verarbeitung personenbezogener Daten im Kerngeschäft,
- Verarbeitung besonderer Kategorien personenbezogener Daten (sensibler Daten) in größerem Umfang,
- bisheriger Umsetzungsgrad der DSGVO,
- Komplexitätsgrad der Organisationsstruktur und
- Anzahl interner und ausgelagerter Datenverarbeitungen sowie genutzte Dienstleister
- und aus den Aufzählungspunkten resultierend der Umfang und die Anzahl von Risikoanalysen, DSFA und Transfer Impact Assessments (TIA)

sind dabei zu berücksichtigen. Pauschale Aussagen oder grobe Richtwerte lassen sich daher schwer finden bzw. treffen. In Vor-DS-GVO-Zeiten stieß man gelegentlich auf einen Minimum-Richtwert von 20 % einer Vollzeitstelle. Für kleine Handwerksbetriebe wird dies zu hoch sein, für Konzernunternehmen deutlich untertrieben.

[6] Vgl. Berufsverband der Datenschutzbeauftragten Deutschlands (BvD) e.V.: Positionspapier zu Aufwandsabschätzungen des Datenschutzbeauftragten (Stand 03/2020), unter: https://www.bvdnet.de/wp-content/uploads/2020/04/Positionspapier_Aufwandsabschätzungen_DSB.pdf (zuletzt aufgerufen am: 09.02.2024).

3.3 Benennung des Datenschutzbeauftragten

3.3.1 Begrifflichkeiten und Formvorschriften

Betrachtet man Art. 37 Abs. 1 DSGVO, so werden Datenschutzbeauftragte benannt (vgl. §§ 5 und 38 BDSG) und nicht mehr bestellt (wie noch gem. § 4f Abs. 1 Satz 1 BDSG a. F.). Die „Benennung" wird jedoch am Ende von § 7 Abs. 1 BDSG bereits wieder durch den Begriff der Bestellung ersetzt.

Zwar ist in der DSGVO keine Schriftform für die Benennung des Datenschutzbeauftragten explizit vorgesehen. Die Dokumentations- und Nachweispflichten bringen die Schriftform jedoch mehr oder weniger automatisch mit. Die Organisation muss belegen können, den Datenschutzbeauftragten benannt zu haben. Gleichzeitig muss die Annahme der Benennung durch den Datenschutzbeauftragten nachweisbar sein. In der Praxis wird man daher auf die altbewährte Schriftform zurückgreifen, möglicherweise unter geändertem Titel wie „Benennungsschreiben" statt „Bestellurkunde".

Tipp

Ein bearbeitbares Muster für die Benennung zum betrieblichen Datenschutzbeauftragten finden Sie in der ZIP-Datei unter: https://www.publication.forum-verlag.com/downloads/3598/gesetze2024.zip

Über die konkreten Inhalte der Benennung gehen die Meinungen und auch die praktischen Umsetzungen auseinander. Während das eine Muster lediglich die verantwortliche Stelle, den zukünftigen Datenschutzbeauftragten und einen Verweis auf dessen Aufgaben beinhaltet, die sich aus der DSGVO ergeben, kombinieren andere Mustervorlagen die Benennung mit einer konkreten Stellen- und Aufgabenbeschreibung oder enthalten Verweise auf die Sonderstellung des Datenschutzbeauftragten, wie z. B. den Abberufungsschutz (▶ Kap. 3.2.4).

3.3.2 Voraussetzungen zur Ausübung der Tätigkeit

Weder in der DSGVO noch im BDSG werden konkrete Anforderungen an Ausbildung, Wissen und Können des (potenziellen) Datenschutzbeauftragten gesetzlich geregelt oder die Begriffe „Qualifikation" und „Fachwissen" definiert. Nach Art. 37 Abs. 5 DSGVO ist der Datenschutzbeauftragte *„auf der Grundlage seiner beruflichen Qualifikation und insbesondere des Fachwissens [zu benennen], das er auf dem Gebiet des Datenschutzrechts und der Datenschutzpraxis besitzt, sowie auf der Grundlage seiner Fähigkeit der in Artikel 39 genannten Aufgaben".*

Tipp

Der Berufsverband der Datenschutzbeauftragten Deutschlands (BvD) e. V. hat daher ein Berufsbild ausgearbeitet, das sich u. a. auch auf die etwas konkreteren Leitlinien des Working Paper Nr. 243 (Rev. 1) stützt.[1]

Interessant ist der Aspekt, dass die ausübende Person diese Fertigkeiten und Fähigkeiten zum Zeitpunkt der Benennung bereits vorweisen soll. Eine nachträgliche Aneignung ist lt. Art. 37 Abs. 5 DSGVO nicht vorgesehen: *„Der Datenschutzbeauftragte wird auf der Grundlage seiner beruflichen Qualifikation und insbesondere des Fachwissens benannt, das er auf dem Gebiet des Datenschutzrechts und der Datenschutzpraxis* ***besitzt*** *[…]."*

Der Datenschutzbeauftragte muss demnach in mehrfacher Hinsicht qualifiziert sein:

1 Vgl. https://www.bvdnet.de/wp-content/uploads/2018/04/BvD-Berufsbild_Auflage-4_dt_en.pdf bzw. https://datenschutzkonferenz-online.de/media/wp/20170405_wp243_rev01.pdf (jeweils zuletzt aufgerufen am: 09.02.2024).

- rechtliche Grundlagen (DSGVO, nationale Datenschutzgesetze Bund und Länder – je nach Organisation und Anwendungsbereich, Spezialgesetze)
- technisches Grundverständnis
- Risikomanagement (im Hinblick auf die vorzunehmende DSFA)
- Projektmanagement (aufgrund der umzusetzenden Anforderungen in der Organisation, z. B. zum Aufbau einer Datenschutzkultur)
- Kenntnis und Verständnis der internen Arbeitsabläufe und Verfahrensweisen
- Kommunikationsfähigkeit

Dieses Wissen lässt sich – sofern noch nicht vorhanden – größtenteils über geeignete Kurse und Ausbildungen einschlägiger Anbieter erwerben und/oder vertiefen. Der regelmäßige Besuch weiterer Veranstaltungen als Fortbildungsmaßnahmen zum Erhalt der Fachkunde ist zwingend durch die Organisation vorzusehen und zu ermöglichen (vgl. Art. 38 Abs. 2 DSGVO: *„[...] die zur Erhaltung seines Fachwissens erforderlichen Ressourcen zur Verfügung stellen“*).

Tipp

In der Praxis wird häufig die Frage gestellt, ob der Datenschutzbeauftragte zwingend ein IT-Profi oder Rechtsexperte sein muss. Dies ist zu verneinen.[2] Die Schwerpunkte liegen hier eher auf interdisziplinärem Wissen, Denken und Handeln in Verbindung mit analytischen Fertigkeiten sowie den Soft Skills Teamplayer, Motivator und Einfühlungsvermögen (vgl. auch Working Paper Nr. 243).

[2] Vgl. Gierschmann, Sibylle/Schlender, Katharina (u. a.) (Hrsg.): Kommentar Datenschutz-Grundverordnung, Köln: Bundesanzeiger Verlag 1. Aufl. 2018, S. 975 (im Folgenden abgekürzt mit: Gierschmann (u. a.) 2018).

3.3.3 Wann ist ein Datenschutzbeauftragter zu benennen?

Die Voraussetzungen, wann eine Organisation einen DSB zu benennen hat, werden in Art. 37 Abs. 1 DSGVO geregelt. Wer sich mit diesen Voraussetzungen das erste Mal beschäftigt, wird aufgrund der Beschreibungen nicht zu Unrecht etwas irritiert sein.

Artikel 37 Abs. 1 lit. a DSGVO schreibt Behörden und öffentlichen Stellen generell die Pflicht zur Benennung vor, mit Ausnahme von Gerichten; lit. b schreibt die Pflicht vor, sofern die *„Kerntätigkeit des Verantwortlichen oder des Auftragsverarbeiters in der Durchführung von Verarbeitungsvorgängen besteht, welche aufgrund ihrer Art, ihres Umfangs und/oder ihrer Zwecke eine umfangreiche, regelmäßige und systematische Überwachung von betroffenen Personen erforderlich machen“.* Etwas konkreter wird lit. c, sofern die *„Kerntätigkeit des Verantwortlichen oder des Auftragsverarbeiters in der umfassenden Verarbeitung besonderer Kategorien von Daten gemäß Artikel 9 oder von personenbezogenen Daten über strafrechtliche Verurteilungen und Straftaten gemäß Artikel 10 besteht“.*

Fakt ist, dass es mit der DSGVO erstmalig eine europaweite Pflicht zur Benennung eines Datenschutzbeauftragten gibt – auch für öffentliche Stellen (Art. 37 Abs. 1 lit. a DSGVO). Artikel 37 Abs. 1 lit. b und c DSGVO ziehen einen risikobasierten Ansatz zur Beurteilung heran, ob eine Pflicht zur Benennung in nicht-öffentlichen Stellen vorliegt oder nicht. Dabei wird in der DSGVO keine Unterscheidung nach Unternehmensgröße (Beschäftigte, Umsatz, Datensätze o. Ä.) getroffen.

Die Auseinandersetzung mit dem Begriff „Kerntätigkeit“ ist in der weiteren Betrachtung unerlässlich. Hier wird darauf abgestellt, dass die Verarbeitung personenbezogener Daten als Haupttätigkeit ausgeübt wird oder zumindest für deren Durchführung notwendig ist. Dazu muss ebenfalls der Geschäftszweck des Unternehmens betrachtet werden. Wenn Kundenservice, Marketing und Vertrieb (um Beispiele zu nennen) für den Geschäftszweck nötig sind, kann von Kerntätigkeiten ausgegangen werden. In den Guidelines der

Artikel-29-Datenschutzgruppe wird auf die Untrennbarkeit der Kerntätigkeit des Unternehmens von den personenbezogenen Daten hingewiesen (vgl. auch Gierschmann (u. a.) 2018, S. 969). So ist die Kerntätigkeit eines Krankenhauses das Erbringen von Gesundheitsdienstleistungen. Da das Erbringen dieser Leistungen ohne die Verarbeitung von Gesundheitsdaten oder der Führung von Patientenakten nicht möglich wäre, sind die Anforderungen aus Art. 37 Abs. 1 lit. b DSGVO erfüllt und die Pflicht zur Benennung ist gegeben.[3]

Reine Nebentätigkeiten, die in jedem Unternehmen anfallen und lediglich unterstützende Tätigkeiten darstellen, die nicht konkret für den Geschäftszweck notwendig sind, lösen die Pflicht wiederum nicht aus. Als Beispiele nennt Gierschmann (u. a.) Lohn- und Gehaltszahlung, Zeiterfassung oder Monitoring der IT-Systeme.

✎ Beispiel

Ein mögliches Beispiel für die Kerntätigkeit der Überwachung betrifft bspw. lt. Gierschmann (u. a.) eine private Sicherheitsfirma, die mehrere Einkaufszentren für ihre Auftraggeber überwacht. Da die Überwachung untrennbar mit der Verarbeitung von personenbezogenen Daten verknüpft ist (z. B. Videoüberwachung), ist die Benennungspflicht für dieses Unternehmen vorhanden.

Hilfreicher sind die Kriterien für die Pflicht zur Benennung im BDSG. Diese nutzen eine der vorhandenen Öffnungsklauseln (Art. 37 Abs. 4 Satz 1 Halbsatz 2 DSGVO) und konkretisieren (genauer: erweitern) die Regelungen zur Benennung i. S. d. BDSG a. F.

§ 5 BDSG übernimmt die generelle Benennungspflicht für öffentliche Stellen unter den eingangs des Kapitels genannten Einschränkungen für Gerichte. Ob diese fast wortgleiche Übernahme der Regelungen aus der DSGVO die sog. Kompetenzsperre für den nationalen Gesetzgeber überschreitet, werden Gerichte im Zweifel

[3] Für Arztpraxen vgl. u. a. https://www.lda.bayern.de/media/veroeffentlichungen/FAQ_DSB_im_medizinischen_Bereich.pdf (zuletzt aufgerufen am: 09.02.2024).

klären. Zumindest steht eine Wiederholung nicht im Widerspruch zur DSGVO.

Die Kriterien zur Benennungspflicht für nicht-öffentliche Stellen finden sich in § 38 Abs. 1 Satz 1 BDSG: Die Pflicht zur Benennung eines Datenschutzbeauftragten liegt für Unternehmen (und somit auch für Auftragsverarbeiter) vor, *„soweit sie in der Regel mindestens 20 Personen ständig mit der automatisierten Verarbeitung personenbezogener Daten beschäftigen“.*

Die Pflicht zur Benennung liegt weiterhin vor, wenn eine der folgenden Kriterien zutrifft:

- Verantwortlicher oder Auftragsverarbeiter nehmen Verarbeitungen vor, die der Datenschutz-Folgenabschätzung (Art. 35 DS-GVO) unterliegen, oder
- personenbezogene Daten werden geschäftsmäßig zum Zweck der Übermittlung, der anonymisierten Übermittlung oder für Zwecke der Markt- und Meinungsforschung verarbeitet.

Bei den beiden zuletzt genannten Kriterien spielt die Zahl der mit der Verarbeitung beschäftigten Personen keine Rolle.

Tipp

Aufgrund der Regelungen im BDSG durch Nutzung der Öffnungsklausel in Art. 37 DSGVO bleiben die bekannten Voraussetzungen für eine Pflicht zur Benennung des Datenschutzbeauftragten für nicht-öffentliche Stellen (zusätzlich) erhalten.

Die freiwillige Benennung eines Datenschutzbeauftragten ist Unternehmen und Vereinen ohne Pflicht zur Benennung unbenommen. Wird der DSB freiwillig benannt, gelten für diesen jedoch dieselben Sonderrechte wie für den aufgrund einer Pflicht benannten Datenschutzbeauftragten.

Die Vergangenheit hat gezeigt, dass es durchaus sinnvoll sein kann, einen zentralen Ansprechpartner für Datenschutzfragen intern und extern in der Organisation zu haben. Abgesehen von der Risikominimierung von Bußgeldern ist gelebter Datenschutz ein Qualitätsmerkmal, das bei Kundengewinnung und Bindung helfen kann. Von daher ist die freiwillige Benennung durchaus ein überlegenswerter Gedanke.

Da in der DSGVO keine Frist genannt wird, ist der Datenschutzbeauftragte sofort zu benennen.

Berechnung der maßgeblichen Personenzahl

Bei der Berechnung der „20 Personen" werden alle Personen mitgezählt, die tatsächlich auf die automatisierte Datenverarbeitung der privaten Stelle zugreifen. Dabei ist die Häufigkeit oder Intensität des Datenzugriffs irrelevant – es reicht aus, dass es zu ihrer regelmäßigen Aufgabenwahrnehmung gehört, personenbezogene Daten automatisiert zu verarbeiten, und dass es sich hierbei nicht nur um eine vorübergehende Tätigkeit wie Urlaubs- oder Krankheitsvertretung handelt. Damit zählen Teilzeitkräfte und Beschäftigte von Zeitarbeitsfirmen während ihrer Tätigkeit im Unternehmen ebenfalls dazu wie Mitglieder der Geschäftsleitung und ehrenamtlich Tätige.[4]

Auch wenn mit dem Zweiten Gesetz zur Anpassung des Datenschutzrechts an die DSGVO (BGBl. 2019 I S. 1626), das am 26.11.2019 in Kraft getreten ist, die Bestellgrenze von zehn auf 20 Personen angehoben worden ist, heißt dies nicht, dass kleine Unternehmen oder Vereine sich nicht um den Datenschutz kümmern müssen. Von insgesamt 85 Paragrafen im BDSG n. F. wurde genau einer angepasst, die sonstigen Anforderungen aus dem BDSG und der DSGVO (99 weitere Artikel) bleiben von der Grenze zur Benennungspflicht eines DSB unberührt. Und somit sind alle anderen datenschutzrechtlichen Anforderungen, die von Unternehmen und Vereinen als bürokratische „Belastung" empfunden werden, weiterhin umzusetzen, z. B.:

- Pflicht zum Erstellen und Pflegen eines Verzeichnisses von Verarbeitungstätigkeiten nach Art. 30 DSGVO
- Identifikation, Bewertung und Meldung von Datenpannen an Aufsichtsbehörde und Betroffene nach Artt. 33, 34 DSGVO

[4] Vgl. https://www.ldi.nrw.de/datenschutzbeauftragte-faq-grundlagen-und-benennung (zuletzt aufgerufen am: 09.02.2024).

- Prüfen ausreichender technischer und organisatorischer Maßnahmen (TOM) von externen Dienstleistern und Vereinbarungen zur Auftragsverarbeitung gem. Artt. 28, 32 DSGVO
- Bearbeiten und Sicherstellen von Betroffenenrechten gem. Artt. 12–23 DSGVO inkl. Zusammen- und Zurverfügungstellen der Angaben zu den Informationspflichten
- regelmäßige Prüfung der eigenen Verarbeitung und Sicherstellen der notwendigen Anpassungen nach Art. 32 DSGVO
- Risikoabschätzung von Verarbeitungstätigkeiten bis hin zur DSFA nach Artt. 32, 35 DSGVO
- regelmäßige Schulung und Sensibilisierung von Mitarbeitenden – nicht nur am Tag der Einstellung – nach Art. 39 Abs. 1 lit. b DSGVO

Und diese Liste ließe sich noch um viele weitere „bürokratiebehaftete“ Tätigkeiten fortführen.

Der Irrglaube, mit Wegfall der Benennungspflicht entfielen auch alle anderen datenschutzrechtlichen Anforderungen, war auch im alten BDSG vor 2018 weitverbreitet. Die Praxis zeigt, dass sich gerade die Betriebe und Vereine seit der DSGVO mit dem Datenschutz am meisten quälen, die es unter dem alten Datenschutzrecht (vor der DSGVO) etwas lässig haben angehen lassen. Für diese Versäumnisse und auch die generellen rechtlichen Formalitäten im Datenschutzrecht kann der DSB jedoch nichts. Im Gegenteil: Er wäre der ideale Ansprechpartner mit ausreichend Wissen und Sachverstand, um diese bürokratischen Anforderungen problemlos zu meistern und für eine Datenschutzkultur in der Organisation zu sorgen.

3.3.4 Interne und externe Datenschutzbeauftragte

Artikel 37 Abs. 6 DSGVO lässt Organisationen die Wahl, einen DSB intern oder extern zu benennen: *„Der Datenschutzbeauftragte kann Beschäftigter des Verantwortlichen oder des Auftragsverarbeiters sein oder seine Aufgaben auf der Grundlage eines Dienstleistungsvertrags erfüllen.“*

Seit dem 25.05.2018 kann das gerade für KMU bewährte Mittel des externen Datenschutzbeauftragten uneingeschränkt auch von öffentlichen Stellen genutzt werden.

Unabhängig von einer internen oder externen Benennung hat der Datenschutzbeauftragte die Anforderungen an Qualifikation und Fachwissen zu erfüllen. Der externe Datenschutzbeauftragte hat dies entsprechend vor Aufnahme der Tätigkeit und auch im weiteren Verlauf des Vertragsverhältnisses regelmäßig zu belegen.

Bei der Entscheidung für oder gegen eine interne oder externe Benennung sind zahlreiche Faktoren abzuwägen. Ein interner Datenschutzbeauftragter wird die internen Arbeitsabläufe zumeist gut kennen und muss sich in diese nicht erst einfinden. Der externe Datenschutzbeauftragte wird für dieses Kennenlernen der Organisation eine Weile benötigen. Hilfsweise stellt ihm die Organisation einen festen internen Ansprechpartner und/oder Koordinator zur Seite.

In großen Organisationen kann es ebenfalls empfehlenswert sein, den internen DSB zu bevorzugen. Je mehr sich die Tätigkeit des DSB einer Vollzeitstelle annähert, desto mehr wird der Kostenvorteil eines externen Datenschutzbeauftragten aufgehoben.

Tipp

Wenn der externe Dienstleister an die 100 % für die Organisation als Datenschutzbeauftragter tätig wird, steigt das Risiko der Einstufung als scheinselbstständige Tätigkeit erheblich.

In kleineren Organisationen – egal ob öffentliche oder nicht-öffentliche Stelle – kann der externe Datenschutzbeauftragte seine Vorteile ausspielen:

- übergreifendes und aktuelles Know-how aus zumeist mehreren Tätigkeiten als Datenschutzbeauftragter in unterschiedlichen Organisationen

- keine große Einarbeitungszeit in datenschutzrechtliche Themen, da er sich permanent mit dem Thema Datenschutz befasst
- klare Aufgabenverteilung, geregelt im Dienstleistungsvertrag
- nachvollziehbare und transparente Kosten gegenüber der Weisungsungebundenheit des internen Datenschutzbeauftragten
- feste Vertragslaufzeiten im Vergleich zum Abberufungsschutz des internen Datenschutzbeauftragten
- Kosten für Fort- und Weiterbildungen, Literatur etc. liegen beim externen Dienstleister

Am Ende sprechen jeweils zahlreiche Punkte für eine interne oder externe Benennung. Die Entscheidung hierzu sollte nicht zwingend nur unter Kostengesichtspunkten getroffen werden. Qualifikation, Fachwissen, Beratungsqualität und auch die „Chemie" zwischen den Beteiligten sollten in die Entscheidung mit einfließen.

Tipp

Die Entscheidung für einen externen DSB ist übrigens nicht mitbestimmungspflichtig i. S. d. BetrVG (vgl. auch Gierschmann (u. a.) 2018, S. 976, Absatznr. 92) – bei der Benennung eines internen DSB hat der Betriebsrat dagegen gewisse Mitbestimmungsrechte.

Die Möglichkeit der externen Benennung eines Datenschutzbeauftragten kann nicht durch nationale Gesetze eingeschränkt werden. Die DSGVO beinhaltet hierzu keine Öffnungsklausel.

Einige Aufsichtsbehörden sehen für die Vertragslaufzeiten einer externen Benennung zwei Jahre und länger vor, um einem Pendant zum erweiterten Kündigungsschutz des internen Datenschutzbeauftragten möglichst nahezukommen.

3.4 Bekanntmachung des Datenschutzbeauftragten

In Art. 37 Abs. 7 DSGVO heißt es: *„Der Verantwortliche oder der Auftragsverarbeiter veröffentlicht die Kontaktdaten des Datenschutzbeauftragten und teilt diese der Aufsichtsbehörde mit."*

Seit dem 25.05.2018 sind die Kontaktdaten des Datenschutzbeauftragten z. B. auf der Website der Organisation, aber auch innerhalb der Organisation zu veröffentlichen. Gleichzeitig müssen sie der zuständigen Aufsichtsbehörde mitgeteilt werden. Konkret regelt die DSGVO nicht, um welche Details es sich bei den Kontaktdaten handelt. Im ErwG 23 DSGVO findet sich die Angabe *„E-Mail-Adresse oder andere Kontaktdaten"*. An anderer Stelle der DSGVO wird von leichter Erreichbarkeit des Datenschutzbeauftragten (im Kontext eines Unternehmensverbunds) gesprochen. Von daher liegt es nahe, hier neben der E-Mail-Adresse auch Kontaktmöglichkeiten wie Telefon und Postanschrift sowie ggf. sonstige Möglichkeiten der Kontaktaufnahme in Form einer DSB-Hotline oder eines Kontaktformulars auf der Webseite etc. anzuführen.

Der Name des Datenschutzbeauftragten ist nicht verpflichtend mit anzugeben. Eine konkrete Vorschrift hierzu enthält die DSGVO nämlich nicht. Aufsichtsbehörden wie das LDI NRW (Landesbeauftragte für den Datenschutz und Informationsfreiheit NRW) empfehlen zumindest auch die namentliche Nennung für die interne sowie externe Veröffentlichung. Im Zuge der Meldung an die Aufsichtsbehörde wird auf jeden Fall der Name des DSB anzugeben sein.[1]

Tipp

Interessant ist der Hinweis auf die interne Veröffentlichung der Kontaktdaten des Datenschutzbeauftragten. Dies ist auch mehr als sinnvoll, da der DSB nur zu datenschutzrechtlichen Themen

[1] Vgl. LDI NRW: Datenschutzbeauftragte FAQ Grundlagen und Benennung, abrufbar unter: https://www.ldi.nrw.de/datenschutzbeauftragte-faq-grundlagen-und-benennung (zuletzt aufgerufen am: 09.02.2024).

hinzugezogen werden kann, wenn er als Ansprechpartner intern ausreichend und hinlänglich bekannt ist.

Das LDI NRW führt in seinen FAQ (vgl. Fußnote 1) die konkreten Fälle an, in denen die Kontaktdaten des Datenschutzbeauftragten genannt werden müssen und wo dies zu erfolgen hat:

- *Information der betroffenen Person bei Erhebung von personenbezogenen Daten bei der betroffenen Person selbst [Art. 13 Abs. 1 lit. b DSGVO];*
- *Information der betroffenen Person bei Erhebung von personenbezogenen Daten bei Dritten [Art. 14 Abs. 1 lit. b DSGVO]);*
- *Angabe des Namens und der Kontaktdaten der Datenschutzbeauftragten im Verarbeitungsverzeichnis durch Verantwortliche und Auftragsvera[r]beiter [Art. 30 Abs. 1 lit. a, Abs. 2 lit. a DSGVO];*
- *Mitteilung des Namens und der Kontaktdaten der Datenschutzbeauftragten an die Aufsichtsbehörde bei Verletzungen des Schutzes personenbezogener Daten [Art. 33 Abs. 3 lit. b DSGVO];*
- *Mitteilung des Namens und der Kontaktdaten der Datenschutzbeauftragten an die betroffene Person bei Verletzungen des Schutzes personenbezogener Daten [Art. 34 Abs. 2 i. V. m. Art. 33 Abs. 3 lit. b DSGVO];*
- *Mitteilung der Kontaktdaten der Datenschutzbeauftragten an die Aufsichtsbehörde bei einer Konsultation im Sinne von Art. 35 DSGVO [Art. 36 Abs. 3 lit. d DSGVO];*
- *Veröffentlichung der Kontaktdaten der Datenschutzbeauftragten durch den Verantwortlichen und Mitteilung der Kontaktdaten an die Aufsichtsbehörde [Art. 37 Abs. 7 DSGVO].*

Und nicht zu vergessen: die Nennung der Kontaktdaten des Datenschutzbeauftragten auf der Website der Organisation.

Abgesehen von der Veröffentlichungspflicht der Kontaktdaten des Datenschutzbeauftragten hat die Nennung der Kontaktdaten z. B. in der Datenschutzerklärung auf der Website der Organisation weitere Vorteile. Die Organisation signalisiert damit, dass sie – zumindest in diesem Punkt – die Verpflichtungen aus dem Datenschutzrecht ernst nimmt. Die direkte Ansprache des Datenschutzbeauftragten durch Betroffene (Kunden, Bürger etc.) kann auch als vertrauensbildende Maßnahme dienen, wenn auf deren Anliegen zeitnah reagiert wird. In Zeiten von immer mehr und immer weitreichenderen Datenpannen kann jedes Instrument zur Vertrauensbildung, aber auch Kundenbindung, nur willkommen sein.

Tipp

Der interne DSB kann z. B. über eine Rundmail, als Aushang am schwarzen Brett, im Intranet oder auf einer Betriebsversammlung gegenüber den Mitarbeitenden bekannt gemacht werden – eine spezielle Form ist nicht vorgeschrieben.

Wenn es zu einem Wechsel des DSB kommt, ist es empfehlenswert, vorhandene Auftragsverarbeitungsvereinbarungen zu prüfen. Denn teilweise wird in diesen festgeschrieben, dass der neue DSB direkt an die Kunden zu melden ist.

Tipp

Post und/oder E-Mails an den Datenschutzbeauftragten sind diesem ungeöffnet bzw. im alleinigen Zugriff zuzustellen. Eine Vorsortierung oder Ausfilterung von Anfragen an den DSB z. B. durch die Organisationsleitung, eine Art Koordinationsstelle oder zentrale Poststelle ist nicht zulässig. Wendet sich ein Betroffener (unabhängig ob intern oder extern) im Kontext von Art. 38 Abs. 5 DSGVO an den DSB, ist Geheimhaltung bzw. Vertraulichkeit zu wahren. Dies gilt auch gegenüber der Organisationsleitung bzw. kann von dieser nicht aufgehoben werden.

3.5 Pflichten der Organisation

Mit Art. 38 Abs. 1 und 2 DSGVO hat der Gesetzgeber das Pflichtenheft der Organisation und Organisationsleitung gefüllt, was diese bei der Zusammenarbeit mit dem und als Grundlage für den Datenschutzbeauftragten einzuhalten bzw. bereitzustellen haben. Verstößt eine Organisation gegen diese Unterstützungspflichten für den Datenschutzbeauftragten, so kann dies eine Geldbuße nach Art. 83 Abs. 4 lit. a DSGVO für die Organisation nach sich ziehen.

3.5.1 Ordnungsgemäße und frühzeitige Einbindung in datenschutzrelevante Themen

Gemäß Art. 38 Abs. 1 DSGVO ist die Organisation verpflichtet, den Datenschutzbeauftragten ordnungsgemäß und frühzeitig in ALLE mit dem Schutz personenbezogener Daten zusammenhängenden Fragen einzubinden. Auf diese Art will der Gesetzgeber sicherstellen, dass der DSB seine Beratungs-, Unterstützungs- und Überwachungsaufgaben wahrnehmen kann.

Eine ordnungsgemäße Einbindung liegt dann vor, wenn dem Datenschutzbeauftragten durch die Organisation *„alle relevanten Unterlagen, Auskunftspersonen und Informationen zur Verfügung gestellt werden“*, anhand derer er eine Beurteilung der Sachlage vornehmen kann (Gierschmann (u. a.) 2018, S. 984, Absatznr. 11).

Von einer frühzeitigen Einbindung kann z. B. die Rede sein, wenn der Datenschutzbeauftragte bereits in die *„Planung, Ausschreibung, Entwicklung und Einrichtung von Systemen automatisierter personenbezogener Datenverarbeitung“* (Gola 2017, S. 540) eingebunden wird, um die Grundsätze „Privacy by Design“ und „Privacy by Default“ sicherzustellen. Da die Komplexität der Datenverarbeitungsvorgänge durchaus recht hoch sein kann, ist hier ausreichender zeitlicher Vorlauf durch die Organisation einzuplanen (vgl. Gierschmann (u. a.) 2018, S. 984, Absatznr. 16).

Eigentlich sollte auch klar sein, dass „frühzeitig“ nicht gegeben ist, wenn der DSB erst wenige Stunden beispielsweise vor Live-Schaltung neuer Software-Lösungen eingebunden wird. Im Zweifel wird über diese neuen Lösungen bereits seit Wochen oder Monaten im Fachbereich diskutiert – mit ausreichend Gelegenheit, den DSB wirklich „frühzeitig“ einzubinden.

Tipp

Kurz gesagt: Es besteht eine Bringschuld gegenüber dem Datenschutzbeauftragten durch die Organisation und keine Holschuld durch den Datenschutzbeauftragten.

Die ordnungsgemäße und frühzeitige Einbindung des DSB lässt sich auf mehrere Arten (auch in Kombination) sicherstellen:

- Einbindung des DSB in regelmäßige Management-/Leitungs-/Teambesprechungen oder Strategiegespräche, sofern dort datenschutzrelevante Themen besprochen werden (Achtung: Dies ist häufiger der Fall, als man vermutet!)
- Erlass einer Organisationsanweisung/-richtlinie, wann und wie der DSB einzubinden ist

3.5.2 Unterstützung des Datenschutzbeauftragten

Mit Art. 38 Abs. 2 DSGVO wird die Organisationsleitung in mehrfacher Hinsicht verpflichtet, den DSB zu unterstützen. Die DSGVO spricht hier von den zur Erfüllung der Aufgaben des Datenschutzbeauftragten erforderlichen Ressourcen, dem Zugang zu personenbezogenen Daten und zur Erhaltung seines Fachwissens erforderlichen Ressourcen. Diese sind dem DSB verpflichtend durch die Organisationsleitung zur Verfügung zu stellen. Da der Gesetzgeber in Art. 83 Abs. 4 lit. a DSGVO Geldbußen bei Pflichtverstößen gegen die Organisation anführt, hat der Datenschutzbeauftragte hier ein probates Mittel an der Hand, um die Unterstützung wie folgt im Zweifel einzufordern (vgl. Gierschmann (u. a.) 2018, S. 986, Absatznr. 28; Gola 2017, S. 541):

Tipp

Ressourcen zur Erfüllung der Aufgaben

- Arbeitsraum
- Literatur
- (IT-)Equipment
- Software/Lizenzen (z. B. für Datenschutzmanagement-Software)
- bei Bedarf Personal (z. B. bei größeren Einrichtungen oder verteilten Betrieben)
- im Zweifel eigenes Budget für Datenschutzmaßnahmen

Zugang zu personenbezogenen Daten und Verarbeitungsvorgängen

- muss sichergestellt werden
- unmittelbar
- Ausnahme: Tätigkeit des Betriebsrats

Aufrechterhaltung des Fachwissens

- regelmäßige Fortbildungs-/Weiterbildungsveranstaltungen
- Fachliteratur (z. B. auch in Form von Abonnements)
- Hinzuziehung von externen Beratern

3.6 Haftung des Datenschutzbeauftragten

Eine Frage, die im Rahmen der Tätigkeit als interner oder externer DSB immer wieder auftaucht, ist die Möglichkeit einer Haftung des Datenschutzbeauftragten für sein Handeln und Tun.

3.6.1 Generelle Haftung des DSB

Aufgrund des erweiterten Aufgabenkatalogs des Datenschutzbeauftragten in der DSGVO (Art. 39) – gerade im Hinblick auf die Beratungs- und Kontrollpflichten (Art. 39 Abs. 1 lit. a und b DSGVO) – wird die Frage nach einer persönlichen Haftung nicht zu Unrecht gestellt. Eine direkte Haftungsregelung enthalten jedoch weder die DSGVO noch das BDSG. Dem Autor ist eine solche Regelung in den verschiedenen Landesdatenschutzgesetzen ebenfalls nicht bekannt. So wird eine Haftung lediglich für den Fall der fehlenden Aufgabenwahrnehmung durch den internen Datenschutzbeauftragten[1] bzw. der fehlerhaften Beratung oder Untätigkeit bei externen Datenschutzbeauftragten infrage kommen. Ansonsten haftet der Verantwortliche bzw. Auftragsverarbeiter. Bei der Einordnung des Fehlverhaltens wird zu berücksichtigen sein, in welchem Grad der Fahrlässigkeit bzw. des Vorsatzes dies erfolgt ist.

In der Praxis werden die Einstufungen von Fehlverhalten gerichtlich geklärt, da die Meinungen zwischen Verursacher und Risikoträger für gewöhnlich auseinandergehen. Daher folgt nun ein vereinfachter Versuch der Einteilung bzw. Unterscheidung ohne Anspruch auf rechtliche Verbindlichkeit bzw. Vollständigkeit, der keine Rechtsberatung darstellt.

---

1 Vgl. Kinast, Karsten: BDSG § 38, in: Taeger, Jürgen/Gabel, Detlev (Hrsg.): DSGVO – BDSG, Frankfurt: Fachmedien Recht und Wirtschaft/Deutscher Fachverlag, 3. Aufl. 2019, Rn. 29.

Einfache Fahrlässigkeit

Von einer einfachen Fahrlässigkeit spricht man, wenn die üblicherweise erforderliche Sorgfalt außer Acht gelassen wurde (§ 276 Abs. 2 BGB). Ohne juristisch zu werden, geht die Tendenz zur Einstufung als einfache Fahrlässigkeit bei Vorfällen, die man mit „Das *kann* ja mal passieren“ umschreiben kann (z. B. wenn das Diensthandy zu Boden fällt und danach kaputt ist).

Mittlere bzw. normale Fahrlässigkeit

Diese Einstufung gibt es im BGB eigentlich nicht, sie hat sich jedoch im Lauf der Zeit als eine Art Zwischenstufe eingebürgert. Um bei der zuvor genannten Formulierungsweise zu bleiben, wären wir hier jetzt bei „Das *sollte* nicht passieren“. Arbeitsrechtlich besteht ab hier durchaus die Möglichkeit einer anteiligen Mithaftung des Datenschutzbeauftragten.

Grobe Fahrlässigkeit

Grob fahrlässig handelt, wer die im Verkehr erforderliche Sorgfalt nach den gesamten Umständen in ungewöhnlich hohem Maß verletzt und unbeachtet lässt. „Das *darf* nicht passieren“ wäre die umgangssprachliche Formulierung als Versuch einer Einstufung. Eine Mithaftung oder Vollhaftung ist jetzt auf jeden Fall gegeben.

Vorsatz

Vorsatz wird anzunehmen sein, wenn eine absichtliche, bewusste und möglicherweise geplante Handlung à la „Das hat er/sie *mit Absicht* gemacht!“ vorliegt. Hier wird es keine Diskussion über die Haftung des Datenschutzbeauftragten geben.

3.6.2 Haftung des internen Datenschutzbeauftragten

Interne Datenschutzbeauftragte sind Angestellte und Haftungsfragen sind nach gültigem Arbeitsrecht zu stellen und zu beantworten.

✎ Beispiel

Wenn der Arbeitgeber weiß, dass der von ihm benannte DSB nicht die nötige Qualifizierung hat und ihm diese auch nicht über Fortbildungen etc. zukommen lässt, haftet der Arbeitgeber für entstandene Schäden im Hinblick auf den Datenschutz.

Hier sind die Grundsätze der beschränkten Arbeitnehmerhaftung anwendbar. Das Schadensrisiko ist daher grds. beim Arbeitgeber anzusiedeln und kann dann nur in einer nach dem Grad der Fahrlässigkeit abzustufenden Art und Weise auf den Arbeitnehmer abgewälzt werden. Demnach haftet der interne Datenschutzbeauftragte, wenn eine vorsätzliche oder grob fahrlässige Pflichtverletzung durch ihn vorliegt, und kann sich, wenn er bspw. einen Datenschutzverstoß bewusst durchgehen lässt, wegen Beihilfe zu Datenschutzverletzungen strafbar machen.

Wichtig ist, dass der DSB selbst weder weisungsbefugt ist noch das Unternehmen rechtlich nach außen vertritt und deshalb nicht für die Umsetzung des Datenschutzes verantwortlich ist.

✎ Beispiele für Pflichtverletzungen mit Haftungsrisiko für den internen DSB

- In der Organisation herrscht zu den Öffnungszeiten reger Publikumsverkehr. Die Mitarbeitenden sperren bei Abwesenheit weder ihren PC noch werden die Büros verschlossen. Dieser Zustand ist nichts Neues, sondern Organisationsalltag und dem DSB bewusst. Er unterlässt jedoch jegliche Aktivität zur Abstellung dieses Sachverhalts – wie Risikomeldung an die Organisationsleitung, Sensibilisierung der Mitarbeitenden zu den Risiken dieser Vorgehensweise oder Information an einen möglicherweise vorhandenen Informationssicherheitsbeauftragten.
- Aufgrund ihrer Tätigkeit verarbeitet die Organisation umfangreich besondere Kategorien personenbezogener Daten mit entsprechend hohem Schutzwert. Dem DSB ist bekannt, dass diese Daten unverschlüsselt per E-Mail nach außen versendet oder teilweise auch in unverschlüsselten Cloud-Diensten zum Abruf gespeichert werden. Auch hier unternimmt er nichts, um diesen Sachverhalt abzustellen.
- Obwohl das Supportende eines alten Betriebssystems erreicht ist, sind weite Teile der IT-Endgeräte nach wie vor nicht auf neuere Versionen umgestellt. Der DSB unternimmt nichts, im Gegenteil. Er selbst nutzt auf seinem dienstlichen Arbeitsgerät noch das alte Betriebssystem, da er damit viel besser zurechtkommt.
- Der DSB selbst ist nicht verpflichtet, die Mitarbeitenden der Organisation zu schulen und zu sensibilisieren. Er muss jedoch nach Art. 39 Abs. 1 lit. b DSGVO Sorge dafür tragen, dass die Mitarbeitenden zum Thema Datenschutz sensibilisiert und geschult sind. Seit mehreren Jahren kommt der DSB dieser Aufgabe nicht nach und hakt bei der für die Schulungen zuständigen Stelle auch nicht nach.
- Der DSB erfüllt seine Aufgaben generell nicht. Da er ja weisungsungebunden (Art. 38 Abs. 3 DSGVO) tätig ist, macht er sich einen „faulen Lenz“. Infolgedessen kommt es zu meldepflichtigen Datenpannen mit Bußgeldsanktionen oder sogar mit Schadensersatzforderungen gegen die Organisation.

3.6.3 Haftung des externen Datenschutzbeauftragten

Etwas anders sieht es bei der Haftung eines externen Datenschutzbeauftragten aus. Dieser wird üblicherweise im Rahmen eines Dienstleistungs- bzw. Geschäftsbesorgungsvertrags tätig. Daher haftet der externe DSB bereits bei einfacher Fahrlässigkeit.[2] Weiterhin trifft ihn die Darlegungs- und Beweislast für ein fehlendes Verschulden. Eine möglichst vollständige und nachvollziehbare Dokumentation ist daher angeraten.

Auslöser für eine Haftung kann falsche, unvollständige oder zu späte Datenschutzberatung der Organisation durch den externen DSB sein.[3] Aber auch unterlassene bzw. unzureichende Hinweise zu datenschutzrechtlichen Defiziten (vgl. Beispiele im vorherigen Abschnitt) in der Organisation können eine Haftung für den externen Datenschutzbeauftragten nach sich ziehen. Laut Simitis wäre eine Haftung auch denkbar im Fall von unterbliebenen oder mangelhaft durchgeführten internen Kontrollen durch den externen Datenschutzbeauftragten.

Tipp

Seit Inkrafttreten der DSGVO sind zahlreiche Unternehmungen, welche die Leistung des externen Datenschutzbeauftragten für monatliche Tarife weit unter 100 Euro anbieten, wie Pilze aus dem Boden geschossen. In dieser Monatspauschale sollen die Leistungen aus Art. 39 DSGVO enthalten sein, teilweise eingeschränkt auf ausschließliche Kommunikation per E-Mail. Geworben wird neben den niedrigen Tarifen mit DSGVO-Kompatibilität und rechtskonformer Umsetzung aller Anforderungen. Eine trügerische Sicherheit, noch dazu, da oftmals zusätzlich mit Auslagerung des Haftungsrisikos auf den externen Anbieter getrommelt wird. Wer den Leistungsumfang und Tätigkeitsbereich des

[2] Vgl. Laue, Philip/Kremer, Sascha: Das neue Datenschutzrecht in der betrieblichen Praxis, Baden-Baden: Nomos, 2. Aufl. 2019, Rn. 59.

[3] Vgl. Simitis, Spiros/Hornung, Gerrit (u. a) (Hrsg.): Datenschutzrecht, Baden-Baden: Nomos, 1. Aufl. 2019, Rn. 44.

DSB korrekt einzuschätzen weiß, wird schnell zu dem Schluss kommen, dass es diese vermeintliche Rechtssicherheit für die beauftragende Organisation zu diesen Tarifen nicht geben kann. Eine Teilhaftung bei Verstößen wird sich der Auftraggeber als Verantwortlicher sicher zurechnen lassen müssen.

Tipp

Ein externer Datenschutzbeauftragter sollte sich frühzeitig um eine Vermögensschaden- bzw. Berufshaftpflichtversicherung kümmern. Hierfür gibt es zahlreiche Anbieter am Markt. Wenn ein externer Datenschutzbeauftragter eingesetzt werden soll, sollte ein ausreichender Versicherungsschutz seitens des Dienstleisters nachgewiesen werden.

Die Integration betrieblicher Datenschutzbeauftragter in sog. D&O-Versicherungen ist durchaus zu empfehlen. Vorhandene Policen können zumeist dahin gehend erweitert werden.

OLG München, Urteil vom 27.10.2021, Az. 20 U 7051/20[4]

Mit diesem Urteil entschied das OLG München u. a., dass ein externer Datenschutzbeauftragter nicht als Verantwortlicher für Datenschutzverstöße haftet.

Die Hausverwaltung einer Wohnanlage hatte aufgrund eines Legionellenbefalls im Trinkwasser alle Wohnungseigentümer Einladungen zur Eigentümerversammlung verschickt. Da in der Tagesordnung die Eigentümer, in deren Wohnungen Legionellen nachgewiesen worden waren, namentlich genannt waren, forderte einer dieser Eigentümer die Hausverwaltung erfolglos auf, seinen Namen zu schwärzen bzw. zu entfernen, woraufhin er die Hausverwaltung sowie deren externen DSB aufgrund von Rufschädigung und entgangenem Gewinn durch einen geplatzten Verkauf der betroffenen Wohnung verklagte. Er forderte aufgrund der nament-

[4] Vgl. https://www.gesetze-bayern.de/Content/Document/Y-300-Z-BECKRS-B-2021-N-32242?hl=true (zuletzt aufgerufen am: 09.02.2024).

lichen Nennung in der Tagesordnung Schadensersatz nach Art. 82 Abs. 1 DSGVO von der Hausverwaltung und vom DSB.

Das OLG München sah in der namentlichen Nennung wie die Vorinstanz keinen DSGVO-Verstoß. Denn diese sei im konkreten Fall rechtmäßig nach Art. 6 Abs. 1 lit. c und f DSGVO gewesen, um den übrigen Eigentümern alle nötigen Informationen zukommen zu lassen und ihnen gezielte Rückfragen an die Betroffenen z. B. bzgl. der entstehenden Kosten zu ermöglichen.

Laut den Richtern greift der Anspruch gegen den externen DSB schon deshalb nicht, da jener kein Verantwortlicher i. S. v. Art. 4 Nr. 7 DSGVO ist und sich Schadensersatzansprüche aus Art. 82 DSGVO nur gegen Verantwortliche oder Auftragsverarbeiter richten. Verantwortlicher für Verarbeitung von personenbezogenen Daten im Hinblick auf die Versendung der Einladung war nur die zuständige Hausverwaltung.

In der vom Kläger benannten E-Mail, in der der Datenschutzbeauftragte einen DSGVO-Verstoß eingeräumt haben soll, konnte das OLG München keinen Rechtsbindungswillen entdecken, sodass auch diesbezüglich kein Schuldanerkenntnis vorliege.

3.7 Umsetzungsmöglichkeiten im Konzern und für öffentliche Stellen

Artikel 37 Abs. 2 und 3 DSGVO widmen sich der gemeinsamen Benennung eines Datenschutzbeauftragten. Absatz 2 ermöglicht es einer *„Unternehmensgruppe“*, einen gemeinsamen Datenschutzbeauftragten für alle Unternehmen zu benennen. Die gemeinsame Benennung ersetzt die Benennung jeweils eines einzelnen Datenschutzbeauftragten für jedes Unternehmen. Die einzige hierzu in der DSGVO genannte Einschränkung findet sich direkt in Art. 37 Abs. 2 DSGVO: *„[...] sofern von jeder Niederlassung aus der Datenschutzbeauftragte leicht erreicht werden kann.“*

Eine nähere Erläuterung der *„leichten Erreichbarkeit“* nimmt die DSGVO nicht vor, auch nicht in den Erwägungsgründen. Mit ziemlicher Sicherheit ist damit jedoch nicht nur die Erreichbarkeit für die Aufsichtsbehörde über die Bekanntgabe der Kontaktdaten gemeint, sondern auch auf die interne Erreichbarkeit abzustellen (vgl. auch Gierschmann (u. a.) 2018, S. 973, Absatznr. 70/71). Der Datenschutzbeauftragte muss auch für die Mitarbeitenden der beteiligten Unternehmen leicht erreichbar sein; im Umkehrschluss muss er selbst die Mitarbeitenden der Unternehmen ebenso leicht erreichen bzw. ansprechen können.

Technisch sollte dies keine allzu große Hürde darstellen. Doch wie Gola (vgl. Gola 2017, S. 537, Absatznr. 17) zu Recht anmerkt, darf die Erreichbarkeit gerade bei international tätigen Organisationen nicht an der Sprachbarriere scheitern. Zudem wäre in einem solchen Fall auch zu berücksichtigen, dass die notwendige Qualifikation des gemeinsamen Datenschutzbeauftragten nicht nur in Bezug auf die Unternehmenstätigkeit und die Anwendung der DSGVO, sondern auch im Hinblick auf nationale Anpassungsgesetze sicherzustellen ist.

Tipp

Bewährt hat sich das Koordinationsmodell, bei dem ein Konzerndatenschutzbeauftragter den Datenschutz für den Gesamtkonzern mit Unterstützung von Datenschutzkoordinatoren in den einzelnen Niederlassungen bzw. Ländern überwacht.

Gemeinsame Benennung eines DSB für öffentliche Stellen

In Art. 37 Abs. 3 DSGVO wird die gemeinsame Benennung eines Datenschutzbeauftragten für öffentliche Stellen als Option behandelt. Diese muss unter *„Berücksichtigung ihrer Organisationsstruktur und ihrer Größe"* erfolgen. Das heißt, der gemeinsame Datenschutzbeauftragte muss räumlich und zeitlich in der Lage sein, die gestellten Aufgaben zu erfüllen. In der Praxis wird es schwer darstellbar sein, dass mehrere Landratsämter einen gemeinsamen Datenschutzbeauftragten benennen. Dieser wird aufgrund des zu erwartenden Arbeitsaufwands voraussichtlich nicht in der Lage sein, das notwendige Arbeitspensum zu leisten. Hier gilt es, mit Augenmaß zu planen und zu benennen.

Tipp

Artikel 37 Abs. 2 und 3 DSGVO enthalten übrigens keine Einschränkungen in Bezug auf die Möglichkeit einer externen Benennung. Der gemeinsame Datenschutzbeauftragte kann daher auch im Rahmen eines Dienstleistungsvertrags extern tätig sein.

3.8 Besonderheiten des kirchlichen Datenschutzbeauftragten

Sowohl die evangelische[1] als auch die katholische[2] Kirche haben ihre Datenschutzgesetze an die DSGVO angepasst (▶ Kap. 2.1) – mit Inkrafttreten zum 24.05.2018 – und stellen Arbeitshilfen für die praktische Umsetzung auf ihren Websites bereit.

Während im katholischen Kirchendatenschutzgesetz (KDG) von der „Benennung von betrieblichen Datenschutzbeauftragten", aber auch von der „Bestellung des Diözesandatenschutzbeauftragten" die Rede ist, spricht das evangelische EKD-Datenschutzgesetz (DSG-EKD, zuletzt geändert am 09.11.2022) von einer „Bestellpflicht" von Betriebsbeauftragten und örtlich Beauftragten für den Datenschutz. Im Gegensatz zur DSGVO wird in beiden Gesetzen also der Begriff „Bestellung" statt „Benennung" genutzt. Beide kirchlichen Datenschutzgesetze legen die Schriftform für die Benennung bzw. Bestellung fest.

Ausgelöst wird die Bestellpflicht jeweils, wenn mindestens zehn Mitarbeitende mit der Verarbeitung personenbezogener Daten befasst sind. Weiterhin gelten natürlich die Voraussetzungen für eine Bestellpflicht aus Art. 37 Abs. 1 DSGVO.

Das KDG lässt explizit auch die Bestellung von juristischen Personen als externe Datenschutzbeauftragte zu. Diese Option wird in der DSGVO nicht direkt erwähnt. Die Auslegung der Möglichkeiten aus der DSGVO diesbezüglich werden zurzeit noch kontrovers diskutiert.

Weisungsungebundenheit, Vermeidung von Interessenkonflikten und Unterstützungspflichten der Organisation finden sich in beiden kirchlichen Datenschutzgesetzen.

---

1 Vgl. https://datenschutz.ekd.de (zuletzt aufgerufen am: 09.02.2024).
2 Vgl. https://www.kdsa-nord.de/ > Infothek (zuletzt aufgerufen am: 09.02.2024).

3.9 Datenschutzbeauftragter und Betriebsrat

Der Datenschutzbeauftragte ist der Organisationsleitung unterstellt. Er ist ausschließlich an diese berichtspflichtig und in seinem Handeln weisungsungebunden. Auswahl und Benennung des Datenschutzbeauftragten unterliegen nicht der Mitbestimmung des Betriebsrats, sofern mit der Benennung keine weiteren mitbestimmungspflichtigen Personalmaßnahmen verbunden sind. Die Mitbestimmungsrechte sind in § 87 BetrVG abschließend aufgeführt.

Der Betriebsrat hat weiterhin kein Beteiligungsrecht und kann somit nicht darauf hinwirken, dass eine Person seines Vertrauens für die Position des Datenschutzbeauftragten ausgewählt wird. In einem engen Rahmen könnte das Zustimmungsverweigerungsrecht nach § 99 BetrVG zur Anwendung kommen. Dies wird jedoch eher die Ausnahme als die Regel sein.

Doch ungeachtet dessen haben Datenschutzbeauftragter und Betriebsrat gerade im Beschäftigtendatenschutz (▶ Kap. 2.3.6) gemeinsame Punkte. § 80 Abs. 1 Satz 1 BetrVG bringt in der praktischen Umsetzung für den Betriebsrat eine enge Zusammenarbeit mit dem Datenschutzbeauftragten mit sich. In der Praxis werden Datenschutzbeauftragter und Betriebsrat daher beim Thema Beschäftigtendatenschutz kooperieren, so z. B. bei der Erstellung von Betriebsvereinbarungen.

Die Überwachungs- und Kontrollpflichten des Datenschutzbeauftragten enden jedoch an der Türschwelle zum Betriebsratsbüro. Der Betriebsrat ist selbst für die Einhaltung des Datenschutzes in seinem Tätigkeitsbereich verantwortlich und darf nicht durch den Datenschutzbeauftragten kontrolliert werden.

Tipp

Dem Beschäftigtendatenschutz und den Rechten der Mitarbeitenden kommt eine enge Zusammenarbeit zwischen Datenschutzbeauftragten und Betriebsrat zugute. Die Beteiligten sollten sich jedoch nicht gegenseitig instrumentalisieren und für anderweitige Interessen oder Zwecke missbrauchen.

Mit dem Betriebsrätemodernisierungsgesetz, das am 18.06.2021 in Kraft getreten ist, wurde mit § 79a eine Regelung zum Datenschutz ins Betriebsverfassungsgesetz (BetrVG) eingefügt (vgl. ► Kap. 2.3.6). In der Gesetzesbegründung ist im Hinblick auf den DSB festgehalten, dass sich die Aufgaben des DSB nach der DS-GVO richten und damit auch gegenüber dem Betriebsrat bestehen. Es wird nochmals klargestellt, dass der Datenschutzbeauftragte zur Verschwiegenheit bzgl. der Angelegenheiten des Betriebsrats verpflichtet ist (vgl. § 79a Satz 4 BetrVG), die Rückschlüsse auf den Meinungsbildungsprozess des Betriebsrats zulassen.

Wegen des ausdrücklichen Verweises in § 79a Satz 5 BetrVG auf die entsprechende Norm in § 6 Abs. 5 Satz 2 BDSG ist davon auszugehen, dass den DSB bei Verletzung seiner Verschwiegenheitspflicht die entsprechenden Folgen des BDSG und der DSGVO treffen.

Tipp

Zwar ist der DSB nach bisheriger Rechtsprechung des BAG (Beschluss vom 11.11.1997, Az. 1 ABR 21/97) nicht berechtigt, den Betriebsrat zu kontrollieren. Jedoch ist fraglich, ob diese Rechtsprechung weiterhin aufrechterhalten werden kann. Damit stellen sich einige Fragen, wie diese Zusammenarbeit im Detail aussehen soll. Auf alle Fälle ist es empfehlenswert, Regeln der Zusammenarbeit zu fixieren, um spätere Streitigkeiten zu vermeiden.

■ **Neu**

Tipp

Die Entscheidung des EuGH (vgl. ▶ Kap. 3.2.4) vom 09.02.2023 (Rs. C-453/21), wonach die Ämter des Betriebsratsvorsitzenden und des DSB nicht miteinander zu vereinbaren sind, sollten v. a. Arbeitgeber zur Kenntnis nehmen und ihre betriebliche Organisation ggf. anpassen.

Ob ein (einfaches) Betriebsratsmitglied dagegen als DSB benannt werden kann, wie es in der Praxis häufiger vorkommt, ist im Einzelfall zu klären – das BAG hat in seiner Entscheidung (Az. 9 AZR 383/19) offengelassen, ob bzw. inwieweit ein BR-Mitglied als DSB einem Interessenkonflikt unterliegen könnte. Arbeitgebern wird geraten, kritisch zu prüfen, ob die Unabhängigkeit des DSB im Hinblick auf andere durch ihn wahrgenommene Aufgaben und Pflichten gewährleistet ist. Denn wenn z. B. die Person in Personalunion zu Kompromissen bereit wäre, um die Interessen des Betriebsrats durchzusetzen, könnte sie eben nicht beiden Ämtern vollumfänglich nachkommen.

Es bleibt insoweit abzuwarten, wie das BAG entscheiden wird.

4 Auftragsverarbeitung und gemeinsame Verantwortlichkeit

4.1 Auftragsverarbeitung

Die Idee einer Rolle wie die des Auftragsverarbeiters nach der DS-GVO ist fast so alt wie das Datenschutzrecht selbst. Im Wesentlichen geht es darum, dass Dienstleister, die Datenverarbeitungen zwar ausführen, aber nicht veranlassen, nicht ebenso strengen Regulierungen unterliegen wie deren Auftraggeber.

Die datenschutzrechtliche Rollenverteilung der beteiligten Akteure ist mitunter schwierig zu definieren und kann im digitalen Zeitalter eine rechtliche Differenzierung dieser datenschutzrechtlichen Akteure erforderlich machen. Ob ein Akteur tatsächlich die Rolle eines Auftragsverarbeiters oder doch eines Verantwortlichen einnimmt, bedarf oftmals einer Prüfung des vorliegenden Einzelfalls. Zur Klärung dieser Problematik beschreibt das folgende Kapitel die Vertragsparteien einer Vereinbarung zur Auftragsverarbeitung.

4.1.1 Vertragsparteien einer Vereinbarung zur Auftragsverarbeitung

Erfolgt eine Verarbeitung im Auftrag eines Verantwortlichen, so arbeitet dieser nur mit Auftragsverarbeitern, die hinreichend Garantien dafür bieten, dass geeignete technische und organisatorische Maßnahmen (TOM) so implementiert sind, dass die Verarbeitung im Einklang mit den Anforderungen erfolgt und der Schutz der Rechte der betroffenen Person gewährleistet ist (Art. 28 Abs. 1 DSGVO).

Die Verarbeitung erfolgt dabei auf der Grundlage eines Vertrags oder eines anderen Rechtsinstruments nach dem Unionsrecht. In der Vereinbarung zur Auftragsverarbeitung (AVV) sind der Gegenstand und die Dauer der Verarbeitung, Art und Zweck der Verarbeitung, die Art der personenbezogenen Daten, die Kategorien betroffener Personen und die Pflichten und Rechte der Vertragsparteien festzulegen (► Kap. 4.1.3). Artikel 28 Abs. 3 DSGVO sieht mit lit. a–h besondere Pflichten seitens des Auftragsverarbeiters vor.

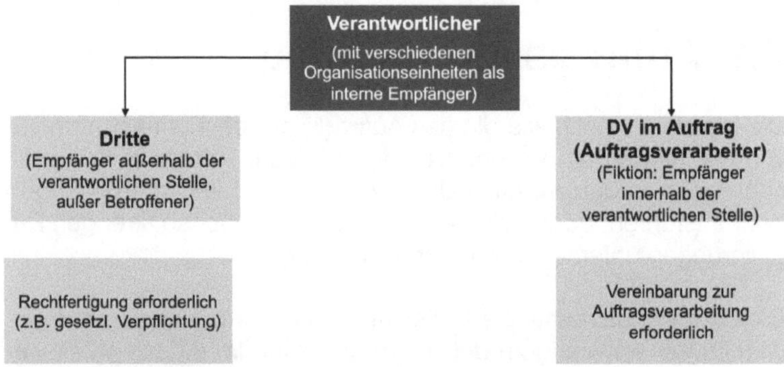

***Bild 1:** Beteiligte am Datentransfer (Quelle: © 2024 Regina Mühlich)*

Verantwortlicher

Verantwortlicher kann i. S. d. Art. 4 Nr. 7 DSGVO jede natürliche oder juristische Person, Behörde, Einrichtung, Institution oder andere Stelle sein. Folglich kann ein Verantwortlicher jeder sein, der eine andere Organisation mit der Verarbeitung von personenbezogenen Daten im Auftrag beauftragt. Der Verantwortliche legt die **Mittel und den Zweck der Verarbeitung** fest (Art. 28 Abs. 3 DSGVO), ist zudem für die Rechtmäßigkeit der Verarbeitung (Art. 6 Abs. 1 DSGVO) verantwortlich und kann diese nicht an den Auftragsverarbeiter delegieren. Allerdings kann er einen solchen damit beauftragen, z. B. bei der Erhebung von personenbezogenen Daten gleichzeitig eine Einwilligung (Art. 7 DSGVO) von der betroffenen Person einzuholen. Diese Aufgabe führt der Auftragsverarbeiter dann im Auftrag und auf Weisung des Verantwortlichen durch.

Auftragsverarbeiter

Unmittelbar mit den Pflichten belegt werden als „Auftragsverarbeiter" bezeichnete Stellen, d. h. Stellen, die personenbezogene Daten **weisungsgebunden für den Verantwortlichen** gem. Art. 3 Nr. 8 DSGVO verarbeiten. Der Auftragnehmer wird nicht zum „Dritten" (Art. 4 Nr. 10 DSGVO), wenn er seinen Sitz in einem sog. Drittland hat. Länder außerhalb der EU bzw. des EWR werden in der DSGVO als „Drittländer" bezeichnet, in der Praxis wird auch der Begriff „Drittstaat" verwendet (▶ Kap. 1.8).[1]

Die AVV muss dem Auftragsverarbeiter die Pflichten aus Art. 28 Abs. 3 lit. a–h DSGVO auferlegen. Die Aufzählung der Norm ist nicht abschließend; der Verantwortliche kann den Auftragsverarbeiter zusätzlich weiteren Pflichten unterwerfen. Artikel 28 Abs. 3 DSGVO sieht insbesondere nachstehende Pflichten vor:

1. Verarbeitung auf dokumentierte Weisung (lit. a)
2. Verpflichtung auf Vertraulichkeit bzw. Verschwiegenheit (lit. b)
3. Maßnahmen nach Art. 32 DSGVO (lit. c)
4. Einhaltung der Vorgaben zum Unterauftrag (lit. d)
5. Unterstützung bei der Beantwortung von Anträgen (lit. e)
6. Unterstützung bei den Pflichten nach Artt. 32–36 (lit. f)
7. Löschung oder Rückgabe nach dem Ende der Verarbeitungsleistung (lit. g)
8. Zurverfügungstellung von Informationen und Unterstützung von Überprüfungen (lit. h)

Die Einhaltung der Pflichten des Auftragsverarbeiters zur Einhaltung der erforderlichen TOM kann durch Anwendung von Verhaltensregelungen nach Art. 40 DSGVO oder durch eine Zertifizierung nach Art. 42 DSGVO[2] nachgewiesen werden (Art. 28 Abs. 5 DSGVO).

[1] Vgl. DSK Kurzpapier Nr. 4 (Stand 22.07.2019), abrufbar unter: https://www.datenschutzkonferenz-online.de/media/kp/dsk_kpnr_4.pdf (zuletzt aufgerufen am: 09.02.2024).

[2] Vgl. https://www.datenschutzzentrum.de/artikel/1168-Kurzpapier-Nr.-9-Zertifizierung-nach-Art.-42-DS-GVO.html (zuletzt aufgerufen am: 09.02.2024).

Setzt sich der Auftragnehmer über die ihm gegebenen Weisungen hinsichtlich der Bindung an die Zwecke und Mittel der Datenverarbeitung hinweg, ist er für diese unautorisierte Verarbeitung als Verantwortlicher zur Rechenschaft zu ziehen (Art. 28 Abs. 10 DS-GVO). Der Auftragsverarbeiter hat, ggf. gemeinsam mit seinem Auftraggeber (also dem Verantwortlichen), für einen bei ihnen infolge rechtswidriger Datenverarbeitung eingetretenen materiellen und immateriellen Schaden zu haften (Art. 82 Abs. 1 DSGVO). Ein Auftragsverarbeiter ist folglich Empfänger (Art. 4 Nr. 9 DSGVO), aber nicht Dritter (Art. 4 Nr. 10 DSGVO).

4.1.2 Vereinbarung zur Auftragsverarbeitung gem. Art. 28 DSGVO

Artikel 28 DSGVO dient als eine zentrale Vorschrift der DSGVO der Sicherstellung einer verordnungskonformen Verarbeitung personenbezogener Daten bei der Beauftragung Dritter durch und für den Verantwortlichen. Die Entscheidung darüber, ob es einen Auftragsverarbeiter gibt oder die Verarbeitung ausschließlich beim Verantwortlichen selbst erfolgt, obliegt dabei allein dem Verantwortlichen.[3]

Artikel 28 DSGVO ist jedoch nicht abschließend. Es können zwischen den Vertragspartnern darüber hinausgehende Vereinbarungen getroffen werden. Ob noch weitere Regelungen getroffen werden sollten, ist eine Frage des Einzelfalls.

Regelungsbedarf

Die Verarbeitung durch einen Auftragsverarbeiter erfolgt auf der Grundlage eines Vertrags, welcher zwischen dem Verantwortlichen (zivilrechtlich Auftraggeber) und dem Auftragsverarbeiter (zivilrechtlich Auftragnehmer) abgeschlossen wird (Art. 28 Abs. 3 DSGVO), die sog. Vereinbarung zur Verarbeitung personenbezogener Daten, auch Auftragsverarbeitungsvereinbarung (AVV) genannt.

---

[3] Vgl. Artikel-29-Datenschutzgruppe: Working Paper 169, S. 30, abrufbar unter: https://ec.europa.eu/justice/article-29/documentation/opinion-recommendation/files/2010/wp169_de.pdf (zuletzt aufgerufen am: 09.02.2024).

Die AVV nach Art. 28 Abs. 4 DSGVO bedarf der Schriftform, Abs. 9 stellt allerdings klar, dass auch eine elektronische Form ausreichend ist. Ein Hinweis auf nationale Formvorschriften wie etwa §§ 126, 126a BGB enthält die DSGVO ersichtlich nicht.[4] Vor diesem Hintergrund wird für den Fall der elektronischen Form z. T. eine einfache digitale Signatur vorausgesetzt.

Artikel 28 Abs. 6 DSGVO ermöglicht hinsichtlich der Vertragsgestaltung eine gewisse Flexibilität: Der Verantwortliche und der Auftragsverarbeiter können wählen, ob sie einen individuellen Vertrag oder Standarddatenvertragsklauseln (▶ Kap. 1.8.4) nach Art. 28 Abs. 7 und 8 DSGVO verwenden (vgl. auch ErwG 81 DSGVO). Auch liegt es in ihrem Ermessen, ob sie die Standarddatenvertragsklauseln ganz oder teilweise zum Einsatz bringen. Entscheidend ist jedenfalls, dass letztlich alle in Art. 28 Abs. 3 DSGVO geforderten Regelungsinhalte hinreichend berücksichtigt werden.

Tipp

Auch deutsche Aufsichtsbehörden haben Musterverträge auf ihren Webseiten veröffentlicht (zuletzt jeweils abgerufen am: 09.02.2024):

- BfDI: https://www.bfdi.bund.de/SharedDocs/Downloads/DE/Muster/Muster_Auftragsverarbeitung.pdf?__blob=publicationFile&v=6
- BayLDA: https://www.lda.bayern.de/media/formulierungshilfe_av.pdf
- LfDI Baden-Württemberg: https://www.baden-wuerttemberg.datenschutz.de/wp-content/uploads/2020/04/200429_AVV-Muster_DE.pdf

Es handelt sich hierbei um Formulierungshilfen, die nicht abschließend und je nach Einzelfall und Beauftragung anzupassen sowie zu ergänzen sind.

Der Nicht-Abschluss einer AVV, d. h. ein Verstoß gegen die Vorgaben des Art. 28 DSGVO, kann Geldbußen von bis zu 10 Mio. Euro

[4] Vgl. Fußnote 3.

oder bis zu 2 % des gesamten weltweit erzielten Jahresumsatzes des vorangegangenen Geschäftsjahrs eines Unternehmens bedeuten (Art. 83 Abs. 4–6 DSGVO). Diese Sanktionen können bei Verstößen nicht nur den Verantwortlichen selbst, sondern auch den Auftragsverarbeiter treffen, z. B. bei Verstößen des Auftragsverarbeiters gegen seine Verpflichtungen aus Art. 28 Abs. 2–4 DSGVO.

4.1.3 Vereinbarungen zwischen den Vertragsparteien

§ 1 Gegenstand und Dauer der Vereinbarung

Die Festlegung von Gegenstand und Dauer der Verarbeitung (Art. 28 Abs. 3 DSGVO) dient der Konkretisierung des Auftrags in qualitativer, quantitativer und zeitlicher Hinsicht. Die Angaben können bezogen auf eine Verarbeitungstätigkeit erfolgen und müssen nicht für jeden einzelnen zugehörigen Verarbeitungsschritt festgelegt werden. Erfolgt die Festlegung von Gegenstand und Dauer der Verarbeitung nicht im Hauptvertrag, sondern in einem Leistungsvertrag zwischen dem Verantwortlichen und dem Auftragsverarbeiter, muss auf diese Leistungsbeschreibung in der AVV so Bezug genommen werden, dass das Formerfordernis aus Art. 9 DSGVO gewahrt bleibt.

✎ Formulierungsbeispiel Vertragsklausel

(1) Der Auftragnehmer übernimmt folgende Verarbeitungen gemäß § 4 des Wartungs- und Servicevertrags vom [...]:
- Hosting der Website
- Betreuung und Aktualisierung von Schnittstellen und Anbindungen

Auch die Dauer der Verarbeitung ist festzulegen, wobei je nach Leistungsgegenstand, Art und Zweck der Verarbeitung auch eine unbestimmte Dauer vereinbart werden kann.

Die AVV kann aber auch nach dem Abschluss des Auftrags (der Leistungsvereinbarung) abgeschlossen werden, da mit Unterschrift des zivilrechtlichen Vertrags nicht zwangsläufig die Verarbeitung von personenbezogenen Daten beginnt. Der Beginn der Auftragsverarbeitung sollte in jedem Fall eindeutig festgelegt sein.

✎ Formulierungsbeispiel Vertragsklausel

(2) Die Dauer (Laufzeit) beginnt mit Unterzeichnung dieses Vertrags und entspricht der Laufzeit der unter (1) genannten Leistungsvereinbarungen und erfolgt auf unbestimmte Zeit bis zur Kündigung dieses Vertrags.

§ 2 Kategorien von personenbezogenen Daten und Kategorien von betroffenen Personen

Die Kategorien von personenbezogenen Daten wie auch die Kategorien von betroffenen Personen richten sich individuell nach dem vereinbarten Leistungsgegenstand des Vertrags. Sowohl die Kategorien von personenbezogenen Daten als auch von (Kategorien von) betroffenen Personen hat der Gesetzgeber nicht normiert.

Kategorien von personenbezogenen Daten

Bei den Kategorien von personenbezogenen Daten ist zwischen „normalen“ Kategorien (z. B. Kontakt- und Adressdaten) und besonderen Kategorien personenbezogener Daten i. S. d. Art. 9 Abs. 1 DSGVO (z. B. biometrische Daten, Religionszugehörigkeit; ► Kap. 1.5) zu unterscheiden.

Gemäß ErwG 51 DSGVO verdienen personenbezogene Daten, die ihrem Wesen nach hinsichtlich der Grundrechte und -freiheiten besonders sensibel sind, einen besonderen Schutz. Dies ist v. a. bei den Regelungen zur Sicherheit der Verarbeitung (TOM) mit dem Auftragsverarbeiter zu berücksichtigen.

Gemäß Art. 28 Abs. 3 Satz 1 DSGVO ist neben dem Gegenstand und Dauer der Verarbeitung auch die „Art der personenbezogenen Daten“, welche durch den Auftragsverarbeiter verarbeitet werden, zu regeln. Damit ist nach Art. 6 Abs. 4 lit. c DSGVO insbesondere zu dokumentieren, ob besondere Kategorien personenbezogener Daten gem. Art. 9 DSGVO oder personenbezogene Daten über strafrechtliche Verurteilungen und Straftaten gem. Art. 10 DSGVO verarbeitet werden.[5]

✎ Formulierungsbeispiel Vertragsklausel

(1) Gegenstand der Verarbeitung personenbezogener Daten sind folgende Datenarten/-kategorien (Aufzählung/Beschreibung der Datenkategorien):*

☐ Personenstammdaten (z. B. Name, Vorname, Geschlecht)
☐ Adressdaten (z. B. Anschrift)
☐ Kontaktdaten (z. B. Telefon, E-Mail)
☐ Kommunikationsinhaltsdaten
☐ Vertragsstammdaten und Vertragshistorie (z. B. Vertragsbeziehung, Bestellhistorie)
☐ Vertragsabrechnungs- und Zahlungsdaten (z. B. Bankverbindung)
☐ Bonitätsdaten und Auskunftsangaben (von Dritten, z. B. Auskunfteien)
☐ Beschäftigtendaten (z. B. Kontaktdaten, Fotos, Vertragsdaten)
☐ IT-Nutzungsdaten (z. B. User-ID, Berechtigungen, Log-Zeiten)
☐ Sprach- und Filmaufzeichnungen von z. B. Online-Veranstaltungen
☐ Sonstige: […]

Gegenstand der Verarbeitung besonderer Kategorien personenbezogener Daten sind folgende besondere Datenarten/-kategorien (Aufzählung/Beschreibung der Datenkategorien):*

☐ rassische und ethnische Herkunft
☐ politische und weltliche Anschauung
☐ Religion und ethische Orientierung
☐ Gewerkschaftszugehörigkeit
☐ sexuelle Orientierung
☐ Gesundheitsdaten
☐ Sozialdaten

[5] Vgl. Koreng, Ansgar/Lachenmann, Matthias (u. a.): G. I. 4. Vertragsmuster Auftragsverarbeitung, in: Koreng, Ansgar/Lachenmann, Matthias (Hrsg.): Formularhandbuch Datenschutzrecht, München: C.H. Beck, 3. Aufl. 2021, Rn. 1–36.

- ☐ biometrische Daten
- ☐ genetische Daten
- ☐ Forschungsdaten
- ☐ Sonstige: [...]

* Entsprechendes ist anzukreuzen.

Die personenbezogenen Daten, welche der Dienstleister im Auftrag verarbeitet, ergeben sich aus dem Leistungsgegenstand, den dieser erbringen soll. Die Praxis zeigt, dass bei manchen Leistungsgegenständen diese nicht immer genau klassifizierbar sind. So sind bei einer Werbeadressenverarbeitung in einem Lettershop die Datenkategorien – hier Personenstamm- und Adressdaten – klar definierbar. Bei einem Leistungsvertrag für Support und Wartung ergibt sich die Verarbeitung der Datenkategorien ggf. erst bei der Supportanfrage selbst.

Kategorien von betroffenen Personen

Die Kategorien betroffener Personen sind möglichst präzise zu beschreiben. Auch hier ist zu beachten, dass sich die Kategorien auf den Leistungsgegenstand, d. h. ausschließlich auf den Gegenstand des Vertrags, beziehen. So ist die Verarbeitung von Daten des Vertragspartners und seiner Mitarbeitenden regelmäßig notwendig und erforderlich, ist aber i. d. R. nicht Gegenstand der Vertragsleistung.

✎ Beispiel

Als Beispiel kann hier die Rechnungslegung bei der Auftragsverarbeitung für die Leistungserbringung angeführt werden: So ist für die korrekte Ausstellung der Rechnung der Name des Ansprechpartners oder Projektmitarbeiters anzugeben. Hierbei handelt es sich um die personenbezogenen Daten „Vor- und Nachname" von Beschäftigten aufseiten des Verantwortlichen. Der Leistungsgegenstand im Rahmen der Auftragsverarbeitung selbst ist aber „Direktmarketing". Hier werden personenbezogene Daten, z. B. von Newsletter-Empfängern, des Verantwortlichen verarbeitet.

Der Begriff „Kategorien betroffener Personen“ meint nach Typisierungsgraden abstrakt zusammengefasste Gruppen, die gemeinsame Merkmale teilen.[6]

In der Praxis haben sich nachstehende Kategorien etabliert. Die Vertragsklausel könnte daher wie folgt lauten:

✎ Formulierungsbeispiel Vertragsklausel

(2) Die Kategorien der durch die Verarbeitung betroffenen Personen umfassen:*

☐ Kunden
☐ Interessenten
☐ Geschäftspartner
☐ Abonnenten (z. B. Newsletter-Empfänger)
☐ Bewerber
☐ Beschäftigte
☐ Lieferanten und Dienstleister
☐ Handelsvertreter
☐ Ansprechpartner
☐ Patienten
☐ Probanden
☐ Sonstige: […]

* Entsprechendes ist anzukreuzen.

4.1.4 Rechte und Pflichten des Auftraggebers

Für die Beurteilung der Zulässigkeit der beauftragten Verarbeitung sowie für die Wahrung der Rechte der Betroffenen ist regelmäßig der Auftraggeber verantwortlich. Dieser erteilt (Teil-)Aufträge und Weisungen. Es besteht vielmehr zwischen dem den Auftrag

[6] Vgl. Koreng, Ansgar/Lachenmann, Matthias (u. a.): G. I. 4. Vertragsmuster Auftragsverarbeitung, in: Koreng, Ansgar/Lachenmann, Matthias (Hrsg.): Formularhandbuch Datenschutzrecht, München: C.H. Beck, 3. Aufl. 2021, Rn. 1–36.

erteilenden Verantwortlichen und seinem Auftragsverarbeiter ein „Innenverhältnis“.[7] Die Verarbeitung durch den Auftragsverarbeiter wird deshalb grundsätzlich dem Verantwortlichen zugerechnet.[8]

Die DSGVO schreibt nicht ausdrücklich vor, auf welche Art und Weise die vom Auftraggeber vorzunehmenden Kontrollen erfolgen müssen. Der Auftraggeber wird diese Flexibilität in seinem Sinne nutzen und sich in dem Vertrag vorab ungern auf bestimmte Arten von Überprüfungen vor Ort beschränken lassen. Die Verpflichtung der Prüfung selbst ergibt sich aus Art. 5 Abs. 2 i. V. m. Art. 24 Abs. 1 DSGVO.

Zuständig für die Prüfungen beim Auftragnehmer hinsichtlich der Einhaltung der gebotenen Sicherheitsmaßnahmen ist grds. die oberste Unternehmensleitung des Auftraggebers, die daraus bestimmte Prüfungsaufgaben an die jeweiligen Unternehmenseinheiten übertragen kann.[9] In der Unternehmenspraxis übernimmt im Rahmen seiner Aufgaben gem. Art. 39 Abs. 1 DSGVO der benannte Datenschutzbeauftragte i. d. R. die Prüfung; dies auch unter Berücksichtigung des mit den Verarbeitungsvorgängen verbundenen Risikos (Art. 39 Abs. 2 DSGVO).

✎ Formulierungsbeispiel Vertragsklausel

Der Auftraggeber ist berechtigt, die Einhaltung der Vorschriften über den Datenschutz und der vertraglichen Vereinbarungen beim Auftragnehmer in angemessenem Umfang selbst oder durch Dritte, insbesondere durch die Einholung von Auskünften und die Einsichtnahme in die gespeicherten Daten und die Datenverarbeitungsprogramme sowie sonstige Kontrollen vor Ort, zu kontrollieren. Den mit der Kontrolle betrauten Personen ist vom Auftragnehmer, soweit erforderlich, Zutritt und Einblick

[7] Vgl. DSK: Kurzpapier Nr. 13 (Stand 17.12.2018), S. 1, abrufbar unter: https://www.datenschutzkonferenz-online.de/media/kp/dsk_kpnr_13.pdf (zuletzt aufgerufen am: 09.02.2024).
[8] Vgl. DSK: Kurzpapier Nr. 13.
[9] Vgl. BayLDA: Tätigkeitsbericht der Datenschutzaufsichtsbehörde für den nicht-öffentlichen Bereich 2009/2010, S. 36, abrufbar unter: https://www.lda.bayern.de/media/baylda_report_04.pdf (zuletzt aufgerufen am: 09.02.2024).

zu ermöglichen. Der Auftragnehmer ist verpflichtet, erforderliche Auskünfte zu erteilen, Abläufe zu demonstrieren und Nachweise zu führen, die zur Durchführung einer Kontrolle erforderlich sind.

§ 4 Rechte und Pflichten des Auftragnehmers

Die Gesamtverantwortung für die Datenverarbeitung und Nachweispflicht des Verantwortlichen nach Art. 5 Abs. 2 DSGVO umfasst auch die Verarbeitung durch den Auftragsverarbeiter. Hiervon kann sich der Verantwortliche nicht durch die Beauftragung eines Auftragsverarbeiters befreien.[10]

Mitwirkungspflichten

Eine explizite Verpflichtung des Auftragsverarbeiters, seine Verarbeitungen und deren Vertragskonformität selbst zu kontrollieren, ist in der DSGVO nicht vorgesehen. Aus der Notwendigkeit einer Vertragspflicht zum Nachweis der Einhaltung seiner entsprechenden Pflichten gem. Art. 28 Abs. 3 Satz 2 lit. h DSGVO ergibt sich allerdings mittelbar eine solche Pflicht zur Eigenkontrolle. Denn andernfalls könnte er hierfür keinen Nachweis führen.

✎ Formulierungsbeispiel Vertragsklausel

Auf Anforderung hat der Auftragsverarbeiter gegenüber dem Verantwortlichen die zur Erfüllung von dessen Pflichten erforderlichen Informationen und Zuarbeiten rechtzeitig zu erbringen.

Informationspflichten

Nach Art. 28 Abs. 3 Satz 3 DSGVO ist der Auftragnehmer zur Information gegenüber dem Auftraggeber verpflichtet, wenn er der Ansicht ist, dass eine Weisung des Auftraggebers gegen das geltende Datenschutzrecht verstößt.

Dies sollte ausdrücklich und in einer Klausel geregelt sein:

[10] Vgl. DSK: Kurzpapier Nr. 13 – siehe Fußnote 7.

✎ Formulierungsbeispiel Vertragsklausel

Der Auftragnehmer wird den Auftraggeber unverzüglich darauf aufmerksam machen, wenn eine vom Auftraggeber erteilte Weisung seiner Meinung nach gegen gesetzliche Vorschriften verstößt. Der Auftragnehmer ist berechtigt, die Durchführung der entsprechenden Weisung so lange auszusetzen, bis sie durch den Verantwortlichen beim Auftraggeber bestätigt oder geändert wird.

Bestätigt der Auftraggeber die Weisung, stellt die Regelung klar, dass den Auftraggeber für etwaige daraus resultierende Rechtsverletzungen die alleinige Verantwortung trifft. Das entspricht zwar ohnehin der gesetzlichen Lage, soll aber dem Auftragnehmer im Fall der möglichen Androhung eines Bußgelds eine zusätzliche Argumentationshilfe im Hinblick auf das Zumessungskriterium nach Art. 83 Abs. 2 Satz 2 lit. d DSGVO geben.

✎ Formulierungsbeispiel Vertragsklausel

(1) Der Auftragnehmer teilt dem Auftraggeber Verletzungen des Schutzes personenbezogener Daten unverzüglich mit. Auch begründete Verdachtsfälle hierauf sind unverzüglich mitzuteilen. Ebenfalls unverzüglich mitzuteilen sind Störungen bei der Auftragserledigung sowie Verstöße des Auftragnehmers oder der bei ihm beschäftigten Personen gegen datenschutzrechtliche Bestimmungen oder die in diesem Vertrag getroffenen Festlegungen.
(2) Der Auftragsverarbeiter verpflichtet sich, Anfragen von den Datenschutzaufsichtsbehörden unverzüglich an den Auftraggeber weiterzuleiten. Der Auftragsverarbeiter ist verpflichtet, die für die Bearbeitung der Anfragen notwendigen Unterstützungsmaßnahmen zu leisten, soweit es sich um die Verarbeitung der Daten beim Auftragsverarbeiter handelt.
(3) Der Auftragnehmer sichert zu, den Auftraggeber bei dessen Pflichten nach Artt. 33 und 34 DSGVO im erforderlichen Umfang zu unterstützen.

§ 5 Sicherheit der Verarbeitung

Ein in der Praxis häufig unterschätztes Thema sind die technischen Schutzmaßnahmen zur Absicherung der personenbezogenen Daten. Der Auftragsverarbeiter hat nach Art. 5 Abs. 1 lit. f i. V. m. Art. 32 DSGVO die technischen und organisatorischen Vorkehrungen zu treffen, *„um ein dem Risiko angemessenes Schutzniveau zu gewährleisten“* (Art. 32 Abs. 1 Halbsatz 1 DSGVO).

Die TOM sind immer am Leistungsgegenstand und dem erforderlichen Schutzniveau für die durch den Auftragsverarbeiter durchzuführenden Verarbeitungsvorgänge festzulegen. In der Praxis führt dies gelegentlich zu Streitigkeiten, i. d. R. aufgrund überzogener Anforderungen des Auftraggebers. So ist eine Zutrittskontrolle[11] für den Druckerraum eines Lettershops mittels biometrischen Verfahrens[12] unverhältnismäßig. Für ein Rechenzentrum hingegen, welches Gesundheitsdaten speichert, ist dies durchaus eine gängige, dem Stand der Technik entsprechende und erforderliche technische Maßnahme.[13]

Für die Praxis empfiehlt es sich, als Auftraggeber Mindestanforderungen (Mindestniveau) für die Sicherheit der Verarbeitung zu definieren und diese der AVV beizufügen:

✎ Formulierungsbeispiel Vertragsklausel

(1) Die in Anlage 2 beschriebenen Datensicherheitsmaßnahmen werden als verbindlich festgelegt. Das vom Auftragnehmer geschuldete Mindestmaß ist im **Anhang 2 (Mindestanforderungen)** definiert. Die Beschreibung der Maßnahmen muss

[11] Die Zutrittskontrolle stellt sicher, dass nur befugte Personen Zutritt zu den für sie freigegebenen Bereichen erhalten.

[12] Biometrische Verfahren nutzen, um eine Person zu identifizieren bzw. zu verifizieren, messbare und individuelle Merkmale – z. B. in Form einer Iriserkennung. Biometrie bezeichnet die Wissenschaft zur Messung und Analyse biologischer Charakteristika.

[13] Vgl. DSK: Positionspapier zur biometrischen Analyse, Version 1.0, Stand: 3. April 2019, S. 26, abrufbar unter: https://www.datenschutzkonferenz-online.de/media/oh/20190405_oh_positionspapier_biometrie.pdf (zuletzt aufgerufen am: 09.02.2024).

so detailliert erfolgen, dass für einen sachkundigen Dritten allein aufgrund der Beschreibung jederzeit zweifelsfrei erkennbar ist, was das geschuldete Minimum sein soll. Ein Verweis auf Informationen, die dieser Vereinbarung oder ihren Anlagen nicht unmittelbar entnommen werden können, ist nicht zulässig.

(2) Die Datensicherheitsmaßnahmen können der technischen und organisatorischen Weiterentwicklung entsprechend angepasst werden, solange das hier vereinbarte Niveau nicht unterschritten wird. Zur Aufrechterhaltung der Informationssicherheit erforderliche Änderungen hat der Auftragnehmer unverzüglich umzusetzen.

(3) [...]

§ 6 Unterauftragsverhältnisse

Will sich der Auftragsverarbeiter zur Erbringung der vereinbarten Dienstleistung Subunternehmen als weiterer Auftragsverarbeiter bedienen, so bedarf dies der vorherigen (schriftlichen oder elektronischen) Genehmigung durch den Verantwortlichen (Art. 28 Abs. 2 DSGVO[14]). Später beabsichtigte Änderungen bei den eingesetzten Subunternehmen muss der Auftragsverarbeiter dem Auftraggeber als Verantwortlichem vorher mitteilen, wobei es dem Verantwortlichen vorbehalten bleibt, gegen die geplante Einbeziehung eines Subunternehmens Einspruch zu erheben. Kann nach dem Einspruch keine Einigung zwischen dem Verantwortlichen und dem Auftragsverarbeiter erreicht werden, hat der Verantwortliche die Unterbeauftragung per Weisung zu unterbinden oder die Auftragsverarbeitung zu beenden.[15]

Der Auftragsverarbeiter muss die ihn im Verhältnis zum Verantwortlichen treffenden Datenschutzpflichten an den weiteren Auftragsverarbeiter durchreichen. Damit unterliegt der weitere Auftragsverarbeiter derselben Bindung zum Verantwortlichen mit denselben Pflichten wie der Auftragsverarbeiter. Der Verantwortliche kann mithin etwa unmittelbar Weisungen gegenüber dem weiteren Auftrags-

[14] Vgl. DSK: Kurzpapier Nr. 13 – siehe Fußnote 7.
[15] Vgl. DSK: Kurzpapier Nr. 13 – siehe Fußnote 7.

verarbeiter erteilen oder dort Überprüfungen i. S. d. Art. 28 Abs. 3 Satz 2 lit. h DSGVO vornehmen.

Ebenso wie der dem ursprünglichen Auftragsverhältnis zugrunde liegende Vertrag bedarf auch der Folgevertrag zwischen Auftragnehmern und weiteren Auftragnehmern (sog. Unterauftragnehmer) nach Art. 28 Abs. 9 DSGVO der Schrift- bzw. der elektronischen Form.

Die Klausel könnte wie folgt lauten:

✎ Formulierungsbeispiel Vertragsklausel

(1) Die Beauftragung von weiteren Subunternehmern durch den Auftragsverarbeiter mit der Erbringung auch nur von Teilen der beauftragten Verarbeitungsleistung ist nach vorheriger Zustimmung durch den Auftraggeber zulässig. Mit Annahme dieses Vertrags stimmt der Auftraggeber den in **Anlage 1** genannten Unterauftragsverhältnissen zu. Der Auftraggeber kann gegen die beabsichtigte Beauftragung eines neuen oder Ersetzung eines bestehenden Subunternehmers innerhalb einer gesetzten Frist (vier [4] Wochen) Einspruch einlegen; die Unterbeauftragung darf dann nicht erfolgen.
(2) Der Auftragsverarbeiter stellt vertraglich sicher, dass die in diesem Vertrag vereinbarten Datenschutzverpflichtungen des Auftragnehmers auch für die Subunternehmer gelten. Insbesondere müssen die Subunternehmer hinreichende Garantien dafür bieten, dass die geeigneten technischen und organisatorischen Maßnahmen so durchgeführt werden, dass die Verarbeitung entsprechend den Anforderungen der Datenschutz-Grundverordnung und dieses Vertrags erfolgt.

§ 7 Unterstützung des Verantwortlichen

Der Vertrag oder das Rechtsinstrument muss außerdem Regelungen enthalten, nach denen sich der Auftragsverarbeiter zur Unterstützung des Verantwortlichen verpflichtet, wenn betroffene Personen Rechte nach Kap. III der DSGVO geltend machen sowie bei der Einhaltung nach Artt. 32–36 DSGVO.

Unterstützung bei Anfragen Betroffener

Nach Art. 28 Abs. 3 Satz 2 lit. e DSGVO ist in der AVV vorzusehen, dass der Auftragsverarbeiter angesichts der Art der Verarbeitung den Verantwortlichen nach Möglichkeit mit geeigneten TOM dabei unterstützt, seiner Pflicht zur Beantwortung von Anträgen auf Wahrnehmung der in Kap. III der DSGVO genannten Rechte der betroffenen Person nachzukommen.

✎ Formulierungsbeispiel Vertragsklausel

(1) Der Auftragsverarbeiter darf nur nach dokumentierter Weisung des Auftraggebers die Daten, die im Auftrag verarbeitet werden, berichtigen, löschen oder ihre Verarbeitung einschränken. Soweit ein Betroffener sich diesbezüglich unmittelbar an den Auftragsverarbeiter wenden sollte, wird der Auftragsverarbeiter dieses Ersuchen unverzüglich an den Auftraggeber weiterleiten und ohne Abstimmung mit dem Auftraggeber nicht beantworten.

(2) Der Auftragsverarbeiter unterstützt den Auftraggeber in der Erfüllung des Rechts auf Vergessenwerden im Rahmen seiner Möglichkeiten, sofern dieses Recht durch Betroffene geltend gemacht wird.

Lösch- und Rückgabepflichten des Auftragnehmers

Nach Art. 28 Abs. 3 Satz 2 lit. g DSGVO sieht der Vertrag die Umsetzung des allgemeinen Grundsatzes der „Datenminimierung" nach Art. 5 Abs. 1 lit. c DSGVO vor. Insbesondere hat der Auftragsverarbeiter nach Abschluss der Erbringung der Verarbeitungsleistungen alle personenbezogenen Daten nach Wahl des Verantwortlichen entweder zu löschen oder zurückzugeben, sofern nicht nach dem Unionsrecht oder dem Recht der Mitgliedstaaten eine Verpflichtung zur Speicherung der personenbezogenen Daten besteht. Beim Auftragnehmer dürfen keine Daten verbleiben. Das „oder" in Art. 28 Abs. 3 Satz 2 lit. g DSGVO ist daher nicht so zu verstehen, dass eine Rückgabe eine Löschung ausschließt, sondern es soll sichergestellt werden, dass z. B. auch alle elektronischen Kopien (die evtl. nicht zurückgegeben werden können) gelöscht werden.[16]

✎ Formulierungsbeispiel Vertragsklausel

(1) Bei Beendigung des Auftragsverhältnisses oder jederzeit auf Verlangen des Auftraggebers hat der Auftragnehmer die im Auftrag verarbeiteten Daten nach Wahl des Auftraggebers entweder zu vernichten oder an den Auftraggeber zu übergeben. Ebenfalls zu vernichten sind sämtliche vorhandenen Kopien der Daten. Die Vernichtung hat so zu erfolgen, dass eine Wiederherstellung, auch von Restinformationen, mit vertretbarem Aufwand nicht mehr möglich ist. Eine physische Vernichtung erfolgt gemäß ISO/IEC 21964 (DIN 66399).
(2) Der Auftragnehmer ist verpflichtet, die unverzügliche Rückgabe bzw. Löschung auch bei Subunternehmern herbeizuführen.
(3) Der Auftragnehmer hat den Nachweis (Pkt. (1) und (2)) der ordnungsgemäßen Vernichtung zu führen und dem Auftraggeber unverzüglich vorzulegen.
(4) Dokumentationen, die dem Nachweis der ordnungsgemäßen Datenverarbeitung dienen, sind durch den Auftragnehmer den jeweiligen Aufbewahrungsfristen entsprechend auch über das Vertragsende hinaus aufzubewahren. Er kann sie zu seiner Entlastung dem Auftraggeber bei Vertragsende übergeben.

Nachweis der Pflichteinhaltung

Die AVV muss Regelungen enthalten, nach denen der Auftragsverarbeiter verpflichtet ist, die zum Nachweis der Einhaltung der Pflichten erforderlichen Auskünfte und Unterlagen zur Verfügung zu stellen und sich Kontrollen durch den Verantwortlichen oder durch von dem Verantwortlichen beauftragte Prüfer zu unterwerfen (Art. 28 Abs. 3 lit. h DSGVO). Es ist dabei empfehlenswert, in die AVV eine

[16] Weitere Information für ein Löschkonzept bietet der Leitfaden: Kuhrau, Sascha/Mühlich, Regina (u. a.): Löschkonzept nach DSGVO erstellen und anwenden, Merching: FORUM VERLAG HERKERT 2021.

regelmäßige Kontrolle aufzunehmen, da der Verantwortliche und der Auftragsverarbeiter nach Art. 32 Abs. 1 lit. d DSGVO die Maßnahmen regelmäßig überprüfen müssen.

Die Pflichten des Auftragsverarbeiters werden durch die in der AVV zwingend festzuschreibenden Mindestinhalte gem. Art. 28 Abs. 3 Satz 2, 3 DSGVO konkretisiert, aber nicht abschließend festgelegt. Artikel 28 Abs. 3 Satz 2 DSGVO legt nicht fest, ob der Auftragsverarbeiter für die Erfüllung seiner Pflichten eine (zusätzliche) Vergütung vom Verantwortlichen verlangen kann. Da es sich bei den vom Auftragsverarbeiter im Vertrag übernommenen Pflichten um vertragliche Pflichten handelt, die zur Erbringung einer Leistung durch den Auftragsverarbeiter führen, besteht selbst ohne ausdrückliche Vereinbarung mit Blick auf das Vertragsrecht (§§ 670, 669 BGB) zumindest ein Anwendungsersatzanspruch des Auftragsverarbeiters gegen den Verantwortlichen. Im Übrigen sind die Vertragsparteien in der Festlegung der Vergütung frei, solange insbesondere die Grenzen von § 307 Abs. 1, 2 BGB nicht überschritten werden.[17]

[17] Vgl. https://www.datenschutz-bayern.de/datenschutzreform2018/aki06.html (zuletzt aufgerufen am: 09.02.2024).

4.2 Gemeinsame Verantwortlichkeit

4.2.1 Grundlegendes

Die „Gemeinsame Verantwortung“ nach Art. 26 DSGVO kann als Fortentwicklung des speziellen deutschen Modells der „Funktionsübertragung“ bezeichnet werden – dies auch im Hinblick auf ErwG 79 DSGVO, dass es einer klaren Zuteilung der Verantwortlichkeiten bedarf: Ein Verantwortlicher legt die Verarbeitungszwecke und -mittel gemeinsam mit anderen Verantwortlichen fest.

Nachfolgend werden daher die Grundlagen für „Gemeinsam Verantwortliche“ erläutert, die Differenzierung zur Auftragsverarbeitung sowie die Rechte und Pflichten von gemeinsam Verantwortlichen beleuchtet.

Artikel 26 DSGVO regelt die gemeinsame Verantwortlichkeit. Legen zwei oder mehr Verantwortliche gemeinsam die Zwecke der und die Mittel zur Verarbeitung fest, so sind sie gemeinsam Verantwortliche (Art. 26 Abs. 1 Satz 1 DSGVO).

Die gemeinsam Verantwortlichen legen in einer Vereinbarung in transparenter Form fest, wer von ihnen welche Verpflichtung erfüllt, insbesondere was die Wahrnehmung der Rechte der betroffenen Person angeht, und wer welchen Informationspflichten gem. Artt. 13 und 14 DSGVO nachkommt (Art. 26 Abs. 1 Satz 2 DSGVO). Zum Schutz der Rechte und Freiheiten der betroffenen Person sowie bzgl. der Verantwortung und Haftung der Verantwortlichen und der Auftragsverarbeiter bedarf es einer klaren Zuteilung der Verantwortlichkeiten inkl. der Fälle, in denen ein Verantwortlicher die Verarbeitungszwecke und -mittel gemeinsam mit anderen Verantwortlichen festlegt oder ein Verarbeitungsvorgang im Auftrag eines Verantwortlichen durchgeführt wird (ErwG 79 DSGVO).[1]

[1] Vgl. DSK: Kurzpapier Nr. 16 (Stand 19.03.2018), abrufbar unter: https://www.datenschutzkonferenz-online.de/media/kp/dsk_kpnr_16.pdf (zuletzt aufgerufen am: 09.02.2024).

Eine Einordnung als gemeinsam Verantwortliche ist v. a. in mehrteiligen Verarbeitungen mitunter komplex. Dies veranschaulichen die DSK[2] und die Artikel-29-Datenschutzgruppe[3] mit ihren Beispielen:

1. klinische Arzneimittelstudien, wenn mehrere Mitwirkende (z. B. Sponsor, Studienzentren, Ärzte) jeweils in Teilbereichen Entscheidungen über die Verarbeitung treffen
2. gemeinsame Verwaltung bestimmter Datenkategorien (z. B. Adressdaten) für bestimmte gleichlaufende Geschäftsprozesse mehrerer Konzernunternehmen
3. gemeinsame Errichtung einer Infrastruktur, auf der mehrere Beteiligte ihre jeweils individuellen Zwecke verfolgen, z. B. gemeinsames Betreiben einer webgestützten Plattform für Reisereservierungen durch ein Reisebüro, eine Hotelkette und eine Fluggesellschaft
4. Personalvermittlungs-Dienstleister, der für einen Arbeitgeber X Bewerber sichtet und hierbei auch bei ihm eingegangene Bewerbungen einbezieht, die nicht gezielt auf Stellen beim Arbeitgeber X gerichtet sind
5. Zusammenarbeit zwischen dem Betreiber einer Website und einem Werbenetzwerkbetreiber zur Ausspielung von verhaltensbezogener Online-Werbung

4.2.2 Gegenstand der Vereinbarung

Artikel 26 DSGVO verlangt von gemeinsam Verantwortlichen eine Vereinbarung, welche aus Gründen der Transparenz und Nachweisbarkeit i. S. d. Rechenschaftspflicht (Art. 5 Abs. 2 DSGVO) ein Vertrag oder ein bindender Rechtsakt sein soll. Im Hinblick auf das Haftungsregime der DSGVO ist aber auch der Gedanke der Rechtssicherheit zentral, weshalb der datenschutzrechtlichen Vertragsgestaltung wesentliche Bedeutung zukommt – so der EDSA in den

[2] Vgl. DSK: Kurzpapier Nr. 16.

[3] Vgl. EDSA: Leitlinien 07/2020 zu den Begriffen „Verantwortlicher" und „Auftragsverarbeiter" in der DSGVO (Version 2.0; Stand 07/2021), Beispiel 6, S. 25 ff. Rn. 68, abrufbar unter: https://edpb.europa.eu/system/files/2023-10/edpb_guidelines_202007_controllerprocessor_final_de.pdf (zuletzt aufgerufen am: 09.02.2024).

Leitlinien 07/2020: „*Wird [...] die in der Vereinbarung niedergelegte Zuweisung nicht eingehalten, kann ein Verantwortlicher aufgrund des verbindlichen Charakters der Vereinbarung die Haftung des anderen Verantwortlichen für das, was in der Vereinbarung als in dessen Zuständigkeitsbereich fallend festgelegt ist, geltend machen.*“[4]

In einer einleitenden Vertragsklausel sind all jene Angaben anzuführen, die ausschlaggebend dafür sind, dass eine gemeinsame Verantwortung vorliegt. Es ist hier sinnvoll, ähnlich wie in einer Präambel, die Hintergründe der Zusammenarbeit zwischen den beiden oder mehreren Vertragsparteien kurz darzustellen, wobei auch auf einen allfälligen Hauptvertrag (wie auch bei einer AVV gem. Art. 28 DSGVO z. B. auf einen Kooperationsvertrag) hingewiesen werden kann. Anschließend wären jene Elemente anzuführen, die die gemeinsame Entscheidung bzgl. Zweck und Mittel augenscheinlich machen, wie z. B. eine gemeinsame Datenbank, auf die wechselseitig zugegriffen werden kann, aber auch die Art der personenbezogenen Daten und Kategorien betroffener Personen.[5] In weiterer Folge kann darauf abgestellt werden, dass die Vertragsparteien mit der gegenständlichen Vereinbarung (sowie ggf. zusammen mit dem Hauptvertrag) gem. Art. 26 DSGVO in transparenter Form festlegen, wer von ihnen welche Verpflichtung gem. DSGVO erfüllt.

Die Vertragsklausel „Präambel/Vertragsgegenstand“ beinhaltet zusammengefasst:[6]

- Beschreibung, warum im konkreten Fall beide oder mehrere Vertragsparteien zur Datenverarbeitung (i. S. v. Entscheidung über Zweck und Mittel) beitragen und es sich daher um gemeinsam für die Verarbeitung Verantwortliche handelt;

---

4 EDSA: Leitlinien 07/2020, S. 54 Rn. 173.

5 Vgl. EDSA: Leitlinien 07/2020, S. 54 Rn. 175: „*[...] empfiehlt der EDSA, dass die Vereinbarung auch allgemeine Informationen über die gemeinsame Verarbeitung enthält, insbesondere zum Gegenstand und Zweck der Verarbeitung, zur Art der personenbezogenen Daten und zu den Kategorien betroffener Personen.*“

6 Vgl. Pachinger, M.: Datenschutzverträge, Wien: LexisNexis Verlag ARD Orac GmbH & Co KG 2021, S. 23 Rn. 34 (im Folgenden abgekürzt mit: Pachinger (2021)).

- Abstellen auf die Sicht der betroffenen Person (datenschutzrechtliche Makroebene);
- Herstellung zum Konnex des Hauptvertrags.

Die Präambel bzw. der Vertragsgegenstand könnte wie folgt lauten:

✎ Formulierungsbeispiel Vertragsklausel

Die Vertragsparteien legen die Zwecke und Mittel der Verarbeitung personenbezogener Daten im Zusammenhang mit [...] gemeinsam fest. Sie sind daher kraft der DSGVO gemeinsam Verantwortliche und treffen hiermit die vertraglichen Regelungen zwischen den betroffenen Verantwortlichen.

Mit der vorliegenden zusätzlichen Vereinbarung vom [...] legen die Vertragsparteien gemäß Art. 26 Abs. 1 Satz 2 DSGVO in transparenter Form fest, wer von ihnen welche Verpflichtung gemäß der DSGVO erfüllt, insbesondere hinsichtlich der Wahrnehmung der Rechte der betroffenen Person, und wer welchen Informationspflichten gemäß Artt. 13 und 14 DSGVO nachkommt.

Die Vertragsparteien verpflichten sich, unter Berücksichtigung der Art, des Umfangs, der Umstände und der Zwecke der Verarbeitung sowie der unterschiedlichen Eintrittswahrscheinlichkeit und Schwere der Risiken für die Rechte und Freiheiten natürlicher Personen, geeignete technisch-organisatorische Maßnahmen zu treffen, um sicherzustellen und den Nachweis zu erbringen, dass die Verarbeitung gemäß der DSGVO erfolgt (Art. 24 Abs. 1, 2 DSGVO). Die Vertragsparteien sind verpflichtet, in diesem Sinne geeignete Datenschutzvorkehrungen zu treffen.

Der Sachverhalt zu Art, Zweck und Ort der Datenverarbeitung sollte näher dahin gehend beschrieben werden, dass der konkrete Zweck bzw. die konkreten Zwecke der Verarbeitung erläutert werden, was ebenfalls zur Abgrenzung beiträgt.[7] Unmittelbar verbunden mit dem Zweck ist auch eine Beschreibung der Mittel, wobei hier insbesondere die Art der Datenbereitstellung definiert werden sollte, d. h. auszuführen ist, auf welche technische bzw. organisatorische Art

[7] Vgl. Pachinger (2021), S. 24 Rn. 35.

sich die Vertragsparteien wechselseitig die Daten zur Verfügung stellen.[8] Der Ort der Durchführung der Verarbeitung der Daten im Rahmen der gemeinsamen Verantwortung ist insbesondere deshalb festzulegen, um abklären zu können, ob die Datenverarbeitung nur innerhalb der EU bzw. des EWR oder auch außerhalb durchgeführt wird.[9] Wenn Letzteres der Fall ist, empfiehlt sich eine Anführung der entsprechenden Rechtsgrundlagen gem. Artt. 44 ff. DSGVO.

4.2.3 Rechte und Pflichten gemeinsam Verantwortlicher

Vereinbarung gemeinsam Verantwortlicher

Artikel 26 DSGVO legt den gemeinsam Verantwortlichen spezifische Pflichten auf, die über die für jeden Verantwortlichen nach der DSGVO geltenden Pflichten hinausgehen. Dadurch soll die Transparenz und Rechtsdurchsetzung für die betroffenen Personen verbessert werden.

Die gemeinsam Verantwortlichen müssen eine Vereinbarung abschließen, in der sie in transparenter Form festlegen, wer von ihnen welche in der DSGVO geregelten Verpflichtungen erfüllt, insbesondere die Betroffenenrechte und Informationspflichten nach Artt. 13 und 14 DSGVO.[10] Diese Vereinbarung muss also die tatsächlichen Beziehungen der gemeinsam Verantwortlichen gegenüber betroffenen Personen „gebührend widerspiegeln", und das „Wesentliche" dieser Vereinbarung muss betroffenen Personen zur Verfügung gestellt werden. Die Zurverfügungstellung ergänzt die eigentliche Pflicht zur Information der betroffenen Personen nach Artt. 13 und 14 DSGVO. „Wesentlich" und somit den betroffenen Personen zur Verfügung zu stellende Elemente sind zumindest eine nachvollziehbare Beschreibung des Zusammenwirkens und der Rollen der Beteiligten sowie ihrer jeweiligen Beziehung zur betroffenen Person. Diese beinhalten die Angabe, welcher der gemeinsam Verantwort-

[8] Vgl. Pachinger (2021), S. 24 Rn. 35.
[9] Vgl. Pachinger (2021), S. 24 Rn. 35.
[10] Vgl. Pachinger (2021), S. 24 Rn. 35.

lichen welche Betroffenenrechte und Informationspflichten erfüllen soll. Grundsätzlich dürfte es ausreichen, diese wesentlichen Elemente der Vereinbarung nach Art. 26 DSGVO etwa auf einer Website bereitzustellen (vgl. ErwG 58 DSGVO).

Tipp

Ungeachtet der von den gemeinsam Verantwortlichen in dieser Vereinbarung getroffenen Aufgabenteilung können jedoch betroffene Personen ihre Rechte stets bei und gegenüber jedem der gemeinsam Verantwortlichen ausüben (Art. 26 Abs. 3 DSGVO). Ein gut ausgearbeitetes Vertragsverhältnis zu den jeweiligen Verantwortlichkeiten als Grundlage der transparenten Vereinbarung liegt somit auch im Interesse der Verantwortlichen, um die Haftungsfragen im Innenverhältnis zu klären.[11]

Besteht eine gemeinsame Verantwortlichkeit, ohne dass eine Vereinbarung nach Art. 26 DSGVO getroffen wurde, können hierfür Geldbußen nach Art. 83 Abs. 4 lit. a DSGVO verhängt werden.[12]

Besonderheiten gemeinsam Verantwortlicher

Daneben sind im Fall gemeinsamer Verantwortlichkeit noch Besonderheiten in einigen weiteren Regelungsbereichen der DSGVO zu beachten:

Jeder der gemeinsam Verantwortlichen haftet nach Art. 82 Abs. 4 i. V. m. Abs. 2 Satz 1 DSGVO im Fall rechtswidriger Verarbeitung für den gesamten Schaden, sofern er nicht sein fehlendes Verschulden nachweisen kann (Art. 82 Abs. 3 DSGVO).[13] Die Verantwortlichen haften auch ohne eine Vereinbarung nach Art. 26 Abs. 1 DSGVO gemeinschaftlich. Diese hilft aber beim Haftungsausgleich im Innenverhältnis nach Art. 82 Abs. 5 DSGVO.

Fälle gemeinsamer Verantwortlichkeit können nicht selten zu einer Erhöhung der Risiken für die Rechte und Freiheiten betroffener Per-

[11] Vgl. Pachinger (2021), S. 24 Rn. 35.
[12] Vgl. DSK: Kurzpapier Nr. 16 – siehe Fußnote 1.
[13] Vgl. DSK: Kurzpapier Nr. 16 – siehe Fußnote 1.

sonen führen, sodass u. U. die Durchführung einer Datenschutz-Folgenabschätzung gem. Art. 35 DSGVO geboten ist.[14]

Tipp

Die Anwendungsszenarien für die gemeinsame Verantwortlichkeit variieren sehr stark. Eine Checkliste kann den gemeinsam für die Verarbeitung Verantwortlichen als Hilfestellung dienen, eine Vereinbarung zwischen ihnen gem. Art. 26 DSGVO festzulegen (weitere Regelungen sind möglich bzw. ggf. erforderlich). Eine solche finden Sie in der ZIP-Datei unter: https://www.publication.forum-verlag.com/downloads/3598/gesetze2024.zip

4.2.4 Rechtsprechung

EuGH, Urteil vom 10.07.2018, Rs. C-25/17: „Zeugen Jehovas"

Mit der Entscheidung zu „Zeugen Jehovas" hatte der EuGH die Vorlagefrage zu klären, ob die Religionsgemeinschaft der Zeugen Jehovas und deren Mitglieder als gemeinsam Verantwortliche i. S. d. DSGVO einzuordnen sind. Der EuGH hat diese Frage mit „Ja" beantwortet und damit begründet, dass die Gemeinschaft der Zeugen Jehovas die Mitglieder zwar zur Teilnahme aufmuntert, ohne dass es hierfür erforderlich wäre, dass die Gemeinschaft Zugriff auf die Daten hat oder Anleitungen bzw. Anweisungen gibt.[15] Beide entscheiden jedoch gemeinsam über die Zwecke und Mittel der Verarbeitung von personenbezogenen Daten. Es sei von einer gemeinsamen Verantwortlichkeit der Gemeinschaft und der Mitglieder auszugehen, und zwar u. a. deshalb, weil der EuGH ein gemeinsames Ziel der Verarbeitungsbeiträge ausmacht. Die Erhebung der Daten dient der Umsetzung des Ziels der Gemeinschaft der Zeugen Jehovas und sei daher im Interesse der Gemeinschaft (vgl. Rz. 71).

[14] Vgl. DSK: Kurzpapier Nr. 16 – siehe Fußnote 1.
[15] Vgl. EDSA: Leitlinien 07/2020, S. 23 Rn. 56 zum Urteil, Rz. 71–75.

CNIL: Bußgeld für „UBER“ vom 21.11.2017

Auf Basis der Argumentation der Artikel-29-Datenschutzgruppe hat die französische Datenschutzbehörde CNIL (Commission nationale de l'informatique et des libertés) bei der Verhängung einer Geldbuße gegen das Unternehmen UBER aufgrund von Datenschutzverletzungen eine faktische Analyse der Umstände vorgenommen. Sie hat – trotz Vorliegens einer AVV – festgestellt, dass aufgrund der Entwicklung der App, der Abwicklung der Folgen der Datenschutzverletzung sowie der öffentlichen Bekanntgabe der Datenverletzung durch die UBER Technologies INC eben diese Gesellschaft eine bestimmende Rolle einnimmt, was die Zwecke und Mittel der Verarbeitung betrifft und demzufolge diese mit der Gesellschaft UBER BV gemeinsam Verantwortlicher ist.[16]

[16] Vgl. https://www.village-justice.com/articles/joyeux-noel-uber-signe-cnil,30404.html (zuletzt aufgerufen am: 09.02.2024).

5 IT-Sicherheit und Datenschutz

5.1 Einleitung

IT-Sicherheit und Datenschutz werden oft in einem Atemzug genannt. Der Datenschutz kann jedoch nicht mit der IT-Sicherheit gleichgesetzt werden, auch wenn z. B. der IT-Grundschutz des Bundesamts für Sicherheit in der Informationstechnik (BSI) in CON.2 einen Baustein Datenschutz[1] enthält. Datenschutz ist mehr als der Schutz von Vertraulichkeit, Verfügbarkeit und Integrität von Daten. Der Datenschutz bezieht sich auf die Rechte und Freiheiten natürlicher Personen. Es geht darum, persönliche Daten im Rahmen einer Datenverarbeitung nur so zu verwenden, dass keine Risiken für die Rechte und Freiheiten der Personen entstehen. Dieser Schutz steht im Rang eines Grundrechts, wie sich aus Art. 8 der Charta der Grundrechte der Europäischen Union (Grundrechtecharta – GRCh) entnehmen lässt.

Sämtliche gesetzliche Bestimmungen gestalten somit diesen Grundrechtsschutz des Einzelnen gegenüber staatlichen und privaten Stellen aus. Kern des Grundrechts aus Art. 8 GRCh ist, dass jede Person das Recht auf Schutz der sie betreffenden personenbezogenen Daten hat, wobei ihre Daten nur für festgelegte Zwecke auf Basis einer legitimen Grundlage verarbeitet werden dürfen. Es liegt auf der Hand, dass dieses Recht sich effektiv nur dann verwirklichen lässt, wenn eine angemessene Sicherheit dieser persönlichen Daten gewährleistet ist. Dies ist auch das verbindende Element zwischen IT-Sicherheit und Datenschutz.

---

1 Vgl. https://www.bsi.bund.de/SharedDocs/Downloads/DE/BSI/Grundschutz/Kompendium/IT_Grundschutz_Kompendium_Edition2023.pdf (zuletzt aufgerufen am: 09.02.2024).

Unterscheidung IT-Sicherheit und Informationssicherheit

Man spricht i. d. R. von IT-Sicherheit. Im Fachjargon heißt der Begriff „Informationssicherheit“ und deckt das große Ganze ab. „IT-Sicherheit“ ist ein sehr großer Teilbereich der Informationssicherheit und wird meistens als Synonym verwendet, wobei dies fachlich nicht ganz korrekt ist.

Die Informationssicherheit geht von ihrem Fokus über den Schutz persönlicher Daten hinaus. Sie bezieht sich auf den Schutz aller Unternehmenswerte. Es kann sich dabei um Daten, Anwendungen oder Informationen in allen verschiedenen Medien (z. B. digital, in Papier oder als Wissen von Personen) handeln. Aufgabe der Informationssicherheit ist es, die Vertraulichkeit, Integrität und Verfügbarkeit der Unternehmenswerte sicherzustellen. Je nach Kritikalität einzelner Unternehmenswerte und den Risiken, die diese Werte bedrohen, können unterschiedliche Schutzmaßnahmen erforderlich sein. Manche dieser Schutzmaßnahmen sind physikalisch, wie z. B. Zutrittsmechanismen oder organisatorische Regelungen. Der Großteil der Maßnahmen sind i. d. R. IT-technische Controls.

Der Blickwinkel der IT-Sicherheit ist somit weiter und stellt bei der Risikobetrachtung stets die Frage, welche möglichen Folgen ein Sicherheitsvorfall für die Organisation hat. Das Ausmaß des Sicherheitsvorfalls ergibt sich aus den vom Vorfall betroffenen Unternehmenswerten. Bei einer Datenschutzverletzung kann dies z. B. einen Nachteil für die betroffenen Personen bedeuten, indem persönliche Daten unberechtigten Stellen zugänglich wurden. Dies kann u. U. auch ein Bußgeld nach sich ziehen.

Der Datenschutz als Grundrechtsschutz der von der Datenverarbeitung betroffenen Einzelpersonen stellt also mögliche Folgen eines Sicherheitsvorfalls für die jeweilige Person in den Vordergrund.

Ein IT-Sicherheitsvorfall, der zwar keine personenbezogenen Daten betrifft, aber vielleicht die Verfügbarkeit wichtiger Unternehmenswerte beeinträchtigt, kann trotzdem einen Schaden für das Unternehmen nach sich ziehen. Stellt man sich vor, dass durch einen Cyberangriff Produktionsmaschinen längerfristig zum Ausfall kommen, hat dies keinen Nachteil für die Rechte und Freiheiten natürlicher Personen. Trotzdem resultiert daraus ein erheblicher Schaden durch den Produktionsausfall für das Unternehmen.

Durch diese unterschiedlichen Blickwinkel von IT-Sicherheit und Datenschutz entstehen trotz der vielen Gemeinsamkeiten in den Zielen auch Konfliktpotenziale. Im Einzelfall kann das Sicherheitsinteresse der Organisation mit dem Persönlichkeitsschutz der von der Datenverarbeitung betroffenen Personen kollidieren.

Beispiel

Ein praktisches Beispiel hierfür ist der generelle Einsatz von Keyloggern zur Überwachung von Mitarbeitenden. Die damit verbundene Aufzeichnung aller Tastenanschläge eines Mitarbeiters ist sicherlich zur Erhöhung der Sicherheit geeignet. Allerdings verstößt diese lückenlose Aufzeichnung aller Aktivitäten nach dem BAG-Urteil vom 27.07.2017 (Az. 2 AZR 681/16) gegen die Persönlichkeitsrechte des betroffenen Mitarbeiters, wenn die Maßnahme nicht durch das besondere Arbeitsumfeld oder einen konkreten Verdacht ausnahmsweise geboten ist.

Auch der zunehmende Einsatz von cloudbasierten Softwarelösungen hat datenschutzrechtlich andere Prüfaspekte als reine On-Premise-Applikationen. Microsoft 365®[2] z. B. hat sich trotz datenschutzrechtlicher Herausforderungen zu einem „Quasi-Standard" in den Unternehmen etabliert. Durch die umfangreiche Protokollierung des Dienstes und die immer wieder umstrittene Datenübertragung in das Drittland USA gilt es, eine konkrete Vorgabe für die Konfiguration des Dienstes im Rahmen eines Datenschutzkonzepts zu erarbeiten. Im Datenschutzkonzept muss u. a. festgestellt werden, welche Apps aus dem umfangreichen Office-365-Angebot im Unternehmen freigegeben werden, wie diese die Daten speichern und v. a., welche Daten der Anwender gespeichert werden. Hier empfiehlt sich z. B. der Abschluss einer Betriebsvereinbarung, um die Arbeitnehmer zu schützen.

---

2 Vgl. Stellungnahme der AG DSK: „Microsoft-Onlinediensten", abrufbar unter: https://www.datenschutzkonferenz-online.de/media/dskb/2022_24_11_festlegung_MS365_zusammenfassung.pdf (zuletzt aufgerufen am: 09.02.2024).

5.1 Einleitung

Um IT-Sicherheit und Datenschutz bestmöglich für das Unternehmen und die betroffenen Personen umzusetzen, ist es wichtig, die Anforderungen beider Seiten zu verstehen. Aus diesem Grund ist es auch zwingend notwendig, dass es keine reine IT-Sicherheitsstrategie in Organisationen gibt, sondern eine Informationssicherheitspolitik, die von der obersten Leitung verabschiedet wird. In dieser Leitlinie muss sich die IT-Sicherheitsstrategie genauso wiederfinden wie das Datenschutzkonzept. Die IT-technischen Schutzmaßnahmen zum Schutz personenbezogener Daten müssen Teil der IT-Sicherheitsstrategie sein. Nur so ist ein zielorientiertes Miteinander möglich.

5.2 Anforderungen an die IT-Sicherheit

Die Anforderungen an die IT-Sicherheit ergeben sich aus eher abstrakt gehaltenen gesetzlichen und konkreteren untergesetzlichen Normen. Im Fokus stehen hierbei in erster Linie die möglichen Auswirkungen eines Sicherheitsvorfalls auf die Organisation. Bei einem Verstoß gegen Datenschutzvorschriften stehen somit mögliche Sanktionen daraus für die Organisation im Vordergrund und nicht die möglichen persönlichen Folgen für die von der Datenschutzverletzung betroffenen Personen.

5.2.1 Gesetzliche Anforderungen an die IT-Sicherheit

Auch wenn es keine speziellen gesetzlichen Anforderungen für die IT-Sicherheit für eine Organisation gibt, ist die Schaffung eines risikoangemessenen Schutzes vor IT-Sicherheitsrisiken rechtlich geboten. Diesbezügliche Versäumnisse können im Schadensfall erhebliche Auswirkungen auf die Frage des Verschuldens und damit auf das Vorliegen und die Höhe von Schadensersatzansprüchen haben. Zudem werden oft vertragliche Vorgaben in Verträgen mit Kunden und Versicherungen bestehen, die ein Mindestmaß an Schutz vor IT-Sicherheitsrisiken vorgeben. Darüber hinaus bestehen für bestimmte gesellschaftskritische Bereiche spezielle gesetzliche Vorgaben zur IT-Sicherheit.

IT-Sicherheitsgesetz und IT-Sicherheitsgesetz 2.0

Das seit Juli 2015 gültige Gesetz zur Erhöhung der Sicherheit informationstechnischer Systeme (IT-Sicherheitsgesetz – ITSIG) verfolgt die Sicherstellung eines angemessenen Schutzniveaus für gesellschaftlich besonders relevante Bereiche. Durch das am 27.05.2021 in Kraft getretene IT-Sicherheitsgesetz 2.0 (2. ITSiG) sind noch einmal Erweiterungen hinsichtlich der betroffenen Sektoren und der Informations- und Kooperationspflichten vorgenommen worden. Es sieht u. a. Änderungen im BSIG vor, das die (IT-Sicherheits-)Pflichten von KRITIS-Betreibern (Einrichtungen in besonders wichtigen Sektoren wie Energie oder Telekommunikation etc.) erweitert und die Bußgelder auf bis zu 20 Mio. Euro erhöht. Außerdem werden die Voraussetzungen für ein einheitliches IT-Sicherheitskennzeichen geschaffen, welches die IT-Sicherheit von Produkten erstmals sichtbar machen soll.

Einige der wichtigsten Punkte des ITSiG [1]

1. **Detektion und Abwehr:** Das Bundesamt für Sicherheit in der Informationstechnik (BSI) erhält verstärkte Kompetenzen bei der Detektion von Sicherheitslücken und der Abwehr von Cyberangriffen.
2. **Cybersicherheit in den Mobilfunknetzen:** Das Gesetz enthält eine Regelung zur Untersagung des Einsatzes kritischer Komponenten zum Schutz der öffentlichen Ordnung oder Sicherheit in Deutschland.
3. **Verbraucherschutz:** Das BSI übernimmt die Aufgabe des Digitalen Verbraucherschutzes und der Verbraucherinformation im Bereich der Sicherheit in der Informationstechnik.
4. **Sicherheit für Unternehmen:** Der Kreis der Kritischen Infrastrukturen wird erweitert und weitere Unternehmen im besonderen öffentlichen Interesse müssen bestimmte IT-Sicherheitsmaßnahmen umsetzen.
5. **Nationale Behörde für Cybersicherheitszertifizierung:** Das BSI ist die Nationale Behörde für die Cybersicherheitszertifizierung.

Tipp

Es ist wichtig zu beachten, dass dieses Gesetz die Kompetenzen und Aufgaben des BSI definiert und erweitert. Es legt auch fest, dass bestimmte Unternehmen IT-Sicherheitsmaßnahmen umsetzen müssen und in den vertrauensvollen Informationsaustausch mit dem BSI einbezogen werden.[2]

[1] https://www.bsi.bund.de/DE/Das-BSI/Auftrag/Gesetze-und-Verordnungen/IT-SiG/2-0/it_sig-2-0_node.html (zuletzt aufgerufen am: 09.02.2024).

[2] https://www.bsi.bund.de/DE/Das-BSI/Auftrag/Gesetze-und-Verordnungen/IT-SiG/it_sig_node.html (zuletzt aufgerufen am: 09.02.2024).

Die Änderungen nehmen schon einige Anforderungen der am 16.01.2023 in Kraft getretenen NIS-2-Richtlinie (EU) 2022/2555 vom 27.12.2022 vorweg, die bis zum 17.10.2024 in nationales Recht umgesetzt werden muss. Es ist somit bereits absehbar, dass es zeitnah geänderte Anforderungen an die IT-Sicherheit geben wird, welche die restlichen Anforderungen aus der NIS-2-Richtlinie umsetzen wird.

Schutz Kritischer Infrastrukturen

Der bekannteste Anwendungsbereich des IT-Sicherheitsgesetzes ist der Schutz von Kritischen Infrastrukturen (KRITIS). Betreiber von Kritischen Infrastrukturen (KRITIS-Betreiber) müssen besondere Vorkehrungen zur Vermeidung von Störungen treffen. Nach § 2 Abs. 10 BSI-Gesetz (BSIG) fallen hierunter Einrichtungen, Anlagen oder Teile hiervon, die den Sektoren Energie, Informationstechnik und Telekommunikation, Transport und Verkehr, Gesundheit, Wasser, Ernährung, Finanz- und Versicherungswesen sowie – seit Mai 2021 – Siedlungsabfallentsorgung angehören.

Doch längst nicht alle Unternehmen aus den genannten Branchen sind KRITIS-Betreiber. Hinzukommen muss, dass die Einrichtungen, Anlagen oder Teile hiervon von hoher Bedeutung für das Funktionieren des Gemeinwesens sind, weil durch ihren Ausfall oder ihre Beeinträchtigung erhebliche Versorgungsengpässe oder Gefährdungen für die öffentliche Sicherheit eintreten würden. Somit sind Unternehmen nur dann KRITIS-Betreiber, wenn neben der Branchenzugehörigkeit die weiteren genannten Voraussetzungen zutreffen. Ein Versorgungsengpass entsteht z. B. dann nicht, wenn die Versorgung der Allgemeinheit bei einem Ausfall durch einen Wettbewerber unproblematisch sichergestellt werden kann.

■ Neu

Mit dem geplanten NIS2-Umsetzungsgesetz (NIS2UmsuCG) werden allerdings einige der Organisationen, die zwar nicht unter KRITIS fallen, zu wichtigen oder besonders wichtigen Einrichtungen. Dadurch müssen diese zukünftig auch besonderen Anforderungen an die Informationssicherheit Rechnung tragen.

Tipp

Die Schwierigkeiten der Feststellung liegen aber hier im Detail, weshalb die nähere Bestimmung Verordnungen nach § 10 BSIG vorbehalten bleibt. Die Verordnungen enthalten zu jedem Sektor konkrete Kriterien, nach denen sich die Eigenschaft als KRITIS-Betreiber bestimmen lässt. Als Unternehmen eines betroffenen Sektors sollte unbedingt die zugehörige Verordnung geprüft werden, um die Frage der Eigenschaft als KRITIS-Betreiber sicher zu klären. Diese Prüfung sollte ggf. regelmäßig wiederholt werden, da auch die Verordnung von Zeit zu Zeit angepasst wird.

Das IT-Sicherheitsgesetz verlangt von KRITIS-Betreibern die Erfüllung folgender Pflichten:

- Es besteht die umgehende Verpflichtung von KRITIS-Betreibern, die von ihnen betriebenen **Kritischen Infrastrukturen beim BSI zu registrieren**. Es kann somit nicht einfach abgewartet werden, ob eine entsprechende Einstufung erfolgt. Vielmehr muss proaktiv geprüft und im positiven Fall eine Registrierung angestoßen werden. Das BSI ist seinerseits zu einer Registrierung berechtigt, wenn der KRITIS-Betreiber seinen Pflichten nicht nachkommt. Der Betreiber ist gesetzlich zur Mitwirkung verpflichtet. Pflichtverletzungen können mit einem Bußgeld geahndet werden.
- Es muss eine **Kontaktstelle** benannt werden, die jederzeit, d. h. 24 Stunden am Tag und sieben Tage die Woche, erreichbar ist. Als Kontaktstelle ist ein Funktionspostfach ausreichend, über das IT-Sicherheitsinformationen des BSI per E-Mail empfangen werden können. Ein persönliches E-Mail-Postfach eines Mitarbeiters erfüllt die Anforderungen nicht.
- **Erhebliche IT-Störungen** müssen umgehend an das BSI über das Melde- und Informationsportal für meldepflichtige Betreiber nach IT-SiG[3] gemeldet werden. Nach der BSI-Kritisverordnung (BSI-KritisV) gilt die Meldepflicht für die Sektoren Energie, Informationstechnik und Telekommunikation (IKT), Wasser und Er-

[3] Vgl. https://mip2.bsi.bund.de/ (zuletzt aufgerufen am: 09.02.2024).

nährung (seit dem 03.05.2016), Finanz- und Versicherungswesen, Gesundheit, Transport und Verkehr (seit dem 30.06.2017). Andere KRITIS-Betreiber können freiwillige Meldungen abgeben. Mit dem NIS2UmsuCG wird die Meldepflicht allerdings ausgeweitet und zukünftig auch für mehrere Einrichtungen zur Pflicht. In Bezug auf die Frage der Erheblichkeit von IT-Störungen unterscheidet das BSI drei Fälle:

- Ein Ausfall oder eine Beeinträchtigung der kritischen Dienstleistung ist nicht möglich. In diesem Fall ist eine Meldung nicht erforderlich.
- Ein Ausfall oder eine Beeinträchtigung ist möglich. In diesem Fall ist die Meldung nur dann erforderlich, wenn es sich um eine **außergewöhnliche IT-Störung** handelt. Als außergewöhnlich sieht das BSI Störungen dann an, wenn sie nicht bereits automatisiert mithilfe der als Stand der Technik beschriebenen Maßnahmen abgewehrt, sondern nur mit erheblichem bzw. deutlich erhöhtem Ressourcenaufwand (z. B. erhöhtem Koordinierungsaufwand, Hinzuziehen zusätzlicher Experten, Nutzung einer besonderen Aufbauorganisation, Einberufung eines Krisenstabs) bewältigt werden können.[4]
- Ein Ausfall oder eine Beeinträchtigung ist bereits eingetreten. In diesem Fall ist eine Meldung zwingend erforderlich. Die Meldung muss Angaben zur Störung, zu möglichen grenzübergreifenden Auswirkungen sowie zu den technischen Rahmenbedingungen, insbesondere zur vermuteten oder tatsächlichen Ursache, zur betroffenen Informationstechnik, Art der betroffenen Einrichtung oder Anlage, zur erbrachten kritischen Dienstleistung und zu den Auswirkungen der Störung auf die Dienstleistung enthalten. Während einer erheblichen Störung kann das BSI im Einvernehmen mit der jeweils zuständigen Aufsichtsbehörde von den Betreibern die Herausgabe der zur Bewältigung der Störung notwendigen Informationen einschließlich personenbezogener Daten verlangen.

[4] Vgl. https://www.bsi.bund.de/DE/Themen/KRITIS-und-regulierte-Unternehmen/Kritische-Infrastrukturen/KRITIS-FAQ/FAQ-zur-Meldepflicht/faq-zur-meldepflicht_node.html (zuletzt aufgerufen am: 09.02.2024).

- Es müssen angemessene **Vorkehrungen zur Vermeidung von Störungen** der informationstechnischen Systeme getroffen werden. Hierbei ist der jeweilige „Stand der Technik“ (▶ Kap. 5.2.4 unter „Plan“) zu berücksichtigen. Dieser ist ein abstrakter rechtlicher Begriff, aus dem sich zunächst keine Einzelmaßnahmen ableiten lassen. Das BSIG sieht jedoch eine Erleichterung vor, indem Betreiber von Kritischen Infrastrukturen oder deren Fachverbände branchenspezifische Sicherheitsstandards erarbeiten können. Der „Stand der Technik“ wird hiermit erfüllt, wenn der branchenspezifische Sicherheitsstandard die Eignungsprüfung durch das BSI erfolgreich durchlaufen hat. Besteht kein branchenspezifischer Sicherheitsstandard, muss im Einzelfall die Einhaltung des „Stands der Technik“ nachgewiesen werden. Da dieser Nachweis durchaus aufwendig sein kann, lohnt die Entwicklung eines branchenspezifischen Standards in jedem Fall.
- Darüber hinaus umfasst die Pflicht zu angemessenen organisatorischen und technischen Vorkehrungen ab dem 01.05.2023 auch den **Einsatz von Systemen zur Angriffserkennung**. Diese müssen geeignete Parameter und Merkmale aus dem laufenden Betrieb kontinuierlich und automatisch erfassen und auswerten und in der Lage sein, auch fortwährende Bedrohungen zu erkennen und zu vermeiden. Sie sollen zudem für eingetretene Störungen Beseitigungsmaßnahmen vorsehen.
- Die Umsetzung des „Stands der Technik“ muss **alle zwei Jahre** gegenüber dem BSI nachgewiesen werden. Die Eignungsprüfung eines branchenspezifischen Standards ist ebenfalls nur zwei Jahre gültig und muss nach deren Ablauf wiederholt erfolgen.
- KRITIS-Betreiber müssen dem Bundesinnenministerium den **Einsatz kritischer Komponenten anzeigen**, sofern diese in einem Gesetz festgelegt wurden. Bisher ist dies nur im Bereich der Telekommunikation im TKG erfolgt. Unter bestimmten Umständen darf der Einsatz kritischer Komponenten untersagt werden, insbesondere wenn eine Beeinträchtigung der öffentlichen Ordnung und Sicherheit droht oder aufgrund fehlender Vertrauenswürdigkeit der Komponenten.

Tipp

▪ Neu

Zum 01.01.2024 ist die 4. Änderungsverordnung der BSI-KritisV in Kraft getreten. Diese Änderungsverordnung setzt vorrangig Änderungen auf Grundlage der Evaluierung der BSI-KritisV um.

Das BSI hält für die Frage nach der Eigenschaft als KRITIS-Betreiber und für die Erfüllung der daraus folgenden Pflichten ein umfangreiches Informationsangebot bereit, in dem sich die hier aufgeworfenen Fragen bei Bedarf noch einmal vertiefen lassen.[5]

Unternehmen im besonderen öffentlichen Interesse

Durch das IT-Sicherheitsgesetz 2.0 wurden auch Unternehmen im besonderen öffentlichen Interesse (UBI) und deren Zulieferer in die Regulierung mit aufgenommen. Es handelt sich gem. § 2 Abs. 14 BSIG um Unternehmen, die insbesondere im Bereich der Rüstung tätig sind, um Unternehmen von erheblicher volkswirtschaftlicher Bedeutung und deren Zulieferer von wesentlicher Bedeutung und um Betreiber von Anlagen mit Gefahrstoffen der oberen Klasse im Sinne der Störfall-Verordnung[6]. UBI werden die folgenden Pflichten auferlegt:

- Sie haben umgehend und nachfolgend mindestens alle zwei Jahre eine Selbsterklärung zur IT-Sicherheit beim BSI vorzulegen, aus der hervorgeht,
  - welche Zertifizierungen im Bereich der IT-Sicherheit in den letzten zwei Jahren durchgeführt wurden und deren Prüfgrundlage und Geltungsbereich,
  - Angaben über sonstige Sicherheitsaudits oder Prüfungen im Bereich der IT-Sicherheit in den letzten zwei Jahren,

[5] Vgl. https://www.bsi.bund.de/DE/Themen/KRITIS-und-regulierte-Unternehmen/Kritische-Infrastrukturen/KRITIS-FAQ/kritis-faq_node.html (zuletzt aufgerufen am: 09.02.2024).

[6] Wer genau darunter fällt, vgl. https://www.bsi.bund.de/DE/Themen/KRITIS-und-regulierte-Unternehmen/Weitere_regulierte_Unternehmen/UBI/FAQ/faq_einstieg_node.html (zuletzt abgerufen am: 09.02.2024).

  - Darlegung, wie der Schutz besonders schützenswerter Systeme, Komponenten und Prozesse sichergestellt und ob dabei der Stand der Technik eingehalten wird.
- Pflicht zur Registrierung bei BSI gleichzeitig mit der Vorlage der ersten Selbsterklärung zur IT-Sicherheit
- Benennung einer zu den üblichen Geschäftszeiten erreichbaren Stelle für die Übermittlung von Informationen durch das BSI
- Pflicht zur Meldung von erheblichen Störungen analog der Meldepflichten von KRITIS-Betreibern

Tipp

Die Pflichten der UBI unterscheiden sich je nach Kategorie, welcher ein solches Unternehmen angehört: Ein der Störfall-Verordnung unterliegendes Unternehmen ist vom Umfang der Pflichten weniger betroffen als ein Rüstungshersteller oder Zulieferer, der aufgrund seines Alleinstellungsmerkmals von wesentlicher Bedeutung für die Volkswirtschaft ist.

Verbesserung des Schutzes bei der Nutzung von Internetdiensten

Ein weiteres Ziel des ITSiG ist die Verbesserung des Schutzes der Bürger im Internet durch die Hebung des Niveaus der IT-Sicherheit bei Anbietern von Diensten. Hintergrund ist, dass die Nutzer von Angeboten selbst selten in der Lage sind, ein signifikantes Maß an Sicherheit zu gewährleisten. Somit soll zumindest vonseiten der Anbieter ein möglichst hoher Schutz gewährleistet werden. Betroffen hiervon sind:

- **Betreiber von kommerziellen Internetangeboten** – und zwar unabhängig von der Eigenschaft als KRITIS-Betreiber und vom Umfang des Angebots. Von den erhöhten Pflichten sind somit prinzipiell auch die Betreiber kleiner Online-Shops betroffen, wenn es sich um ein kommerzielles, auf Gewinnerzielung gerichtetes Angebot handelt.
  Nach § 19 Abs. 4 TTDSG haben die Anbieter durch technische und organisatorische Vorkehrungen sicherzustellen, dass kein unerlaubter Zugriff auf die von ihnen zur Erbringung der Diens-

te genutzten technischen Einrichtungen möglich ist und diese gegen Datenschutzverletzungen und Störungen gesichert sind. Auch diese Vorkehrungen müssen den „Stand der Technik" berücksichtigen. Diese Verpflichtungen bestehen jedoch nicht unbeschränkt, sondern nur im Rahmen des technisch Möglichen und des wirtschaftlich Zumutbaren.

Tipp

Gerade bzgl. der wirtschaftlichen Zumutbarkeit können Gesichtspunkte wie eine niedrige Gefährdung oder der Umfang des Angebots bei der Frage der konkret zu ergreifenden Maßnahmen berücksichtigt werden. Ein kleiner Online-Shop wird grds. deutlich weniger Maßnahmen ergreifen müssen als der Betreiber einer großen kommerziellen Gesundheitsapp. Kriterien für den Einzelfall und hierbei insbesondere für den Begriff „Stand der Technik" in diesem Kontext gibt der Gesetzestext leider nicht her. Es bleibt somit nur die methodisch einwandfreie und dokumentierte Feststellung von möglichen Risiken und der zu deren Abwendung ergriffenen Maßnahmen, wobei sich diese an aktuellen technischen Maßstäben orientieren müssen. Ein alter, bereits geknackter Verschlüsselungsstandard darf also nicht Teil einer Verschlüsselungsmaßnahme sein.

- **Telekommunikationsanbieter** sind zu einer Warnung ihrer Kunden verpflichtet, wenn sie einen Missbrauch des Kundenanschlusses feststellen. Wenn möglich, sollen dem Kunden zusätzlich Lösungsmöglichkeiten aufgezeigt werden.

Kompetenzen des BSI im Hinblick auf das 2. ITSiG

Neben den erweiterten Prüf- und Kontrollbefugnissen für das BSI (um z. B. die IT der Bundesverwaltung zu verbessern), die Ermächtigung im Hinblick auf die Detektion von Schadprogrammen (Portscans) und dem Einsatz von Systemen und Verfahren zur Analyse von Schadprogrammen und Angriffsmethoden (Honeypots) kann das BSI bei Anbietern von Telekommunikationsdiensten Auskunft über Bestandsdaten verlangen, um KRITIS-Betreiber, UBI oder Anbieter digitaler Dienste über Sicherheitslücken zu informieren. Darüber hinaus wird eine Anordnungsbefugnis des BSI gegenüber Telekommunikations- und Telemedienanbietern zur Abwehr spezifischer Gefahren für die Informationssicherheit geschaffen. Zudem agiert das BSI als *„unabhängige und neutrale Beratungsstelle [für Bürger] für Fragen der IT-Sicherheit“* (Verbraucherschutz).

Zur besseren Durchsetzung v. a. von Auskunfts- und Nachweispflichten wurde der Bußgeldkatalog präzisiert und erheblich erweitert. Unter anderem wurde der Ordnungswidrigkeitstatbestand für KRITIS-Betreiber, die keine jederzeitige Erreichbarkeit der zu benennenden Kontaktstelle sicherstellen, bzw. für UBI, die die Selbsterklärung nicht, nicht richtig, nicht vollständig oder nicht rechtzeitig vorlegen, eingeführt. Statt der bisherigen Geldbußen von bis zu 100.000 Euro drohen bei Ordnungswidrigkeiten nun je nach Fall Geldbußen von bis zu 2 Mio. Euro (vgl. § 14 BSIG).

NIS-Richtlinie und NIS-2-Richtlinie

Die im August 2016 in Kraft getretene EU-Richtlinie zur Netzwerk- und Informationssicherheit (NIS-Richtlinie) definiert Maßnahmen zur Gewährleistung eines hohen gemeinsamen Schutzniveaus von Netz- und Informationssystemen in der EU. Neben einer stärkeren Zusammenarbeit der Mitgliedstaaten bei der Cybersicherheit enthält sie Mindestsicherheitsanforderungen und Meldepflichten für Kritische Infrastrukturen und bestimmte digitale Dienste. Die Vorgaben der „alten“ NIS-Richtlinie wurden in Deutschland durch das IT-Sicherheitsgesetz umgesetzt.

▪ Neu

Durch die zum 16.01.2023 in Kraft getretene NIS-2-Richtlinie (EU) 2022/2555 vom 14.12.2022[7] werden sich noch einmal erhebliche Veränderungen ergeben. Ein Teil der Veränderungen war absehbar und wurde bereits im IT-Sicherheitsgesetz 2.0 berücksichtigt. Die NIS-2-Richtlinie definiert insgesamt 18 Sektoren, von denen bereits ein Großteil mit den deutschen KRITIS-Betreibern und UBI nahezu identisch ist. Mit der Umsetzung der NIS-2-Richtlinie in nationales Recht durch das NIS2UmsuCG werden noch die Sektoren Wasser-

---

[7] Vgl. https://eur-lex.europa.eu/eli/dir/2022/2555/oj (zuletzt aufgerufen am: 09.02.2024).

stoff bei Energie, Raumfahrt, Medizinforschung, Medizingeräte und Forschung hinzugefügt werden müssen. Neu ist ebenfalls, dass die Identifizierung regulierter Unternehmen im Regelfall nicht mehr der Regelung durch die Mitgliedstaaten überlassen wird. Stattdessen wird eine size-cap rule durch Art. 2 Abs. 1 eingeführt. Demnach sind Unternehmen der genannten 18 Sektoren betroffen, die nach Art. 2 des Anhangs der Empfehlung 2003/361/EG als mittlere Unternehmen gelten – also schon Unternehmen mit mehr als 50 Beschäftigten oder mehr als 10 Mio. Euro Umsatz. Daneben sind Ausnahmen von dieser Regel formuliert, bei denen weiterhin die Mitgliedstaaten die Möglichkeit zu Bestimmungen haben. Der aktuell vorliegende Referentenentwurf des NIS2UmsuCG fordert in vielen Punkten die Maßnahmen, die ein gängiges Managementsystem für Informationssicherheit z. B. nach ISO 27001 oder VDA ISA/TISAX® (Branchenstandard der Automobilindustrie) fordert. Darüber hinaus kommen erweiterte Meldepflichten des Verantwortlichen und Kompetenzen des BSI hinzu. Dem Referentenentwurf von September 2023 folgte Ende Oktober ein Werkstattgespräch mit Vertretern der deutschen Wirtschaft (Verbände, große Unternehmen und Interessensgemeinschaften). Es wurden Vorschläge diskutiert, die in eine überarbeitete Fassung des NIS-2-Umsetzungsgesetzes teilweise einfließen werden.

Baseler Rahmenwerk

Das Baseler Rahmenwerk enthält alle gültigen Standards des Baseler Ausschusses für Bankenaufsicht. Im Fokus des Rahmenwerks stehen hierbei nicht nur Kredit- und Marktrisiken, sondern auch operationelle Risiken. Zu Letzteren zählen dabei auch besondere Risiken durch den Einsatz von Informationstechnologien. Banken müssen somit geeignete Vorkehrungen zur Eindämmung dieser Risiken treffen. Zudem sind operationelle Risiken bei der Kreditvergabe an Unternehmen zu berücksichtigen, womit die Regulierung auch auf andere Branchen ausstrahlt, indem angemessene Maßnahmen zur Einhaltung der IT-Sicherheit Einfluss auf Kreditgewährung und -konditionen haben können.

Auch wenn ein Unternehmen selbst nicht der Bankenregulierung unterfällt, kann diese über die Berücksichtigung operationeller Risiken bei Kreditvergabe mittelbar Auswirkungen entfalten.

Eine Reduzierung solcher Risiken durch nachweislich angemessene Maßnahmen zur IT-Sicherheit kann somit positive Auswirkungen auf Kreditgewährung und -konditionen haben.

Sarbanes Oxley Act (SOX)

Hierbei handelt es sich um US-amerikanische Gesetzgebung – mit dem Ziel, das Vertrauen von Anlegern und Finanzmärkten in die Rechnungslegung von Unternehmen zu stärken. Betroffen sind hiervon alle in- und ausländischen Unternehmen, deren Wertpapiere in den USA angeboten bzw. börslich oder außerbörslich gehandelt werden. Der Anwendungsbereich erstreckt sich somit auch auf europäische Unternehmen, auf deren Wertpapiere dies zutrifft. Aus Section 404 des Sarbanes Oxley Act ergibt sich die Anforderung, dass die Ordnungsmäßigkeit der Verarbeitung und die Integrität der für die Rechnungslegung relevanten Finanzdaten jederzeit gewährleistet sein müssen. Dies setzt auch entsprechende Maßnahmen zur IT-Sicherheit bei den so verpflichteten Unternehmen voraus.

5.2.2 Untergesetzliche Normen zur IT-Sicherheit

Neben den genannten gesetzlichen Normen zur IT-Sicherheit bestehen untergesetzliche Normen, die zwar keine unmittelbare Gesetzeskraft entfalten, deren praktische Bedeutung jedoch im Rahmen der Auslegung unbestimmter Rechtsbegriffe zu rechtlichen Auswirkungen führen. Gesetzliche Bestimmungen sind oft programmatisch und geben vor, dass ein dem Risiko angemessener Schutz gewährleistet werden muss, ohne dass eine praktische Konkretisierung erfolgt. Die Konkretisierung kann ein Gesetz aber gar nicht erfüllen, weil Gesetzgebungsprozesse im Vergleich zur technischen Entwicklung viel zu behäbig sind. Das Gesetz gibt somit nur ein Schutzziel vor, lässt aber bzgl. des Wie der praktischen Umsetzung viel Raum für (branchenspezifische) Best Practices und Normen. Die Erfüllung von anerkannten Best Practices und daraus entwickelten Normen lässt somit bei der Frage der Angemessenheit von Schutzmaßnahmen eine rechtlich relevante Vermutung für die Angemessenheit entstehen. Im Folgenden werden bekannte Normen im Bereich der IT-Sicherheit genannt.

IT-Grundschutz

Der IT-Grundschutz (inzwischen in der Edition 2023) ist ein durch das BSI mit dem Grundschutz-Kompendium zur Verfügung gestellter Katalog von pauschalen Methoden, mit denen sich Gefährdungen von IT-Systemen und IT-Anwendungen in Unternehmen, Behörden und Organisationen minimieren lassen.[8] Er beschreibt die Mindestanforderungen für einen normalen Schutzbedarf und liefert in den Katalogen Methoden zur Umsetzung dieser Anforderungen. Ausgangspunkt sind die typischen Gefährdungen, denen IT-Systeme und IT-Anwendungen ausgesetzt sind. Der IT-Grundschutz verzichtet damit auf eine detaillierte, individuelle Risikoanalyse. IT-Objekte mit einem erhöhten Schutzbedarf können durch erweiterte Analysen in das Schutzkonzept einbezogen werden.

ISO/IEC 27001:2022 und ISO/IEC 27011:2016[9]

Der Standard ISO/IEC 27001:2022 spezifiziert die Anforderungen an die Einrichtung, Umsetzung und fortlaufende Weiterentwicklung von dokumentierten Informationssicherheits-Managementsystemen (ISMS) unter Berücksichtigung der besonderen Anforderungen durch die jeweilige Organisation. Anders als beim IT-Grundschutz müssen hier die individuellen Risiken für die zu schützenden Assets identifiziert werden. Am Ende steht aber auch in diesem Fall ein umzusetzender Maßnahmenkatalog. Als Managementsystem beinhaltet dieser Standard bereits ein System zur kontinuierlichen Verbesserung.

Der Standard ISO/IEC 27011:2016 stellt dagegen Informationssicherheitsmanagement-Leitlinien für die Telekommunikation auf. Aktuell befindet sich die Nachfolgerregelung ISO/IEC CD 27011.2 in der Entwicklung. Sie stellt spezifische Informationssicherheitskontrollen für Telekommunikationsorganisationen auf der Grundlage von ISO/IEC 27002 bereit.

---

8 Vgl. https://www.bsi.bund.de/SharedDocs/Downloads/DE/BSI/Grundschutz/Kompendium/IT_Grundschutz_Kompendium_Edition2023.pdf (zuletzt aufgerufen am: 09.02.2024).

9 Vgl. https://www.iso.org/standard/54534.html bzw. https://www.iso.org/standard/64143.html (jeweils zuletzt aufgerufen am: 09.02.2024).

Richtlinie VDI/VDE 2182

Diese Richtlinie befasst sich sektorspezifisch mit der Informationssicherheit in der industriellen Automatisierung.[10] Im Januar 2020 ist VDI/VDE 2182 Blatt 1 erschienen, mit dem ein einfaches Vorgehensmodell zur Bearbeitung und Darstellung der Informationssicherheit definiert wird.

■ **Neu**

Maschinenverordnung (EU) 2023/1230

Die Maschinenverordnung (EU) 2023/1230[11] löst die bisherige Maschinenrichtlinie am 20.01.2027 ab. Besonders zu erwähnen ist hier, dass mit dieser neuen Verordnung nun auch Anforderungen an die Cybersicherheit bei Maschinen zu beachten sind. Bisher wurde dieses Thema in der Maschinenrichtlinie noch nicht betrachtet.

5.2.3 Schutzziele der IT-Sicherheit

Die Schutzziele der IT-Sicherheit sind die Vertraulichkeit, Integrität und Verfügbarkeit von IT-Systemen, IT-Anwendungen und den mittels dieser verarbeiteten Daten.

Vertraulichkeit

Das Schutzziel der Vertraulichkeit beinhaltet den Schutz vor unbefugten Einsichtnahmen und Zugriffen. Dies umfasst den Schutz vor Angriffen von außen und innen und während der Datenübertragung. Typische Schutzmaßnahmen sind z. B.:

- Maßnahmen zur Zutrittskontrolle zu Räumen mit DV-Anlagen durch Einrichtung eines gesicherten Bereichs
- Maßnahmen zur Zugangskontrolle, indem durch sichere Kennwörter, Zwei-Faktor-Authentifizierung oder die Verschlüsselung von Datenträgern eine unbefugte Nutzung von Systemen, Anwendungen und Daten verhindert wird

[10] Vgl. https://www.vdi.de/2182 (zuletzt aufgerufen am: 09.02.2024).
[11] https://eur-lex.europa.eu/eli/reg/2023/1230/oj (zuletzt aufgerufen am: 09.02.2024).

- Maßnahmen zur Zugriffskontrolle, indem durch Berechtigungskonzepte mit bedarfsgerechten Zugriffsrechten und einer Zugriffsprotokollierung einem unbefugten Zugriff innerhalb von Systemen und Anwendungen entgegengewirkt wird
- Schutz vor unbefugten Zugriffen bei der Datenübertragung oder dem Datentransport durch Verschlüsselung und Verwendung von Virtual Private Networks (VPN)

Integrität

Das Schutzziel umfasst den Schutz vor unbemerkten Veränderungen und verfolgt die Nachvollziehbarkeit von Veränderungen. Typische Maßnahmen sind hier solche der Eingabekontrolle, indem durch Protokollierungsmechanismen oder Dokumentenmanagement Eingaben, Änderungen und Löschungen nachvollziehbar gemacht werden.

Verfügbarkeit

Das Schutzziel der Verfügbarkeit verfolgt die Verhinderung von System- und Anwendungsausfällen und die Gewährleistung des Zugriffs auf Daten. Typische Maßnahmen sind hier Backup- und Wiederanlaufkonzepte, unterbrechungsfreie Stromversorgung (USV), Schutz vor Schadsoftware, Firewalls, Meldewege und Notfallpläne.

5.2.4 Managementsystem zur Umsetzung der IT-Sicherheit

IT-Sicherheit ist ein dynamischer Prozess, der stets neuen organisatorischen und technischen Gegebenheiten angepasst werden muss. Deshalb kann IT-Sicherheit nachhaltig nur durch den Aufbau eines Managementsystems realisiert werden, mit dem Maßnahmen für die IT-Sicherheit planvoll umgesetzt, überprüft und erforderlichenfalls angepasst werden.

Tipp

Im Zusammenhang mit Managementsystemen hat sich der Plan-Do-Check-Act-Zyklus (PDCA-Zyklus) bewährt.

Plan: Planungsphase

In der Planungsphase muss zunächst eine Analyse der Ist-Situation erfolgen, um herauszufinden, welche Prozesse und Dokumente evtl. in der Organisation schon vorhanden sind.

Hier sind die für die Organisation geltenden Anforderungen zu ermitteln:

- **besondere gesetzliche Anforderungen:** Hier muss ermittelt werden, ob besondere gesetzliche Anforderungen aus dem IT-Sicherheitsgesetz und den weiteren unter ▶ Kap. 5.2.1 genannten Anforderungen zu beachten sind.
- **vertragliche Anforderungen:** Besondere Anforderungen an die IT-Sicherheit können sich zudem aus vertraglichen Verpflichtungen ergeben. Hier lohnt ein genauer Blick darauf. Insbesondere machen oft auch Versicherungen den Versicherungsschutz oder dessen Umfang vom Vorliegen von Sicherheitsmaßnahmen abhängig.

Bei einem risikobasierten Ansatz müssen die spezifischen Risiken ermittelt werden. Aber auch bei einem anderen Ansatz ist ein Schutzbedarf zu ermitteln, damit bei einem erhöhten Schutzbedarf entsprechend ergänzende Maßnahmen modelliert werden können.

„Stand der Technik"

Maßnahmen zur IT-Sicherheit müssen angemessen sein und den „Stand der Technik" berücksichtigen. Zwar ist der „Stand der Technik" nur im Rahmen der Regelungen für KRITIS-Betreiber genannt. Da der Begriff aber normenübergreifend auch zum Maßstab für Sicherheitsmaßnahmen beim Datenschutz gem. Art. 32 DSGVO genannt wird, ist hier von einem durchgängigen Prinzip auszugehen. Das heißt, Nicht-KRITIS-Betreiber müssen spätestens bei der Sicherheit von personenbezogenen Daten den „Stand der Technik" einhalten. Leider findet sich nirgendwo im Gesetz eine nähere Bestimmung des Begriffs „Stand der Technik". Aus der Begründung zu § 8a BSIG in der BT-Drs. 18/4096 (S. 26) geht dazu hervor: *„[...] Entwicklungsstand fortschrittlicher Verfahren, Einrichtungen oder Betriebsweisen, der die praktische Eignung einer Maßnahme zum Schutz der Funktionsfähigkeit von informationstechnischen Syste-*

men, Komponenten oder Prozessen gegen Beeinträchtigungen der Verfügbarkeit, Integrität, Authentizität und Vertraulichkeit gesichert erscheinen lässt.“

Die Begründung lässt darauf schließen, dass nicht der neueste Stand von Wissenschaft und Forschung berücksichtigt werden muss, dass es sich aber um ein fortschrittliches Verfahren handeln muss, das neue technische Entwicklungen aufnimmt und bereits im Hinblick auf die praktische Eignung erprobt ist. Aufgrund dieser abstrakten Vorgaben wird die Modellierung von konkreten Maßnahmen ohne Hilfestellungen i. d. R. schwerfallen.

Tipp

Es bietet sich somit in der Praxis die Orientierung an Maßnahmenkatalogen von anerkannten Standards an, auch wenn eine Zertifizierung nach diesen Standards nicht angestrebt wird. Die regelmäßig angepassten Maßnahmenkataloge geben Hinweise auf angemessene Maßnahmen, die dem aktuellen „Stand der Technik“ entsprechen.

Do: Umsetzungsphase

Die Umsetzung und die Verantwortlichkeiten hierbei müssen dokumentiert werden, um nachweisen zu können, dass die entwickelten Konzepte und Maßnahmen auch tatsächlich umgesetzt und gelebt werden.

Check: Überprüfungsphase

Die getroffenen Maßnahmen sind laufend auf ihre Wirksamkeit zu überprüfen. Dies kann durch simulierte Sicherheitsvorfälle wie z. B. durch Penetrationstests erfolgen, um die Wirksamkeit von technischen und organisatorischen Sicherheitsmaßnahmen und -prozessen zu überprüfen. Darüber hinaus gibt es:

- **anlassbezogene Überprüfungen** bei
  - Sicherheitsvorfällen,
  - Schwachstellenmeldungen,

  - Änderungen von Standards, an denen man sich orientiert (Änderungen von Maßnahmenkatalogen), und
  - Änderungen der ursprünglichen Ausgangslage in der IT-Organisation.
- **regelmäßige Überprüfungen:** Darüber hinaus muss eine Überprüfung der Maßnahmen in regelmäßigen zeitlichen Abständen vorgenommen werden. Eine diesbezügliche gesetzliche Frist gibt es nur für die KRITIS-Betreiber in § 8a Abs. 3 BSIG, der eine Überprüfung von Maßnahmen mindestens alle zwei Jahre vorsieht. Allerdings empfiehlt sich auch für alle anderen Betreiber, sich an dieser Frist zu orientieren.

Act: Anpassungsphase

In dieser Phase werden festgestellte Mängel behoben oder es wird ein festgestellter Optimierungsbedarf umgesetzt – und diese Umsetzung wird dokumentiert.

5.3 Anforderungen an die Sicherheit bei der Verarbeitung personenbezogener Daten nach Art. 32 DSGVO

Wie in der Einleitung bereits ausgeführt, lassen sich IT-Sicherheit und die Sicherheit bei der Verarbeitung von personenbezogenen Daten nicht gleichsetzen. Die IT-Sicherheit ist bei einem Sicherheitsvorfall in erster Linie auf mögliche Auswirkungen auf die Organisation fokussiert, während der Datenschutz sein Hauptaugenmerk auf mögliche Auswirkungen auf die betroffenen Personen richtet. Trotzdem müssen die Schutzmaßnahmen zur Sicherheit der personenbezogenen Daten in die grundsätzliche IT-Sicherheitsstrategie passen.

Artikel 5 Abs. 1 lit. f DSGVO gibt vor, dass personenbezogene Daten in einer Weise verarbeitet werden müssen, *„die eine angemessene Sicherheit der personenbezogenen Daten gewährleistet“*. Weiter konkretisiert werden diese Anforderungen durch Art. 32 DSGVO. Was einen angemessenen Schutz darstellt, muss durch den Verantwortlichen im Einzelfall ermittelt werden. Für diese Bewertung wird in der Praxis der Datenschutzbeauftragte oder bei nichtbestellpflichtigen Unternehmen ein externer Datenschutzberater hinzugezogen.

5.3.1 Schutzziele des Datenschutzes

Bei näherer Betrachtung sind die in Art. 5 Abs. 1 lit. f DSGVO zum Ausdruck kommenden Schutzziele mit denen der IT-Sicherheit vergleichbar (► Kap. 5.2.3). Sie müssen jedoch im Kontext des besonderen Fokus des Datenschutzes auf die betroffenen Personen betrachtet werden.

Schutz vor unbefugter und unrechtmäßiger Verarbeitung

Der Begriff der Verarbeitung in der DSGVO ist umfassend zu verstehen, denn eine Verarbeitung ist bereits die Speicherung von Daten.

Dieses Schutzziel mit dem Blick auf unbefugte und unrechtmäßige Verarbeitung zielt auf den Grundwert der Vertraulichkeit der Daten ab. Daraus folgen zwei Punkte:

- Nur berechtigte Stellen dürfen die Daten verarbeiten, die auch im Verzeichnis von Verarbeitungstätigkeiten einen legitimen Zweck nachweisen können. Eine weitere oder zusätzliche Verarbeitung ist klar untersagt.
- Die Einsicht oder der Zugriff auf die Daten durch nicht im Verarbeitungsverzeichnis erfasste Personen oder Stellen ist ebenfalls unzulässig.

> **Tipp**
>
> Ohne ein korrekt geführtes Verzeichnis von Verarbeitungstätigkeiten (► Kap. 5.5) ist die Erfüllung der Schutzziele also nicht möglich. Des Weiteren gilt die Anforderung an die IT-Sicherheit, diese Schutzziele mit geeigneten technischen Maßnahmen zu gewährleisten.

Schutz vor unbeabsichtigtem Verlust, unbeabsichtigter Zerstörung oder Schädigung

Hier kommen die Schutzziele der Verfügbarkeit (Belastbarkeit) und Integrität zum Ausdruck. Wie bei der IT-Sicherheit geht es zunächst darum, dass vorhandene Daten nicht unbeabsichtigt zerstört oder beschädigt werden bzw. verloren gehen. Aus Sicht des Betroffenen kommt hinzu, dass für seine Interessen (z. B. Beweisinteressen) wichtige Daten nicht verloren gehen und dass er bereits angegebene Daten nicht wiederholt der Organisation gegenüber angeben muss.

Das mit Ausnahme von Bayern zum Prüfstandard der Datenschutzaufsichtsbehörden erhobene **Standard-Datenschutzmodell**

(SDM)[1] sieht neben den genannten Schutzzielen mit den Gewährleistungszielen Datenminimierung, Nichtverkettung, Transparenz und Intervenierbarkeit weitere Anforderungen bei der Prüfung der Rechtmäßigkeit der Verarbeitung von personenbezogenen Daten vor. Diese Ziele werden hier aber nicht näher vorgestellt, da sie im Wesentlichen rein rechtliche Anforderungen an die Verarbeitung von personenbezogenen Daten wiedergeben, die aber natürlich auch mit technischen Mitteln umgesetzt werden sollen. Das SDM soll eine schematische Prüfbarkeit von Verarbeitungen mit personenbezogenen Daten herstellen (vgl. auch ► Kap. 6.1.5).[2]

Eine weitere Hilfestellung bei der Umsetzung von Sicherheitsmaßnahmen ist der Abschnitt **CON.2 Datenschutz des IT-Grundschutz-Kompendiums**, dessen Zielsetzung es ist, die Verbindung der SDM-Anforderungen zum IT-Grundschutz darzustellen.[3]

5.3.2 Anforderungen an den Schutz personenbezogener Daten

Die Anforderungen an den Schutz von personenbezogenen Daten sind in Art. 32 DSGVO näher bestimmt. Dieser sieht vor, dass geeignete technische und organisatorische Maßnahmen (TOM) ergriffen werden müssen, um ein dem Risiko angemessenes Schutzniveau zu gewährleisten.

Tipp

Verpflichtet sind hierbei sowohl Verantwortliche (verantwortliche datenverarbeitende Stelle) als auch Auftragsverarbeiter, die per-

[1] Vgl. https://www.datenschutzzentrum.de/sdm/ (zuletzt aufgerufen am: 09.02.2024).

[2] Zur aktuellen Version 3, die die DSK im November 2022 beschlossen hat, vgl. https://www.datenschutzzentrum.de/uploads/sdm/SDM-Methode_V3.pdf (zuletzt aufgerufen am: 09.02.2024).

[3] Vgl. https://www.bsi.bund.de/DE/Themen/Unternehmen-und-Organisationen/Standards-und-Zertifizierung/IT-Grundschutz/it-grundschutz_node.html (zuletzt aufgerufen am: 09.02.2024).

sonenbezogene Daten im Auftrag des Verantwortlichen verarbeiten (► Kap. 4.1).

Bei der Bestimmung der konkret zu ergreifenden Maßnahmen für ein angemessenes Schutzniveau ist Folgendes zu berücksichtigen:

- Wie auch im Bereich der IT-Sicherheit muss der jeweilige **„Stand der Technik“** berücksichtigt werden. Eine konkrete Definition findet sich auch in der DSGVO nicht. Hilfestellungen können sich hier aus anerkannten Zertifizierungsverfahren und Standards ergeben.
- Bei der Frage der Angemessenheit finden die **Implementierungskosten** ebenfalls Berücksichtigung. Die Kosten müssen im Verhältnis zu der abzuwendenden Gefährdung stehen. Ist somit von mehreren möglichen Maßnahmen eine günstigere Maßnahme mit Blick auf die Gefährdung ausreichend, muss nicht die teurere und etwas wirksamere Maßnahme umgesetzt werden.
- Schließlich sind bei der Frage der Angemessenheit **Art, Umfang, Umstände und Zwecke** der Verarbeitung zu berücksichtigen. Praktisch stellen sich v. a. folgende Fragen:
  - Welche personenbezogenen Daten werden verarbeitet? Bei Adressdaten, die oft ohnehin in öffentlichen Verzeichnissen frei verfügbar sind, sind die Anforderungen deutlich niedriger als z. B. bei Gesundheits- oder Personaldaten.
  - Wie viele Datensätze umfasst die Verarbeitung von personenbezogenen Daten? Je größer die Anzahl der betroffenen Personen und die Zahl der Datensätze sind, umso höher sind die Anforderungen an umzusetzende Schutzmaßnahmen.
  - Welche Zwecke werden mit der Verarbeitung verfolgt? An eine Liste, mit der Lieferanten verwaltet werden, sind deutlich geringere Anforderungen zu stellen als z. B. an Verarbeitungen, die automatisierte Beurteilungen wie Scoringverfahren oder Verfahren zur zielgerichteten Werbung anhand von Nutzerdaten zulassen sollen.
  - Ferner müssen die Umstände der Verarbeitung berücksichtigt werden. Werden die Daten direkt vom Betroffenen erlangt oder von Drittanbietern? Werden Daten an weitere Stellen übermittelt oder nur intern verarbeitet? Bei Übermittlungen

an Dritte ist nicht nur die Sicherheit in der eigenen Infrastruktur zu berücksichtigen, sondern auch die Sicherheit während des Übermittlungsvorgangs in Bezug auf Vertraulichkeit und Integrität der Daten.

5.3.3 Vorgehen zur Umsetzung der Anforderungen

Eine feste Vorgabe, wie die Identifizierung und die Umsetzung der passenden Schutzmaßnahmen erfolgen, gibt es nicht. Es bietet sich allerdings an, bestehende Best-Practice-Ansätze aufzugreifen.

Wie im Bereich der IT-Sicherheit bietet sich die Umsetzung anhand eines Managementsystems nach dem PDCA-Zyklus an. Es gibt dazu auch einen internationalen Standard des Datenschutzmanagements mit der ISO 27701, die als Zusatz zur ISO 27001 zertifiziert werden kann.

Tipp

Ein derart planvolles und dokumentiertes Vorgehen bietet sich schon aufgrund der bestehenden Rechenschaftspflicht aus Art. 5 Abs. 2 DSGVO und der Vorgabe in Art. 32 Abs. 1 lit. d DSGVO im Hinblick auf ein Verfahren zur regelmäßigen Überprüfung an.

Plan: Planungsphase

In der Planungsphase sind zunächst sämtliche Verarbeitungen zu identifizieren, bei denen personenbezogene Daten verarbeitet werden. Diese werden in einem Verzeichnis der Verarbeitungstätigkeiten entsprechend den Anforderungen aus Art. 30 DSGVO dokumentiert. Am Markt gibt es dazu einige unterstützende Tools.

Jede Verarbeitung muss dabei dahin gehend geprüft werden, ob Risiken oder sogar hohe Risiken für die Rechte und Freiheiten der betroffenen Personen existieren.

Tipp

Der Fokus liegt hier bei den Auswirkungen auf die betroffene Person nach den vorherig genannten Kriterien des Art. 32 DSGVO, weshalb die Methodik der IT-Sicherheit nicht zur Anwendung kommen kann.

Vollständig risikolose Verarbeitungen kann es bei der Verarbeitung personenbezogener Daten nicht geben, weshalb unter der Formulierung *„nicht zu einem Risiko [führend]"* (Artt. 27 Abs. 2 lit. a, 33 Abs. 1 DSGVO) vom Sinn und Zweck her *„nur zu einem geringen Risiko [führend]"* verstanden wird. Erfahrungsgemäß gibt es solch geringe Risiken, die zwar in der DSGVO nicht gesondert erwähnt werden, für die aber ebenso Maßnahmen ergriffen werden müssen. Die Maßnahmen für den normalen Schutzbedarf decken auch diese geringen Risiken ab.

Die SDM-Version 3 hat in Kap. D.3.1 vier Risikotypen ergänzt, die der Typologie im aktuellen Entwurf des IT-Grundschutz-„CON.2–Datenschutz"-Bausteins entsprechen[4]. Es handelt sich um:

- **Risikotyp A:** Der Grundrechtseingriff bei natürlichen Personen durch die Verarbeitung ist nicht hinreichend milde gestaltet.
- **Risikotyp B:** Die Maßnahmen zur Verringerung der Eingriffsintensität sind nicht vollständig oder werden nicht hinreichend wirksam betrieben oder nicht ausreichend stetig kontrolliert, geprüft und beurteilt.
- **Risikotyp C:** Maßnahmen, die nach der Informationssicherheit geboten sind, sind nicht vollständig oder werden nicht hinreichend wirksam betrieben oder nicht ausreichend stetig kontrolliert, geprüft und beurteilt.
- **Risikotyp D:** Maßnahmen der Informationssicherheit werden nicht ausreichend datenschutzgerecht, im Sinne des Risikotyps A und Risikotyps B, betrieben.

[4] Vgl. Fußnote 2: Kap. D.3.1 aus der SDM-Version 3, S. 48–49.

Der Schutzbedarf ergibt sich lt. SDM aus dem Risiko der Verarbeitungstätigkeit, bevor TOM bestimmt und umgesetzt worden sind. Damit gilt folgender Zusammenhang zwischen Risiko(höhe), im Sinne eines Ausgangsrisikos, und Schutzbedarf(sstufe) für von der Verarbeitung betroffene Personen[5]:

Risiko(höhe)	Schutzbedarf(sstufe)
kein oder geringes Risiko der Verarbeitung	normaler Schutzbedarf
normales Risiko der Verarbeitung	normaler Schutzbedarf
hohes Risiko der Verarbeitung	hoher Schutzbedarf

- **Schutzbedarfsstufe „normal“:** Diese erfasst jede Verarbeitung von personenbezogenen Daten, wenn sie nicht der höheren Schutzbedarfsstufe unterfällt.
- **Schutzbedarfsstufe „hoch“:** Hierunter fallen Verarbeitungen, für die ein höherer Schutzbedarf erforderlich ist. Ein Beispiel sind Verarbeitungen mit möglichen Auswirkungen auf das Ansehen oder mit möglichen gravierenden finanziellen Konsequenzen für den Betroffenen. Zu beachten ist jedoch zusätzlich, dass sich ein hoher Schutzbedarf auch aus Kumulierungseffekten ergeben kann. Dies ist dann der Fall, wenn besonders viele Daten kumuliert verarbeitet werden und somit ein umfassendes Bild von einer Person entstehen kann, oder bei einer Kumulierung vieler Rechte, sodass ein Sachbearbeiter aufgrund der Vielzahl seiner Rechte ein besonders umfassendes Bild zu einer betroffenen Person bekommt.

Die SDM-Version 3 differenziert wie die Vorversionen 2.0a – bei der die ursprüngliche Schutzbedarfsabstufung („normal“, „hoch“ und „sehr hoch“) auf die Terminologie der DSGVO angepasst wurde; hier gibt es nur den „normalen Schutzbedarf“ und den „hohen Schutzbedarf“ – und 2.0b nicht mehr zwischen „hoch“ und „sehr hoch“. Die einzig wesentliche Schwelle ist die zwischen „normal“ und „hoch“.

[5] Vgl. Fußnote 2: Kap. D.3.3 aus der SDM-Version 3, S. 52.

Tipp

In der Planungsphase empfiehlt es sich, Maßnahmen für ein Grundschutzniveau für den normalen Schutzbedarf festzulegen. Dabei meint Grundschutz nicht den IT-Grundschutz des BSI, sondern die Summe von durchgängig in der Organisation umzusetzenden Maßnahmen zur Erfüllung des normalen Schutzbedarfs bei der Verarbeitung personenbezogener Daten. Dies erfordert einiges an Aufwand, führt aber dazu, dass künftig sämtliche Verarbeitungen mit normalem Schutzbedarf durch dieses Sicherheitskonzept abgedeckt sind. Zudem dient es als Basis für zusätzliche ergänzende Maßnahmen bei Verarbeitungen mit hohem Schutzbedarf.

Bei Verarbeitungen mit hohem Schutzbedarf müssen ergänzende Schutzmaßnahmen festgelegt werden, um den höheren Gefährdungen zu begegnen.

Hierzu müssen bei jeder der betroffenen Verarbeitungen die erhöhten Gefährdungen identifiziert und sodann bezogen auf diese spezifischen Gefährdungen Maßnahmen ermittelt und festgelegt werden. Da Verarbeitungen mit hohem Schutzbedarf wahrscheinlich sowieso der Datenschutz-Folgenabschätzung nach Art. 35 DSGVO unterliegen werden, werden diese Feststellungen ohnehin im Rahmen der Folgenabschätzung getroffen werden.

Eine hohe praktische Hürde in der Planungsphase sind die derzeit noch fehlenden Hilfestellungen für die Festlegung von Maßnahmen. Nach wie vor existiert für das SDM der Datenschutzaufsichtsbehörden (vgl. Fußnote 1) noch kein vollständiger Maßnahmenkatalog (aktuell gibt es neun Bausteine)[6], an dem man sich orientieren könnte. Die DSGVO setzt zur Unterstützung der Verpflichteten auf Zertifizierungen und den Code of Conducts (genehmigte Verhaltensregeln):

[6] Vgl. https://www.datenschutz-mv.de/datenschutz/datenschutzmodell/ (zuletzt aufgerufen am: 09.02.2024).

Zertifizierung von Maßnahmen zur Datensicherheit

Artikel 42 DSGVO sieht die Möglichkeit der Zertifizierung von Maßnahmen zur Datensicherheit nach Art. 32 DSGVO in einem genehmigten und formalisierten Verfahren für Prüfsiegel vor. Die Erlangung des Prüfsiegels begründet die gesetzliche Vermutung, dass die Anforderungen von Art. 32 DSGVO eingehalten werden. Voraussetzung für die rechtliche Wirkung ist die Genehmigung des Zertifizierungsverfahrens und damit auch des zugehörigen Maßnahmenkatalogs durch die Datenschutzaufsichtsbehörden. Private Zertifizierungsanbieter benötigen zunächst eine Genehmigung für ihr geplantes Prüfsiegel.[7] Es bleibt jedoch unklar, ob sich die Datenschutzaufsichtsbehörden auf einheitliche Kriterien für die Genehmigung einigen können.

Code of Conducts

Artikel 40 DSGVO sieht durch den Code of Conducts eine weitere **Möglichkeit für die rechtliche Wirkung einer gesetzlichen Vermutung** für die Einhaltung von Art. 32 DSGVO vor. Verbände und Vereinigungen können für ihre Mitglieder gemeinsame Verhaltensregeln für Maßnahmen zur Datensicherheit nach Art. 32 DSGVO entwickeln. Dies bietet sich v. a. dann an, wenn Abläufe der Verarbeitung von personenbezogenen Daten in der Branche sehr ähnlich sind. Aber auch hier müssen die Maßnahmenkataloge durch die Datenschutzaufsichtsbehörden genehmigt werden, bevor die Rechtswirkung der gesetzlichen Vermutung eintreten kann. Zusätzlich muss sich das fragliche branchenangehörige Unternehmen auch nachweislich an den Code of Conducts halten. Die damit verbundene Erleichterung setzt aber voraus, dass es einen genehmigten Code of Conducts gibt. Auch hier ist momentan noch unklar, inwieweit sich die deutschen Datenschutzaufsichtsbehörden auf gemeinsame Kriterien für die Genehmigung einigen können.

---

7 Vgl. Ergänzungspapier „Anforderungen zur Akkreditierung gemäß Art. 43 Abs. 3 DS-GVO i. V. m. DIN EN ISO/IEC 17065“ (Version 1.4 – 08.10.2020), abrufbar unter: https://www.datenschutzkonferenz-online.de/media/ah/20201008_din17065_Ergaenzungen_deutsch_nach_opinion.pdf (zuletzt aufgerufen am: 09.02.2024).

Fehlen Hilfestellungen auf der Maßnahmenebene, müssen die Maßnahmen anhand der allgemeinen und verarbeitungsimmanenten Gefährdungen festgelegt werden. Hier empfiehlt sich ein Sicherheitskonzept, das alle Verarbeitungen mit dem Schutzbedarf „normal" abdeckt und Basis für ergänzende Maßnahmen bei höherem Schutzbedarf ist. Für diese Verarbeitungen wird festgestellt, welche Gefährdungen im Hinblick auf die Sicherheitsschutzziele Vertraulichkeit, Verfügbarkeit und Integrität bestehen und welche technischen und organisatorischen Maßnahmen zur Begegnung der Gefährdungen vorgesehen sind. Zwar enthält die DSGVO dazu im Gegensatz zum bisherigen Anhang zu § 9 BDSG a. F. keine Konkretisierungen. Allerdings lassen sich die bisherigen Konkretisierungen sinngemäß auf die Schutzziele der DSGVO übertragen.

Do: Umsetzungsphase

In der Umsetzungsphase werden die in der Planungsphase entwickelten Konzepte und Maßnahmen umgesetzt. Dies erfordert ein planvolles und strukturiertes Vorgehen unter Einbeziehung aller von der Umsetzung betroffenen Mitarbeitenden.

Tipp

Die Umsetzung und die Verantwortlichkeiten hierbei sind unbedingt zu dokumentieren, um nachweisen zu können, dass die entwickelten Konzepte und Maßnahmen auch tatsächlich umgesetzt und gelebt werden.

Check: Überprüfungsphase

Die Umsetzung muss laufend auf ihre Wirksamkeit überprüft werden. Hier gibt es im Wesentlichen zwei Fallgruppen:

- Die Wirksamkeit kann durch **nachträgliche Änderungen oder Erweiterungen** der ursprünglichen Verarbeitung beeinträchtigt werden. Bei Änderungen oder Erweiterungen der Verarbeitung müssen die Beschreibung im Verzeichnis der Verarbeitungstätigkeiten entsprechend angepasst und eine anlassbezogene Überprüfung der Sicherheitsmaßnahmen vorgenommen werden. Um allmähliche Änderungen einer Verarbeitung oder versäumte Anpassungen aufzudecken, empfiehlt sich eine regelmäßige Prüfung der Verarbeitungen. Hierfür gibt es keine gesetzliche Frist. Als Orientierung kann auch hier § 8a Abs. 3 BSIG herangezogen werden, der eine Überprüfung von Maßnahmen mindestens alle zwei Jahre vorsieht.

- Die Wirksamkeit von Sicherheitsmaßnahmen kann des Weiteren durch **Veränderungen beim „Stand der Technik“** beeinträchtigt werden. Hier sind anlassbezogen Überprüfungen vorzunehmen, wenn Informationen bekannt werden, die Zweifel an der weiteren Eignung der Maßnahmen aufkommen lassen, z. B. wenn eine bisher als sicher geltende Verschlüsselung überwunden werden kann. Darüber hinaus sollte auch hier eine regelmäßige Überprüfung der Maßnahmen auf ihre weitere Wirksamkeit erfolgen. Mangels einer gesetzlich vorgeschriebenen Frist sollte der Wertung von § 8a Abs. 3 BSIG folgend die Überprüfung auch hier spätestens nach zwei Jahren vorgenommen werden.

Tipp

Zur Erfüllung der Nachweispflichten müssen die Überprüfung und deren Ergebnis dokumentiert werden.

Act: Anpassungsphase

In dieser Phase werden festgestellte Mängel behoben oder es wird ein festgestellter Optimierungsbedarf umgesetzt.

Tipp

Zur Erfüllung der Nachweispflichten müssen die Maßnahmen zur Umsetzung und die Verantwortlichkeit ebenfalls dokumentiert werden.

5.4 Gemeinsame Sicherheitsstrategie von IT-Sicherheit und Datenschutz

Wie sich bei der Darstellung der Anforderungen an die IT-Sicherheit und an die Gewährleistung der Sicherheit personenbezogener Daten gezeigt hat, besteht ein hohes Maß an Gemeinsamkeiten. Mit den Schutzzielen Vertraulichkeit, Integrität und Verfügbarkeit (Belastbarkeit) werden prinzipiell gemeinsame Schutzziele verfolgt, sodass sich eine gemeinsame Sicherheitsstrategie für diese Schutzziele anbietet. Zudem verlangen beide Bereiche einen Managementansatz, für den sich der dargestellte PDCA-Zyklus empfiehlt.

Tipp

Eine gemeinsame Strategie setzt aber voraus, dass die unterschiedlichen Blickwinkel von IT-Sicherheit (in erster Linie die Organisation) und Sicherheit der Verarbeitung von personenbezogenen Daten (Risiken für die betroffenen Personen) dort miteinander in Einklang gebracht werden, wo Konfliktpotenziale bestehen, insbesondere indem Maßnahmen der IT-Sicherheit datenschutzgerecht betrieben werden[1]. Um eine einheitliche Sicherheitsstrategie zu etablieren, muss es sich um einen High-Level-Ansatz handeln. Die übergreifenden Vorgaben, denen sich das IT-Sicherheitskonzept und das Datenschutzkonzept unterordnen, müssen von der obersten Leitung freigegeben werden.

Es empfiehlt sich, in den strategischen Informationssicherheitszielen der Organisation die Grundwerte der Informationssicherheit (Verfügbarkeit, Vertraulichkeit und Integrität) zu benennen und zu konkretisieren. Die Ziele müssen natürlich im Einklang mit den geltenden Gesetzen formuliert werden.

[1] Vgl. Kap. D.3.1 und dort Risikotyp D aus der SDM-Version 3, S. 49.

Mit sinnvoll formulierten High-Level-Sicherheitszielen können Konfliktpotenziale zwar nicht ganz aus der Welt geschafft, aber durchaus minimiert werden.

5.4.1 Konfliktpotenziale bei den Schutzzielen

Bei den Schutzzielen gibt es dort Konfliktpotenzial, wo Sicherheitsinteressen der Organisation in Konflikt mit Grundrechtsinteressen von betroffenen Personen geraten können. Diese beiden Aspekte dürfen nicht einseitig zugunsten der Sicherheit oder des Datenschutzes entschieden werden. Vielmehr ist in diesen Fällen ein Ausgleich zu finden, der beiden Aspekten ausreichend Rechnung trägt. Da es oft um den Beschäftigtendatenschutz (▶ Kap. 2) gehen wird, lässt sich ein solcher Ausgleich ggf. im Rahmen einer Betriebsvereinbarung verbindlich festlegen. Ausgehend von den gemeinsamen Schutzzielen bestehen in den folgenden Bereichen Konflikte:

Vertraulichkeit

Die Verhinderung von unbefugten Datenzugriffen liegt sowohl im Interesse der Organisation als auch im Interesse der von der Datenverarbeitung betroffenen Personen. Ein Konflikt kann sich jedoch bei Umfang und Auswertungsmöglichkeiten von Protokollierungen ergeben, wenn bei der Protokollierung der (Beschäftigten-)Datenschutz nicht berücksichtigt wird. Konflikte lassen sich hier durch ein Protokollierungskonzept lösen, und zwar durch Protokollierungen, deren Zwecke und Auswertungsmöglichkeiten festgelegt werden.

Integrität

Die Integrität der verarbeiteten Daten liegt ebenfalls in beiderseitigem Interesse. Ein Konflikt kann sich aber im Bereich der Löschpflichten aus dem Datenschutz ergeben. Bei der Frage nach der Dauer der Aufbewahrung von personenbezogenen Daten müssen die Anforderungen aus dem Datenschutz beachtet und ggf. mit den Sicherheitsinteressen in Einklang gebracht werden.

Verfügbarkeit

Bei der Verfügbarkeit kann es zu Konflikten mit den Anforderungen an eine funktionelle Zwecktrennung und der Datensparsamkeit aus dem Datenschutz kommen. Die funktionelle Zwecktrennung schränkt die Möglichkeiten zu übergreifenden und umfassenden Auswertungen zu Sicherheitszwecken ein. Aufgrund der Datensparsamkeit kann die Anonymisierung oder Pseudonymisierung von personenbezogenen Daten geboten sein, was ebenfalls die Auswertungsmöglichkeiten einschränkt. Hier muss auf Maßnahmenebene ein Ausgleich zwischen IT-Sicherheit und Datenschutz gefunden werden.

Tipp

Ob ein Konflikt vorliegt, sollte bei der Erfassung der Verarbeitungen für das Verzeichnis von Verarbeitungstätigkeiten (▶ Kap. 5.5) identifiziert werden können.

5.4.2 Auseinanderfallender Schutzbedarf

Aufgrund der unterschiedlichen Blickwinkel kann der Schutzbedarf auseinanderfallen. So kann es z. B. sein, dass wegen einer vertraglichen Geheimhaltungsvereinbarung ein hoher Schutzbedarf bei der Vertraulichkeit aus Sicht der Organisation besteht – nicht aber aus Sicht des Datenschutzes, weil nur Informationen mit normalem Schutzbedarf enthalten sind. Umgekehrt kann dies natürlich genauso der Fall sein.

Für ein gemeinsames Vorgehen setzt dies voraus, dass der Schutzbedarf jeweils für beide Bereiche ermittelt wird, bevor geeignete Maßnahmen aus einem Maßnahmenkatalog ausgewählt werden. Bei einem Auseinanderfallen des Schutzbedarfs besteht eine Möglichkeit darin, dass für die Auswahl der gemeinsamen Maßnahmen jeweils der höhere Schutzbedarf gilt.

5.4.3 Fazit

Eine gemeinsame Sicherheitsstrategie für die Schutzziele Vertraulichkeit, Integrität und Verfügbarkeit lässt sich ausgehend von der übergreifenden Unternehmensleitlinie realisieren. Daraus resultiert das IT-Sicherheitskonzept. Eventuelle Konflikte müssen pro Maßnahme mit dem Datenschutz abgestimmt und gelöst werden.

5.5 Verzeichnis von Verarbeitungstätigkeiten

Das Verzeichnis von Verarbeitungstätigkeiten kann man als Herzstück des Datenschutzmanagements im Unternehmen betrachten. So sollte es auch angewendet werden. Funktioniert das Herz nicht, braucht man sich über weitere Organe keine Gedanken machen. Hat man im Datenschutz kein funktionierendes Verarbeitungsverzeichnis, kann man alle anderen Anforderungen ebenfalls nicht umsetzen. Nur wenn bekannt ist, welche Verarbeitungen mit welchen Daten durchgeführt werden, können alle nachfolgenden Anforderungen wie z. B. Informationspflichten, Auftragsverarbeitungen oder auch Einwilligungen richtig umgesetzt werden. Ohne die Erfassung der einzelnen Verfahren fehlt die essenzielle Grundlage für weitere Bewertungen und Prozesse im Datenschutzmanagement.

Das Erstellen des Verzeichnisses eine der zentralsten Dokumentationspflichten aus der DSGVO – und dient gleichzeitig der Transparenz im Inneren. Denn wem bekannt ist, welche Daten wie in der Organisation verarbeitet werden, kann z. B. auf Betroffenenanfragen schnell und präzise antworten und der Aufsichtsbehörde zeitnah das Verzeichnis vorlegen, wenn diese es anfragt.

Tipp

Wer detailliertere Informationen benötigt, findet diese u. a. in der „GDD-Praxishilfe DS-GVO – Verzeichnis von Verarbeitungstätigkeiten – Verantwortlicher".[1] Wer das Verzeichnis regelmäßig pflegt und anpasst, spart sich später bzw. im Fall, dass er das

[1] Vgl. https://www.gdd.de/wp-content/uploads/2023/06/GDD-Praxishilfe-DS-GVO-Verzeichnis-von-Verarbeitungstaetigkeiten-2.2.pdf (zuletzt aufgerufen am: 09.02.2024).

Verzeichnis plötzlich der Aufsichtsbehörde vorlegen muss, viel Zeit und Ärger.[2]

Verpflichtung

Laut ErwG 82 DSGVO ist das Verzeichnis von Verarbeitungstätigkeiten zu führen, um die Einhaltung der DSGVO nachzuweisen. Diese Verpflichtung gilt für Verantwortliche und Auftragsverarbeiter. Das Verzeichnis ist aber in der Praxis viel mehr als nur ein reines Nachweisdokument für Behörden im Falle einer Kontrolle.

Die Nichterfüllung der Pflicht gem. Art. 30 DSGVO kann gem. Art. 83 Abs. 4 lit. a DSGVO mit einer Geldbuße bis zu 10 Mio. Euro oder bei einem Unternehmen i. H. v. bis zu 2 % des Vorjahresumsatzes geahndet werden. Dies setzt das Bestehen der Pflicht voraus.

Ausnahme gem. Art. 30 Abs. 5 DSGVO

Artikel 30 Abs. 5 DSGVO enthält theoretische Einschränkungen in der Pflicht, ein Verzeichnis von Verarbeitungstätigkeiten zu erstellen: Die Pflichten gelten nicht für Unternehmen oder Einrichtungen, die weniger als 250 Mitarbeitende beschäftigen, sofern die von ihnen vorgenommene Verarbeitung

- nicht ein Risiko für die Rechte und Freiheiten der betroffenen Personen birgt,
- nicht nur gelegentlich erfolgt oder nicht die Verarbeitung besonderer Datenkategorien gem. Art. 9 Abs. 1 DSGVO bzw. die Verarbeitung von personenbezogenen Daten über strafrechtliche Verurteilungen und Straftaten i. S. d. Art. 10 DSGVO einschließt.

In der Praxis kann man grds. davon ausgehen, dass ein Verarbeitungsverzeichnis zu führen ist. Die Ausnahme in Art. 30 Abs. 5 DSGVO wurde für ihre praktische Anwendung sehr unglücklich formu-

2 Vgl. Fall eines Unternehmens, das mit der Bereitstellung von Parkuhren in Rom betraut war und neben einem unzureichenden Datenschutz bei den Parkuhren auch keine Verarbeitungsverzeichnisse vorzeigen konnte und gegen das deshalb ein Bußgeld i. H. v. insgesamt 800.000 Euro verhängt worden ist – vgl. https://gdprhub.eu/index.php?title=Advanced_Search > Stichwort: 9698724 (zuletzt aufgerufen am: 09.02.2024).

liert. Selbst Unternehmen oder Organisationen mit weniger als 250 Mitarbeitenden verarbeiten personenbezogene Daten regelmäßig, sei es bei der Lohnabrechnung, bei Verwaltung von Kontaktdaten, beim Betreiben einer Webseite oder bei sonstigen Marketingmaßnahmen, die einzelne Personen ansprechen. Man könnte die Aufzählung beliebig erweitern. Im Endeffekt ist die Ausnahme zur Erstellung eines Verarbeitungsverzeichnisses rein theoretischer Natur und trifft in der Praxis kaum zu.

Tipp

Diese weite Auslegung wurde durch das DSK-Kurzpapier Nr. 1 vom 17.12.2018[3] bestätigt. Da Maßstab nicht ein hohes Risiko für die Rechte und Freiheiten der betroffenen Personen ist, reicht für ein bestehendes Risiko i. S. d. Formulierung in Art. 30 Abs. 5 DSGVO bereits aus, dass regelmäßig Kunden- oder Beschäftigtendaten verarbeitet werden. In der Praxis werden somit nur wenige Fälle in Betracht kommen, bei denen die Ausnahme greift. Auch kleine Unternehmen wie Handwerksbetriebe müssen ein Verarbeitungsverzeichnis erstellen.

Persönlich verantwortlich für das Führen und Erstellen ist der Verantwortliche (also i. d. R. der Inhaber oder gesetzliche Vertreter eines Unternehmens) bzw. der in der EU benannte Vertreter – mit Unterstützung der einzelnen Fachabteilungen, die Auskunft darüber geben, welche Daten wie bei ihnen verarbeitet werden. Zwar kann der DSB beratend zur Seite stehen, aber verantwortlich ist er für das Verarbeitungsverzeichnis nicht.

Darüber hinaus ist es sinnvoll, auch dann ein Verzeichnis von Verarbeitungstätigkeiten zu erstellen, wenn die Verpflichtung gem. Art. 30 Abs. 5 DSGVO nicht besteht. Denn die Nachweispflichten aus Art. 5 Abs. 2 DSGVO gelten stets für alle Unternehmen und Organisationen – und ein Nachweis ohne ein Verzeichnis der Verarbeitungstätigkeiten ist praktisch kaum vorstellbar. Das Verzeichnis versetzt überhaupt erst in die Lage, nachweisbar Aussagen darüber

[3] Vgl. https://www.datenschutzkonferenz-online.de/media/kp/dsk_kpnr_1.pdf (zuletzt aufgerufen am: 09.02.2024).

treffen zu können, zu welchem Zweck welche personenbezogenen Daten in der Organisation verarbeitet werden.

Tipp

Artikel 30 Abs. 3 DSGVO enthält als formale Anforderung, dass das Verzeichnis schriftlich zu führen ist, was aber auch in einem elektronischen Format erfolgen kann. Bei einer Toolunterstützung ist somit darauf zu achten, dass das Verzeichnis als Ausdruck oder in einem gängigen, betrachtbaren Dateiformat ausgegeben wird.

5.5.1 Inhaltliche Anforderungen beim Verantwortlichen

Die inhaltlichen Mindestanforderungen an das Verzeichnis der Verarbeitungstätigkeiten beim Verantwortlichen ergeben sich aus Art. 30 Abs. 1 DSGVO.[4] Wurde ein Vertreter durch den Verantwortlichen benannt, kann die Führung des Verzeichnisses auch durch diesen erfolgen. Verantwortlich ist derjenige, in dessen Interesse die Verarbeitung erfolgt und der diesbezüglich die Weisungsbefugnis hat (vgl. Art. 29 DSGVO).

Zu beachten ist, dass eine Verarbeitung nicht über das IT-Verfahren bestimmt werden kann. Das IT-Verfahren ist regelmäßig nur ein Mittel zur Erreichung eines Verarbeitungszwecks. Die Kunst bei der Bestimmung des Zwecks besteht darin, den Zweck nicht zu allgemein, aber auch nicht zu detailliert zu bestimmen.

4 Für weitere Erläuterungen und Beispiele vgl. Anwendungshinweise der DSK auf: https://www.datenschutzkonferenz-online.de/media/ah/201802_ah_verzeichnis_verarbeitungstaetigkeiten.pdf (zuletzt aufgerufen am: 09.02.2024).

Beispiel

Wird der Zweck z. B. mit „Personaldatenverarbeitung" zu allgemein bestimmt, lässt sich aufgrund der Vielzahl der Unterzwecke mit verschiedenen Rechtsgrundlagen wie „Entgeltabrechnung", „Abwesenheitsverwaltung", „Dienstreiseverwaltung", „Zeiterfassung" oder „Bewerberverwaltung" keine Prüfbarkeit mehr gewährleisten.

Werden Zwecke hingegen zu detailliert bestimmt – wie im Rahmen der „Bewerberverwaltung" z. B. mit „Initiativbewerbung", „Bewerbung auf Stellenausschreibung", „postalische Bewerbung", „elektronische Bewerbung", „Reisekosten Vorstellungsgespräch" etc. –, verliert man sich in der Vielzahl der Verarbeitungen und dokumentiert vieles doppelt und dreifach.

Tipp

Es empfiehlt sich ein Top-Down-Vorgehen, um die Verarbeitungen zu identifizieren. Eine praxistaugliche Erfassung kann im Rahmen von Interviews erfolgen: Der Datenschutzbeauftragte oder -koordinator spricht mit den Verantwortlichen und erfasst die Verarbeitungen. Vorteil dieser Vorgehensweise im Gegensatz zu reinen Fragebogen für die Prozessverantwortlichen ist die ressourcenschonende Zielerreichung. Während sich bei der Beantwortung von Fragebogen zur Erstellung eines Verarbeitungsverzeichnisses jede Person in die Materie einarbeiten muss, reicht es, dass ein Interviewpartner nur mit Fragen die Personen zum Ergebnis führt. Eine vorherige Beschäftigung mit dem Thema ist nicht notwendig.

Ein dokumentiertes Verfahren sollte prüfbar sein. Manchmal stellt sich die Frage, ob die Verarbeitung noch weiter heruntergebrochen werden soll. Ein Indikator kann hier der Zweck oder die Rechtmäßigkeit der Verarbeitung sein. Bei unterschiedlichen Zwecken oder Rechtsgrundlagen nach Art. 6 DSGVO sollte geprüft werden, ob mehrere Verarbeitungen dokumentiert werden können.

Bei der Frage, ob die Prüfbarkeit gegeben ist, hilft oft ein Blick auf die Rechtsnormen im Verarbeitungskontext. Da bei einer gesetzlichen Erlaubnis oder bei der Verarbeitung aufgrund eines berechtigten Interesses die Zulässigkeit und Erforderlichkeit i. d. R. anhand dieser rechtlichen Grundlagen erfolgt, sollte der Zweck auf diesen Bereich begrenzt werden. Bei einer Verarbeitung aufgrund einer Einwilligung sollte sich die Dokumentation auf den Bereich der Verarbeitung mit der Einwilligung beschränken.

Allgemeine Daten im Verarbeitungsverzeichnis

Das Verzeichnis von Verarbeitungstätigkeiten hat einen Informationsblock, welcher nicht pro Verfahren erfasst werden muss. Es reicht, diesen einmalig anzugeben. Es handelt sich hierbei um folgende Informationen (vgl. Art. 30 Abs. 1 lit. a DSGVO):

- ☐ Name und Kontaktdaten des Verantwortlichen
- ☐ ggf. Name und Kontaktdaten eines gemeinsamen Verantwortlichen
- ☐ ggf. Name und Kontaktdaten des Vertreters des Verantwortlichen
- ☐ Name und Kontaktdaten des Datenschutzbeauftragten (falls beauftragt)

Daten pro Verarbeitung

Die nachfolgenden Informationen sind Pflichtangaben für jedes einzelne Verfahren. Ein gutes und praxisnahes Verzeichnis hat darüber hinaus noch weitere Felder zu füllen. Hier wird sich auf die tatsächlich geforderten Angaben in Art. 30 Abs. 1 DSGVO konzentriert:

- ☐ Zweck der Verarbeitung
- ☐ Kategorien der betroffenen Personen: Es reicht, eine Kategorisierung wie z. B. „Bewerber“ oder „Mitarbeiter“ anzugeben. Zur jeweiligen Personenkategorie ist anzugeben, welche Daten zu diesen Personen bei der jeweiligen Verarbeitung verarbeitet werden.
- ☐ Kategorien der personenbezogenen Daten
- ☐ Kategorien von Empfängern, welche die Daten erhalten, auch wenn diese Empfänger Drittländer („Drittland“; ► Kap. 1.8) oder internationale Organisationen sind

- ☐ Angabe, in welches Drittland oder internationale Organisation die Daten übermittelt werden (falls zutreffend)
- ☐ Angabe geeigneter Garantien, aufgrund derer die Datenübermittlung in das Drittland erfolgt
- ☐ Vorgesehene Fristen für die Löschung der Datenkategorien (Löschfrist kann pro Datenkategorie unterschiedlich sein): Diese Angabe sollte „wenn möglich" erfolgen. Dies wird i. d. R. möglich sein. Zwar gibt es oft keine expliziten gesetzlichen Löschfristen. Allerdings bestimmt sich die Löschfrist dann nach der Erforderlichkeit zur Zweckerreichung plus gesetzliche Aufbewahrungspflichten oder sonstige Löschhindernisse oder plus Toleranzzeitraum.
- ☐ Ebenfalls sollte, wenn möglich, eine Beschreibung der technischen und organisatorischen Maßnahmen für die Verarbeitung genannt werden. Es empfiehlt sich allerdings, die TOM nicht pro Verarbeitung zu dokumentieren, sondern zentral in einem Sicherheitskonzept oder in einer Übersicht der Schutzmaßnahmen. Spezielle Maßnahmen, die nur zum Zweck der sicheren Verarbeitung einer einzelnen Verarbeitung implementiert wurden, sollten zusätzlich bei dieser dokumentiert werden. Die Angaben müssen hierbei so konkret sein, dass der Aufsichtsbehörde eine erste Rechtmäßigkeitsprüfung ermöglicht wird.

Tipp

Über diese gesetzlich geforderten Angaben hinaus kann die Übernahme weiterer Angaben in das Verzeichnis der Verarbeitungstätigkeiten des Verantwortlichen sinnvoll sein. Die gesetzlich geforderten Angaben dokumentieren z. B. weder die Rechtsgrundlage der jeweiligen Verarbeitung, das Vorhandensein von Einwilligungen (Art. 7 Abs. 1 DSGVO), die Ordnungsmäßigkeit der gesamten Verarbeitung (Art. 24 Abs. 1 DSGVO) noch das Ergebnis einer etwaigen Datenschutz-Folgenabschätzung (Art. 35 Abs. 7 DSGVO). Diese weiteren Angaben werden jedoch zur Erfüllung der Rechenschafts-, Auskunfts- oder Informationspflichten benötigt. Von daher macht es Sinn, diese Angaben für jede Verarbeitung an einer Stelle zur Verfügung zu stellen und zu pflegen. Aufgrund ggf. abweichender Zugriffsrechte können die Informationen auch in verschiedene Rubriken unterteilt werden.

Das folgende Beispiel enthält nur die Pflichtinformationen nach Art. 30 Abs. 1 DSGVO. Daran anschließend könnten in weiteren Rubriken zusätzliche Informationen zur Verarbeitung erfolgen.[5]

✎ Beispiel: Arbeitszeiterfassung

Name, Kontaktdaten Verantwortlicher:

Muster GmbH, vertreten durch den Geschäftsführer X, Musterstraße 1, 00000 Musterstadt

Name, Kontaktdaten des betrieblichen Datenschutzbeauftragten:

Muster GmbH, Der betriebliche Datenschutzbeauftragte, Musterstraße 1, 00000 Musterstadt, datenschutz@mustergmbh.de, +49 1111 007 004

Zwecke der Verarbeitung:

Erfassung und Verarbeitung von Arbeitszeiten nach Maßgabe des Arbeitszeitgesetzes zu Arbeitszeitkontrolle und Abrechnung

Kategorie Betroffener und Daten:

Mitarbeiter: Name, Vorname, Karten-ID, Datum und Zeit Ein- und Ausbuchungen, Arbeitszeit Soll/Ist und Saldo, Einhaltung Mindestruhe- und -pausenzeiten

Kategorie Empfänger:

intern: Geschäftsführung, Personalsachbearbeitung

extern: externe Lohnbuchhaltung durch Steuerberater

Löschfristen: 36 Monate nach Ende des Jahres, in dem der betreffende Mitarbeiter ausgeschieden ist

---

5 Die DSK stellt dazu ein Musterformular zur Verfügung, abrufbar unter: https://www.datenschutzkonferenz-online.de/media/ah/201802_ah_muster_verantwortliche.pdf (zuletzt aufgerufen am: 09.02.2024).

Allgemeine Beschreibung der technischen und organisatorischen Maßnahmen:

Verweis auf die Schutzmaßnahmen für den normalen Schutzbedarf. Ergänzende auf die Verarbeitung bezogene Maßnahmen müssen nur allgemein beschrieben werden:

- **Vertraulichkeit**
  - Maßnahmen zur Verhinderung eines unbefugten Zutritts zu den DV-Anlagen
  - Maßnahmen zur Verhinderung einer unbefugten Benutzung von DV-Anlagen
  - Maßnahmen zur Gewährleistung einer getrennten Verarbeitung von Daten, die zu unterschiedlichen Zwecken verarbeitet werden
  - Maßnahmen zum Schutz der Daten vor unbefugter Kenntnisnahme bei elektronischer Übertragung und elektronischem Transport
- **Integrität**
  - Gewährleistung, dass festgestellt werden kann, ob und von wem Daten eingegeben, verändert oder gelöscht worden sind
  - Maßnahmen zum Schutz der Daten vor unbefugter Veränderung beim Verantwortlichen und bei elektronischer Übermittlung und elektronischem Transport
- **Verfügbarkeit** (Belastbarkeit)
  - Maßnahmen zum Schutz gegen zufälligen oder durch interne/externe Angreifer verursachten Verlust der Daten
  - Maßnahmen zur schnellen Wiederherstellung der Systeme

✎ Beispiel

Das BayLDA bietet einige Musterverzeichnisse für verschiedene Zielgruppen: für Arztpraxen, Beherbergungsbetriebe, Einzelhändler, Handwerksbetriebe, Kfz-Werkstätten, Online-Shops oder für Vereine und WEG-Verwalter (abrufbar unter: https://www.lda.bayern.de/de/muster.html [zuletzt aufgerufen am: 09.02.2024]).

5.5.2 Inhaltliche Anforderungen bei Auftragsverarbeitern

Führt eine Organisation Verarbeitungen im Auftrag aus, ist dies in einem eigenen Verarbeitungsverzeichnis zu dokumentieren. In der Praxis kann dies natürlich in derselben Datei oder im selben Tool erfolgen. Es sollte allerdings klar gekennzeichnet sein, welche Verarbeitungen als Auftragsverarbeiter durchgeführt werden.

Die inhaltlichen Anforderungen für die Auftragsverarbeiter ergeben sich aus Art. 30 Abs. 2 DSGVO. Ist ein Vertreter benannt, so kann auch dieser das Verzeichnis führen. Der Auftragsverarbeiter führt ein Verzeichnis zu allen Kategorien von Tätigkeiten, die im Auftrag des Verantwortlichen durchgeführt werden. Dies trägt dem Umstand Rechnung, dass er die Tätigkeiten für den Verantwortlichen nach dessen Weisungen ausführt. Das Verzeichnis muss nach den gesetzlichen Vorgaben folgende Angaben enthalten:

- ☐ Name und Kontaktdaten des Auftragsverarbeiters: Führen den Auftrag mehrere Auftragsverarbeiter aus, sind auch die anderen Auftragsverarbeiter zu nennen. Darüber hinaus ist jeder Verantwortliche aufzuführen, für den der Auftragsverarbeiter tätig ist. Gibt es Vertreter des Auftragsverarbeiters oder des Verantwortlichen, so sind diese ebenfalls aufzulisten. Diese Information ist wie oben beschrieben einmal pro Verzeichnis zu nennen und muss nicht pro Verfahren erfasst werden.

- ☐ Ist ein betrieblicher Datenschutzbeauftragter benannt worden, muss auch dieser mit seinen Kontaktdaten einmal im Verzeichnis hinterlegt werden.
- ☐ Kategorien von Verarbeitungen, die im Auftrag jedes Verantwortlichen durchgeführt werden
- ☐ Erfolgen Übermittlungen von personenbezogenen Daten in ein „Drittland“, muss dies mit Nennung des Drittlands angegeben werden. In Bezug auf besondere Fallgestaltungen können sich hier noch weitere Anforderungen an die Dokumentation ergeben.
- ☐ Wenn möglich, muss auch der Auftragsverarbeiter eine allgemeine Beschreibung der von ihm im Zusammenhang mit den Auftragsarbeiten ergriffenen TOM anfügen.

5.6 Datenschutz-Folgenabschätzung (DSFA)

Die Datenschutz-Folgenabschätzung (DSFA) nach Art. 35 DSGVO löste die Vorabkontrolle aus § 4d Abs. 5 BDSG a. F. ab. Sie beinhaltet bei vorgesehenen Verarbeitungen eine Abschätzung der Folgen der Verarbeitung für den Schutz von personenbezogenen Daten.

5.6.1 Verpflichtung

Eine DSFA ist nach Art. 35 Abs. 1 DSGVO dann durchzuführen, wenn eine Verarbeitung voraussichtlich ein hohes Risiko für die Rechte und Freiheiten der von ihr betroffenen Personen birgt. Das besondere Risiko kann sich insbesondere aus dem Einsatz neuer Technologien oder aufgrund der Art, des Umfangs und der Zwecke der Verarbeitung ergeben. Artikel 35 Abs. 3 DSGVO unterstützt diese Einschätzung mit Regelbeispielen, bei denen eine DSFA erforderlich ist:

- wenn eine systematische und umfassende Bewertung persönlicher Aspekte mittels automatisierter Verarbeitung erfolgt und diese als Grundlage für Entscheidungen dient, die rechtliche oder sonstige erhebliche Auswirkungen auf die betroffene Person haben. Das könnte z. B. in folgenden Situationen relevant sein:
  - Kredit-Scoring: Banken und Finanzinstitute nutzen automatisierte Verarbeitungssysteme, um das Kreditrisiko eines Antragstellers zu bewerten. Diese Systeme analysieren eine Vielzahl von Datenpunkten wie z. B. Kredithistorie, Einkommen, Beschäftigungsstatus usw., um eine Kreditwürdigkeitsbewertung zu erstellen.
  - Versicherungsprämien: Versicherungsgesellschaften nutzen automatisierte Systeme, um das Risikoprofil eines Antragstellers zu bewerten und die Höhe der Versicherungsprämie festzulegen. Diese Systeme berücksichtigen Faktoren wie Alter, Gesundheitszustand, Beruf, Lebensstil usw.

  - Job-Bewerbungen: Einige Unternehmen nutzen automatisierte Systeme, um Bewerbungen zu screenen und die am besten geeigneten Kandidaten für eine Stelle zu ermitteln. Diese Systeme analysieren Lebensläufe und Bewerbungsunterlagen, um eine Bewertung der Eignung eines Bewerbers zu erstellen.
- wenn besondere Kategorien von personenbezogenen Daten gem. Art. 9 Abs. 1 DSGVO oder Daten über strafrechtliche Verurteilungen und Straftaten gem. Art. 10 DSGVO umfangreich verarbeitet werden. Hier stellt sich natürlich die Frage, ab wann von einer umfangreichen Verarbeitung auszugehen ist. Nachfolgend einige Möglichkeiten:
  - Gesundheitsdaten: Ein Krankenhaus, das medizinische Daten von Patienten speichert und verarbeitet, würde unter diese Kategorie fallen. Diese Daten könnten Informationen über den Gesundheitszustand, die Krankengeschichte, genetische oder biometrische Daten umfassen.
  - Daten über strafrechtliche Verurteilungen: Ein Unternehmen, das Hintergrundüberprüfungen durchführt und Informationen über strafrechtliche Verurteilungen von Bewerbern sammelt, würde ebenfalls unter diese Kategorie fallen.
  - Daten über religiöse oder philosophische Überzeugungen: Eine religiöse Organisation, die Informationen über die religiösen Überzeugungen ihrer Mitglieder sammelt und verarbeitet, würde unter diese Kategorie fallen.
  - Daten über Gewerkschaftszugehörigkeit: Ein Arbeitgeber, der Informationen über die Gewerkschaftszugehörigkeit seiner Mitarbeiter sammelt und verarbeitet, würde unter diese Kategorie fallen.
- bei einer systematisch umfangreichen Überwachung öffentlich zugänglicher Bereiche: Dies zielt klar auf Maßnahmen zur Videoüberwachung in diesen Bereichen. Auch hier stellt sich die Frage, wann von einer so umfangreichen Überwachung auszugehen ist, dass eine DSFA erforderlich wird. Dies könnte, je nach Umsetzung, bei folgenden Verarbeitungen resultieren:
  - Überwachung öffentlicher Plätze: Überwachungskameras werden oft in Parks, auf Plätzen und in anderen öffentlichen Bereichen installiert, um die Sicherheit zu gewährleisten und kriminelle Aktivitäten zu verhindern.

- Überwachung von Einkaufszentren: Viele Einkaufszentren verwenden Überwachungskameras, um Diebstahl zu verhindern und die Sicherheit der Kunden zu gewährleisten.
- Überwachung von Bahnhöfen und Flughäfen: Bahnhöfe und Flughäfen verwenden oft Überwachungskameras, um die Sicherheit zu gewährleisten und illegale Aktivitäten zu verhindern.

Aus den vorangegangenen Ausführungen wird deutlich, dass sich aus dem Gesetz keine klaren Kriterien dafür ableiten lassen, wann eine DSFA erforderlich ist. Artikel 35 Abs. 4 DSGVO sieht daher vor, dass die Datenschutzaufsichtsbehörden eine Liste von Verarbeitungsvorgängen erstellen müssen, für die eine solche durchzuführen ist.

Positivlisten der Aufsichtsbehörden

Die Aufsichtsbehörden haben diese Positivlisten (auch Blacklists oder Muss-Listen genannt) um den 25.05.2018 herum veröffentlicht. Es bestehen unterschiedliche Positivlisten[1], sodass von einer einheitlichen Anwendung der DSGVO in Bezug auf Art. 35 DSGVO nicht die Rede sein kann. Dies ist schon deshalb misslich, weil i. d. R. die Aufsichtsbehörden in den Ländern auch für die Aufsicht über die Datenverarbeitung in der Wirtschaft in den jeweiligen Ländern zuständig sind. Bei bundesweit tätigen Unternehmen kann es somit zu nennenswerten Unterschieden kommen.[2] Die Positivlisten differenzieren zudem zwischen Verarbeitungen im öffentlichen und nicht-öffentlichen Bereich und nehmen somit eine Differenzierung vor, die sich so in Art. 35 DSGVO nicht findet.

Im nicht-öffentlichen Bereich sind insbesondere folgende Verarbeitungen betroffen, wobei i. d. R. konkrete Anwendungsbeispiele genannt werden (nicht abschließend):

[1] Eine gute Auflistung mit Verlinkung zu den jeweiligen Positivlisten hat der BvD e. V. zusammengestellt, abrufbar unter: https://www.bvdnet.de/aufsichtsbehoerden-veroeffentlichten-positivlisten-zur-datenschutz-folgenabschaetzung (zuletzt aufgerufen am: 09.02.2024).

[2] Eine anschauliche Darstellung der Unterschiede findet sich unter: https://www.gesundheitsdatenschutz.org/html/dsfa_liste_aufsichtsbehoerden.php (zuletzt aufgerufen am: 09.02.2024).

- umfangreiche Verarbeitung von besonderen Kategorien personenbezogener Daten und darüber hinausgehend weitere Daten, die einem Berufs-, Sozial- oder Amtsgeheimnis unterliegen; umfasst sind v. a. auch Datenerhebungen besonderer Kategorien von personenbezogenen Daten mittels Sensoren, die an zentraler Stelle gesammelt und weiter zur Bestimmung der Leistungsfähigkeit des Betroffenen verarbeitet werden;
- umfangreiche Verarbeitung von Daten über den Aufenthaltsort von Personen und optoelektronische Erfassung öffentlicher Bereiche;
- Verarbeitungen mittels verschiedener Techniken, die zur Bewertung von Verhalten und anderer persönlicher Aspekte von Personen und Beschäftigten dienen; dies umfasst auch den Einsatz von KI zur Interaktion und zur Bewertung von Personen.

Eine explizite Auflistung findet sich in der jeweiligen Positivliste der zuständigen Aufsichtsbehörde. Allerdings ist darauf hinzuweisen, dass die Aufzählung von Verarbeitungen nicht abschließend ist. Die Listen enthalten Verarbeitungen, bei denen eine DSFA in jedem Fall durchzuführen ist. Darüber hinaus muss der Verantwortliche bei allen anderen Verarbeitungen prüfen, ob im Einzelfall ein hohes Risiko besteht und deshalb eine DSFA erforderlich ist.

Tipp

Praktisch bedeutet dies, dass im Rahmen der Erstellung des Verarbeitungsverzeichnisses (► Kap. 5.5) für jede Verarbeitung der Schutzbedarf mittels einer Schwellwertanalyse durchgeführt werden muss. Besteht aus Datenschutzsicht (► Kap. 5.3 zu Art. 32 DSGVO) ein erhöhter Schutzbedarf und liegen daneben die Kriterien für eine DSFA vor, muss diese durchgeführt werden.

Für die Beurteilung, ob ein hohes Risiko besteht und eine DSFA durchgeführt werden muss, bietet der Kriterienkatalog der Leitlinie im Working Paper Nr. 248[3] der Artikel-29-Datenschutzgruppe (ab S. 28) eine Hilfestellung. Erfüllt ein Verarbeitungsvorgang zwei oder mehr der genannten neun Kriterien, ist i. d. R. ein ho-

3 Abrufbar unter: https://datenschutzkonferenz-online.de/media/wp/20171004_wp248_rev01.pdf (zuletzt aufgerufen am: 09.02.2024).

hes Risiko gegeben. In Ausnahmefällen kann auch schon bei Vorliegen eines Kriteriums ein hohes Risiko der Verarbeitung bestehen.

Außerdem gibt es sowohl von der LfD Niedersachsen als auch von der Datenschutzstelle des Fürstentums Liechtenstein wertvolle Arbeitshilfen zur Notwendigkeit einer DSFA (jeweils zuletzt aufgerufen am: 09.02.2024):

- Prüfschema: https://lfd.niedersachsen.de/download/165235/Pruefschema_zur_Erforderlichkeit_einer_Datenschutz-Folgenabschaetzung.docx
- Checkliste: https://www.datenschutzstelle.li/download_file/542/328

Verantwortlichkeit für die DSFA

Verantwortlich für die Durchführung ist die für die Datenverarbeitung verantwortliche Stelle und somit nicht nur weisungsgebunden handelnde Auftragnehmer. Intern kann die Aufgabe auch nicht, wie bisher oft geschehen, an den betrieblichen Datenschutzbeauftragten delegiert werden. Dies ergibt sich klar aus Art. 35 Abs. 2 DS-GVO, wonach der betriebliche DSB nur beratend tätig wird. Somit ist die Unternehmensleitung gesamtverantwortlich für die Durchführung; dabei kann die eigentliche Durchführung an den für die Verarbeitung fachlich intern Verantwortlichen delegiert werden. Die Nichterfüllung dieser Pflicht kann gem. Art. 83 Abs. 4 lit. a DSGVO mit einer Geldbuße bis zu 10 Mio. Euro oder bei einem Unternehmen i. H. v. bis zu 2 % des Vorjahresumsatzes geahndet werden.

✎ **Beispiel: Whistleblowing**

Besonders aktuell ist das Thema Datenschutz-Folgenabschätzung im Hinblick auf die Anforderungen der Whistleblower-Richtlinie bzw. des Hinweisgeberschutzgesetzes (▶ Kap. 2.3.4). Der Schutz der Meldenden steht dabei im Mittelpunkt. Je nach Inhalt der Meldung können die Folgen für den Meldenden weitreichende Auswirkungen haben. Daher muss für ein eventuelles technisches Meldeportal und die interne Meldestelle zwingend eine DSFA erstellt werden.

5.6.2 Inhaltliche Anforderungen

Zwingend erforderlich ist ein dokumentiertes Vorgehen bei der DSFA, da ansonsten der Rechenschaftspflicht aus Art. 5 Abs. 2 DSGVO nicht nachgekommen werden kann und die nach Art. 35 Abs. 11 DSGVO vorgesehenen Folgeprüfungen aufgrund geänderten Risikos praktisch kaum durchführbar sind. Die inhaltlichen Mindestanforderungen an eine DSFA ergeben sich aus Art. 35 Abs. 7 DSGVO:

- ☐ Es ist eine **systematische Beschreibung der geplanten Verarbeitungsvorgänge** und der **Zwecke** der Verarbeitung zu erstellen. Die Beschreibung muss so detailliert erfolgen, dass eine umfassende Überprüfung denkbarer Folgen ermöglicht wird. Bei komplexeren Verarbeitungen bieten sich hierbei auch Prozessbeschreibungen an, aus denen Abläufe und Schnittstellen ersichtlich werden.
- ☐ Auf Basis dessen werden die geplanten Verarbeitungen mit den **damit verfolgten Zwecken** abgeglichen. Es muss dokumentiert werden, inwieweit die Verarbeitungen zur Zweckerreichung notwendig und verhältnismäßig sind. Ist der Zweck auch mit einer weniger in den Datenschutz einschneidenden Maßnahme in der gleichen Weise erreichbar, fehlt es an der Verhältnismäßigkeit.
- ☐ Im nächsten Schritt ist eine **Risikobewertung** für die von der Datenverarbeitung betroffenen Personen vorzunehmen. Es müssen mögliche Gefährdungen für die betroffenen Personen identifiziert und dokumentiert werden.
- ☐ Ausgehend von den ermittelten Risiken müssen **geplante Abhilfemaßnahmen** inkl. Garantien, Sicherheitsvorkehrungen und Verfahren dargestellt werden, durch die der Schutz personenbezogener Daten sichergestellt und der Nachweis dafür erbracht wird, dass die DSGVO eingehalten wird.

Tipp

Zur Umsetzung der vorgenannten Mindestanforderungen haben sich noch keine festen Verfahren etabliert. Allerdings gibt es Hilfestellungen von den Datenschutzaufsichtsbehörden zu möglichen Abläufen einer DSFA.[4]

Die französische Datenschutzaufsichtsbehörde Commission Nationale de l'Informatique et des Libertés (CNIL) hat mit dem PIA-Tool eine Software-Unterstützung zur Durchführung der DSFA entwickelt, die kostenlos unter einer Open-Source-Lizenz verfügbar ist.[5]

5.6.3 Konsultationspflicht mit der Datenschutzaufsichtsbehörde

Ergibt die DSFA, dass trotz der geplanten Abhilfemaßnahmen ein hohes Risiko verbleibt, so muss der Verantwortliche nach Art. 36 DSGVO vor Aufnahme der Verarbeitung die zuständige Datenschutzaufsichtsbehörde konsultieren. Zu beachten ist, dass die Nichtbeachtung der Konsultationspflicht ebenfalls mit einem Bußgeld gem. Art. 83 Abs. 4 lit. a DSGVO geahndet werden kann. Artikel 36 Abs. 3 DSGVO legt dabei fest, welche Informationen hierbei der Aufsichtsbehörde zur Verfügung gestellt werden müssen.

Die Aufsichtsbehörde muss innerhalb von acht Wochen nach Erhalt des Ersuchens eine schriftliche Empfehlung für das weitere Vorgehen geben. Bei komplexen Verarbeitungen kann die Frist auf bis zu 14 Wochen verlängert werden, wobei die Fristen ausgesetzt werden können, wenn die Behörde nicht alle erforderlichen Informationen bekommen hat.

4 Vgl. https://www.datenschutzkonferenz-online.de/media/kp/dsk_kpnr_5.pdf; https://www.datenschutz-bayern.de/dsfa; https://www.datenschutzzentrum.de/uploads/datenschutzfolgenabschaetzung/20171106-Planspiel-Datenschutz-Folgenabschaetzung.pdf (jeweils zuletzt aufgerufen am: 09.02.2024).

5 Vgl. https://www.cnil.fr/en/open-source-pia-software-helps-carry-out-data-protection-impact-assessment (zuletzt aufgerufen am: 09.02.2024).

Tipp

Neben Empfehlungen kann die Behörde auch von ihren Befugnissen aus Art. 58 DSGVO Gebrauch machen und z. B. eine Warnung, Anweisung oder Untersagung aussprechen.

5.7 Besondere Anforderungen bei Cloud-Lösungen

Bei Cloud-Lösungen erfolgt die Auslagerung von Daten oder Datenverarbeitungen an eine externe Stelle. In der Regel wird der Anbieter der Cloud-Lösung physischen Zugriff bzw. Zugang zu den Daten haben, die in seiner Infrastruktur verarbeitet werden. Cloud-Lösungen haben sich in vielerlei Hinsicht als praktische und effiziente Unterstützung von Geschäftsprozessen erwiesen und sind heute für kleine, mittlere und große Unternehmen im Tagesgeschäft nicht mehr wegzudenken. Gerade die Auslagerung von Daten und Datenverarbeitungen birgt aber rechtliche Risiken, die es bei einer Entscheidung für eine Cloud-Lösung sowie bei der Auswahl eines geeigneten Anbieters und geeigneter Anwendungen für eine Auslagerung zu beachten gilt. Auch die ISO/IEC 27001 in der aktuellen Version von Ende 2022 hat die Wichtigkeit dieser Thematik aufgegriffen. Ein eigenes Control in Anhang A widmet sich der sicheren Nutzung von Cloud Services.

Risiken beim Einsatz externer IT-Services sind insbesondere:

- Es besteht bei der Auslagerung der Verarbeitung von personenbezogenen Daten weiter die **Pflicht zur Verarbeitung entsprechend der DSGVO** und bereichsspezifischer Datenschutzgesetze. Demzufolge ist sicherzustellen, dass die entsprechenden Normen auch bei der Verarbeitung beim Anbieter der Cloud-Lösung eingehalten werden. Dies muss auch dokumentiert sein, damit die Rechenschaftspflicht aus Art. 5 Abs. 2 DSGVO erfüllt werden kann.
- Neben dem Datenschutz können aber auch **vertragliche und gesetzliche Pflichten zur Geheimhaltung** von Informationen bestehen, die einer Zugänglichmachung an eine externe Stelle entgegenstehen. Ein Beispiel für eine solche gesetzliche Verpflichtung ist das Sicherheitsüberprüfungsgesetz (SÜG), wenn in der gewerblichen Wirtschaft mit Verschlusssachen umgegangen wird. Weit häufiger werden vertragliche Geheimhaltungspflichten gegenüber Geschäftspartnern über ein non-disclosure

agreement (NDA) oder confidential disclosure agreement (CDA) sein.
- Ein weiterer möglicher Problembereich sind **vertragliche Verpflichtungen zur Einhaltung bestimmter Sicherheitsstandards**, wenn diese nicht ebenfalls durch den Anbieter der Cloud-Lösung gewährleistet werden können.

Tipp

Das BSI spezifiziert im Kriterienkatalog C5:2020 Mindestanforderungen an ein sicheres Cloud-Computing. Dabei richtet es sich v. a. an professionelle Cloud-Anbieter, aber auch an Prüfer und Kunden. Seit Januar 2020 gibt es eine grundlegend überarbeitete Version des Kriterienkatalogs – u. a. mit zwei neuen Bereichen für Sicherheitskriterien (Produktsicherheit, Umgang mit Ermittlungsanfragen staatlicher Stellen) sowie eine Überarbeitung bestehender Sicherheitskriterien.[1]

5.7.1 Auswahl geeigneter Daten und Datenverarbeitungen

Die eben genannten Risiken müssen bei der Auswahl der Daten und Datenverarbeitungen für eine Auslagerung an einen Cloud-Dienst berücksichtigt werden. Als kritisch zu betrachten sind:

- **Daten und Datenverarbeitungen mit einem erhöhten Schutzbedarf:** Dies gilt v. a. dann, wenn es sich um Verarbeitungen von besonderen Kategorien von personenbezogenen Daten gem. Art. 9 Abs. 1 DSGVO oder von Daten zu strafrechtlichen Verurteilungen und Straftaten gem. Art. 10 DSGVO handelt. Wenn überhaupt, sollte hier eine Auslagerung nur unter hohen

[1] Vgl. https://www.bsi.bund.de/DE/Themen/Unternehmen-und-Organisationen/Informationen-und-Empfehlungen/Empfehlungen-nach-Angriffszielen/Cloud-Computing/Kriterienkatalog-C5/kriterienkatalog-c5_node.html (zuletzt aufgerufen am: 09.02.2024).

Schutzmaßnahmen erfolgen und bei Bedarf einer vorherigen Betrachtung im Rahmen einer DSFA.
- Daten, die einer gesetzlichen oder vertraglichen **Pflicht zur Geheimhaltung** unterliegen, sind ebenfalls als besonders kritisch zu betrachten. Besteht bei einer vertraglichen Verpflichtung die Möglichkeit einer Kettenverpflichtung, kann auch der Cloud-Anbieter vertraglich zur Verschwiegenheit verpflichtet und mögliche Probleme können so gelöst werden.
- Ist die Datenverarbeitung Teil eines Verarbeitungsvorgangs für einen Kunden, der vertraglich die **Einhaltung bestimmter Sicherheitsstandards** verlangt, muss gewährleistet sein, dass auch der in den Cloud-Dienst ausgelagerte Teil der Verarbeitung diesen Standards entspricht.

5.7.2 Auswahl des Anbieters

Da es sich bei der Auslagerung von Daten und Datenverarbeitungen an einen Cloud-Dienst fast stets um eine Auftragsverarbeitung oder eine Verarbeitung in gemeinsamer Verantwortung (▶ Kap. 4) handeln wird, werden die eigenen gesetzlichen und vertraglichen Pflichten nicht mit ausgelagert. Bei der Auswahl des Anbieters ist somit das wesentliche Augenmerk darauf zu legen, dass diese Pflichten weiter erfüllt werden können. Namentlich geht es hierbei v. a. um die Einhaltung von IT-Sicherheits- und Datenschutzstandards, denen der Verantwortliche unterliegt und die nach Art. 28 Abs. 1 DSGVO bei der Auswahl berücksichtigt werden müssen.

Tipp

Seriöse Anbieter verfügen in aller Regel über Zertifizierungen nach anerkannten IT-Sicherheits- und Datenschutzstandards.

5.7.3 Vertragliche Sicherstellung von Kontrollmöglichkeiten

Aufgrund der fast stets beim Verantwortlichen verbleibenden Verantwortung müssen Weisungs- und Kontrollmöglichkeiten gegenüber dem Anbieter des Cloud-Dienstes sichergestellt werden. Bei Vorliegen einer Auftragsverarbeitung nach Artt. 28 und 29 DSGVO muss ohnehin ein Vertrag mit den in Art. 28 Abs. 3 DSGVO genannten Mindestanforderungen geschlossen werden.

Tipp

Eine kostenlose Vorlage liefert z. B. die GDD (Gesellschaft für Datenschutz und Datensicherheit) unter: https://www.gdd.de/service/publikationen-und-aktionen (zuletzt aufgerufen am: 09.02.2024).

Bei vielen Anbietern hat hier nicht zuletzt wegen der DSGVO ein Umdenken stattgefunden, sodass heute zumeist eine durch den Auftragnehmer gestellte vertragliche Vereinbarung mit den gesetzlichen Mindestvoraussetzungen geschlossen werden kann. Eigene vertragliche Bestimmungen des Auftraggebers bleiben hingegen in Bereichen mit kommerziellem Massengeschäft schwierig.

5.7.4 Transfer der Daten in ein Drittland

Erfolgt bei der Nutzung des Cloud-Dienstes ein Transfer von Daten in ein „Drittland“, ist Folgendes zu beachten:

Es handelt sich um personenbezogene Daten

Hier muss die Zulässigkeit anhand der Voraussetzungen in Artt. 44–49 DSGVO geprüft werden. Am einfachsten kann die Übermittlung bei Bestehen eines Angemessenheitsbeschlusses nach Art. 45 DSGVO erfolgen. Ein Angemessenheitsbeschluss besteht z. B. für Kanada, die Schweiz, Argentinien, Japan, Neuseeland oder Südkorea und inzwischen auch wieder für die USA (vgl. auch ► Kap. 1.8). Im Anwendungsbereich des Angemessenheitsbeschlusses bedarf es keiner besonderen Genehmigung der Übermittlung mehr. In allen anderen Fällen sind geeignete Garantien für die Einhaltung von Datenstandards bei der Verarbeitung in dem betreffenden Drittland notwendig.

„Datentransfer-Dilemma USA"

▪ Neu

Das Auf und Ab zum Datentransfer in die USA hat zwischenzeitlich ein Ende gefunden. Am 10.07.2023 wurde ein neuer Angemessenheitsbeschluss für die Datenübertragung in die USA für gültig erklärt. Das Trans-Atlantic Data Privacy Framework (TADPF) ist der Nachfolger des für ungültig erklärten Privacy Shields.

Der bisher bestehende Angemessenheitsbeschluss unter den Voraussetzungen des EU-US Privacy Shield wurde durch das EuGH-Urteil vom 16.07.2020 (Rs. C-311/18 – Schrems II) für ungültig erklärt. Eine Übermittlung in die USA war auf dieser rechtlichen Grundlage nicht mehr möglich. Das TADPF löst nun diese Problematik und ermöglicht eine Datenübermittlung zu Anbietern in den USA.[2]

Wenn die Datensicherheit am Verarbeitungsort nicht gegeben ist, können Unternehmen lt. BayLDA entweder *„die Daten vielfach durch Verschlüsselung und andere technische Schutzmaßnahmen vor unbefugtem Zugriff schützen [mit einem in der EU ansässigen Schlüsselträger]"*[3] oder sie müssen sich nach einem alternativen Anbieter mit einem sicheren Standort umsehen. Bis die europäische Politik Bedingungen innerhalb Europas für konkurrenzfähige heimische IT-Lösungen schaffen wird, laufen betroffene Unternehmen also Gefahr, durch die Nutzung dieser Cloud-Lösungen gegen EU-Recht zu verstoßen und in Form von förmlichen Anordnungen bis hin zu Bußgeldern sanktioniert zu werden.

---

[2] Weitere Informationen dazu liefert https://www.ldi.nrw.de/trans-atlantic-data-privacy-framework-0 (zuletzt aufgerufen am: 09.02.2024).

[3] https://www.merkur.de/wirtschaft/cloudnutzung-haeufig-illegal-bayerische-datenschuetzer-gehen-gegen-datentransfers-in-die-usa-vor-zr-90852689.html (zuletzt aufgerufen am: 09.02.2024).

Es handelt sich um geheimhaltungsbedürftige Daten

Werden mit vertraglicher Absicherung geheimhaltungsbedürftige Daten in ein Drittland übermittelt, ist zu beachten, dass aufgrund der gesetzlichen Bestimmungen in diesem Land dennoch ein Zugriff durch Behörden möglich sein kann.

5.8 Besondere Anforderungen bei der Bereitstellung von WLAN

Bei der Bereitstellung von einem drahtlosen Internetzugang über Wireless-LAN (WLAN) ist zunächst zu differenzieren, ob der Zugang nur Betriebsangehörigen oder auch externen Dritten wie z. B. Kunden zur Verfügung gestellt wird.

5.8.1 Zugang nur für Betriebsangehörige

Besteht Zugang nur für Betriebsangehörige, stellen sich im Wesentlichen die gleichen rechtlichen Fragen wie beim kabelgebundenen Zugang zum Internet durch Beschäftigte. Entscheidend ist hier v. a. die Frage, ob die Privatnutzung des dienstlichen Internetzugangs erlaubt ist.

Tipp

Soll die private Nutzung des Internets durch Beschäftigte verboten sein, muss dies ausdrücklich erfolgen und auch durchgesetzt werden. Das wissentliche Dulden von Verstößen führt i. d. R. über kurz oder lang zu einer betrieblichen Übung, die als Bestandteil des Arbeitsverhältnisses ggf. nur durch eine Änderungskündigung beseitigt werden kann.

Ist die Privatnutzung wirksam ausgeschlossen worden, hat der Arbeitgeber im Rahmen der rein dienstlichen Nutzung nur die Grenzen durch den Beschäftigtendatenschutz zu berücksichtigen. Ist die Privatnutzung erlaubt, hat der Arbeitgeber neben dem Beschäftigtendatenschutz auch das Fernmeldegeheimnis (§ 3 TTDSG) in Bezug auf den Inhalt und die Umstände der privaten Kommunikation zu beachten. Da sich dienstliche und private Nutzung auf Netzwerkebene nur schwerlich trennen lassen, hat dies übergeordnet Auswirkungen auf Sicherheitsmaßnahmen des Arbeitgebers, die mit solchen Daten umgehen.

Tipp

Wird die Privatnutzung zugelassen, sollte dies geregelt erfolgen, indem die Nutzung unter dem Vorbehalt von bestimmten Sicherheitsmaßnahmen erlaubt wird, was ggf. auch durch eine Betriebsvereinbarung erfolgen kann.

Kommt es im Zusammenhang mit der Privatnutzung zu Rechtsverstößen, wird dies zunächst über die betriebliche Anschlusskennung auf den Arbeitgeber zurückfallen. Durch die Zugangsbeschränkung auf Beschäftigte lässt sich i. d. R. der Verursacher ermitteln.

5.8.2 Zugang auch für Externe

Wenn ein sog. offenes WLAN, über das prinzipiell jede Person im Empfangsbereich des WLAN ohne eine persönliche Registrierung Zugang zum Internet erhält, zur Verfügung gestellt wird, kann dies durch einen prinzipiell offenen Empfang erfolgen oder durch den Aushang eines allgemeingültigen Passworts für den Zugang in den Geschäftsräumen.

Urheberrechtsverletzungen und andere Straftaten durch Nutzer

Der offene Zugang eröffnet in aller Regel eine weitgehend anonyme Nutzung des zur Verfügung gestellten Internetzugangs. Wird über den Zugang eine Urheberrechtsverletzung oder eine Straftat begangen, wird über die Kennung des Anschlusses zunächst der Anbieter des offenen WLAN als Verursacher ermittelt.

Unternehmer und Privatpersonen, die ihr WLAN anderen Personen frei zur Verfügung stellen, haften grds. nicht für rechtswidriges Verhalten der jeweiligen Internetnutzer – wie Urheberrechtsverletzungen – oder für Unterlassungsansprüche. Gemäß § 7 TMG muss der Anbieter des WLAN zur Vermeidung der Haftung nur darlegen können, dass zum Zeitpunkt der Rechtsverletzung mehrere Nutzer das WLAN verwendet haben und sich somit der Täter nicht ermitteln lässt. Der Rechteinhaber kann jedoch bei vorkommenden Urheberrechtsverletzungen vom Betreiber des WLAN verlangen, dass der Zugang zu den für die Verletzung benutzten Webangeboten gesperrt wird, wenn dies verhältnismäßig ist. Der Rechteinhaber hat in diesem Zusammenhang keinen Anspruch auf Erstattung von vor- und außergerichtlichen Kosten für die Geltendmachung und Durchsetzung dieses Anspruchs. Diese Rechtslage bestätigte der BGH durch das Urteil vom 26.07.2018 (Az. I ZR 64/17).

Für den Anbieter eines öffentlichen WLAN ergeben sich die folgenden Handlungsoptionen:

- **Zurverfügungstellung eines offenen WLAN mit keinerlei Zugangsbeschränkungen auf Webangebote bis zu einer konkreten Aufforderung zur Sperrung durch einen Rechteinhaber:** Für die Umsetzung einer Sperrung wird ggf. eine IT-Fachkraft benötigt. Zu beachten ist außerdem, dass die Erleichterungen nur für die Verletzung geistigen Eigentums und nicht für sonstige Rechtsverstöße gelten.
- **Zurverfügungstellung eines offenen WLAN, das von vornherein nur eingeschränkte Nutzungsmöglichkeiten zulässt:** Dies kann eine Sperrung bestimmter Webangebote und Dienste sowie eine Geschwindigkeits- oder Volumenbegrenzung beinhalten, um das WLAN für Rechtsverletzungen weniger attraktiv zu machen.
- **Zugangsgewährung nur für persönlich registrierte Nutzer mit einem personengebundenen Zugang:** In diesem Fall lässt sich der Verursacher identifizieren und kann direkt durch den Rechteinhaber auf Unterlassung und Schadensersatz in Anspruch genommen werden. Damit entfallen aber auch alle Vorteile eines offenen WLAN.

Haftung für die Verfügbarkeit

Ohne weitere Regelung könnte sich ein Nutzer darauf verlassen, dass der Zugang zum Internet stets verfügbar ist. Dies kann problematisch werden, wenn über den Zugang Netzdienste mit kommerziellem Hintergrund (Online-Auktionen, Wertpapiergeschäfte) genutzt werden und dem Nutzer durch einen Ausfall ein wirtschaftlicher Schaden entsteht.

Tipp

Dieses mögliche Vertrauen sollte zerstört werden, indem ein Hinweis erfolgt, dass sich der Nutzer nicht auf eine ständige und fehlerfreie Verfügbarkeit verlassen kann.

Haftung für Schäden am Gerät des Nutzers

Weiterhin besteht die Gefahr einer Haftung für Schäden am Gerät des Nutzers durch Viren, Würmer oder Hacking, wenn ein Zusammenhang zwischen Schaden und Nutzung des WLAN hergestellt werden kann: Allerdings wird hier i. d. R. ein erhebliches Mitverschulden des Nutzers anzunehmen sein, das entweder in einer unzureichenden Sicherung des Geräts oder einem eigenen Fehlverhalten (z. B. durch Klick auf einen Link von unbekannter Herkunft) zu suchen sein wird.

Tipp

Trotzdem kann der Hinweis nicht schaden, dass eine Nutzung des WLAN auf eigene Gefahr des Nutzers erfolgt.

Gefahren für die eigene IT-Sicherheit

Es muss durch technische Maßnahmen sichergestellt werden, dass Nutzer des WLAN keinen Zugriff auf Bereiche bekommen können, in denen geschäftskritische Daten der Organisation verarbeitet werden.

Checkliste: Gäste-WLAN

- ☐ (physikalisch) separiertes Gäste-WLAN einrichten
- ☐ Regeln für die Nutzung aufstellen und die Nutzenden auf diese hinweisen bzw. vor der Nutzung aktiv bestätigen lassen
- ☐ grundsätzlicher Verzicht der Gäste-WLAN-Nutzung durch Mitarbeitende
- ☐ Reichweite des Gäste-WLAN räumlich beschränken auf gewünschte WLAN-Zonen
- ☐ Nutzende darauf hinweisen, dass keine bestimmte Verfügbarkeit zugesichert wird und die Nutzung auf eigene Gefahr erfolgt
- ☐ Nutzende darauf hinweisen, dass die Verwendung protokolliert und bei begründetem Verdacht ausgewertet werden kann

6 Umgang mit personenbezogenen Daten in der Praxis

6.1 Zentrale abteilungsübergreifende Datenverarbeitungsaspekte

6.1.1 Datenschutz und IT-Prozesse – ein Interessenkonflikt?

Aufgrund der stetig fortschreitenden Möglichkeiten u. a. durch Digitalisierung und künstliche Intelligenz ist es für die Unternehmen wichtig, aktuelle Technologien umzusetzen, um weiterhin auf dem Markt bestehen zu können. Während das operative Geschäft das Maximum der Technologien ausschöpfen möchte, ist es die Aufgabe der Datenschutzbeauftragten und IT-Sicherheitsverantwortlichen, auch das Risiko dieser Möglichkeiten im Blick zu haben.

Natürlich bieten neue Technologien auch neue Chancen, die Security zu verbessern. Trotzdem kann es immer wieder zu Interessenkonflikten kommen, wenn operative Bereiche alle Funktionen eines IT-Services ohne Einschränkungen nutzen möchten und Sicherheitsbeauftragte auf das Risiko hinweisen.

Umfangreiche Funktionalitäten gehen in vielen Fällen mit einem gestiegenen Interesse an einer möglichst weitreichenden Verarbeitung von (personenbezogenen) Daten einher, also der Verwendung großer Datenmengen für einen möglichst langen Zeitraum. Naturgemäß steht dies im Widerspruch zu den in Art. 5 Abs. 1 DSGVO geregelten Verarbeitungsgrundsätzen der Datenminimierung und der Speicherbegrenzung. Nach Auffassung der ehemaligen Bundesbeauftragten für den Datenschutz und die Informationsfreiheit

(BfDI), Andrea Voßhoff (2014–2018), ist aufgrund eines potenziellen Interessenkonflikts daher die Rolle des Datenschutzbeauftragten und des Leiters der IT-Abteilung nicht in Personalunion zu besetzen. Vielmehr sollte der IT-Leiter im Hinblick auf seine umfangreichen Rechte und Möglichkeiten, Daten einzusehen und zu verarbeiten, von einem unabhängigen DSB kontrolliert werden können.

Die fortschreitende technische Entwicklung wird diesen Interessenkonflikt womöglich noch verschärfen. Um den Mehrwert der Technologien für alle bestmöglich nutzen zu können, muss es das Ziel sein, dass Datenschutz, IT-Sicherheit und IT Hand in Hand zusammenarbeiten. Alle diese Stellen sollten bei neuen Projekten oder Vorhaben in Unternehmen von Anfang an eingebunden werden. Leider entsteht meist den Eindruck, als „würden noch mehr Personen mitreden". Am Ende ist es aber doch die effizientere Methode, alle am Anfang einzubinden, als im Nachgang den Datenschutzbeauftragten um seine Meinung zu fragen. Insoweit empfiehlt sich ein Umdenken, den Datenschutz als neue Herausforderung anzunehmen bzw. Synergieeffekte zwischen IT-Projekten und datenschutzrechtlichen Anforderungen zu erkennen und zu nutzen.

In der Praxis können in diesem Zusammenhang Probleme aufkommen, da die datenschutzrechtlichen Anforderungen der DSGVO, in Form von Rechtsnormen, nicht unmittelbar operativ technisch umsetzbar sind. Juristen und Informatiker sind daher im Zusammenwirken zur Umsetzung dieser Anforderungen angehalten und müssen eine gemeinsame Sprache finden.

Tipp

Diverse Unternehmen gehen diese Problematik an, indem sie eine (neue) Position mit „Schnittstellenfunktion" etablieren, in welcher der entsprechende Mitarbeiter vermittelnd zwischen IT- und Rechts- bzw. Compliance-/Datenschutzabteilung steht. Dieser Mitarbeiter sollte sowohl entsprechende Rechts- als auch IT-Kenntnisse vorweisen können.

Die Datenschutzkonferenz (DSK) adressiert die praktische Umsetzbarkeit der Datenschutzanforderungen in ihrem „Standard-Datenschutzmodell" (SDM). Dies stellt *„eine Methode zur*

Datenschutzberatung und -prüfung auf der Basis einheitlicher Gewährleistungsziele" dar und bietet einen Leitfaden, datenschutzrechtliche Anforderungen in erforderliche technische und organisatorische Maßnahmen (TOM) zu transformieren sowie Daten, Systeme und Prozesse entsprechend zu konfigurieren (Näheres zum SDM ► Kap. 6.1.5).

Der Administrator

Mit den gesteigerten Anforderungen an die IT-Sicherheit unter der DSGVO wachsen auch die Aufgaben und damit die Rechte und Pflichten der IT-Administratoren, da sie letztendlich für die Umsetzung und Funktionsfähigkeit einer sich vergrößernden IT-Infrastruktur verantwortlich sind. Administratoren sind vor diesem Hintergrund mit umfassenden technischen Zugriffsmöglichkeiten – sowohl mit Lese- als auch Schreibrechten – ausgestattet, um erforderliche Konfigurationen vornehmen zu können. Eine zweckwidrige oder nicht erforderliche Ausübung von Zugriffsbefugnissen ist dem Administrator zwar möglich, überschreitet aber die Grenzen des datenschutzrechtlich und häufig arbeitsvertraglich Zulässigen.

Trotzdem sollte das Risiko betrachtet und ernst genommen werden. In größeren Unternehmen muss nicht eine Person auf allen Systemen Administrationsrechte haben. Die Verantwortlichkeiten können unter mehreren Administratoren aufgeteilt werden. Zudem ist es erforderlich, dass Administratoren über einen „normalen" Useraccount und einen Admin-Account verfügen. Dann kann auch ein erweitertes Logging für alle Aktivitäten, die als Administrator ausgeführt werden, aktiviert werden.

Beispiel

Werden Administratorrechte überschritten und/oder missbräuchlich eingesetzt, besteht ein erhebliches Risikopotenzial sowohl für die betroffenen Personen als auch für das Unternehmen. Administratoren genießen vor diesem Hintergrund eine besondere Vertrauensstellung. Ein unbefugtes Überschreiten der Zugriffsbefugnisse kann im Einzelfall eine fristlose Kündigung rechtfertigen (vgl. LAG Köln, Urteil vom 14.05.2010, Az. 4 Sa 1257/09) oder gem. §§ 202a–202c, 206 StGB eine strafbare Handlung darstellen.

6.1.2 Personenbezogene Daten und Kriterien zu deren Ermittlung

Das geschilderte Spannungspotenzial besteht grds. nur im Hinblick auf die Verarbeitung personenbezogener Daten, auf deren Schutz sich die Vorgaben der DSGVO ausschließlich beziehen. Andere schützenswerte Informationen (z. B. Entwicklungsdaten, strategische Informationen der Geschäftsleitung usw.) sind, wie schon erwähnt, ebenfalls wichtig für das Unternehmen, unterliegen aber nicht den Anforderungen der DSGVO.

Artikel 4 Nr. 1 DSGVO definiert personenbezogene Daten als *„alle Informationen, die sich auf eine identifizierte oder identifizierbare natürliche Person beziehen“*. Als identifizierbar wird eine Person angesehen, wenn diese mittels Zuordnung zu einer Kennung oder zu einem spezifischen Merkmal dieser Person identifiziert werden kann. Wann aber ist anzunehmen, dass eine Person in dieser Weise identifiziert werden kann?

Bei der Frage der Identifizierbarkeit einer Person *„sollten alle Mittel berücksichtigt werden, die von dem Verantwortlichen oder einer anderen Person nach allgemeinem Ermessen wahrscheinlich genutzt werden, um die natürliche Person direkt oder indirekt zu identifizieren, wie beispielsweise das Aussondern“* (ErwG 26 DSGVO). Hinsichtlich der nach allgemeinem Ermessen wahrscheinlich genutzten Mittel ist auf objektive Faktoren wie z. B. Kosten und Zeitaufwand abzustellen und dabei die zum Zeitpunkt der Verarbeitung verfügbare Technologie zu berücksichtigen (vgl. ErwG 26 DSGVO).

✎ Beispiel

In einem Personalinformationssystem werden Mitarbeiterdaten verarbeitet, die eine Identifikation einzelner Beschäftigter ermöglichen und daher als personenbezogene Daten einzustufen sind.

Das kann im Detail eine Personalnummer sein oder auch eine Userkennung für den Zugriff auf das Unternehmensnetzwerk. Im Gegensatz dazu sind Maschinendaten – ohne Zuordnungsmöglichkeit zu einer natürlichen Person – rein technische Informationen ohne Personenbezug.

Abgrenzungsschwierigkeiten können bei Datenarten entstehen, die sich nicht so eindeutig klassifizieren lassen. Wie die Kriterien zur Identifizierbarkeit einer Person in solchen Fällen anzuwenden sind, zeigt folgendes Beispiel: In einem betriebsinternen LAN ist eine statische IP-Adresse dauerhaft einem bestimmten Laptop zugeordnet. Der zuständige Administrator kann über entsprechende Zuordnung weiterer Informationen den Laptop sowie dessen Nutzer, den Mitarbeiter A, mit einfachen Mitteln identifizieren. Die Identifizierbarkeit des A ist gegeben und die statische IP-Adresse ist ein personenbezogenes Datum.

Häufiger als die statische werden in der Praxis jedoch dynamische IP-Adressen vergeben. Die Information darüber, welche IP-Adresse zu einem bestimmten Zeitpunkt einem bestimmten Gerät zugeordnet war, wird vom Provider für den erforderlichen Zeitraum in einer Datenbank gespeichert. Insoweit ist die dynamische IP-Adresse für den Provider ein personenbezogenes Datum. Dies wurde im Urteil vom 16.05.2017 (Az. VI ZR 135/13) durch den Bundesgerichtshof auch noch mal verdeutlicht.[1]

Schwieriger stellt sich die Abgrenzung der Identifizierbarkeit mit Blick auf einen Websitebetreiber dar, der die dynamischen IP-Adressen der Websitebesucher dokumentiert. Eine Zuordnung zu einer Gerätekennung und dem Nutzer ist dem Websitebetreiber – soweit kein Kunden-Log-in o. Ä. erfolgte – mangels entsprechender eigener Kenntnis nur über den Provider und die dort vorgehaltenen Informationen möglich. Die IP-Adresse ist für den Websitebetreiber dann ein personenbezogenes Datum, wenn er nach allgemeinem

[1] Vgl. Pressemittelung des BGH Nr. 74/2017, abrufbar unter: https://juris.bundesgerichtshof.de/cgi-bin/rechtsprechung/document.py?Gericht=bgh&Art=en&Datum=Aktuell&nr=78289&linked=pm (zuletzt aufgerufen am: 09.02.2024).

Ermessen wahrscheinlich Mittel nutzt, um die betroffene Person zu identifizieren. Speichert der Websitebetreiber die IP-Adressen zur Störungsbeseitigung und um Denial-of-Service-Attacken zu begegnen, ist es ihm unter Einschaltung der zuständigen Behörden grds. möglich, vom Provider die Gerätekennung des Nutzers zu erfahren. Diese „Mittel" könnte er auch nutzen, weshalb von einer Identifizierbarkeit auszugehen ist und die IP-Adresse auch für den Websitebetreiber ein personenbezogenes Datum darstellt (vgl. EuGH, Urteil vom 19.10.2016, Rs. C-582/14 – Breyer/Deutschland).

✎ Beispiel

In der IT-Abteilung eines Unternehmens wird ein Security-Information-and-Event-Management-System (SIEM) betrieben, welches Cyberattacken begegnen soll. Die im System vorgehaltenen und analysierten IP-Adressen sind grds. als personenbezogene Daten einzustufen. Das Verfahren muss im Verarbeitungsverzeichnis (► Kap. 5.5) dokumentiert werden.

Weitere Metadaten

Neben IP-Adressen treten weitere Metadaten im IT-Kontext auf, deren Personenbeziehbarkeit im Einzelfall zu prüfen und zu ermitteln ist. In diesem Zusammenhang sollte besonderes Augenmerk auf ErwG 30 DSGVO gelegt werden. Dieser besagt, dass natürlichen Personen Online-Kennungen wie IP-Adressen, Cookie-Kennungen oder sonstige Kennungen wie Funkfrequenzkennzeichnungen zugeordnet werden können, die z. B. über deren Gerät, Software-Anwendungen oder -Tools und Protokolle generiert werden. Dies kann Spuren hinterlassen, die u. a. in Kombination mit eindeutigen Kennungen und anderen beim Server eingehenden Informationen dazu benutzt werden können, um Profile der natürlichen Personen zu erstellen und sie zu identifizieren.

Zur Verdeutlichung sei noch erwähnt, dass Personenbeziehbarkeit nicht bedeutet, dass auch der Name einer Person bekannt sein muss. Durch die eindeutigen Metadaten kann eine Person im Internet wiedererkannt werden, ohne ihren Namen und genauen Wohnort zu kennen. Trotzdem spricht man von einer identifizierbaren Person.

Im Zweifel personenbeziehbar

Da es in der Praxis schwierig sein kann, hinsichtlich einzelner Daten die Personenbeziehbarkeit zu prüfen und zu bewerten, sollte diese in Zweifelsfällen angenommen werden.

Tipp

Soweit die Feststellung der Personenbeziehbarkeit eines Datums in der Praxis Probleme bereitet, empfiehlt es sich, das IT-Sicherheitskonzept (▶ Kap. 5) so aufzusetzen, dass davon alle Verarbeitungsprozesse und Datenkategorien umfasst sind. Die Personenbeziehbarkeit muss insoweit nicht festgestellt werden.

6.1.3 „Erleichternde" Datenverarbeitungsumstände

Die Verarbeitung personenbezogener Daten ist vollumfänglich den Anforderungen der DSGVO zu unterwerfen, v. a. sind die Grundsätze für die Verarbeitung personenbezogener Daten nach Art. 5 DSGVO zu beachten. Auch pseudonymisierte Daten sind personenbezogen, jedoch „privilegiert" die DSGVO den Verantwortlichen teilweise bei deren Verarbeitung. Anonymisierte Daten, also solche, bei denen die betroffene Person nicht oder nicht mehr identifiziert werden kann, sind vom Anwendungsbereich der DSGVO ausgeschlossen. Ihre Verarbeitung ist ohne Beachtung datenschutzrechtlicher Vorschriften zulässig.

Pseudonymisierung

Gemäß der Definition in Art. 4 Nr. 5 DSGVO muss eine Pseudonymisierung drei Anforderungen erfüllen:

1. keine Zuordnung der Daten zu einer spezifischen Person ohne Hinzuziehung zusätzlicher Informationen
2. getrennte Aufbewahrung der zusätzlichen Informationen

3. Gewährleistung technischer und organisatorischer Maßnahmen zur Nichtzuordnung

Beispiel

Die Zuordnung von Kundennummern zu den jeweiligen Kunden ist nur unter Hinzuziehung einer Zuordnungstabelle möglich. Die mittels True Crypt verschlüsselte Zuordnungstabelle ist auf einem separaten Server gespeichert, die Zugriffe sind entsprechend einem restriktiven Rechte- und Rollenkonzept vergeben. In diesem Beispiel sind die Kundennummern pseudonymisierte Daten.

Die Pseudonymisierung wird in der DSGVO an verschiedenen Stellen insbesondere als technische und organisatorische Maßnahme der Datensicherheit und der Risikominimierung für betroffene Personen erwähnt. Gleichzeitig wird sie „belohnt", da dadurch zuvor unzulässige Verarbeitungsverfahren zulässig werden können. Dies lässt sich anhand folgender Verarbeitungsszenarien verdeutlichen:

Tipp

- Sollen zum Zweck der Vertragserfüllung erhobene Kundendaten für eine Marketingmaßnahme genutzt werden, muss diese Zweckänderung den Anforderungen des Art. 6 Abs. 4 DSGVO genügen. Bei der vorzunehmenden Abwägung, ob der neue Zweck mit dem ursprünglichen vereinbar ist, kann die Pseudonymisierung als „geeignete Garantie" für die Zulässigkeit der Zweckänderung angeführt werden.
- Sollen personenbezogene Daten für im öffentlichen Interesse liegende Archivzwecke, für wissenschaftliche oder historische Forschungszwecke oder für statistische Zwecke weiterverarbeitet werden, ist dies unter den Voraussetzungen des Art. 89 DSGVO eine legitime Zweckänderung. Die Pseudonymisierung ist im Rahmen der Prüfung als TOM zu berücksichtigen.
- Eine Pseudonymisierung kann bei einer Interessenabwägung, die z. B. bei einer Datenverarbeitung aufgrund berechtigter Interessen nach Art. 6 Abs. 1 lit. f DSGVO erforderlich ist, zugunsten des Verarbeiters herangezogen werden.

Anonymisierung

Wie sich aus ► Kap. 6.1.2 ergibt, folgt die DSGVO einem relativen Ansatz in Bezug auf die Frage der Identifizierbarkeit einer Person. Dies verdeutlicht der dort zur Identifizierbarkeit gegebene Hinweis, welcher einen Kernaspekt von ErwG 26 DSGVO wiedergibt.

Sofern man alle dem Verantwortlichen zur Verfügung stehenden Mittel berücksichtigt und die objektiven Faktoren wie die Kosten der Identifizierung, den Zeitaufwand und die verfügbaren Technologien zum Zeitpunkt der Verarbeitung beachtet und es nach allgemeinem Ermessen nicht wahrscheinlich ist, dass dieser die hinter einem Datum stehende natürliche Person identifiziert, handelt es sich um ein anonymes Datum. Insofern können Anonymität und auch Pseudonymität eines Datums als ein „Zustand" betrachtet werden.

Anonyme Daten dürfen „frei" verwendet werden, ohne Beachtung der DSGVO.

Tipp

Es sollte hinsichtlich aller Verarbeitungsprozesse ermittelt werden, inwieweit ein Personenbezug tatsächlich erforderlich ist. Soweit sich der Zweck der Verarbeitung auch mit anonymisierten Daten erreichen lässt, erfordert der Grundsatz der Datenminimierung die Anonymisierung ohnehin. Zudem können Compliance-Kosten, die aufgrund der nach DSGVO erforderlichen Vorgaben und Prozesse bei der Verarbeitung personenbezogener Daten entstehen, erheblich gesenkt werden.

6.1.4 Datensicherheitsaspekte

Artikel 32 DSGVO regelt die Sicherheit der Verarbeitung personenbezogener Daten. Danach haben der Verantwortliche und der Auftragsverarbeiter geeignete TOM zu treffen, um ein dem Risiko für die Rechte und Freiheiten der betroffenen Personen angemessenes Schutzniveau zu gewährleisten. Um die Identifizierung der notwendigen Maßnahmen zu optimieren, lohnt es sich, ein globales

IT-Sicherheitskonzept zu erstellen, welches den Anforderungen der Unternehmenssicherheit entspricht. Darauf basierend sollten die einzelnen Verfahren im Verarbeitungsverzeichnis geprüft werden: Sind die bereits definierten Maßnahmen aus dem globalen Sicherheitskonzept ausreichend oder müssen für einzelne Verarbeitungen zusätzliche Maßnahmen umgesetzt werden?

Tipp

Vor diesem Hintergrund sollten zur Gewährleistung einer angemessenen Sicherheit der Verarbeitung zumindest nachfolgende Maßnahmen geprüft werden:

- Etablierung eines Systems bzw. Prozesses zur Risikobewertung auf Basis von Art, Umfang, Umständen und Zwecken der Verarbeitung sowie der unterschiedlichen Eintrittswahrscheinlichkeit und Schwere der Risiken für die Rechte und Freiheiten natürlicher Personen
- Implementierung eines Security-Managementsystems zur regelmäßigen Überprüfung, Bewertung und Verbesserung von Maßnahmen zur allgemeinen Informationssicherheit
- Umsetzung von Schutzmaßnahmen, um das definierte Sicherheitsniveau des Unternehmens zu gewährleisten und um Sicherheitsvorfälle zu vermeiden

Kernelement eines Prozesses zur Gewährleistung der Sicherheit der Verarbeitung stellt das in ▶ Kap. 5 dargestellte Sicherheitskonzept dar.

Verletzungen des Schutzes personenbezogener Daten

Dass Datensicherheit eine Bedingung rechtskonformen Datenschutzes ist, zeigt die Definition des Art. 4 Nr. 12 DSGVO deutlich. Eine Verletzung des Schutzes personenbezogener Daten ist danach bei einer Verletzung der Sicherheit anzunehmen, die (unbeabsichtigt oder unrechtmäßig)

- zur Vernichtung,
- zum Verlust,
- zur Veränderung oder

- zur unbefugten Offenlegung von oder
- zum unbefugten Zugang zu

personenbezogenen Daten führt, die auf datenschutzrechtlich relevante Weise verarbeitet wurden. Eine solche Verletzung des Schutzes personenbezogener Daten kann sowohl eine Pflicht zur Meldung an die Aufsichtsbehörde (Art. 33 Abs. 1 DSGVO) als auch zur Benachrichtigung der betroffenen Person (Art. 34 Abs. 1 DSGVO) nach sich ziehen. Inwieweit diese Pflichten ausgelöst werden, hängt vom voraussichtlichen Risiko der Verletzung für die Rechte und Freiheiten der betroffenen Personen ab. Ist von einem hohen Risiko auszugehen, hat beides zu erfolgen: sowohl eine unverzügliche Betroffenenbenachrichtigung als auch die Meldung an die Aufsichtsbehörde, welche *„unverzüglich und möglichst binnen 72 Stunden, nachdem die Verletzung bekannt wurde"*, erfolgen muss.

Tipp

Nach Auffassung der Artikel-29-Datenschutzgruppe gilt eine Verletzung des Schutzes personenbezogener Daten als „bekannt" i. S. d. Art. 33 Abs. 1 DSGVO, wenn aufgrund entsprechender Nachweise deren Eintritt mit einem *„vernünftigen Grad an Gewissheit"* feststeht (vgl. Working Paper Nr. 250[2]).

Vor diesem Hintergrund ist eine korrekte Einstufung der Risiken für die betroffenen Personen unabdingbar. Hierbei sind insbesondere ErwG 75 und 76 DSGVO zu beachten, wonach die Risiken unter Beachtung von Eintrittswahrscheinlichkeit und Schwere der drohenden Schäden zu ermitteln sind. Bei drohenden hohen Schäden (vgl. ErwG 85 DSGVO) oder schwerwiegenden Folgen für die betroffenen Personen sowie mit steigender Eintrittswahrscheinlichkeit ist daher von einem erhöhten Risiko auszugehen.

Nach der DSGVO ist grds. jede Verletzung personenbezogener Daten meldepflichtig – es sei denn, der Verantwortliche kann nach-

[2] Vgl. https://www.datenschutzkonferenz-online.de/media/wp/20180206_wp250_rev01.docx (Stand 06.02.2018) (zuletzt aufgerufen am: 09.02.2024).

weisen, dass diese *„voraussichtlich nicht zu einem Risiko“* für die betroffenen Personen führt.

Folgende Beispielfälle sind dem Working Paper Nr. 250 der Artikel-29-Datenschutzgruppe entnommen und können als Orientierungshilfe für Melde- und Benachrichtigungspflichten dienen.

✎ **Beispiel**

Ein Speichermedium, das eine verschlüsselte Sicherungskopie mit personenbezogenen Daten von Kunden enthält, ging verloren:

Solange der Verschlüsselungsalgorithmus dem Stand der Technik entspricht, der Schlüssel nicht kompromittiert wurde und Sicherungskopien vorhanden sind, handelt es sich nicht um eine meldepflichtige Datenschutzverletzung. Sollte der Schlüssel später kompromittiert werden, sind Meldung und Benachrichtigung nachzuholen. Wenn das Speichermedium oder die Sicherungskopie allerdings nicht verschlüsselt war, muss eine Meldung erfolgen.

Bei einer Serverattacke wurden Zugangsdaten von Kundenkonten sowie Kreditkartendaten abgegriffen:

Die Passwörter der betroffenen Kundenkonten sollten umgehend zurückgesetzt sowie weitere Maßnahmen zur Minimierung des Risikos eingeleitet werden. Durch Abgriff der Kreditkartendaten besteht ein hohes Risiko für die Rechte der betroffenen Personen. In einem solchen Fall besteht sowohl eine Meldepflicht gegenüber der zuständigen Aufsichtsbehörde als auch eine Pflicht zur Benachrichtigung der betroffenen Personen.

Um Datenschutzverletzungen ordnungsgemäß zu begegnen, ist ein Prozess zum Management von Datenschutzverletzungen zu etablieren. Dadurch sollte das frühzeitige Erkennen der Verletzung, die richtige Einstufung der sich ergebenden Risiken aufgrund einer Risikoanalyse möglich sein. Die Ableitung von Folgemaßnahmen zur Beseitigung der Verletzung, die Durchführung einer möglichen Meldung an die Aufsichtsbehörde und der Betroffenenbenachrichtigung sowie die anschließende Dokumentation in datenschutzkonformer Weise sollten von diesem Prozess abgebildet werden.

Tipp

Zur Erfüllung der Meldepflicht im Fall einer Datenschutzverletzung bieten Aufsichtsbehörden teilweise die Möglichkeit einer Online-Meldung. Das Meldeformular kann über die Website der Behörde ausgefüllt und versendet werden.[3]

Es empfiehlt sich, die Form der Meldungen der zuständigen Aufsichtsbehörde vor einer möglichen Datenschutzpanne zu sichten. Im Unternehmen sollte ein internes Meldewesen etabliert sein, welches die für die Meldung notwendigen Informationen bereitstellt, damit die tatsächliche Meldung durch die meldende Person ohne Rückfragen erfolgen kann. Denken Sie immer daran, in diesem Prozess auch den Datenschutzbeauftragten zu involvieren.

Geeignete technische und organisatorische Maßnahmen, v. a. „Privacy by Design" und „Privacy by Default" (Art. 25 DSGVO)

Vorstehende Ausführungen verdeutlichen, welchen Stellenwert die DSGVO der Implementierung geeigneter TOM beimisst. Aus Art. 24 Abs. 1 DSGVO geht hervor, dass diese Maßnahmen zur Sicherstellung der Einhaltung der DSGVO erforderlich sind. Nach Art. 25 Abs. 1 DSGVO trifft der Verantwortliche geeignete technische und organisatorische Maßnahmen *„sowohl zum Zeitpunkt der Festlegung der Mittel für die Verarbeitung [Privacy by Design] als auch zum Zeitpunkt der eigentlichen Verarbeitung [Privacy by Default]"*. Datenschutzanforderungen sind also von Beginn an durch entsprechende Maßnahmen in Verarbeitungsprozessen nachweislich zu berücksichtigen. Zudem ist durch Voreinstellungen zu gewährleisten, dass die Verarbeitungsprozesse nur die aufgrund des Verarbeitungszwecks erforderlichen personenbezogenen Daten erfassen; diese Pflicht statuiert der Grundsatz von „Privacy by Default" in Art. 25 Abs. 2 DSGVO. Der Verordnungsgeber meint es ernst – die

[3] Z. B. https://www.lda.bayern.de/de/datenpanne.html (zuletzt aufgerufen am: 09.02.2024).

Nichtbeachtung dieser Prinzipien ist gem. Art. 83 Abs. 4 lit. a DS-GVO sanktionsbewehrt.

Tipp

Eine Indikation zur Umsetzung der datenschutzrechtlichen Anforderungen an „Privacy by Design" und „Privacy by Default" können Fragebogen bzw. Checklisten liefern, welche konkrete TOM enthalten, die vom Fachbereich bzw. Dienstleister bei Systementwicklung oder -einführung z. B. durch Ankreuzen entsprechend bestätigt oder nicht bestätigt werden können. Zudem kann unterstützend das Standard-Datenschutzmodell (SDM) (► Kap. 6.1.5) herangezogen werden. Im Zusammenhang mit dem „Privacy by Design"-Grundsatz werden die Gewährleistungsziele bzw. Datenschutzanforderungen hier als „Designprinzip" verstanden.

6.1.5 Bedeutung des Standard-Datenschutzmodells

Im Kontext der Gewährleistung von Datensicherheit und der Eindämmung datenschutzrechtlicher Risiken für betroffene Personen stellt die von den Datenschutzbehörden im Rahmen der DSK im November 2022 beschlossene und aktuelle Version 3.0 des „Standard-Datenschutzmodells" (SDM)[4] ein für die Praxis wertvolles Instrumentarium dar. Im Kern zielt dieses auf die datenschutzkonforme Umsetzung und Implementierung von TOM ab, die sicherstellen und den Nachweis dafür erbringen, dass die Verarbeitung personenbezogener Daten nach den Vorgaben der DSGVO erfolgt.

Tipp

Als von den Datenschutzaufsichtsbehörden eigens entwickeltes Modell und als Grundlage für ein bundesweit einheitliches Vorgehen wird das SDM vermehrt bei Audits oder in einzelnen

[4] Zur aktuellen Version 3.0 vgl. https://www.datenschutzzentrum.de/uploads/sdm/SDM-Methode_V3.pdf (zuletzt aufgerufen am: 09.02.2024).

Beratungsvorgängen angewandt. Daher können Kenntnis und Anwendung des SDM auch für Verantwortliche sinnvoll sein (u. a. für die IT-Planung und -Konfiguration sowie für die rechtskonforme Gestaltung von Verarbeitungsprozessen und deren Aufrechterhaltung). Inwieweit dies für das eigene Unternehmen der Fall ist, insbesondere ohne belastende Eingriffe in effektive Strukturen und Prozesse, sollte durch den jeweiligen Verantwortlichen unter Einbindung des DSB und des IT-Verantwortlichen geprüft werden.

Verantwortliche, die mit dem SDM arbeiten, sollten zudem berücksichtigen, dass dieses weder die Etablierung eines Systems bzw. Prozesses zur Risikobewertung noch die Implementierung eines Security-Managementsystems ersetzt (▶ Kap. 6.1.4). Vielmehr setzt das SDM eine Risikobewertung voraus und kann als Teil des Security-Managementsystems verstanden werden.

Die Risikobewertung von Verarbeitungstätigkeiten ist im Rahmen des SDM ausschlaggebend für die Ermittlung des Schutzbedarfs der personenbezogenen Daten und dieser daher vorgeschaltet. An der Höhe des Schutzbedarfs orientiert sich die Bestimmung der geeigneten TOM. Dabei kommt dem Referenzmaßnahmen-Katalog[5] des SDM gesteigerte praktische Bedeutung zu. Dieser enthält einzelne TOM, welche als Schutzmaßnahmen implementiert oder als Orientierung bei der Planung genutzt werden können.

Risikobewertung und Schutzbedarfsermittlung

Die Risikobewertung einer Verarbeitungstätigkeit kann im Ergebnis zur Feststellung eines (normalen) Risikos oder eines hohen Risikos führen. Dies ergibt sich aus ErwG 76 DSGVO. Danach sind Eintrittswahrscheinlichkeit und Schwere des Risikos für die Rechte und Freiheiten der betroffenen Person anhand der Art, des Umfangs, der Umstände und der Zwecke der Verarbeitung zu ermitteln. Im

---

5 Der Referenzmaßnahmen-Katalog ist Bestandteil des SDM. Er ist in einzelne bei Datenverarbeitungsprozessen relevante „Bausteine" gegliedert, welche sukzessive seitens der Aufsichtsbehörden entwickelt und zum Test durch Anwender freigegeben werden. Bestehende Bausteine sind abrufbar unter: https://www.datenschutz-mv.de/datenschutz/datenschutzmodell (zuletzt aufgerufen am: 09.02.2024).

Ergebnis ist dann (objektiv) zu beurteilen, ob die Datenverarbeitung ein Risiko oder ein hohes Risiko birgt. Die Kategorie „kein Risiko" ist ausgeschlossen, da jede Verarbeitung personenbezogener Daten einen Eingriff in das Grundrecht auf informationelle Selbstbestimmung der betroffenen Person darstellt. Insofern kann bei risikoarmen Datenverarbeitungsprozessen allenfalls von einem „verminderten" oder „geringen" Risiko ausgegangen werden.

Im SDM Version 3.0 werden, in Abhängigkeit vom ermittelten Verarbeitungsrisiko, die zwei Schutzbedarfsstufen „normaler Schutzbedarf" und „hoher Schutzbedarf" definiert (▶ Kap. 5.3.3). Der Grad des Schutzbedarfs indiziert die zu wählenden TOM des Referenzmaßnahmen-Katalogs. Diese können insoweit als DSGVO-konform angesehen werden, als sie den Schutzbedarf der entsprechenden Schutzbedarfsklasse umsetzen.

Besteht gemäß Risikoanalyse für eine Verarbeitungstätigkeit ein Risiko, unterfällt diese dem „normalen Schutzbedarf" und es müssen entsprechende Maßnahmen zu dessen Gewährleistung getroffen werden. Entsprechend gilt für ein hohes Risiko ein „hoher Schutzbedarf".

Tipp

Der Maßnahmenkatalog des SDM enthält Einzelmaßnahmen zur Gewährleistung von normalem und hohem Schutzbedarf. Diese kann der Verantwortliche zur Eindämmung der festgestellten Risiken implementieren oder als Referenzmaßnahmen zum Abgleich mit bestehenden oder vorgesehenen Maßnahmen nutzen. In jedem Fall sollte der Schutzbedarf auch bei der Wahl alternativer Maßnahmen nicht unterlaufen werden.

Gewährleistungsziele und Referenzmaßnahmen

Als zentrales Element enthält das SDM nachfolgende Gewährleistungsziele:

- Datenminimierung
- Verfügbarkeit
- Integrität
- Vertraulichkeit
- Nichtverkettung
- Transparenz
- Intervenierbarkeit

Grundsätzlich sollen diese der in ▶ Kap. 6.1.1 dargestellten Problematik Rechnung tragen, dass die in Rechtsnormen gegossenen Anforderungen der DSGVO nicht unmittelbar technisch umsetzbar sind. Insofern stellen die im SDM noch näher erläuterten Gewährleistungsziele die datenschutzrechtlichen Anforderungen an Verarbeitungstätigkeiten in komprimierter, strukturierter Weise dar, auf deren Grundlage die konkreten TOM des Maßnahmenkatalogs (sog. Referenzmaßnahmen) entwickelt werden. Die Referenzmaßnahmen sind aus den Gewährleistungszielen abgeleitet und tragen diesen insoweit Rechnung. Damit wird durch Implementierung einer bestimmten Maßnahme insoweit auch der datenschutzrechtlichen Anforderung entsprochen, die sich in dem Gewährleistungsziel widerspiegelt.

✎ Beispiel von Maßnahmen nach dem SDM

Um das Gewährleistungsziel der Datenminimierung zu erreichen:

- Reduzierung von erfassten Attributen der betroffenen Personen
- Reduzierung der Verarbeitungsoptionen in Verarbeitungsprozessschritten
- Reduzierung von Möglichkeiten der Kenntnisnahme vorhandener Daten

Um das Gewährleistungsziel der Verfügbarkeit zu erreichen:

- Anfertigung von Sicherheitskopien von Daten, Prozesszuständen; Konfigurationen, Datenstrukturen, Transaktionshistorien u. Ä. gemäß einem getesteten Konzept
- Schutz vor äußeren Einflüssen (Schadsoftware, Sabotage, höhere Gewalt)
- Dokumentation der Syntax der Daten

Diese „generischen Maßnahmen“ sind im SDM selbst definiert (vgl. Version 3.0, S. 30 ff.).

Da die rechtlichen Anforderungen der DSGVO – v. a. die Verarbeitungsgrundsätze des Art. 5 DSGVO und die Rechtmäßigkeitsvoraussetzungen des Art. 6 DSGVO – grds. uneingeschränkt bzgl. jeder Verarbeitungstätigkeit gelten, sind insoweit auch alle Gewährleistungsziele relevant. Inwieweit für gewisse Verarbeitungstätigkeiten einzelne Gewährleistungsziele nicht einschlägig oder sinnvoll sind, sollte in enger Abstimmung mit dem DSB geprüft und dokumentiert werden. Gleichwohl sind natürlich nicht immer sämtliche im SDM bzw. im Maßnahmenkatalog genannten Schutzmaßnahmen zu treffen. Dies hängt vielmehr von dem für die Verarbeitungstätigkeit ermittelten Schutzbedarf ab (s. o.).

6.1.6 Datenschutzmanagement

Die vorstehend in diesem Kapitel behandelten Punkte sind zentrale Aspekte im Hinblick auf den „Umgang mit personenbezogenen Daten in der Praxis“ und stellen überwiegend datenschutzrechtliche Anforderungen dar, deren Umsetzung der Verantwortliche nachzuweisen hat. Unternehmen müssen dementsprechend Voraussetzungen und Rahmenbedingungen schaffen, die diesen Nachweis der umfassenden Beachtung des Datenschutzes ermöglichen. Dies macht den Aufbau und Betrieb eines funktionierenden Datenschutzmanagements erforderlich, welches der ganzheitlichen Adressierung und Überwachung der Datenschutzpflichten und Betrachtung sowie Vermeidung von Datenschutzrisiken dient. Aufgrund der Vielzahl der Anforderungen und der Komplexität von Datenverarbeitungsprozessen ist in der Praxis die Einführung eines **Datenschutzmanagementsystems (DMS)** empfehlenswert.

Tipp

Ein DMS sollte folgende Punkte in Bezug auf den Datenschutz in den Blick nehmen[6]:

- Kultur („Tone from the top")
- Ziele (konzernweite Datenschutzziele)
- Risiken (bei Verfehlung der Ziele)
- Programm (DSGVO-Grundsätze, Datenschutzpflichten und TOM)
- Organisation (Zuständigkeiten und Verantwortlichkeiten)
- Kommunikation (Einbeziehung der Verantwortlichen und Transparenz)
- Überwachung (Kontrollen und PDCA-Zyklus; vgl. ► Kap. 5.2.4)

Diese Aspekte des Datenschutzmanagements und dessen Rahmen sollten auf Geschäftsführungs- bzw. Managementebene in enger Abstimmung mit dem Datenschutzbeauftragten etabliert und als Struktur – möglicherweise unter Berücksichtigung individueller Bedürfnisse und Verarbeitungsprozesse – vorgegeben werden.

Die oben beschriebenen Bausteine des Datenschutzmanagements sind entsprechend der Unternehmensstruktur z. B. mittels Richtlinien, Arbeitsanweisungen und Prozessbeschreibungen auf die eigenen Verarbeitungstätigkeiten anzuwenden. Dabei sollte gewährleistet sein, dass die Programmpunkte nachhaltig, effizient, nachweisbar und ressourcenschonend ablaufen und transparent sind. Dies ist grds. eine komplexe Herausforderung, für deren Bewältigung ein DMS erforderlich sein kann, welches durch entsprechende Kontrollen auch die Überwachung und nachweisliche Einhaltung des Datenschutzes ermöglicht. Die Entscheidung zur Einführung und Integration eines DMS in die Konzernstruktur ist

6 Diese sind den Standards im Compliance-Bereich nach IDW PS 980-Standard (Stand 11.03.2011) entlehnt, von dem es seit September 2022 eine Neufassung gibt; vgl. https://www.idw.de/idw/idw-verlautbarungen/idw-ps-980-09-2022.html (zuletzt aufgerufen am: 09.02.2024).

seitens des oberen Managements zu treffen, wobei der DSB eine beratende Rolle einnehmen kann.

Ein DMS ist i. d. R. nach dem PDCA-Zyklus strukturiert und trägt damit erheblich zu einem kontinuierlichen Verbesserungsprozess der Datenschutz-Compliance bei. Grundsätzlich kann eine Integration des Bereichs Datenschutz in unternehmensweite Compliance-Management- und Risikoüberwachungssysteme nach entsprechenden ISO-Standards sinnvoll sein, wobei Unterschiede zu anderen Compliance-Bereichen zu berücksichtigen sind. So ist die DSGVO auf den Schutz bestimmter oder bestimmbarer Individuen und die Eindämmung potenzieller Risiken für diese ausgelegt, während Schutzobjekt von Compliance ansonsten normalerweise das Unternehmen als juristische Person ist.

Tipp

Das SDM kann als wesentliches Element des Datenschutzmanagement-Programms fungieren. Durch den Ansatz der technisch-organisatorischen Umsetzung der Gewährleistungsziele deckt das Modell einen Großteil der Anforderungen im Bereich Datensicherheit und der TOM ab.

Inwieweit das SDM oder einzelne Bausteine daraus in das eigene DMS integriert werden können, sollte in enger Abstimmung mit dem Datenschutzbeauftragten geprüft werden.

6.1.7 Datenschutz und künstliche Intelligenz

Der Begriff „künstliche Intelligenz" (KI) bzw. „Artificial Intelligence" (AI) wird im Zusammenhang mit Digitalisierungsprozessen geprägt. KI-Systeme werden dabei oft als unsere Lebensumstände einschneidend verändernde Faktoren wahrgenommen und viele Unternehmen halten deren gezielten Einsatz für einen entscheidenden Erfolgsfaktor. Nachfolgend geht es um die Frage des Erkennens und des datenschutz- und datensicherheitskonformen Einsatzes dieser Systeme – und nicht um philosophische oder ethische Aspekte.

Was ist KI?

Geprägt wurde der Begriff bereits 1955. Bisher gibt es keine allgemeine Definition des Begriffs der künstlichen Intelligenz. Selbst Wikipedia findet keinen einheitlichen Standard und listet verschiedene Möglichkeiten der Definition[7]:

- *„Künstliche Intelligenz ist die Eigenschaft eines IT-Systems, ‚menschenähnliche', intelligente Verhaltensweisen zu zeigen."*
- *„Die künstliche Intelligenz [...] ist ein Teilgebiet der Informatik, welches sich mit der Erforschung von Mechanismen des intelligenten menschlichen Verhaltens befaßt [...]."*
- *„Unter künstlicher Intelligenz (KI) verstehen wir Technologien, die menschliche Fähigkeiten im Sehen, Hören, Analysieren, Entscheiden und Handeln ergänzen und stärken."*
- *„Künstliche Intelligenz ist die Fähigkeit einer Maschine, menschliche Fähigkeiten wie logisches Denken, Lernen, Planen und Kreativität zu imitieren."*

Die vielleicht in diesem Kontext am besten passende Definition liefert das Buch „Deep Learning - Das umfassende Handbuch"[8]: *„Die wahre Herausforderung an eine Künstliche Intelligenz besteht [...] darin, Aufgaben zu erledigen, mit denen Menschen keinerlei Probleme haben, obwohl sie* ***schwer in Worte zu fassen*** *sind – solche Dinge also, die wir* ***intuitiv erledigen*** *und die wir* ***nebenbei tun.****"*

Allgemein werden unter dem Begriff KI technische Systeme verstanden, die Strukturen, Situationen und Muster erkennen und Sachverhalte oder Probleme eigenständig bewerten und lösen können. Ergebnis des Vorgangs ist grds. eine Maßnahme (Entscheidung), Prognose oder Empfehlung. Je umfassender die Datenbasis, desto

---

[7] https://de.wikipedia.org/wiki/Künstliche_Intelligenz (zuletzt aufgerufen am: 09.02.2024).

[8] Bengio, Yoshua/Courville, Aaron/Goodfellow, Ian: Deep Learning – Das umfassende Handbuch, Frechen: mttp Verlag 2018.

besser wird auch die KI, insoweit spricht man von „selbstlernenden Systemen".

Datenschutzrechtliche Bewertung

Für die Anwendung der allgemeinen Datenschutz- und Datensicherheitsanforderungen der DSGVO ist die Qualifikation eines IT-Systems als KI-System grds. nicht entscheidend. Die DSGVO ist technikneutral gestaltet und insofern gelten deren Grundsätze unabhängig von den konkreten Eigenschaften eines Systems, in dem personenbezogene Daten verarbeitet werden – dies gilt für alle Entwicklungsstufen bis zum Wirkbetrieb (vgl. die Ausführungen zu „Privacy by Design" und „Privacy by Default" in ▶ Kap. 6.1.4).

Allerdings sollte nach DSGVO zwischen zwei Arten von KI-Systemen unterschieden werden:

Decision-Support-Systems (DS-Systems)

Sie unterstützen als Assistenzsysteme die Menschen (nur) bei ihren Entscheidungen. Bei Anwendung von DS-Systems sind wie üblich die allgemeinen datenschutzrechtlichen Grundsätze des Art. 5 DSGVO einzuhalten, welche den Schutz der betroffenen Person v. a. durch die Anforderungen der Rechtmäßigkeit, Zurechenbarkeit und Fairness der Verarbeitung sicherstellen.

Algorithmic Decision Making Systems (ADM-Systems)

Sie treffen eigenständig Entscheidungen ohne jegliche menschliche Einflussnahme. Bei Anwendung von ADM-Systems ist zusätzlich – neben den allgemeinen Vorschriften – Art. 22 DSGVO zu automatisierten Einzelfallentscheidungen zu beachten. Profiling (Art. 4 Nr. 4 DSGVO) stellt einen Unterfall der automatisierten Einzelentscheidung dar. Nach Art. 22 DSGVO sind Entscheidungen von ADM-Systems grds. dann verboten, wenn sie auf ausschließlich automatisierter Verarbeitung beruhen und dem Einzelnen gegenüber rechtliche Wirkung entfalten oder ihn in ähnlicher Weise erheblich beeinträchtigen.

Tipp

Ausschließlich automatisierte Verarbeitung

Hiervon sind grds. nur rein maschinelle Verarbeitungen und daraus resultierende Entscheidungen erfasst. Durch die bloß formale Einbindung eines Menschen lässt sich die Voraussetzung jedoch nicht ohne Weiteres „umgehen". Die menschliche Einflussnahme wird relevant, wenn auch die Möglichkeit besteht, den automatisierten Entscheidungsprozess zu beeinflussen und v. a. alternative Entscheidungen treffen zu können.

Rechtliche Wirkung oder erhebliche Beeinträchtigung

Mit „rechtlicher Wirkung" ist insbesondere eine Veränderung der Rechtsposition des Einzelnen gemeint. Eine „erhebliche Beeinträchtigung" ist anzunehmen, wenn die wirtschaftliche oder persönliche Entfaltung des Einzelnen erheblich gestört wird.

Die vom Verbot ausgenommenen Anwendungsszenarien sind in Art. 22 Abs. 2 DSGVO geregelt. „Ausnahmsweise" sind daher auch bei Vorliegen der genannten Kriterien Entscheidungen zulässig, die

- für den Vertragsschluss oder die Vertragserfüllung zwischen der betroffenen Person und dem Verantwortlichen erforderlich sind (lit. a),
- aufgrund einer anwendbaren Rechtsvorschrift zulässig sind (lit. b) oder
- mit ausdrücklicher Einwilligung der betroffenen Person erfolgt (lit. c).

Beispiel

KI-gestützte Prüfung für Abschluss eines Online-Kreditvertrags

Die aufgrund automatisierter Verarbeitung gefällte Entscheidung, zu welchen Konditionen die betroffene Person entsprechend ihrer Bonität und evtl. weiterer Kriterien die Möglichkeit der Inanspruchnahme eines Online-Kreditvertrags hat, fällt unter die Ausnahmevorschrift des Art. 22 Abs. 2 lit. a DSGVO. Die Ablehnung des Online-Kreditantrags kann nicht ohne Weiteres auf diese Vorschrift gestützt werden (vgl. ErwG 71 DSGVO).

KI-gestützte Automatisierung der Kundenkommunikation[9]

Im Unternehmen U soll die Kundenkommunikation automatisiert werden. Dafür will U auf seiner Website einen Chatbot einsetzen, der mittels KI selbstständig Kundenanliegen bearbeiten soll. Dabei soll sich das System anhand der von ihm bearbeiteten und früherer, noch durch menschliches Personal bearbeiteter Kundenanfragen selbstständig weiterentwickeln.

Aus datenschutzrechtlicher Sicht wäre bei diesem System zunächst im Detail zu prüfen, ob automatisierte Entscheidungen i. S. d. Art. 22 Abs. 1 DSGVO getroffen werden. In diesem Fall wäre nicht nur die Datenverarbeitung durch das System an sich zu rechtfertigen, sondern zusätzlich zu prüfen, ob für das grundsätzliche Verbot automatisierter Entscheidungen ein Ausnahmetatbestand greift.

Bezüglich dieser für ADM-Systems zulässigen Ausnahmen ist zu beachten, dass die Verwendung besonderer personenbezogener Daten zur Entscheidungsfindung grds. ausgeschlossen ist (Art. 22 Abs. 4 DSGVO) und insbesondere angemessene Schutzmaßnahmen nach Art. 22 Abs. 3 DSGVO zu treffen sind.

Tipp

Es empfiehlt sich, unter Beteiligung der IT-Abteilung und des DSB eine Analyse bestehender Verarbeitungsprozesse vorzunehmen, um zu prüfen, inwieweit im Unternehmen bereits KI-Systeme eingesetzt werden bzw. wo ein Einsatz von KI potenziell sinnvoll und möglich erscheint. Dabei sollte zwischen ADM- und DS-Systems unterschieden und nach Prüfung dokumentiert werden, inwiefern die Anforderungen an Datenschutz und Datensicherheit beachtet werden.

[9] Vgl. BMWi (Hrsg.): Praxishilfe zum Datenschutz in Reallaboren (Stand März 2021), S. 10, abrufbar unter: https://www.bmwi.de/Redaktion/DE/Publikationen/Digitale-Welt/praxishilfe-zum-datenschutz-in-reallaboren.pdf (zuletzt aufgerufen am: 09.02.2024).

Insbesondere bzgl. der Erforderlichkeit einer Datenschutz-Folgenabschätzung (► Kap. 5.6) sollte der Datenschutzbeauftragte eingebunden werden.

Unterscheidung verschiedener Modi einer Anwendung auf Basis von KI

Bei den bisher genannten Anwendungsfällen bewegen wir uns im Bereich der neuronalen Netze, einer Unterform des maschinellen Lernens. Maschinelles Lernen wiederum ist ein Teilbereich der KI. Neuronale Netze müssen ihr Wissen in Form von Lernzyklen erwerben, ähnlich wie bei Menschen. Man unterscheidet hierbei u. a. zwischen „überwachtem Lernen (supervised learning)", „unüberwachtem Lernen (unsupervised learning)" und „bestärkendem Lernen (reinforcement learning)". Damit die Maschine lernen kann, müssen ihr Datensätze übergeben werden. Im Lernmodus nimmt die KI diese Daten auf und speichert sie in Form sog. Gewichte in den Neuronen. Das bedeutet im Sinne des Datenschutzes, dass alle Daten, die eine KI während des Lernens aufnimmt, auch in der KI gespeichert werden. Im Gegensatz zu Textdateien oder relationalen Datenbanken ist in einer KI nicht mehr nachvollziehbar, an welcher Stelle welche Daten abgelegt sind. Löschanfragen, die sich auf Trainingsdaten beziehen, können zum jetzigen Stand nicht umgesetzt werden.

Ist die KI allerdings trainiert und führt sie Anfragen aus, ist also nicht im Lernmodus, so werden auch keine Daten explizit in den Gewichten der Neuronen gespeichert. Dies ist ein wichtiger Punkt, den es zu beachten gilt.

Tipp

Beim Einsatz von Systemen mit KI-Unterstützung ist immer zu klären, ob eigene Daten für das Lernen der KI verwendet und wo welche Daten gespeichert werden. In der Regel werden Daten während der Ausführung der KI-Werkzeuge zwar gespeichert, aber nicht in den Gewichten der Neuronen, solange es keine expliziten (Lern-)Anforderungen dazu gibt.

Positionierung der Aufsichtsbehörden zu KI

Mit der „Hambacher Erklärung zur Künstlichen Intelligenz"[10] hat die DSK sieben datenschutzrechtliche Voraussetzungen an KI-Systeme aufgestellt. KI muss danach v. a. unter Beachtung des Zweckbindungsgebots eingesetzt werden, transparent, nachvollziehbar und erklärbar sein, Diskriminierung vermeiden sowie technische und organisatorische Standards wahren. Mit diesen Voraussetzungen konkretisiert die DSK die nach DSGVO bekannten und anzuwendenden datenschutzrechtlichen Grundsätze in Bezug auf KI-Systeme. Unternehmen können diese als Leitlinien für die Entwicklung und Anwendung von KI-Systemen heranziehen.

Wie dargelegt, sind die datenschutzrechtlichen Grundsätze in allen Entwicklungsstufen eines IT-Systems zu beachten. Die DSK[11] unterscheidet zwischen folgenden „Lebenszyklen" von KI-Systemen:

- Design des KI-Systems und deren KI-Komponenten
- Veredelung der Roh- zu Trainingsdaten
- Training der KI-Komponenten
- Validierung der Daten und KI-Komponenten sowie angemessene Prüfungsmethoden
- Einsatz und Nutzung des KI-Systems
- Rückkopplung von Ergebnissen und Selbstveränderung des Systems

Bezüglich dieser Lebenszyklen empfiehlt die DSK konkrete TOM, welche die einschlägigen Gewährleistungsziele des SDM (► Kap. 6.1.5) umsetzen:

---

[10] Vgl. DSK: Hambacher Erklärung zur Künstlichen Intelligenz. Sieben datenschutzrechtliche Anforderungen (Stand 03.04.2019), abrufbar unter: https://www.datenschutzkonferenz-online.de/media/en/20190405_hambacher_erklaerung.pdf (zuletzt aufgerufen am: 09.02.2024).

[11] Vgl. DSK: Positionspapier der DSK zu empfohlenen technischen und organisatorischen Maßnahmen bei der Entwicklung und dem Betrieb von KI-Systemen (Stand 06.11.2019), abrufbar unter: https://www.datenschutzkonferenz-online.de/media/en/20191106_positionspapier_kuenstliche_intelligenz.pdf (zuletzt aufgerufen am: 09.02.2024).

Maßnahmen	Zeitpunkt im Lebens-zyklus	Gewährleistungsziel
Zwecke des KI-Systems und dessen KI-Komponenten festlegen	Design	Nichtverkettung
Herkunft der Rohdaten klären	Veredelung	Transparenz
Kompatibilität der Zwecke der KI-Komponenten mit den Verwendungszwecken der Trainingsdaten prüfen	Training	Nichtverkettung
Test mit (synthetischen) Test-daten auf Basis der Hypothese und Erwartungen	Validierung	Integrität
Möglichkeit des Eingreifens einer Person in den Entschei-dungsprozess	Einsatz	Intervenierbarkeit
Weitere Daten, die bei dem Betrieb der KI-Komponenten anfallen, sollten möglichst anonymisiert weiterverarbeitet werden.	Rückkopplung	Datenminimierung

Dieser beispielhafte Auszug aus der Anlage zum Positionspapier der DSK verdeutlicht, wie die abstrakten Gewährleistungsziele durch konkrete Maßnahmen bei Entwicklung und Einsatz von KI-Systemen umgesetzt werden können. Die Einzelmaßnahmen sind als Empfehlungen bzw. Beispiele zu verstehen. Welche Maßnahmen umzusetzen sind, ist im Rahmen einer Prüfung des individuellen KI-Systems im Einzelfall festzulegen.

■ Neu

Mit dem am 21.04.2021 veröffentlichten Entwurf für eine „Verordnung zur Festlegung harmonisierter Vorschriften für Künstliche Intelligenz (Gesetz über Künstliche Intelligenz und zur Änderung bestimmter Rechtsakte der Union)" (COM/2021/206 final) (auch KI-

Gesetz oder AI Act genannt)[12] hat die Europäische Kommission den ersten Entwurf für einen Rechtsrahmen zur KI weltweit vorgelegt. Der Rat und die Verhandlungsführer des Europäischen Parlaments haben sich auf eine vorläufige Einigung über die vorgeschlagenen harmonisierten Vorschriften für künstliche Intelligenz verständigt. Das Ziel dieses Vorschlags ist es, sicherzustellen, dass KI-Systeme, die auf dem EU-Markt in Verkehr gebracht und in der Union verwendet werden, sicher sind und die Grundrechte sowie Werte der EU wahren. Es soll auch Investitionen und Innovationen im KI-Bereich in Europa anregen. Das KI-Gesetz ist eine legislative Leitinitiative und hat das Potenzial, die Entwicklung und Verbreitung sicherer und vertrauenswürdiger KI durch private und öffentliche Akteure im gesamten EU-Binnenmarkt zu fördern.

Tipp

Mit der Verkündung des AI Acts, dem der Europäische Rat am 24.01.2024 in abgeänderter Fassung[13] zugestimmt hat, wird nicht vor Sommer 2024 gerechnet. Trotzdem empfiehlt es sich für Unternehmen, sich bereits jetzt mit den Anforderungen des europäischen Entwurfs zu beschäftigen und zu überprüfen, ob der ggf. bereits erfolgte bzw. geplante Einsatz von KI-Systemen im Unternehmen den Vorgaben aus dem AI Act genügen würde.

6.1.8 Tracking und Datenschutz

Begriffsbestimmung

Unter **Tracking** ist eine Datenverarbeitung zum Zweck der Nachverfolgung des individuellen (Online-)Verhaltens von Nutzern zu verstehen, welche i. d. R. websiteübergreifend erfolgt. Trackingme-

[12] Abrufbar unter: https://eur-lex.europa.eu/legal-content/DE/TXT/?uri=CELEX%3A52021PC0206; Details zum Entwurf vgl. https://www.consilium.europa.eu/de/press/press-releases/2023/12/09/artificial-intelligence-act-council-and-parliament-strike-a-deal-on-the-first-worldwide-rules-for-ai/ (jeweils zuletzt aufgerufen am: 09.02.2024).

[13] Vgl. https://eur-lex.europa.eu/eli/C/2024/506/oj (zuletzt aufgerufen am: 09.02.2024).

chanismen werden von Websitebetreibern entweder dazu genutzt, technische Grundfunktionen sicherzustellen, die der Bereitstellung der Website dienen bzw. die Usability erhöhen (z. B. Warenkorb-Cookies), oder für Marketing- oder Analysezwecken eingesetzt.

Neben Cookies kann Webtracking durch Zählpixel oder Fingerprinting-Methoden erfolgen. Beim App-Tracking kommen alternative Techniken zum Einsatz, die denselben Zweck verfolgen.

Cookies sind Textdateien, die Websiteanbieter auf dem Computer des Nutzers hinterlegen und beim erneuten Aufruf der Website durch diesen wieder abrufen können. Sie können die Navigation im Internet oder Transaktionen erleichtern bzw. Informationen über das Nutzerverhalten generieren.

EuGH, Urteil vom 01.10.2019 (Rs. C-673/17) – BGH, Urteil vom 28.05.2020 (Az. I ZR 7/16): „Planet 49“

Gerade bzgl. des Betriebs von Websites und Apps werden Verantwortliche grds. zu Anbietern von Telemedien und stehen vor der Frage der datenschutzkonformen Verarbeitung der erzeugten Daten. Soweit diese durch Tracking – wie das Setzen von Cookies – gewonnen werden, sorgte das Urteil des BGH auf Grundlage der EuGH-Entscheidung im Verfahren „Planet 49“ für mehr Rechtssicherheit im Hinblick auf die Wahl der richtigen Rechtsgrundlage beim Einsatz von Trackingmechanismen.[14] Nach dem Cookie-Urteil steht fest,

1. dass die Verarbeitung von Cookies einer Einwilligung bedarf, sofern diese zur Bereitstellung des Dienstes nicht erforderlich sind,
2. dass diese in Form eines Opt-ins einzuholen und
3. der Nutzer (auch) über Funktionsdauer der Cookies und Zugriffsmöglichkeiten Dritter zu informieren ist.

[14] Zum Thema Tracking und Rechtsgrundlage vgl. DSK: Orientierungshilfe der Aufsichtsbehörden für Anbieter:innen von Telemedien ab dem 1. Dezember 2021 (Version 1.1 mit Stand Dezember 2022), abrufbar unter: https://datenschutzkonferenz-online.de/media/oh/20221205_oh_Telemedien_2021_Version_1_1_Vorlage_104_DSK_final.pdf (zuletzt aufgerufen am: 09.02.2024).

Hinsichtlich Punkt 3 sollte beachtet werden, dass über die Datenschutzerklärung auch alle nach Artt. 13 ff. DSGVO weiteren erforderlichen Informationen abrufbar sein müssen.

Nationale Regelungen durch das TTDSG

Zusammenfassung

Mit dem Telekommunikation-Telemedien-Datenschutzgesetz (TTDSG) vom 23.06.2021, das am 01.12.2021 in Kraft getreten ist, schlugen sich diese Urteile in nationale Gesetzgebung nieder. Darin wurden bereichsspezifische nationale Datenschutzvorschriften und der Schutz des Fernmeldegeheimnisses in einem neuen Stammgesetz zusammengeführt und das bisherige Nebeneinander von DSGVO, TMG und TKG im Hinblick auf den Umgang mit Trackingtools (v. a. nach dem Cookie-Urteil des EuGH und BGH sowie bzgl. der neuen EU-Standardvertragsklauseln; ► Kap. 1.8.4) beseitigt. Dabei passt das TTDSG die Bestimmungen zum Online-Datenschutz unter Einbeziehung der vorhandenen Regelungen auf europäischer Ebene – nämlich der DSGVO und der ePrivacy-Richtlinie – an.

Betroffen sind u. a. die Regelungen zum Fernmeldegeheimnis, zu Abhörverboten, zum Datenschutz im Online-Umfeld (Umgang mit Cookies und ähnlichen Trackingmethoden) oder zu den Rechten von Erben des Endnutzers gegenüber Anbietern von Telekommunikationsdiensten.

> **Tipp**
>
> In Unternehmen sollten sich v. a. der DSB, die Leitung und Mitarbeitende aus den Bereichen Marketing, Vertrieb und Werbung, IT-Verantwortliche und die Geschäftsführung mit den Regelungen im TTDSG befassen.

Aufbau des TTDSG

Teil 1 (§§ 1–2 TTDSG)

Teil 1 regelt die allgemeinen Vorschriften. Im Anwendungsbereich (§ 1 TTDSG) ist u. a. das Marktortprinzip (vgl. Art. 3 DSGVO;

► Kap. 1.7.5) verankert. Weiterhin werden relevante Begriffe wie „Bestands- und Nutzungsdaten", „Anbieter von Telemedien", „Nachrichten" oder „Endeinrichtungen" definiert.

Nach § 1 Nr. 2 und 5 TTDSG enthält das Gesetz *„besondere Vorschriften zum Schutz personenbezogener Daten bei der Nutzung von Telekommunikationsdiensten und Telemedien"* sowie *„die von Anbietern von Telemedien zu beachtenden technischen und organisatorischen Vorkehrungen".*

§ 2 TTDSG regelt die Begriffsbestimmungen. **Anbieter von Telemedien** ist dabei gem. Abs. 2 Nr. 1 *„jede natürliche oder juristische Person, die eigene oder fremde Telemedien erbringt, an der Erbringung mitwirkt oder den Zugang zur Nutzung von eigenen oder fremden Telemedien vermittelt."*

Tipp

Soweit keine speziellen Begriffsbestimmungen im TTDSG getroffen sind, verweist § 2 Abs. 1 TTDSG auf die Definitionen aus TKG, TMG und der DSGVO. Als **Telemedien** werden gem. § 1 Abs. 1 Satz 1 TMG mit einigen Ausnahmen elektronische Informations- und Kommunikationsdienste umfasst. Unter **Telemediendienste** fallen z. B. Online-Angebote von Waren/Dienstleistungen mit direkter Bestellmöglichkeit, Internetsuchmaschinen, Werbe-E-Mails und Websites. Hinsichtlich der Bestimmung der Telekommunikationsanbieter hat dieser Verweis zur Folge, dass auch Over-the-top-Kommunikationsdienste (OTT-Dienste[15]; vgl. später), wie webgestützte E-Mail-Dienste oder Messenger, in den Anwendungsbereich des TTDSG fallen (vgl. § 3 TKG).

Ferner wird in § 2 Abs. 2 Nr. 6 TTDSG die **Endeinrichtung** definiert, welche *„jede direkt oder indirekt an die Schnittstelle eines öffentli-*

[15] Vgl. z. B. Bundesnetzagentur für Elektrizität, Gas, Telekommunikation, Post und Eisenbahnen (Hrsg.): Nutzung von Online-Kommunikationsdiensten in Deutschland: Ergebnisse der Verbraucherbefragung 2023 (Stand November 2023), abrufbar unter: https://www.bundesnetzagentur.de/SharedDocs/Downloads/DE/Sachgebiete/Digitales/OnlineKom/befragung_lang23.pdf?__blob=publicationFile&v=4 (zuletzt aufgerufen am: 09.02.2024).

chen Telekommunikationsnetzes angeschlossene Einrichtung zum Aussenden, Verarbeiten oder Empfangen von Nachrichten […]" darstellt.

In § 1 Nr. 8 regelt das TTDSG die Aufsicht im Bereich des Datenschutzes und Schutzes der Privatsphäre in der Telekommunikation, während die Regelungen zur Aufsicht bei Telemedien unberührt bleiben.

Teil 2 (§§ 3–18 TTDSG)

Hier finden sich Regelungen zum Datenschutz und Schutz der Privatsphäre im Telekommunikationsbereich, z. B. die Vorschriften zur Sicherstellung der Vertraulichkeit der Kommunikation (Kap. 1), Verarbeitung von Verkehrs- und Standortdaten (Kap. 2) sowie zur Mitteilung ankommender Verbindungen, automatischer Anrufweiterschaltung und der Rufnummernanzeige/-unterdrückung (Kap. 3). Zu beachten ist hierbei die Ausdehnung des Anwendungsbereichs der Vorschriften des Telekommunikationsdatenschutzes auf OTT-Dienste.

Mit der Klarstellung des „digitalen Nachlasses" (§ 4 TTDSG) wird die Stellung von Erben und anderen berechtigten Personen, die gegenüber Telekommunikationsanbietern an die Stelle des Endnutzers treten und damit gleichberechtigt zur Wahrnehmung dieser Rechte befugt sein sollen, gestärkt. Das heißt, das Fernmeldegeheimnis steht nicht entgegen, wenn Erben eines Endnutzers Rechte gegenüber einem Anbieter von Telekommunikationsdiensten geltend machen.

Teil 3 (§§ 19–26 TTDSG)

Unter dem Thema Telemediendatenschutz und Endeinrichtungen sind in diesem Teil die Vorschriften zu TOM und der Datenverarbeitung bei Minderjährigen geregelt. Insbesondere ist hier eine anonyme und pseudonyme Nutzung und Bezahlung von Telemedien sowie eine Anzeigepflicht vorgesehen, sobald der Seitenbesucher auf eine andere Website weitergeleitet wird. Weiterhin findet sich hier mit dem § 25 TTDSG die „cookierelevante" Regelung zum Schutz der Privatsphäre bei Endeinrichtungen.

Teil 4 (§§ 27–30 TTDSG)

Im abschließenden Teil 4 werden v. a. die Straf- und Bußgeldvorschriften geregelt: Der Bußgeldrahmen fällt mit bis zu 300.000 Euro deutlich geringer aus als die vergleichbaren Vorschriften in der DS-GVO.

Tipp

Die Bußgeldrahmen von TTDSG und DSGVO sind nebeneinander anwendbar und können dadurch zu einer „doppelten Zahlung" führen.

Was die Regelungen zur zuständigen Aufsichtsbehörde angeht, wird der BfDI zukünftig eine einheitliche Kontrolle und Sanktionierung von Zugriffen auf Endeinrichtungen und der Verarbeitung personenbezogener Daten sicherstellen. Hinsichtlich seiner Befugnisse wird dabei auf die DSGVO verwiesen.

Regelungen zu Cookies und Trackingtechnologien auf Websites (§§ 25–26 TTDSG)

§§ 25, 26 TTDSG sollen Rechtssicherheit beim Einsatz von Cookies und ähnlichen Trackingtechnologien bringen.

§ 25 TTDSG – Schutz der Privatsphäre bei Endeinrichtungen

Nach § 25 TTDSG, der sich eng am Wortlaut des Art. 5 Abs. 3 ePrivacy-RL orientiert, besteht das grundsätzliche Bedürfnis einer Einwilligung, welche *„auf der Grundlage von klaren und umfassenden Informationen"* erteilt wird. Nach Abs. 1 haben die *„Information des Endnutzers und die Einwilligung […] gemäß der [DSGVO] zu erfolgen."*

§ 25 TTDSG fordert also grds. für ein Speichern von Informationen in der Endeinrichtung (PC, Smartphone, Tablet) des Endnutzers oder einen Zugriff auf dort gespeicherte Informationen eine informierte Einwilligung – außer es greift eine der Ausnahmen aus Abs. 2, nämlich dann, wenn

- *„der alleinige Zweck der Speicherung von Informationen in der Endeinrichtung des Endnutzers oder der alleinige Zweck des Zu-*

griffs auf bereits in der Endeinrichtung des Endnutzers gespeicherte Informationen die Durchführung der Übertragung einer Nachricht über ein öffentliches Telekommunikationsnetz ist oder

- *wenn die Speicherung von Informationen in der Endeinrichtung des Endnutzers oder der Zugriff auf bereits in der Endeinrichtung des Endnutzers gespeicherte Informationen unbedingt erforderlich ist, damit der Anbieter eines Telemediendienstes einen vom Nutzer ausdrücklich gewünschten Telemediendienst zur Verfügung stellen kann."*

In der Praxis ist v. a. die Einordnung der einzelnen genutzten Trackingtechnologien problematisch: Während die technisch erforderlichen Tools unter das **berechtigte Interesse** gem. Art. 6 Abs. 1 lit. f DSGVO eingeordnet werden können, bedarf es bei einem darüber hinausgehenden Tracking weiterhin einer detaillierteren Einzelfallanalyse und Interessenabwägung: Überwiegt dabei das Nutzerinteresse – z. B. wenn der Seitenbesucher mit dem Umfang der Datenverarbeitung nicht mehr rechnen kann bzw. muss –, ist eine **Einwilligung** einzuholen. Dies geht aus den Anforderungen der „Planet49"-Entscheidung von 2020 hervor, in der der BGH das in Art. 15 Abs. 3 TMG normierte Opt-out an die Opt-in-Pflicht der europäischen Vorschriften angepasst hat.

Aufgrund der engen Orientierung des § 25 TTDSG an der ePrivacy-RL ist der Anwendungsbereich entsprechend weit auszulegen. Zum einen kann es dabei dahinstehen, ob beim Zugriff auf die Endeinrichtung personenbezogene Daten anfallen oder nicht. Zum anderen ist die Regelung technologieneutral und findet damit neben Cookies auch auf ähnliche Trackingtechnologien wie Browser-Fingerprinting, Werbe-IDs oder Smarthome-Lösungen Anwendung.

Tipp

Für die Erteilung einer wirksamen Einwilligung ist weiterhin ein Opt-in im Rahmen des Cookie-Consent-Tools erforderlich und der Seitenbesucher umfassend, transparent und vorab zu informieren.

§ 26 TTDSG – Anerkannte Dienste zur Einwilligungsverwaltung, Endnutzereinstellungen

Mit der Etablierung sog. Personal Information Management Services (PIMS; auch „Single-Sign-on-Lösungen" genannt) in § 26 TTDSG wurde eine Möglichkeit geschaffen, Consent-Banner effektiv zu ersetzen. Diese Dienste dienen der Verwaltung individueller Nutzereinstellungen, indem der Seitenbesucher die Bedingungen seiner Einwilligung oder Ablehnung in das Setzen von Cookies zentral angibt und der Diensteanbieter diese Einstellung direkt an die jeweiligen Websites weiterleitet.

Voraussetzung für die Anerkennung von Dienstleistern als PIMS ist das Vorliegen der grundsätzlichen Eigenschaften, die in § 26 Abs. 1 TTDSG normiert sind; u. a. darf hier kein wirtschaftliches Eigeninteresse an der Erteilung der Einwilligung und an den verwalteten Daten bestehen.

Tipp

Der konkrete Rechtsrahmen für diese Vorgaben der Anerkennung ist durch die Bundesregierung im Wege einer Rechtsverordnung noch festzulegen. Dafür liegt seit Juli 2022 mit der Einwilligungsverwaltungs-Verordnung (Einw-VO)[16] ein Entwurf vor, mit dem PIMS eine anwenderfreundliche Alternative zu Cookie-Bannern werden sollen. Die Entwicklung diesbezüglich bleibt also abzuwarten. Bis dahin ändert das TTDSG nichts an der grds. bestehenden Pflicht zur Einholung von Einwilligungen im Rahmen eines Cookie-Consent-Banners.

[16] Vgl. https://bmdv.bund.de/SharedDocs/DE/Anlage/Gesetze/Gesetze-20/entwurf-einwilligungsverwaltungsverordnung.pdf bzw. https://www.activemind.de/magazin/einwilligungsverwaltungs-verordnung/ (jeweils zuletzt aufgerufen am: 09.02.2024).

Umsetzungshinweise

Websitebetreiber

Durch § 25 TTDSG haben sich für Websitebetreiber keine wesentlichen Unterschiede zur vorherigen Gesetzeslage im Hinblick auf die Rechtsgrundlage für die Cookie-Einbindung ergeben. Zu beachten ist lediglich die (technologieneutrale) Ausweitung des Anwendungsbereichs.

Beim Einsatz von Trackingtools auf Websites sind zur Gewährleistung der Rechtmäßigkeit weiterhin folgende Punkte zu beachten:

- ☐ Festlegung der Rechtsgrundlage
  - rechtssichere Ausgestaltung des Cookie-Consent-Banners bei Art. 6 Abs. 1 lit. a DSGVO
  - Durchführung einer Interessenabwägung bei Art. 6 Abs. 1 lit. f DSGVO
- ☐ Berücksichtigung der Entwicklungen in Sachen Drittlanddatentransfer
- ☐ Sicherstellung einer umfassenden Betroffeneninformation
- ☐ Zur Einhaltung der Compliance-Pflichten empfiehlt sich in diesem Zusammenhang grds. die Durchführung einer datenschutzrechtlichen Analyse des jeweils eingesetzten Tools. Dabei ist v. a. auf die Dokumentation zur Erfüllung der Nachweispflichten aus Art. 5 Abs. 2 DSGVO zu achten.

Over-the-top-Dienste (OTT-Dienste)

Der Anwendungsbereich des TTDSG wurde auf Over-the-top-Kommunikationsdienste ausgeweitet.

> ✎ **Beispiel**
>
> Beispiele für OTT-Dienste – also kostenlose oder kostenpflichtige Dienste, die über eine Internetverbindung angeboten werden, ohne dass die Internetanbieter selbst Einfluss auf den Dienst oder Kontrolle darüber haben – sind WhatsApp oder Netflix.

Auch für Anbieter solcher Dienste gelten neben den bereits bestehenden Vorgaben aus dem allgemeinen Datenschutzrecht nun die speziellen datenschutzrechtlichen Regelungen für Telekommunikationsanbieter (vgl. §§ 3–18 TTDSG), für Verträge vgl. z. B. § 55 Abs. 2 TKG.

Tipp

OTT-II-Dienste werden als reine Anbieter von Inhalten weiterhin vom TMG erfasst, wohingegen OTT-0- und OTT-I-Dienste dem TTDSG unterfallen.

Beschäftigtenverhältnis

Dürfen Arbeitnehmer dienstliche Kommunikationsmittel auch privat nutzen, ist das anwendbare Gesetz umstritten: Teilweise wird vertreten, dass der Arbeitgeber in diesem Fall Verpflichteter i. S. d. § 3 Abs. 2 Satz 1 Nr. 2 TTDSG ist und die speziellen Vorschriften des Telekommunikationsdatenschutzes im TTDSG im entsprechenden Nutzungsverhältnis gelten, während andere hier eine ausschließliche Anwendbarkeit der DSGVO sieht.

Tipp

Es ist empfiehlt sich daher, eine Privatnutzung von Kommunikationsmitteln im Arbeitsverhältnis, z. B. mittels Betriebsvereinbarung, klar zu regeln (▶ Kap. 2.3.2).

Abschließende Kontrollfragen

Holen Sie für die Verarbeitung von Cookies auf Ihrer Website oder Web-App die aktive Einwilligung der Nutzer ein. Dies kann z. B. mittels eines Einwilligungsbanners erfolgen, wobei nachfolgende Punkte beachtet werden sollten (vgl. auch ▶ Kap. 6.5.2):

- ☐ Das Banner erscheint als separates Element beim erstmaligen Öffnen der Website und gibt eine Übersicht der mittels Cookies erstrebten Verarbeitungsvorgänge (z. B. Analyse, Marketing, Location-Tracking) inkl. der erforderlichen Informationen.
- ☐ Per Default sind diese nicht zwingend erforderlichen Cookies deaktiviert, der Nutzer kann sie durch Klicken aktivieren (Opt-in).

- ☐ Während das Banner angezeigt wird, werden Skripte, die Nutzerdaten erfassen, blockiert – der Zugriff auf Impressum und Datenschutzerklärung bleibt weiterhin möglich.
- ☐ Systemtechnisch ist sichergestellt, dass erst nach erfolgter Einwilligung die entsprechenden Cookies verarbeitet werden.
- ☐ Es ist eine Möglichkeit zum Widerruf der Einwilligung implementiert, welche ebenso einfach wie die Erteilung der Einwilligung selbst ist.

Werden über Cookies hinaus weitere Trackingmethoden oder nicht zwingend notwendige Drittverbindungen verwendet, sollte sich die Einwilligung grds. auch darauf beziehen.

6.2 Personalabteilung

Tipp

Der „Ratgeber Beschäftigtendatenschutz“ des LfDI BW enthält zahlreiche Empfehlungen und Praxisbeispiele, die auch für Verantwortliche außerhalb Baden-Württembergs Orientierung bieten können.[1]

6.2.1 Bewerbungsverfahren

Im Bewerbungsverfahren kommt die Personalabteilung regelmäßig erstmals mit personenbezogenen Daten der künftigen Mitarbeitenden in Kontakt. Die Bewerbungsunterlagen enthalten meist umfassende Informationen über den Bewerber und sind daher vertraulich zu behandeln. Die nachfolgend dargestellten Maßnahmen sollten deshalb aus datenschutzrechtlicher Sicht beim Umgang mit Bewerbern und ihren personenbezogenen Daten beachtet werden.

Verschlüsselung der Übertragungswege

Bei Bewerbungen per E-Mail oder bei onlinebasierten Bewerbungsportalen sollte eine Zusendung der Bewerbungsunterlagen in verschlüsselter Form möglich sein. Das Bayerische Landesamt für Datenschutzaufsicht (BayLDA) fragte bereits bei einer Großprüfung von Unternehmen nach Rechtslage des BDSG a. F. nach einer Inhaltsverschlüsselung (z. B. PGP) bei E-Mail-Bewerbungen.

Tipp

Die DSGVO nennt die Verschlüsselung explizit als Maßnahme der sicheren Datenverarbeitung (Art. 32 Abs. 1 lit. a DSGVO). Auch die Aufsichtsbehörden sehen die verschlüsselte Übertra-

[1] Vgl. https://www.baden-wuerttemberg.datenschutz.de/wp-content/uploads/2020/04/Ratgeber-Besch%C3%A4ftigtendatenschutz.pdf (zuletzt aufgerufen am: 09.02.2024).

gung von Daten zunehmend als erforderliche Maßnahme der Datensicherheit an. In einer Orientierungshilfe der DSK[2] werden die Anforderungen an die Verfahren zum Versand und zur Entgegennahme von E-Mail-Nachrichten erläutert. Dazu gehören die obligatorische Transportverschlüsselung und die Ende-zu-Ende-Verschlüsselung. Darin wird Verantwortlichen, Auftragsverarbeitern und öffentlichen E-Mail-Dienste-Anbietern empfohlen, die genannten Anforderungen umzusetzen, um den Schutz personenbezogener Daten bei der Übermittlung per E-Mail zu gewährleisten. Dies gilt v. a. auch für die Übertragung von Beschäftigtendaten (per E-Mail), die als besonders schützenswerte personenbezogene Daten gelten. Das Angebot einer verschlüsselten Übermittlung ist daher gerade im Hinblick auf Bewerberdaten, die eine erhöhte Schutzwürdigkeit aufweisen, empfehlenswert. Dies kann z. B. durch einen verschlüsselten Upload über die Website des Unternehmens erfolgen. Sofern dies für ein Unternehmen nicht umsetzbar ist, sollte zumindest ein ausdrücklicher Hinweis auf die unverschlüsselte Übertragung der Bewerbungsunterlagen erfolgen.

Information der Bewerber

Auch im Bewerbungsverfahren sind die Informationspflichten nach Artt. 13, 14 DSGVO zu beachten (▶ Kap. 2.3.1). Es ist demnach sicherzustellen, dass den Bewerbern bei Erhebung der Daten die erforderlichen Informationen zur Verfügung gestellt werden. Bei einem Online-Bewerbungsportal lässt sich ein Link zu einer Datenschutzerklärung hinterlegen, in welcher die Verarbeitung der Bewerberdaten beschrieben wird. Im Übrigen können etwa in einer (automatisierten) Antwort-E-Mail die entsprechenden Datenschutzhinweise den Bewerbern zugesandt werden.

[2] Vgl. DSK: Maßnahmen zum Schutz personenbezogener Daten bei der Übermittlung per E-Mail (Stand 16.06.2021), abrufbar unter: https://www.datenschutzkonferenz-online.de/media/oh/20210616_orientierungshilfe_e_mail_verschluesselung.pdf (zuletzt aufgerufen am: 09.02.2024).

Zugriffsschutz und Weitergabe von Bewerbungsunterlagen

Bewerbungsunterlagen sollten getrennt von sonstigen Datensätzen gespeichert oder aufbewahrt werden. Zudem ist ein angemessener Zugriffsschutz zu gewährleisten. Bei der Gewährung von Zugriffen auf Bewerbungen sollte das „Need-to-know"-Prinzip als Orientierung dienen. Bewerbungsunterlagen sind demnach nur denjenigen Personen in einem Unternehmen zugänglich zu machen, deren Kenntnis der Unterlagen im Einstellungsprozess erforderlich ist. Regelmäßig beschränkt sich dies etwa auf die Geschäftsführung, die potenziellen zukünftigen Vorgesetzten, Personalmitarbeitende und ggf. den Betriebsrat. Bei digitalen Bewerbungsprozessen kann dies z. B. durch eine entsprechend restriktive Zugriffsrechtevergabe gewährleistet werden. Papierdokumente sollten zugriffsgeschützt aufbewahrt werden, etwa in abschließbaren Schränken der Personalabteilung. Im Übrigen sollten klare Organisationsanweisungen zum Umgang mit und zur Weitergabe von Bewerbungsunterlagen vorhanden sein, insbesondere sollte das Anfertigen von Kopien der Bewerbungsunterlagen vermieden werden, um die Umsetzung der Löschvorgaben für Bewerberunterlagen nicht zu erschweren.

Tipp

Entsprechend restriktiv und eindeutig geregelt sollte auch die Weitergabe von Bewerbungsunterlagen erfolgen. Der Empfänger von Bewerbungsunterlagen sollte darauf hingewiesen werden, die Dokumente umgehend zu löschen oder zu vernichten, sobald eine weitere Aufbewahrung nicht mehr erforderlich ist, also spätestens bei Abschluss des Bewerbungsverfahrens. Da es sich bei einzelnen Konzernunternehmen um eigenständige Verantwortliche im datenschutzrechtlichen Sinn handelt, ist eine Übermittlung von Bewerbungsunterlagen innerhalb eines Konzerns regelmäßig nur mit Einwilligung des Kandidaten zulässig.

Einbeziehung von Dienstleistern

Sofern im Rahmen des Bewerbungsmanagements Dienstleister eingebunden werden, die Zugriff auf personenbezogene Daten haben oder deren Zugriff zumindest nicht ausgeschlossen werden kann, liegt i. d. R. eine Auftragsverarbeitung vor. Diese ist nur im

Rahmen eines entsprechenden Vertragsverhältnisses nach Art. 28 DSGVO zulässig (► Kap. 4.1).

Zulässigkeit der Informationsbeschaffung und Auswahlverfahren

Neben dem allgemeinen Grundsatz, dass personenbezogene Daten nur im für den jeweiligen Zweck erforderlichen Umfang erhoben werden dürfen, kommt im Bewerbungsverfahren die Unzulässigkeit bestimmter Fragen nach dem Allgemeinen Gleichbehandlungsgesetz (AGG) zum Tragen. Die Erhebung von Daten eines Bewerbers ist daher nur im für das konkrete Einstellungsverfahren erforderlichen Umfang zulässig und zugleich an den durch das Fragerecht des Arbeitgebers vorgegebenen Rahmen gebunden.

Hier kommt außerdem der Grundsatz der Direkterhebung zum Tragen. Auch wenn dieser nicht ausdrücklich in der DSGVO verankert ist, findet der vormals im BDSG a. F. geregelte Direkterhebungsgrundsatz (vgl. auch Art. 5 DSGVO) nach wie vor insbesondere seitens der Aufsichtsbehörden Beachtung.

Tipp

Arbeitgeber sollten eine Erhebung beim Betroffenen selbst wählen – ansonsten müssen sie der weitreichenden Informationspflicht aus Art. 14 DSGVO nachkommen – und nicht etwa mittels Internetrecherche oder Nachfrage beim früheren Arbeitgeber erheben. Dies hat auch den Vorteil, dass der Bewerber weiß, welche Informationen bzw. personenbezogenen Daten der evtl. neue Arbeitgeber über ihn hat bzw. jenem vorliegen, und er selbst in einem gewissen Maß entscheiden kann, was der Arbeitgeber über ihn wissen sollte.

Arbeitgeber dürfen unverhältnismäßige oder nicht erforderliche Informationen (etwa solche, die auch im Rahmen des „Fragerechts des Arbeitgebers" nicht zu beantworten wären; ► Kap. 2.3.1) nicht über allgemein zugängliche Quellen beschaffen. Eine Ausnahme kann für berufsbezogene Online-Netzwerke wie Xing oder LinkedIn (i. d. R. aber nicht Facebook oder X etc.!) gesehen werden, denn Informationen, die ein Bewerber dort über sich veröffentlicht, dienen offensichtlich gerade der Darstellung der eigenen beruflichen Qualifikationen – (auch) gegenüber künftigen Arbeitgebern.

Wenn Arbeitgeber Background-Checks bzw. Pre-Employment-Screenings (PES) einsetzen wollen – um z. B. über Suchmaschinen und Social Media so viel wie möglich über den Bewerber herauszufinden, die Glaubwürdigkeit von Unterlagen zu prüfen oder Lücken im Lebenslauf des Bewerbers zu schließen –, sind diese *„auf klarer gesetzlicher Grundlage [...] zulässig, wenn sie datenschutzkonform durchgeführt werden. Dies bedeutet auch, dass der Arbeitgeber bei jedem Screening seine Informationspflichten gemäß Art. 14 DS-GVO auslöst und den Betroffenen in fairer und transparenter Weise seine ‚Treffer' offenlegen muss."*[3] Der LfDI BW empfiehlt auf den Verzicht nicht datenschutzkonform durchführbarer PES. Zudem sind die allgemeinen Grundsätze auch hier einzuhalten (▶ Kap. 2.3.1).

Bei automatisierten Auswahlverfahren sind bei Vorliegen einer automatisierten Entscheidung i. S. d. Art. 22 Abs. 1 DSGVO die strengeren Zulässigkeitsvoraussetzungen und Transparenzanforderungen zu beachten. Eine automatisierte Entscheidung liegt etwa vor, wenn Bewerber anhand eines Punktesystems automatisiert, d. h. ohne Zutun einer natürlichen Person, abgelehnt werden. Eine bloße Vorstrukturierung von Bewerbungen, z. B. in Form einer Rangliste, unterfällt hingegen i. d. R. nicht den strengen Anforderungen des Art. 22 DSGVO.

Wenn Arbeitgeber im Bewerbungsprozess auf KI zurückgreifen, ist Transparenz und Kennzeichnung für die Betroffenen unverzichtbar. Falls Chatbots eingesetzt werden, muss für Bewerber z. B. immer klar sein, dass sie nicht mit einem Menschen, sondern mit einem automatisierten Assistenzsystem kommunizieren. Entscheidet sich eine verantwortliche Stelle zu KI-basierter Bewerberanalyse, ist sie selbst lt. LfDI BW (und eben nicht der Hersteller vom jeweiligen Programm) für die Einhaltung der Datenschutzgrundsätze aus Art. 5 Abs. 1 DSGVO verantwortlich und muss deren Einhaltung auch vollumfänglich nachweisen können.[4]

[3] Vgl. Fußnote 1, S. 30.
[4] Vgl. Fußnote 1, S. 36 f.

Aufbewahrungsfrist bei Ablehnung der Bewerber

Bei Ablehnung eines Bewerbers stellt sich regelmäßig die Frage, wie lange die Bewerbungsunterlagen anschließend aufbewahrt werden sollen und dürfen. Anschreiben und Lebenslauf sollten nicht umgehend gelöscht bzw. vernichtet werden, da diese Unterlagen ggf. noch für Rechtsstreitigkeiten aufgrund eines etwaigen Verstoßes gegen das Benachteiligungsverbot nach dem AGG benötigt werden. Die Frist für die Aufbewahrung von Anschreiben und Lebenslauf sollte sich entsprechend an den Fristen für die schriftliche Geltendmachung eines etwaigen Anspruchs (zwei Monate nach Ablehnung der Bewerbung, § 15 Abs. 4 AGG) und für die Einlegung einer Klage (drei Monate nach schriftlicher Geltendmachung, § 63b Abs. 1 ArbGG) bemessen. Unter Berücksichtigung möglicher Verzögerungen bei der Zustellung wird daher eine Aufbewahrungsfrist von sechs Monaten als angemessen erachtet. Allerdings werden seitens der Aufsichtsbehörden mitunter unterschiedliche Auffassungen zur Aufbewahrungsdauer von Bewerbungsunterlagen vertreten.

Nach Ablauf dieser Frist sind die Unterlagen abgelehnter oder nicht mehr interessierter Bewerber auf eine konkrete Stelle zu vernichten oder zurückzugeben. Damit die Löschfrist eingehalten wird, sollten Datenverarbeitungsprogramme so konfiguriert werden, dass eine eigenständige Löschung im entsprechenden Turnus erfolgt, und zudem bei Verteilung ausgedruckter Bewerbungsunterlagen auf deren restlose datenschutzkonforme Vernichtung geachtet werden.

Ist eine Aufbewahrung der Bewerbungsunterlagen gewünscht, um bei späterer Vakanz auf den Bewerber zurückzugreifen, ist dies nur mit Einwilligung des Bewerbers möglich. Der bloße Hinweis, dass Bewerbungsunterlagen aufbewahrt werden, ist insofern nicht ausreichend.

Abschließende Kontrollfragen zum Umgang der Verantwortlichen mit personenbezogenen Daten von Bewerbern[5]

- ☐ Wie kommt der Verantwortliche als potenzieller Arbeitgeber im Bewerbungsverfahren seinen Informationspflichten gem. Art. 13 DSGVO gegenüber Bewerbern nach?
- ☐ In welchen Fällen werden im Bewerbungsverfahren Rückfragen beim früheren Arbeitgeber gestellt? Auf welche Rechtsgrundlage werden diese gestützt?
- ☐ Welche Abteilungen bzw. Bereiche haben im Unternehmen Zugriff auf die Bewerbungsunterlagen und in welcher Form (elektronisch oder in Papierform)?
- ☐ Wie wird sichergestellt, dass die Bewerbungsunterlagen nach Abschluss des Bewerbungsverfahrens in den Abteilungen oder Bereichen wieder gelöscht werden?
- ☐ Wann werden die Daten der abgelehnten Bewerber gelöscht?
- ☐ Existiert im Verzeichnis der Verarbeitungstätigkeiten ein Eintrag für Bewerbungsverfahren? Falls nicht, warum nicht?

6.2.2 Durchführung des Beschäftigungsverhältnisses

Onboarding

Im Rahmen des Onboardings können Informationspflichten gegenüber dem neuen Beschäftigten erfüllt, grundlegende TOM für eine sichere Datenverarbeitung durchgeführt sowie eine erste Sensibilisierung für datenschutzrechtliche Aspekte im Unternehmen vorgenommen werden. Um den Onboarding-Prozess und zugleich eine Dokumentation der wesentlichen Punkte hinreichend zu gewährleisten, ist die Verwendung von Onboarding-Checklisten üblich. Diese können sich an den nachfolgend aufgeführten Punkten orientieren:

---

[5] In Anlehnung an den Fragebogen, den das BayLDA im Oktober 2018 im Rahmen einer Überprüfung an 15 größere bayerische Unternehmen und Vereine geschickt hat; vgl. https://www.lda.bayern.de/de/kontrollen.html (zuletzt aufgerufen am: 09.02.2024).

- **Information:** Neuen Mitarbeitenden müssen die nach der DS-GVO erforderlichen Informationen über die Verarbeitung seiner personenbezogenen Daten, etwa in Form eines Merkblatts, zur Verfügung gestellt werden.
- **Technische und organisatorische Maßnahmen:** Als organisatorische Maßnahme kommt insbesondere eine Verpflichtung neuer Mitarbeitender auf Vertraulichkeit beim Umgang mit personenbezogenen Daten in Betracht. Darüber hinaus sollte auf eine am „Need-to-know"-Prinzip ausgerichtete Vergabe von Zugriffsberechtigungen und auf deren Dokumentation geachtet werden. Die Ausgabe von Schlüsseln und IT-Geräten sollte entsprechend der Notwendigkeit für die jeweilige Tätigkeit der Mitarbeitenden erfolgen und ebenfalls dokumentiert werden. Auch die Einholung etwaiger Einwilligungserklärungen, z. B. in die Veröffentlichung eines Mitarbeiterfotos auf der Unternehmenswebsite, kann im Rahmen des Onboardings stattfinden.
- **Sensibilisierung:** Insbesondere wenn Mitarbeitende als Schwerpunkt ihrer Tätigkeit mit der Verarbeitung personenbezogener Daten befasst sind, sollte eine Sensibilisierung für die datenschutzrechtlichen Aspekte bereits im Rahmen des Onboardings erfolgen. Auf Arbeitsanweisungen und Richtlinien zum Datenschutz sollte hingewiesen werden, ebenso auf ein etwaiges Schulungskonzept und Kontaktmöglichkeiten mit dem Datenschutzbeauftragten.

Bei der Einholung von Einwilligungserklärungen der Beschäftigten sind nach Art. 6 Abs. 1 Satz 1 lit. a DSGVO i. V. m. § 26 Abs. 2 BDSG gesteigerte Anforderungen an die Freiwilligkeit zu beachten. Im Beschäftigungsverhältnis sind diese *„schriftlich oder elektronisch"* einzuholen – damit ist es auch möglich, datenschutzrechtliche Einwilligungen von Mitarbeitenden online im Intranet einzuholen. Dabei sollte die Rechenschaftspflicht im Blick behalten werden, d. h., die Einholung der Einwilligung sollte stets nachweisbar sein.

Softwarebasierte Verarbeitung von Beschäftigtendaten

Die Papierakte wird im Personalwesen immer mehr zum Auslaufmodell. Die softwarebasierte Verarbeitung von Mitarbeiterdaten – u. U. in einer Cloud-Lösung – ist heute nicht mehr wegzudenken. Primäres Anliegen ist dabei, eine umfassende digitale Personalarbeit zu ermöglichen. Dabei ist allerdings zu bedenken, dass im Arbeitsrecht in zahlreichen Fällen für Dokumente die Schriftform gem. § 126 BGB vorgesehen ist, z. B. für Befristungsabreden in Arbeitsverträgen, Kündigungen oder den Nachweis der Arbeitsbedingungen nach dem NachwG.

Tipp

Aus arbeitsrechtlicher Sicht ist daher zu prüfen, welche Dokumente tatsächlich ausschließlich digital vorgehalten werden können und für welche Dokumente noch eine Aufbewahrung in Papierform erforderlich ist. Empfehlenswert ist, neben den hier behandelten datenschutz- und arbeitsrechtlichen Aufbewahrungspflichten auch solche beispielsweise nach Handels-, Gesellschafts- oder Steuerrecht separat prüfen zu lassen.

Über die reine Verwaltung von Mitarbeiterdaten hinaus ermöglichen Softwarelösungen im HR-Bereich eine Vielzahl von Verarbeitungszwecken – von Zeiterfassung, Performance-, Skill- und Learning-Management bis hin zu Zielvereinbarungen oder Vergütung. Hierbei muss stets berücksichtigt werden, dass all diese Verarbeitungsvorgänge *„zum Zwecke des Beschäftigungsverhältnisses"* erfolgen und damit, neben den Anforderungen der DSGVO an Erlaubnisgrundlage (Artt. 6, 9 DSGVO) und insbesondere Zweckänderungen (Art. 6 Abs. 4 DSGVO) unterliegen. Daneben sind die Vorgaben des § 26 BDSG (z. B. Abs. 3 i. V. m. § 22 Abs. 2 BDSG, § 26 Abs. 2 BDSG) zu beachten (▶ Kap. 2). Die Umsetzung dieser Anforderungen muss bereits bei Anschaffung des Systems und sodann fortlaufend erfolgen und nachgewiesen werden können.

Allgemeine datenschutzrechtliche Anforderungen

Bei der Anschaffung bzw. Einführung und der Konfiguration einer Software für die digitale Personalakte sind datenschutzrechtliche Anforderungen der DSGVO und des Beschäftigtendatenschutzes gem. BDSG von Beginn an zu berücksichtigen. Dies ergibt sich insbesondere aus den Grundsätzen von „Privacy by Design" und „Privacy by Default" nach Art. 25 Abs. 1 und 2 DSGVO (▶ Kap. 1.7.6).

Die DSGVO statuiert die Pflicht des Verantwortlichen zur Implementierung *„geeigneter technischer und organisatorischer Maßnahmen […] zum Zeitpunkt der Festlegung der Mittel für die Verarbeitung als auch zum Zeitpunkt der eigentlichen Verarbeitung“* (Art. 25 Abs. 1 DSGVO) daher fortlaufend ab Systemeinkauf. Zudem ist durch technische und organisatorische Maßnahmen eine Voreinstellung des Systems sicherzustellen, durch welche nur die für die jeweiligen Verarbeitungszwecke erforderlichen personenbezogenen Daten verarbeitet werden. Dies gilt für

- die Menge der erhobenen Daten,
- den Umfang ihrer Verarbeitung,
- die Speicherfrist und
- die Zugänglichkeit zu den Daten.

Zu beachten ist, dass die zu ergreifenden TOM neben dem Grundsatz der Datenminimierung auch die anderen in Art. 5 DSGVO genannten Grundsätze für die Verarbeitung personenbezogener Daten umzusetzen haben. Dies gilt auch für den Grundsatz der Rechenschaftspflicht (Abs. 2), welcher den Nachweis der Einhaltung der übrigen Verarbeitungsgrundsätze erfordert. Die datenschutzkonforme Voreinstellung des Systems und dessen datenschutzkonformer Betrieb sollten daher dokumentiert werden.

Tipp

Dementsprechend sollte die Systemeinführung in enger Abstimmung mit dem Datenschutzbeauftragten und dem IT-Sicherheitsbeauftragten erfolgen. Zudem sollte ein im Unternehmen gebildeter Betriebsrat frühzeitig miteinbezogen werden. Dies gilt auch fortlaufend für den Betrieb des Personalinformationssystems und v. a. bei der Implementierung zusätzlicher Module, die eine erweiterte und/oder umfangreichere Datenverarbeitung ermöglichen.

Dies sollte zudem vor dem Hintergrund der Prüfung der Erforderlichkeit einer Datenschutz-Folgenabschätzung berücksichtigt werden, mit der gem. Art. 35 Abs. 1 DSGVO bei hochrisikoreichen Verarbeitungsvorgängen eine *„Abschätzung der Folgen der* *vorgesehenen Verarbeitungsvorgänge für den Schutz personenbezogener Daten*" durchzuführen ist (▶ Kap. 5.6).

Entsprechend der – selbstverständlich auch im Beschäftigungskontext geltenden (▶ Kap. 2.2.5) – Transparenzanforderungen der DSGVO sind die Mitarbeitenden nach Artt. 13 und 14 DSGVO über die Datenverarbeitungsvorgänge in dem System zu informieren.

Tipp

Konkrete Empfehlungen zur Informationserteilung im Beschäftigungsverhältnis bietet der „Ratgeber Beschäftigtendatenschutz" des LfDI BW.[6] Demnach sollten Informationen in einer für die Beschäftigten stets abrufbaren Form bereitgestellt werden, z. B. im Intranet. Eine Bestätigung der Kenntnisnahme, z. B. mittels Unterzeichnung eines Dokuments, ist hingegen nicht notwendig.

Beispiel

Die Information zu Datenverarbeitungsvorgängen innerhalb der digitalen Personalakte erfolgt mittels eines Merkblatts beim Onboarding und/oder über einen Anhang zum Arbeitsvertrag. Zudem sind diese Informationen im Intranet unter den „Informationen zum Datenschutz" abrufbar.

Die Speicherung der personenbezogenen Daten der Mitarbeitenden muss in einer Form erfolgen, „*die die Identifizierung der betroffenen Person nur so lange ermöglicht, wie es für die Zwecke, für die sie verarbeitet werden, erforderlich ist*" (Art. 5 Abs. 1 lit. e DSGVO). Dies ergibt sich aus dem in Art. 5 Abs. 1 lit. e DSGVO geregelten Grundsatz der „Speicherbegrenzung". In der Praxis sind Mitarbeiterdaten, die für statistische Zwecke verarbeitet werden sollen, zu anonymisieren. Dies gilt auch für Reportings, soweit ein Personenbezug nicht erforderlich ist.

---

[6] Vgl. Fußnote 1.

✎ Beispiel

Die zu Zwecken der Gehaltsabrechnung verarbeiteten Mitarbeiterdaten sollen später zur Erstellung von Gehaltsstatistiken verarbeitet werden und müssen dafür anonymisiert werden.

Die Richtigkeit von Mitarbeiterdaten ist nicht nur Voraussetzung einer funktionierenden Personalverwaltung, sondern wird mit dem Grundsatz der „Richtigkeit" in Art. 5 Abs. 1 lit. d DSGVO als datenschutzrechtliches Grundprinzip eingefordert. Zudem müssen die Daten grds. auf dem neuesten Stand gehalten werden. Technische und organisatorische Maßnahmen müssen gewährleisten, dass unrichtige Daten unverzüglich gelöscht oder berichtigt werden.

Tipp

Wichtig ist hier, dass die systemseitigen Voraussetzungen gegeben sind, um Betroffenenrechte der Beschäftigten nach Artt. 12 ff. DSGVO (▶ Kap. 7) gewährleisten zu können. Es sollte bspw. möglich sein, einem Auskunftsersuchen eines Beschäftigten unkompliziert – etwa mittels Systemauszug oder Zugang durch den Beschäftigten selbst – nachkommen zu können.

Auskunftsersuchen nach Art. 15 DSGVO

Auskunftsersuchen werfen gerade im Beschäftigungskontext häufig Fragen hinsichtlich des Umfangs der zu erteilenden Auskunft auf. Schließlich sind personenbezogene Daten eines Beschäftigten nicht nur in der digitalen Personalakte gespeichert, sondern finden sich bspw. auch in der E-Mail-Korrespondenz, in Notizen des Vorgesetzten oder in Protokollen zu Meetings. Die Rechtsprechung hierzu ist uneinheitlich: Teils wurde die Auskunftspflicht des Arbeitgebers weit ausgelegt, sodass z. B. auch Vermerke zu Telefonaten und sonstigen Gesprächen mit dem Beschäftigten umfasst waren.

Teils wurde die Auskunftspflicht eingeschränkt, u. a. mit dem Argument des unverhältnismäßigen Aufwands für den Arbeitgeber.[7]

Tipp

Falls große Mengen von Informationen über einen Beschäftigten verarbeitet werden, kann der Arbeitgeber verlangen, dass der Beschäftigte sein Auskunftsersuchen präzisiert, also z. B. auf bestimmte Informationen oder Verarbeitungsvorgänge konkretisiert (ErwG 63 Satz 7 DSGVO). Dieser Weg sollte aber nur in der Form beschritten werden, als die Auskunft der betroffenen Person, insbesondere im Hinblick auf deren Stammdaten, soweit dies ohne unverhältnismäßigen Aufwand möglich ist, erteilt wird und sodann bezüglich weitergehender Detailierung um Präzisierung seitens des Betroffenen gebeten wird.

■ **Neu**

EuGH, Urteil vom 04.05.2023, Rs. C-487/21: Recht auf Erhalt von Kopien der Daten

Noch schwieriger aus praktischer Sicht gestaltet sich die Erfüllung des Rechts auf Erhalt von Kopien der Daten, die Gegenstand der Verarbeitung sind. Grundsätzlich geht der EuGH in diesem Urteil insofern davon aus, dass hierunter nicht nur eine Auflistung der verarbeiteten Daten in aggregierter Form, sondern u. U. originalgetreue Reproduktionen der Dokumente zu übermitteln sind, die die verarbeiteten Daten enthalten. Dies ist im Beschäftigtenverhältnis von sehr hoher Relevanz, da hiervon zahlreiche Dokumente – angefangen von sämtlichen E-Mails, die die betroffene Person verfasst hat oder in denen deren Name auftaucht, bis hin zu Chatverläufen in MS-Teams – erfasst werden würden, die in Zweifel ausgedruckt und übermittelt werden müssten. Der EuGH macht aber eine wesentliche Einschränkung: Eine originalgetreue Reproduktion sei dann zu

7 Vgl. hierzu zuletzt OLG Köln, Urteil vom 26.07.2019, Az. 20 U 75/18; LAG Baden-Württemberg, Urteil vom 20.12.2018, Az. 17 Sa 11/18; AG Bonn, Urteil vom 30.07.2020, Az. 118 C 315/19; LAG Berlin-Brandenburg, Urteil vom 30.03.2023, Az. 5 Sa 1046/22; LAG Schleswig-Holstein, Urteil vom 21.02.2023, Az. 1 Sa 148/22.

übermitteln, wenn die Auskunft für die betroffene Person nur hierdurch verständlich oder ansonsten eine Rechtmäßigkeitsprüfung nicht möglich sei. Gerade im Beschäftigungskontext dürfte es vor diesem Hintergrund für eine Verständlichkeit der Auskunft oder zur Ermöglichung einer Rechtmäßigkeitsprüfung kaum notwendig sein, ggf. Tausende E-Mails des Beschäftigten aus den letzten Jahren im Original zu übermitteln.

Anders kann dies aber bei internen Vermerken über die betroffene Person zu sehen sein, bei denen es sich aber meist um Dokumente handelt, die Angaben, die Rechte und Freiheiten anderer Personen betreffen (z. B. Betriebs- und Geschäftsgeheimnisse oder personenbezogene Daten Dritter), enthalten. Nach Auffassung des EuGH ist eine Interessenabwägung zwischen dem Interesse der Auskunft verlangenden Person an einer möglichst vollständigen und leicht verständlichen Auskunft und den entgegenstehenden Rechten und Freiheiten der ebenfalls betroffenen dritten Personen vorzunehmen. Die Begründung dieser Interessenabwägung sollte ausführlich dokumentiert werden.

Umsetzung von Datenminimierung am Beispiel Zugriffsberechtigungen und Reportings

Die Zugriffsberechtigungen für die in der digitalen Personalakte oder in anderen Systemen verarbeiteten personenbezogenen Daten der Beschäftigten sind streng zu reglementieren. Grundlage hierfür sollte ein entsprechendes Zugriffsrechtekonzept sein, welches grds. nur Mitarbeitenden, die mit der Bearbeitung von Personalangelegenheiten beauftragt sind, die zu diesen Zwecken erforderlichen Zugriffe ermöglicht. Dies gilt analog für die Erstellung von Auswertungen (Reportings) aus den im System gespeicherten Daten zu bestimmten Vorgängen oder Umständen (z. B. Projektzeitauswertungen, Qualifikationsverteilungen). Nur Mitarbeitende, welche diese Reportings aufgrund ihrer Rolle zwingend benötigen (meist Geschäftsführung oder Führungskräfte), können diese auch erstellen. Vor dem Hintergrund der Anforderung der Datenminimierung ist grds. die Erforderlichkeit der Erstellung personenbeziehbarer Reportings zu prüfen, und wenn diese nicht gegeben ist, sind Reportings in anonymisierter Form durchzuführen.

Lohn- und Gehaltsabrechnung

Lohn- und Gehaltsabrechnungen enthalten sensible Mitarbeiterdaten. Eine Verletzung dieser Daten, z. B. durch Verlust oder Weiterleitung an unbefugte Dritte, kann insbesondere zu wirtschaftlichen Schäden der betroffenen Mitarbeitenden führen und ist dementsprechend mit hohen Risiken für sie verbunden. Es sollten aufgrund dessen im Unternehmen angemessene technische und organisatorische Maßnahmen unter Einbeziehung des Datenschutzbeauftragen und des IT-Sicherheitsbeauftragten etabliert werden, die der Sensibilität dieser Daten entsprechen. Dies gilt v. a. bei der Einbindung von Dienstleistern, die mit der Lohn- und Gehaltsabrechnung betraut sind. Auch sollten Gehaltsabrechnungen nicht unverschlüsselt übermittelt werden.

6.2.3 Offboarding

Ebenso wie beim Onboarding kann auch beim Offboarding anhand einer Checkliste verfahren werden. Es sollten insbesondere die Austragung von Zugriffsrechten und die Rückgabe von IT-Geräten und Schlüsseln sichergestellt werden. Nicht mehr erforderliche personenbezogene Daten des Mitarbeiters sind zu löschen. Sofern private Daten in E-Mail-Accounts oder auf Laufwerken vorhanden sind, sollten die ausscheidenden Mitarbeitenden aufgefordert werden, diese zu entfernen. Darüber hinaus können jene darauf hingewiesen werden, dass sie über das Ende des Beschäftigungsverhältnisses hinaus zur Wahrung von Vertraulichkeit angehalten sind. Die erfolgten Schritte sind zu dokumentieren.

6.3 Marketing und Kommunikation

Datenschutz und Marketing begegnen sich häufig als einander entgegenstehende Interessenfelder. Während im Bereich des Marketings ein unbegrenztes Ansammeln und uneingeschränktes Verwenden von Kundendaten wünschenswert erscheint, bezweckt das Datenschutzrecht eine weitgehende Kontrolle des einzelnen Betroffenen über die Verarbeitung seiner personenbezogenen Daten. In der Praxis steht die Marketingabteilung daher vor der Herausforderung, effektive Marketingmaßnahmen unter Berücksichtigung der datenschutzrechtlichen Vorgaben zu bewerkstelligen und sich dabei an den hohen Anforderungen der DSGVO messen zu lassen. Hinzu kommen wettbewerbsrechtliche Vorschriften, deren Einhaltung schon mit Hinblick auf das hohe Abmahnrisiko empfohlen ist. Nachfolgend sollen daher die im Bereich des Marketings wesentlichen Aspekte des Datenschutz- und Wettbewerbsrechts umrissen werden.

Nach der DSGVO kann auch **Ersatz immaterieller Schäden** geltend gemacht werden (Art. 82 Abs. 1 DSGVO), was immer bedeutender wird (vgl. ► Kap. 8). Zum Beispiel hatte das AG Pfaffenhofen/Ilm in seinem Endurteil vom 09.09.2021 (Az. 2 C 133/21) einen Schadensersatz von 300 Euro bejaht, da im Urteilsfall eine Werbe-E-Mail ohne Einwilligung übersendet worden war.

Die wettbewerbsrechtliche Abmahnbarkeit von Datenschutzverstößen ist nach wie vor umstritten. Das Fehlen einer Datenschutzerklärung auf einer Website wurde bereits auf landes- und oberlandesgerichtlicher Ebene als abmahnfähig bewertet. Das Landgericht Würzburg untersagte in seinem Beschluss vom 13.09.2018 (Az. 11 O 1741/18 UWG) z. B. den Betrieb der Website einer Rechtsanwältin ohne hinreichende Datenschutzerklärung und ohne Verschlüsselung des Kontaktformulars unter Androhung von Ordnungsgeld.

Vorlagen des BGH für den EuGH: Az. I ZR 186/17, I ZR 222/19 und I ZR 223/19

Der BGH legte dem EuGH mit Beschluss vom 28.05.2020 und erneut zum 10.11.2022 (Az. I ZR 186/17) die Frage vor, ob ein Verstoß des Betreibers eines sozialen Netzwerks – im Urteilsfall Facebook – gegen die datenschutzrechtliche Verpflichtung, die Nutzenden dieses Netzwerks über Umfang und Zweck der Erhebung und Verwendung ihrer Daten zu unterrichten, wettbewerbsrechtliche Unterlassungsansprüche begründet und von Verbraucherschutzbänden verfolgt werden kann – ob also jene Verstöße gegen die DSGVO abmahnen können.

Der Ausgangspunkt war, dass über das App-Zentrum von Facebook kostenlose Spiele anderer Anbieter durch Anklicken des Buttons „Spiel spielen" zugänglich waren. Durch das Anklicken stimmten die Nutzer automatisch der Übermittlung unterschiedlicher Daten an den jeweiligen Spielebetreiber zu und berechtigten die Anwendung dazu, in ihrem Namen Beiträge zu posten.

Zwar hatte der EuGH die Klagebefugnisse der Verbraucherschutzverbände gem. Art. 80 Abs. 2 DSGVO grds. bejaht (EuGH, Urteil vom 28.04.2022, Rs. C-319/20 – Meta Platforms Ireland, Rz. 59 ff.). Für den Streitfall sieht der BGH allerdings nach wie vor keine Rechtsverletzung „infolge" einer Datenverarbeitung. Denn Facebook habe keine Fehler bei „einer Verarbeitung" von personenbezogenen Daten, sondern bei der Information der Nutzenden über Datenverarbeitungsvorgänge gemacht.[1]

Der BGH legte auch mit den Beschlüssen vom 12.01.2023 (Az. I ZR 222/19 und I ZR 223/19) dem EuGH die Frage vor, ob Regelungen der DSGVO einer Möglichkeit zur Abmahnung von Verstößen gegen DSGVO entgegenstehen. In diesen Fällen ging es konkret darum, ob ein auf einer Internet-Verkaufsplattform Arzneimittel vertreibender Apotheker gegen die für Gesundheitsdaten geltenden datenschutzrechtlichen Bestimmungen verstößt und ob ein solcher Verstoß von einem anderen Apotheker mit einer wettbewerbsrechtlichen Klage vor den Zivilgerichten verfolgt werden kann.[2]

---

1 Vgl. https://www.cr-online.de/blog/2022/11/20/neue-eugh-vorlage-dsgvo-abmahnbefugnisse-der-verbraucherschuetzer-weiter-unsicher/; zu den Urteilen vgl. Pressemitteilung des BGH Nr. 159/2022 vom 10.11.2022 bzw. https://eur-lex.europa.eu/legal-content/de/TXT/?uri=CELEX:62020CJ0319 (jeweils zuletzt aufgerufen am: 09.02.2024).

2 Vgl. Pressemitteilung des BGH Nr. 6/2023 vom 12.01.2023.

Tipp

Unternehmen sollten ihre Websites bzw. Außenauftritte – bevor evtl. Verbraucherschutzverbände darauf aufmerksam werden – daraufhin prüfen, ob die Datenschutzbestimmungen – v. a. was die Ausgestaltung der Website oder Newsletter-Einwilligungen, Datenschutzerklärungen, Cookiebanner oder Social-Media-Auftritte angeht – eingehalten werden.[3]

Hierbei ist zu beachten, dass die Datenschutzerklärung vollständig sein muss, der Einwilligungsbanner nicht nur Cookies, sondern auch Drittverbindungen listet und Inhalte wie z. B. externe Videos oder Formulare datenschutzkonform ausgestaltet werden.

6.3.1 Anforderungen an die Verarbeitung personenbezogener Daten zu Werbe- und Marketingzwecken

Rechtsgrundlage für die Datenverarbeitung zu Werbezwecken nach DSGVO

Nach der DSGVO gilt das Verbotsprinzip. Demnach ist eine Verarbeitung personenbezogener Daten grds. verboten, außer die Verarbeitung kann auf eine der gesetzlich abschließend vorgegebenen Rechtsgrundlagen nach Art. 6 DSGVO gestützt werden.

Dabei kann nach der DSGVO lediglich auf die allgemeinen Rechtsgrundlagen zurückgegriffen werden. Insbesondere findet sich das sog. Listenprivileg des BDSG a. F., wonach die Verarbeitung von listenmäßigen oder sonst zusammengefassten Daten über Angehörige einer Personengruppe zu bestimmten Werbezwecken als zulässig erachtet wird, nicht in der DSGVO wieder.

---

[3] Vgl. https://www.cmshs-bloggt.de/gewerblicher-rechtsschutz/wettbewerbs-recht-uwg/bgh-neues-zur-abmahnung-von-datenschutz-verstoessen/ (zuletzt aufgerufen am: 09.02.2024).

Interessenabwägung zugunsten des Werbenden

Artikel 6 Abs. 1 lit. f DSGVO stellt die zentrale Erlaubnisnorm für Werbe- und Marketingmaßnahmen dar und kann grds. für jegliche Datenverarbeitungen i. S. d. Art. 4 Nr. 2 DSGVO herangezogen werden, die im Interesse des Verantwortlichen oder eines Dritten erfolgen. Damit sind zwar grds. sämtliche Werbetätigkeiten erfasst, wie etwa auch die Übermittlung von Daten und der geschäftsmäßige Adresshandel. Es ist aber stets eine Abwägung der Interessen seitens des Verantwortlichen oder eines Dritten und der Interessen seitens der betroffenen Person maßgebend. Eine Datenverarbeitung zu Werbezwecken ist demnach zulässig, wenn sie zur Wahrung berechtigter Interessen des Werbenden oder eines Dritten erforderlich ist und sofern seitens der betroffenen Person keine überwiegenden Interessen oder Grundrechte und Grundfreiheiten, „*die den Schutz personenbezogener Daten erfordern*" (Art. 6 Abs. 1 lit. e DSGVO), entgegenstehen.

In ErwG 47 DSGVO wird klargestellt, dass als Ausgangspunkt für die Interessenabwägung die Datenverarbeitung zum Zweck der Direktwerbung grds. „*als eine einem berechtigten Interesse dienende Verarbeitung betrachtet werden*" kann. Seitens der Betroffenen sind nach ErwG 47 insbesondere deren vernünftige Erwartungen, „*die auf ihrer Beziehung zu dem Verantwortlichen beruhen*", zu beachten. Die „*vernünftigen Erwartungen*" des Betroffenen sind in engem Zusammenhang mit den hohen Transparenzanforderungen der DSGVO zu sehen (▶ Kap. 7.1). Sofern über die vorgesehene werbliche Nutzung der personenbezogenen Daten umfassend informiert wird, kann also auch von der Erwartung des Betroffenen ausgegangen werden, dass die Daten entsprechend verarbeitet werden.

Tipp

Außerdem sind die Vorgaben des Wettbewerbsrechts in die Interessenabwägung miteinzubeziehen. Wie von den deutschen

Aufsichtsbehörden klargestellt wurde[4], soll insofern ein weitgehender Gleichlauf zwischen Datenschutz- und Wettbewerbsrecht bestehen. Ist eine Werbemaßnahme nach dem Wettbewerbsrecht nicht zulässig (▶ Kap. 6.3.2), ist i. d. R. auch die Verarbeitung von Kundendaten zum Zweck dieser Werbemaßnahme datenschutzrechtlich unzulässig. Ist eine Werbemaßnahme hingegen nach dem Wettbewerbsrecht erlaubt, ist i. d. R. die entsprechende Datenverarbeitung im Rahmen einer Interessenabwägung als zulässig zu bewerten.

Als weitere abwägungsrelevante Faktoren kommen u. a. in Betracht:

- die Eingriffsintensität der Datenverarbeitung, die insbesondere bei Erstellung detaillierter Profile, Verhaltensprognosen oder Analysen als hoch einzustufen ist
- die Art der Daten
- ob die Datenverarbeitung zu Werbemaßnahmen im B2B- oder B2C-Bereich stattfindet
- die Gewährleistung einer effektiven Widerspruchsmöglichkeit für den Betroffenen
- ob der Betroffene bereits Kunde des Werbenden ist und damit eine für Marketing- und Werbemaßnahmen maßgebliche Beziehung zwischen dem Verantwortlichen und dem Betroffenen besteht
- ob die verarbeiteten Daten aus einem öffentlichen Verzeichnis entnommen wurden
- die Angemessenheit der Datenverarbeitung für den jeweiligen konkreten Zweck
- die Beachtung des Grundsatzes der Fairness nach Art. 5 Abs. 1 lit. a DSGVO
- die Nachvollziehbarkeit der Datenverarbeitung für die betroffene Person, insbesondere hinsichtlich der Herkunft der Daten

[4] Vgl. DSK: Orientierungshilfe der Aufsichtsbehörden zur Verarbeitung von personenbezogenen Daten für Zwecke der Direktwerbung unter Geltung der Datenschutz-Grundverordnung (DS-GVO) (Stand Februar 2022), abrufbar unter: https://www.datenschutzkonferenz-online.de/media/oh/OH-Werbung_Februar%202022_final.pdf (zuletzt aufgerufen am: 09.02.2024).

- ob es sich bei der betroffenen Person um ein Kind, d. h. um eine Person unter 16 Jahren, handelt

✎ Beispiel

Targeting und Kundenprofilbildung

Beispiel für i. d. R. unzulässige Vorgehensweise: Es erfolgt eine umfassende Beobachtung des Kundenverhaltens (hohe Eingriffsintensität). Dabei werden ohne das Wissen der Kunden personenbezogene Daten aus sozialen Netzwerken herangezogen und komplexe Profile erstellt (entspricht nicht den *„vernünftigen Erwartungen"* des Betroffenen). Eine Möglichkeit zum Widerspruch gegen diese Datenverarbeitung besteht nicht (keine hinreichende Gewährleistung einer Widerspruchsmöglichkeit).

Beispiel für i. d. R. zulässige Vorgehensweise: Der Betroffene ist bereits Kunde des Werbenden (maßgebliche Beziehung zwischen dem Verantwortlichen und dem Betroffenen) und hat seine Kontaktdaten zur Verfügung gestellt (Nachvollziehbarkeit der Herkunft der Daten), wobei er über die Nutzung zu Marketingzwecken informiert (Nutzung zu Marketingzwecken entspricht den *„vernünftigen Erwartungen"* des Betroffenen) und über sein Widerspruchsrecht aufgeklärt wurde (Gewährleistung einer Widerspruchsmöglichkeit). Es erfolgt eine Auswertung der Kundendaten anhand der Postleitzahl (geringe Eingriffsintensität), um Werbung für ein Produkt mit regionalem Bezug zu schalten.

Trotzdem empfiehlt es sich, um das Risiko des Verantwortlichen zu minimieren, eine Einwilligung für diese Form der Werbeschaltung einzuholen.

Datenerhebung im Rahmen von Preisausschreiben, Gewinnspielen oder Katalog-/Prospektanforderungen

Nach Ansicht der Aufsichtsbehörden kann die Erhebung von Postadressen im Rahmen von Preisausschreiben bzw. Gewinnspielen oder aufgrund von Katalog-/Prospektanforderungen sowie die weitere Verwendung zum Direktmarketing auf eine Interessenabwägung gestützt werden. Eine Einwilligung ist demnach nicht erforderlich. Voraussetzung ist, dass spätestens bei der

Datenerhebung über die werbliche Datenverarbeitung informiert wurde.

Freundschafts- und Empfehlungswerbung

Das Erheben von Kontaktdaten mittels sog. Empfehlungs- (Kunde stößt durch die Angaben der E-Mail-Adresse eines Freundes oder Bekannten den Versand von E-Mail-Werbung an diesen an) oder Freundschaftswerbung (Direktwerbung anhand von Dritten erlangter Postadressdaten) ist in aller Regel unzulässig – nach § 7 Abs. 2 Nr. 3 UWG ist eine Einwilligung des Empfängers erforderlich, wenn nicht die Ausnahmen des § 7 Abs. 3 UWG für Bestandskundenwerbung greifen. Nach Auffassung der Aufsichtsbehörden wird ansonsten gegen die Grundsätze der Fairness und Transparenz verstoßen und im Fall der E-Mail-Werbung das Einwilligungserfordernis nach dem Wettbewerbsrecht untergraben (vgl. BGH, Urteile vom 12.09.2013, Az. I ZR 208/12; vom 14.01.2016, Az. I ZR 65/14).

Einwilligung des Betroffenen

Gerade im Bereich des Marketings und der Werbung wird das Einholen einer Einwilligung des Betroffenen häufig als universelle Lösung für die datenschutzrechtliche Zulässigkeitsfrage erachtet.

Tipp

Hier ist jedoch Vorsicht geboten, da das bereits unter BDSG a. F. diskutierte „Rückgriffsverbot" seitens der Aufsichtsbehörden mit Hinblick auf die DSGVO weiterhin in den Fokus gestellt wird. Es sollte stets genau geprüft werden, ob eine Einwilligung des Betroffenen in eine Datenverarbeitung erforderlich oder ob eine andere Rechtsgrundlage einschlägig ist. Ist Letzteres der Fall, sollte auf das Einholen einer „unnötigen" Einwilligung verzichtet werden, da bei einem Widerruf des Betroffenen kein Rückgriff auf eine alternative Rechtsgrundlage möglich ist.

OLG Frankfurt am Main, Urteil vom 27.06.2019, Az. 6 U 6/19: Wirksame Werbeeinwilligung

In diesem Urteil, das sich mit der Zulässigkeit eines Werbeanrufs befasste, beleuchtete das Gericht auch die datenschutzrechtlichen Anforderungen an eine wirksame Werbeeinwilligung. Es wurde vom OLG als zulässig erachtet, die Teilnahme an einem Gewinnspiel von einer Einwilligung in E-Mail-Werbung abhängig zu machen. Laut OLG sei die Einwilligung trotz der Verknüpfung mit der Gewinnspielteilnahme „freiwillig" erteilt, da auf diese Weise ein „bloßes Anlocken" der betroffenen Personen erfolge und kein Druck ausgeübt werde. Die betroffenen Personen könnten selbst entscheiden, ob ihnen die Gewinnspielteilnahme die Preisgabe ihrer Daten „wert" sei. Der Wirksamkeit der Einwilligung stehe auch nicht entgegen, dass sie zugunsten von acht in der Erklärung aufgelisteter Unternehmen abgegeben wurde. Dies wurde als hinreichend transparent für die betroffenen Personen bewertet. Die Grenzen der Transparenz seien aber überschritten, wenn die Anzahl der in einer Einwilligungserklärung aufgezählten Unternehmen so groß sei, dass sich die betroffenen Personen *„realistischer Weise nicht mit all diesen Unternehmen und deren Geschäftsfeldern befassen"* werden.

Letztlich unterlag das werbetreibende Unternehmen im Rechtsstreit, da eine wirksame Werbeeinwilligung nicht nachgewiesen werden konnte. Das Gericht nahm dies zum Anlass, darauf hinzuweisen, dass bei einer per E-Mail eingeholten Einwilligung in Telefonwerbung auch der Nachweis erbracht werden müsse, dass die E-Mail-Adresse und der Telefonanschluss derselben Person zuzuordnen sind.

Bußgeld des LfDI BW wegen Verstoßes gegen Art. 32 DSGVO

Der LfDI BW verhängte am 25.06.2020 gegen eine deutsche Krankenkasse ein Bußgeld i. H. v. 1,24 Mio. Euro aufgrund des Verstoßes gegen die Pflichten sicherer Datenverarbeitung. Diese erhob 2015–2019 im Rahmen von Gewinnspielen personenbezogene Daten der Teilnehmer (Kontaktdaten, Krankenkassenzugehörigkeit etc.) und wollte die Daten auch zu Werbezwecken nutzen, sofern die Teilnehmer zuvor wirksam eingewilligt haben. Allerdings genügten die dafür vorgesehenen TOM nicht den gesetzlichen Anforderungen, denn es wurden personenbezogene Daten von mehr als 500 Gewinnspielteilnehmern ohne deren Einwilligung zu Werbezwecken genutzt. Die Krankenkasse hat unmittelbar nach Bekanntwerden des Vorfalls die betroffenen Marketingmaßnahmen gestoppt, um die Vorgänge gründlich zu prüfen. Laut dem LfDI BW seien *„technische und organisatorische Maßnahmen [...] regelmäßig den tatsächlichen Verhältnissen anzupassen, um auf Dauer ein angemessenes Schutzniveau sicherzustellen."*[5]

Tipp

Es empfiehlt sich im Hinblick auf Gewinnspiele, die Abgabe der Einwilligung nicht als Pflichtfeld auszugestalten, sodass Interessenten auch dann daran teilnehmen können, wenn sie nicht in werbliche Ansprache einwilligen (Entkopplungslösung).

Hohe Anforderungen nach DSGVO

Die DSGVO stellt hohe Anforderungen an die wirksame Erteilung einer Einwilligung (vgl. Art. 7 DSGVO), v. a. wenn es sich bei der betroffenen Person um ein Kind handelt (vgl. Art. 8 DSGVO). Unter anderem ist hierbei die Regelung eines Koppelungsverbots (Art. 7 Abs. 4 DSGVO) und das gesetzlich normierte jederzeitige Widerrufsrecht des Betroffenen (Art. 7 Abs. 3 DSGVO) zu beachten. Kernanforderung an eine wirksame Einwilligung nach DSGVO ist, dass sie *„freiwillig für den bestimmten Fall, in informierter Weise und unmissverständlich"* (Art. 4 Nr. 11 DSGVO) abgegeben wird.

Freiwillig: Die Abgabe einer Einwilligungserklärung ist nur dann als freiwillig zu bewerten, wenn die betroffene Person eine echte und freie Wahl hat und in der Lage ist, die Einwilligung zu verweigern oder zu widerrufen, ohne Nachteile zu erleiden (vgl. ErwG 42 Satz 5 DSGVO). Bei der Beurteilung der Freiwilligkeit ist zudem maßgeblich, ob das Koppelungsverbot beachtet wurde, wonach die Erfüllung eines Vertrags nicht von der Einwilligung in eine Datenverarbei-

[5] Vgl. https://www.baden-wuerttemberg.datenschutz.de/lfdi-baden-wuerttemberg-verhaengt-bussgeld-gegen-aok-baden-wuerttemberg-wirksamer-datenschutz-erfordert-regelmaessige-kontrolle-und-anpassung/ (zuletzt aufgerufen am: 09.02.2024).

tung abhängig gemacht werden darf, die für die Vertragserfüllung nicht erforderlich ist.

✎ Beispiel

Eine Bank will die Einwilligung ihrer Kunden in die Verarbeitung von Zahlungsinformationen zu Marketingzwecken einholen. Diese Datenverarbeitung ist nicht erforderlich für die Vertragserfüllung zwischen der Bank und dem Kunden. Eine Verweigerung der Einwilligung in diese Datenverarbeitung führt dazu, dass kein Vertrag über die Bankdienstleistungen zustande kommt oder höhere Gebühren anfallen. Hier liegt ein Verstoß gegen das Koppelungsverbot vor, die Einwilligung kann daher nicht als freiwillig erteilt angesehen werden.

Für den bestimmten Fall: Eine Einwilligung darf nicht die Datenverarbeitung zu verschiedenen Zwecken umfassen, vielmehr ist für jeden Verarbeitungszweck eine gesonderte Einwilligung notwendig. Diese Anforderung kann bspw. durch einzelne ankreuz- oder anklickbare Kästchen für jeden Verarbeitungszweck umgesetzt werden. Ein separates Dokument oder Formular für jede Einwilligungserklärung ist hingegen nicht notwendig.

✎ Beispiel

Ein Online-Händler möchte die Einwilligung seiner Kunden einholen, um ihre Kontaktdaten zur Zusendung eines E-Mail-Newsletters und zur Zufriedenheitsbefragung per Telefon nutzen zu dürfen. Es sind für die Zwecke Newsletter-Versand und Zufriedenheitsbefragung zwei separate Einwilligungen notwendig.

Informiert: Die *„Kenntnis der Sachlage“* (ErwG 42 Satz 3 DSGVO) ist Grundvoraussetzung für die Abgabe einer wirksamen Einwilligungserklärung. Im Rahmen der Einwilligung werden daher besondere Transparenzanforderungen gestellt, die grds. unabhängig von den allgemeinen Informationspflichten nach Artt. 13 und 14 DSGVO zu betrachten sind. Während in ErwG 42 Satz 3 DSGVO lediglich die Identität des Verantwortlichen und die Zwecke der Verarbeitung als Mindestinformationsgehalt genannt werden, hält die

Artikel-29-Datenschutzgruppe zudem die Information über die verarbeiteten Datenkategorien und das Widerrufsrecht für erforderlich. Nach Ansicht der deutschen Aufsichtsbehörden (vgl. Fußnote 5) ist über die Art der Werbung (z. B. Briefwerbung, E-Mail-Werbung), die beworbenen Produkte oder Dienstleistungen und die werbenden Unternehmen zu informieren. Um die Informiertheit des Betroffenen bei Abgabe der Einwilligungserklärung zu gewährleisten, sind die Informationen vorab bereitzustellen.

✎ Beispiel

Mittels eines Online-Formulars soll die Einwilligung von Kunden in eine Datenverarbeitung zu Werbezwecken eingeholt werden. Auf der Formularseite werden den Kunden, noch bevor sie die Einwilligungserklärung abgegeben haben, die erforderlichen Informationen in Form eines Pop-ups zur Verfügung gestellt. Die Informiertheit der Kunden bei Abgabe ihrer Einwilligungserklärung wird auf diese Weise hinreichend sichergestellt.

Unmissverständlich: Die wirksame Abgabe einer Einwilligungserklärung setzt eine eindeutige Handlung des Betroffenen voraus, mit welcher das Einverständnis in die Datenverarbeitung im jeweiligen Kontext unmissverständlich zum Ausdruck kommt.

Form: Die Einwilligung kann schriftlich, elektronisch oder mündlich erteilt werden. Überdies ist keine ausdrückliche Erklärung notwendig, es genügt eine eindeutige Verhaltensweise des Betroffenen (vgl. ErwG 32 Satz 2 DSGVO). Nicht ausreichend ist hingegen Stillschweigen oder Untätigkeit der betroffenen Person.

✎ Beispiel

Vorangekreuztes Kästchen: Ein bereits vorangekreuztes Kästchen erfüllt nicht die Anforderungen an die Unmissverständlichkeit. Das Mittel der Wahl ist daher regelmäßig die Verwendung des Opt-in-Verfahrens, bei welchem der Betroffene aktiv ein Häkchen setzen muss, um seine Einwilligung in eine Datenverarbeitung zu erklären.

Übergabe einer Visitenkarte: Wird eine Visitenkarte von den betroffenen Personen auf Messen etc. ausdrücklich zum Zweck der weiteren Kontaktaufnahme oder Zusendung von Informationsmaterial überreicht, kann dies nach den Aufsichtsbehörden grds. eine wirksame Einwilligung i. S. v. Art. 4 Nr. 11 DSGVO darstellen, *„wenn infolge der Umstände des Einzelfalls für den Verantwortlichen eine Nachweisbarkeit der Einwilligung und insbesondere auch ihres Inhalts gegeben ist."*[6] Die konkreten Anforderungen an einen solchen Nachweis bleiben damit weiterhin ungeklärt. Als Mindestanforderung kann etwa eine Dokumentation der erteilten Einwilligung durch den jeweiligen Mitarbeiter, der die Visitenkarte entgegennimmt, gesehen werden.

Nachweisbarkeit der Einwilligungserklärung: Die allgemeine Rechenschaftspflicht des Verantwortlichen wird in Art. 7 Abs. 1 DSGVO für den Fall der Datenverarbeitung auf Grundlage einer Einwilligung der betroffenen Person konkretisiert. Demnach muss der Verantwortliche nachweisen können, dass der Betroffene in die Verarbeitung seiner personenbezogenen Daten eingewilligt hat. Daher ist es – trotz fehlenden Schriftformerfordernisses für Einwilligungserklärungen nach der DSGVO – für den Verantwortlichen sinnvoll, eine perpetuierte Einwilligungserklärung, bspw. in Textform, einzuholen.

Tipp

Die Frage der Nachweisbarkeit stellt sich v. a. bei Einwilligungen, die auf elektronischem Weg eingeholt werden. Denn alleine das Setzen eines Hakens oder die Angabe einer E-Mail-Adresse kann nicht belegen, dass die Einwilligung tatsächlich vom Betroffenen selbst stammt. Daher ist das Double-Opt-in-Verfahren geboten, welches in zwei Stufen abläuft: Zunächst wird in einem elektronischen Formular ein Haken gesetzt oder eine E-Mail-Adresse angegeben. In Stufe 2 wird dem Betroffenen eine Bestätigungs-E-Mail an die angegebene Adresse zugeschickt, welche einen Bestätigungs-Link enthält oder ihn auffordert, auf die E-Mail mit einer Aktivierungs-E-Mail zu antworten. Erst wenn dies geschehen ist, wird von der Erteilung der Einwilligung ausgegangen. Um

[6] Fußnote 5, S. 11.

diese Einwilligung nachweisen zu können, *„ist es erforderlich, dass der Verantwortliche die konkrete Einverständniserklärung jeder einzelnen betroffenen Person vollständig dokumentiert. Im Fall einer elektronisch übermittelten Einverständniserklärung setzt das deren Speicherung und die jederzeitige Möglichkeit voraus, sie auszudrucken."*[7]

Widerruf der Einwilligung: Betroffenen steht nach Art. 7 Abs. 3 Satz 1 DSGVO das Recht zu, ihre Einwilligung jederzeit zu widerrufen. Darauf sind die Betroffenen vor Abgabe der Einwilligung hinzuweisen (Art. 7 Abs. 3 Satz 3 DSGVO). Wird der Widerruf einer Einwilligung erklärt, erlangt dieser nur für die Datenverarbeitung ab dem Zeitpunkt des Widerrufs Wirkung. Die bereits vor dem Widerruf auf Grundlage der Einwilligung erfolgte Datenverarbeitung bleibt rechtmäßig (vgl. Art. 7 Abs. 3 Satz 2 DSGVO).

Tipp

Zu beachten ist, dass die Erklärung des Widerrufs für die Betroffenen genauso einfach sein muss wie die Erteilung der Einwilligung (Art. 7 Abs. 3 Satz 4 DSGVO). Daher darf etwa bei einer Einwilligungserklärung per E-Mail nicht vom Betroffenen verlangt werden, den Widerruf der Einwilligung schriftlich zu erklären, um diesem Wirkung zu verleihen.

Ebenso wie eine gesonderte Einwilligung je Verarbeitungszweck erforderlich ist, soll auch der Widerruf einer Einwilligung auf einzelne Verarbeitungszwecke beschränkt werden können. So kann ein Betroffener etwa die Einwilligung in die Verarbeitung seiner personenbezogenen Daten zu Marketingzwecken widerrufen, die Einwilligung in die Verarbeitung zum Zweck der Markt- und Meinungsforschung aber aufrechterhalten.

Die betroffene Person kann im Fall des Widerrufs vom Verantwortlichen die Löschung ihrer auf Grundlage der Einwilligung verarbei-

[7] Fußnote 5, S. 12. Zur Nachweisbarkeit mittels E-Mail bei über Website-Eintragungen erlangten Telefonnummern, die für Werbung genutzt werden sollen, vgl. ebenda.

teten Daten verlangen, sofern keine anderweitige Rechtsgrundlage für die Datenverarbeitung besteht (Art. 17 Abs. 1 lit. b DSGVO).

Gültigkeitsdauer: Zwar enthält die DSGVO keine spezifischen Vorgaben, was die Dauer der Wirksamkeit einer Einwilligung angeht – dies hängt vom konkreten Fall, vom Umfang der Einwilligung und von den Erwartungen der betroffenen Parteien ab. Dennoch empfiehlt der EDSA vor dem Hintergrund des Transparenzgrundsatzes, die Einwilligung in angemessenen Zeitabständen zu erneuern. Laut Aufsichtsbehörden sollten Werbetreibende bei länger als zwei Jahre ungenutzten Einwilligungen vorsorglich eine Erneuerung der Information oder auch der Einwilligungen selbst vornehmen. Für den Fall, dass sich die Verarbeitungsvorgänge beträchtlich geändert oder weiterentwickelt haben, ist die ursprüngliche Einwilligung nicht länger für derartige Verarbeitungen gültig und daher eine neue Einwilligung einzuholen.[8]

Einwilligungen, die bereits vor Anwendbarkeit der DSGVO erteilt wurden, sollen nach ErwG 171 Satz 3 DSGVO unter der DSGVO fortgelten, sofern sie den Anforderungen des BDSG a. F. entsprechend wirksam eingeholt wurden.

Durchführung vorvertraglicher Maßnahmen

Artikel 6 Abs. 1 lit. b Alt. 2 DSGVO legitimiert Datenverarbeitungen, die zur Durchführung vorvertraglicher Maßnahmen erforderlich sind, sofern diese auf Anfrage des Betroffenen erfolgen. Erfasst wird also die Datenverarbeitung zur Umsetzung von Maßnahmen, die für einen *„geplanten Abschluss eines Vertrags“* (ErwG 44 DSGVO) notwendig sind. Maßgeblich ist dabei, dass der Betroffene den Anlass für die Durchführung der vorvertraglichen Maßnahmen gegeben hat. Die Verarbeitung der personenbezogenen Daten darf folglich auch nur im durch die Anfrage des Betroffenen gesetzten Rahmen des Erforderlichen stattfinden.

[8] Vgl. Fußnote 5, S. 13.

Beispiel

Als Maßnahme der Leadgenerierung werden Print-Anzeigen mit Antwort-Coupons geschaltet, auf welchen Interessenten ihre Kontaktdaten eintragen und an den Werbenden senden können, um Informationen und Beratung zu den Kaufkonditionen eines Produkts zu erhalten.

Transparenzanforderungen

Informationspflichten des Verantwortlichen

Der Grundsatz der Transparenz ist einer der in Art. 5 DSGVO niedergelegten Datenschutz-Grundsätze, die stets bei der Verarbeitung personenbezogener Daten zu beachten sind, und findet seine Ausgestaltung in den Informationspflichten der Artt. 13 und 14 DSGVO (► Kap. 7.2). Diese unterscheiden zwischen der Datenerhebung beim Betroffenen selbst (Art. 13 DSGVO) und nicht beim Betroffenen (Art. 14 DSGVO).

Artikel 13 und 14 DSGVO bieten jeweils einen Katalog mit Informationen, die dem Betroffenen bei Erhebung seiner personenbezogenen Daten stets vollumfänglich mitgeteilt werden müssen.

Tipp: Zweistufiges Informationsmodell

Die Erteilung aller in Artt. 13 und 14 DSGVO genannten Informationen stößt in der Praxis häufig schon aufgrund von Platzmangel auf Schwierigkeiten. In diesen Fällen kann eine zweistufige Informationserteilung eine Lösung darstellen, die auch seitens der Aufsichtsbehörden als zulässiges Vorgehen bestätigt wurde. In einer ersten Stufe sollten folgende Mindestinformationen bereitgestellt werden:

- Name und Kontaktdaten des Verantwortlichen
- Kontaktdaten des Datenschutzbeauftragten
- Verarbeitungszwecke und Rechtsgrundlage in Schlagworten
- berechtigtes Interesse, soweit als Rechtsgrundlage einschlägig (► Kap. 7.2)
- Empfänger oder Kategorien der Empfänger der Daten

- Übermittlung in Drittstaaten
- Widerspruchsrecht

Hinsichtlich der restlichen Informationen ist in der zweiten Stufe anzugeben, wo diese abrufbar sind. Dies kann bspw. über einen Link oder QR-Code zu einer Online-Datenschutzerklärung erfolgen.

Gerade bei Telefonwerbung wird über die Erteilung von Datenschutzinformationen häufig hinweggesehen. Auch hier sollten jedoch zumindest eine Erstinformation sowie ein Hinweis auf z. B. online abrufbare weitergehende Datenschutzinformationen sowie das Angebot zur mündlichen Erteilung der Datenschutzinformation erfolgen. Um insofern auch der Rechenschaftspflicht nachzukommen, sind als Mindestanforderung dokumentierte Prozesse und z. B. Gesprächsleitfäden vorzuweisen. Antworten zu häufigen Fragen bzgl. Informationspflichten bei telefonischem Kontakt gibt das BayLDA.[9]

Im Marketingbereich kann dabei die transparente Darstellung der folgenden Punkte besondere Bedeutung erlangen:

- Sofern die Datenverarbeitung auf ein berechtigtes Interesse des Verantwortlichen oder eines Dritten gestützt wird, ist der Betroffene über dieses berechtigte Interesse aufzuklären (▶ Kap. 7.2).
- Dem Betroffenen ist mitzuteilen, ob er zur Bereitstellung seiner Daten verpflichtet ist und welche Folgen eintreten können, wenn die Angabe der Daten nicht erfolgt. Diese Transparenzanforderung sollte etwa auch in Form einer deutlichen Kennzeichnung von Datenfeldern als „freiwillige Angabe“ oder „Pflichtangabe“ Niederschlag finden.
- Erfolgt die Datenerhebung nicht beim Betroffenen selbst, ist dieser u. a. über die Quelle der Daten und ggf. darüber, ob sie aus einer öffentlich zugänglichen Quelle stammen, zu informieren. Wurden verschiedene Quellen genutzt, so soll der Betroffene zumindest eine allgemeine Information über die Herkunft der Daten erhalten (vgl. ErwG 61 Satz 4 DSGVO).

[9] Vgl. https://www.lda.bayern.de/media/veroeffentlichungen/FAQ_InformationspflichtenTelefon.pdf (zuletzt aufgerufen am: 09.02.2024).

- Dem Betroffenen sind Informationen über die Empfänger der Daten mitzuteilen, wobei die Angabe der Kategorien von Empfängern genügt, wenn etwa die genauen Empfänger zum Zeitpunkt der Datenerhebung noch nicht feststehen.

Form und Zeitpunkt der Informationserteilung

Auch an die Art und Weise der Bereitstellung der Informationen werden in der DSGVO hohe Anforderungen gestellt. So sind die nach Artt. 13 bzw. 14 DSGVO erforderlichen Informationen *„in präziser, transparenter, verständlicher und leicht zugänglicher Form in einer klaren und einfachen Sprache"* dem Betroffenen zur Verfügung zu stellen (Art. 12 Abs. 1 Satz 1 DSGVO). Daraus ergibt sich für die praktische Umsetzung die Schwierigkeit, einerseits den umfangreichen Informationspflichten gerecht zu werden und mitunter über komplexe Sachverhalte aufzuklären sowie andererseits zugleich die Information für das jeweilige Publikum verständlich und nachvollziehbar aufzubereiten:

- ☐ Auf komplexe Formulierungen und den übermäßigen Gebrauch rechtlicher oder technischer Fachbegriffe sollte verzichtet werden.
- ☐ Die Information sollte möglichst konkret gefasst sein, daher sollten Wörter wie „möglicherweise", „einige" oder „häufig" vermieden werden. So ist etwa eine Angabe wie „Datenverarbeitung zum Angebot personalisierter Services" zu ungenau.
- ☐ Es sollte berücksichtigt werden, ob im Hinblick auf das angesprochene Publikum eine Informationserteilung in unterschiedlichen Sprachen erforderlich ist.
- ☐ Werden Kinder adressiert, ist auf eine kindgerechte Darstellung der Informationen zu achten.

Die Informationen können schriftlich oder in elektronischer Form, auf Verlangen des Betroffenen auch mündlich erteilt werden. Eine elektronische Bereitstellung umfasst z. B. eine Datenschutzerklärung auf einer Website, Pop-up- bzw. Hover-Over-Hinweise oder Privacy Dashboards.

Tipp: Datenschutzerklärungen auf Websites

- ☐ Eine Datenschutzerklärung auf einer Website sollte unter einem leicht auffindbaren und eindeutig bezeichneten Link abrufbar sein.
- ☐ Der Link zu einer Datenschutzerklärung sollte auf derselben Seite hinterlegt sein, auf welcher die Datenerhebung stattfindet.
- ☐ Betroffene sollten die einzelnen thematischen Inhalte einer Datenschutzerklärung direkt aufrufen können, ohne den gesamten Text durchsuchen zu müssen. Die wichtigsten Angaben, etwa besonders risikobehaftete Datenverarbeitungsvorgänge und deren mögliche Folgen für den Betroffenen, sollten an prominenter Stelle zusammenfassend dargestellt werden.

Die erforderlichen Informationen sind bei einer Erhebung beim Betroffenen selbst zum Zeitpunkt der Datenerhebung bereitzustellen (Art. 13 Abs. 1 DSGVO). Sofern die Datenerhebung bei einem Dritten erfolgt, bietet Art. 14 Abs. 3 DSGVO unterschiedliche Anknüpfungspunkte für den Zeitpunkt der Informationserteilung: Findet eine Kommunikation mit dem Betroffenen statt, sind die Informationen zum Zeitpunkt der ersten werblichen Ansprache zur Verfügung zu stellen. Bei einer Offenlegung der Daten an einen Empfänger ist der Zeitpunkt der Offenlegung maßgeblich. In allen übrigen Fällen hat unter Berücksichtigung der Umstände des jeweiligen Einzelfalls die Information innerhalb einer *„angemessenen Frist"* nach der Erlangung der Daten, spätestens jedoch innerhalb eines Monats, zu erfolgen.

Tipp

Wenn die Daten der Werbeempfänger bereits vor Inkrafttreten der DSGVO erhoben wurden, sind bei künftigem Kontakt mit den betroffenen Personen die nach DSGVO zu erteilenden Informationen nachzureichen, sodass auch die mit der DSGVO neu hinzugekommenen Informationspflichten erfüllt werden.

Werbewiderspruch

Für die Datenverarbeitung zum Zweck der Direktwerbung gibt die DSGVO vor, dass betroffene Personen jederzeit und unentgeltlich Widerspruch gegen eine solche Datenverarbeitung einlegen können (Art. 21 Abs. 2 und ErwG 70 DSGVO; ► Kap. 7.8). Die vom Gesetz vorgesehenen Folgen eines solchen Werbewiderspruchs sind, dass die jeweiligen Daten nicht mehr zum Zweck der Direktwerbung verarbeitet (Art. 21 Abs. 4 DSGVO) und unverzüglich gelöscht werden (Art. 17 Abs. 1 lit. c Halbsatz 2 DSGVO).

Es stellt sich mit Hinblick auf die Löschpflicht regelmäßig die Frage, wie eine erneute Ansprache des Widersprechenden verhindert werden kann. Falls also eine betroffene Person keine weitere werbliche Ansprache durch das Unternehmen mehr wünscht, kann lt. Aufsichtsbehörden dafür die Aufnahme ihrer Kontaktdaten in eine Werbesperrdatei beim betroffenen Unternehmen das richtige Mittel zur Berücksichtigung ihres Willens sein.

Aufgrund von Artt. 21 Abs. 3, 6 Abs. 1 1. Unterabsatz lit. f i. V. m. Art. 17 Abs. 3 lit. b DSGVO können solche Werbesperrdateien zur Berücksichtigung der Werbewidersprüche zur Sicherstellung der Beachtung des geltend gemachten Rechtsanspruchs zulässig sein. Voraussetzung hierfür ist jedoch, dass personenbezogene Daten zu Werbezwecken gem. Art. 6 Abs. 1 1. Unterabsatz lit. f DSGVO verarbeitet werden. Da der Verantwortliche im Fall, dass die werbliche Nutzung nur auf Basis einer Einwilligung zulässig ist, ohnehin sicherzustellen hat, dass in jedem Einzelfall eine Einwilligung vorliegt, kann eine Werbesperrdatei letztlich nur rechtmäßig sein, wenn die zu verhindernde Verarbeitung zu Werbezwecken auf Art. 6 Abs. 1 1. Unterabsatz lit. f DSGVO beruht. Wichtig ist, dass die betroffenen Personen im Zusammenhang mit der Unterrichtung (Art. 12 Abs. 3 DSGVO) über die Beachtung ihres Werbewiderspruchs auch über den Sinn und Zweck der Aufnahme ihrer Daten in eine Sperrdatei unterrichtet werden. Sofern ein Werbeempfänger ausdrücklich die Löschung seiner Daten verlangt, sollte ein Hinweis erfolgen, dass eine erneute werbliche Ansprache nicht ausgeschlossen werden kann.[10]

---

[10] Vgl. Fußnote 5, S. 17.

Nach Art. 21 Abs. 4 DSGVO ist der Betroffene zum Zeitpunkt der ersten Kommunikation auf sein Widerspruchsrecht hinzuweisen. Dieser Hinweis hat in verständlicher Form und getrennt von anderen Informationen zu erfolgen und sollte bei jeder einzelnen Werbesendung erteilt werden. Für die Einlegung des Widerspruchs sollte eine Kontaktmöglichkeit angeboten werden, die auch eine elektronische Kommunikationsmöglichkeit enthält.

Tipp

Um zu verhindern, dass eingehende Werbewidersprüche liegenbleiben und nicht an die Marketingabteilung kommuniziert werden, empfiehlt sich eine Automatisierung dieser Prozesse sowie Organisationsanweisungen zur raschen Bearbeitung und Koordinierung.

6.3.2 Werbeansprachen unter Beachtung wettbewerbsrechtlicher Anforderungen

Das Gesetz gegen unlauteren Wettbewerb (UWG) und das Datenschutzrecht kommen parallel und rechtlich unabhängig voneinander zur Anwendung. Damit tragen neben den datenschutzrechtlichen Vorgaben die teils strengeren Vorschriften des UWG zum Schutz des Beworbenen bei. Ziel der wettbewerbsrechtlichen Vorgaben ist eine Vermeidung von *„unzumutbaren Belästigungen"* (§ 7 Abs. 1 UWG) des Angesprochenen, was insbesondere bei Werbung anzunehmen ist, die trotz eines erkennbaren entgegenstehenden Willens des Angesprochenen erfolgt (vgl. § 7 Abs. 1 UWG).

Bei der Bewertung der Zulässigkeit der Direktwerbung entscheidet im ersten Schritt § 7 UWG darüber, ob eine Einwilligung erforderlich ist. Im zweiten Schritt erfolgt die Prüfung nach den datenschutzrechtlichen Zulässigkeitsvoraussetzungen (z. B. Art. 6 Abs. 1 lit. a, f DSGVO), zu denen auch ErwG 47 i. V. m. Art. 6 Abs. 1 lit. f DSGVO zählt: *„[...] Die Verarbeitung personenbezogener Daten zum Zwe-*

cke der Direktwerbung kann als eine einem berechtigten Interesse dienende Verarbeitung betrachtet werden."

Die Zulässigkeit von Werbemaßnahmen ist im UWG von verschiedenen Voraussetzungen abhängig, welche sich nach dem Kommunikationsmedium der Direktwerbung richten. So ist z. B. die Briefpostwerbung im B2C- als auch im B2B-Bereich ohne Einwilligung zulässig (§ 7 Abs. 2 Nr. 1 UWG) – und zwar so lange, bis der Empfänger widerspricht (Opt-out-Verfahren). Für elektronische Post (E-Mail) dagegen ist sowohl nach § 7 Abs. 2 Nr. 3 UWG als auch nach dem Datenschutzrecht (Art. 6 Abs. 1 lit. a DSGVO) eine vorherige Einwilligung durch den Empfänger zwingend erforderlich. Allerdings sieht § 7 Abs. 3 UWG für die E-Mail-Werbung auch eine Ausnahme von dem Einwilligungserfordernis vor, was aber die strikte Umsetzung der in § 7 Abs. 3 UWG genannten Vorgaben voraussetzt. Dies gilt für B2C- und für B2B-Empfänger.

Telefonwerbung

Werbende Unternehmen müssen gem. Art. 7 Abs. 1 DSGVO und § 7a UWG die vorherige ausdrückliche Einwilligung des Verbrauchers – also im B2C-Bereich – in die Telefonwerbung zum Zeitpunkt der Erteilung in angemessener Form dokumentieren – am besten schriftlich – und ab Erteilung der Einwilligung sowie nach jeder Verwendung der Einwilligung fünf Jahre lang aufbewahren.

Tipp

Nach § 20 Abs. 3 UWG muss es der zuständigen Verwaltungsbehörde den Nachweis auf Verlangen unverzüglich vorlegen können. Dabei ist zu beachten, dass die fünfjährige Frist mit jeder Werbeansprache erneut auflebt. Falls eine Zusammenarbeit mit professionellen Adresshändlern vorliegt, sollten Regelungen zum entsprechenden Vorhalten der Einwilligungen den gesetzlichen Anforderungen entsprechend in die Verträge aufgenommen und stichprobenartig überprüft werden.

Im B2B-Bereich genügt eine mutmaßliche Einwilligung des Angesprochenen (vgl. Interessenabwägung nach Art. 6 Abs. 1 1. Unterabsatz lit. f DSGVO, § 7 Abs. 2 Nr. 2 UWG). Für die Annahme einer mutmaßlichen Einwilligung ist zu fragen, ob der Beworbene den Werbeanruf erwartet oder einem solchen zumindest aufgeschlossen gegenübersteht (liegt z. B. ein geschäftlicher Vorkontakt vor?).[11]

E-Mail-Werbung

Sowohl im B2C- als auch im B2B-Bereich ist eine vorherige ausdrückliche Einwilligung des Angesprochenen erforderlich. Eine Ausnahme hiervon besteht bei kumulativem Vorliegen folgender Voraussetzungen:

- Die E-Mail-Adresse wurde im Zusammenhang mit dem Verkauf einer Ware oder Dienstleistung vom Kunden angegeben.
- Die Werbung bezieht sich auf eigene Waren oder Dienstleistungen des Werbenden, die Ähnlichkeit mit bereits gekauften Waren oder Dienstleistungen aufweisen.

✎ Beispiel

Ähnlichkeit mit bereits gekauften Waren oder Dienstleistungen liegt vor, wenn die beworbene Ware oder Dienstleistung denselben Verwendungszweck hat oder demselben Bedarf des Kunden entspricht. Beispielsweise darf Kunden, die beim Werbenden eine Fernreise gebucht haben, auch Werbung zu anderen Reisezielen zugesandt werden.

Der Kunde hat der Verwendung der Ansprache per E-Mail nicht widersprochen. Der Kunde wird bei Erhebung und jeder Verwendung der E-Mail-Adresse darauf hingewiesen, dass er der Verwendung jederzeit widersprechen kann, ohne dass hierfür andere Kosten als die Übermittlungskosten nach den Basistarifen entstehen.

E-Mail-Werbung ist darüber hinaus in jedem Fall unzulässig, wenn die Identität des Absenders verheimlicht oder verschleiert wird (z. B. bei Angabe einer Scheinadresse oder auch bei Angabe bloß einer

[11] Vgl. Fußnote 5, S. 7. Danach genügt eine bloße Sachbezogenheit (z. B. Werbung für Büroartikel, Telefonanbieter, entgeltliche Vermittlung von Aufträgen) nicht, um von einem Einverständnis des angerufenen Unternehmers auszugehen (vgl. BGH, Urteil vom 16.11.2006, Az. I ZR 191/03).

Postfachnummer), wenn gegen die Informationspflichten des Telemediengesetzes (TMG) verstoßen oder wenn keine gültige Adresse angegeben wird, an welche der Beworbene gebührenfrei einen Widerspruch gegen die Zusendung der Werbung richten kann.

Tipp

In der Rechtsprechung wird zur Wirksamkeit von Werbeeinwilligungen nach UWG vertreten, dass eine einmal erklärte Einwilligung ihre Gültigkeit verlieren kann, wenn sie über einen längeren Zeitraum nicht „genutzt" wird, d. h. keine Datenverarbeitung aufgrund der erklärten Einwilligung stattfindet, und der Betroffene daher nicht mehr mit einer Verwendung seiner Daten zu Werbezwecken rechnen muss. Der Düsseldorfer Kreis verweist etwa auf eine Entscheidung des LG München I (Urteil vom 08.04.2010, Az. 17 HK O 138/10), wonach eine „ungenutzte" Einwilligung in E-Mail-Werbung nach 17 Monaten verfällt und keine Rechtsgrundlage für eine Werbeansprache per E-Mail mehr darstellt.

Zusammenfassung

- ☐ Verbraucher bzw. Privatpersonen: Einwilligung gem. Art. 6 Abs. 1 lit. a DSGVO nötig (bei E-Mail: Double-Opt-in)
- ☐ Interessenten bzw. Nicht-Kunden: Einwilligung gem. Art. 6 Abs. 1 lit. DSGVO nötig (bei E-Mail: Double-Opt-in)
- ☐ Bestandskunden: zulässig gem. Art. 6 Abs. 1 lit. f DSGVO (bei E-Mail zusätzlich gem. § 7 Abs. 2 UWG)

Postalische Werbung

Die Werbung per Post ist zulässig, sofern der Beworbene dadurch nicht hartnäckig angesprochen wird, obwohl er dies erkennbar nicht wünscht. Eine „hartnäckige" Ansprache ist grds. gleichzusetzen mit einer „wiederholten" Ansprache, sodass auch eine zweimalige Zusendung von Briefwerbung bereits als hartnäckig gewertet werden kann. Für den Werbenden muss zudem erkennbar sein, dass die postalische Werbung nicht erwünscht ist – der entgegenstehende Wille des Beworbenen wird bspw. durch einen Aufkleber auf dem Briefkasten („Bitte keine Werbung einwerfen") oder durch eine Eintragung in die „Robinson-Liste" hinreichend zum Ausdruck gebracht.

Zusammenfassung

- ☐ Verbraucher bzw. Privatpersonen: Einwilligung gem. Art. 6 Abs. 1 lit. a DSGVO nötig
- ☐ Interessenten bzw. Nicht-Kunden: Einwilligung gem. Art. 6 Abs. 1 lit. a DSGVO nötig
- ☐ Bestandskunden: zulässig gem. Art. 6 Abs. 1 lit. f DSGVO

6.3.3 Social-Media-Marketing

Die Nutzung von Social-Media-Präsenzen zu Marketingzwecken – gerade in Endkundenbeziehungen – ist nach wie vor weitverbreitet, datenschutzrechtliche Bedenken hiergegen sind allerdings ebenfalls in vielen Unternehmen angekommen.

Wesentliche datenschutzrechtliche Probleme

Wird ein Unternehmensprofil bei einem sozialen Netzwerk erstellt und zum werblichen Kundenkontakt genutzt, lassen sich häufig grob zwei Ebenen abgrenzen:

1. die tatsächlichen Werbemaßnahmen auf der Profilseite, also Anzeigen, Hinweise auf Veranstaltungen oder Aufrufe z. B. zur Teilnahme an Gewinnspielen
2. Zudem erfolgt „im Hintergrund" zumeist eine Auswertung des Nutzerverhaltens, um Erkenntnisse über die Effektivität von Werbemaßnahmen zu gewinnen und darauf basierend die Werbepraxis zu optimieren. Die wohl prominentesten Beispiele für solche Auswertungsmechanismen sind die sog. Seiten-Insights von Facebook.

Schaltung von Werbemaßnahmen

Auf der vordergründigen Ebene der Schaltung von Werbemaßnahmen auf der Profilseite kann oft ein zu lockerer Umgang bei der werblichen Kundenansprache beobachtet werden. Die oben aufgeführten datenschutz- und wettbewerbsrechtlichen Voraussetzungen für die Verarbeitung von personenbezogenen Daten für Marketingzwecke gelten ebenso im Rahmen des Social-Media-Marketings. Das bedeutet, dass auch über eine Social-Media-Präsenz erlangte Daten nur bei Vorliegen einer entsprechenden Rechtsgrundlage für Marketingzwecke verwendet werden dürfen und sich die werbliche Ansprache nach den oben dargestellten Grundsätzen richten muss. Es sind hier ebenfalls sämtliche datenschutzrechtliche Pflichten zu erfüllen, wie etwa die Informationspflichten gegenüber den betroffenen Personen.

Problem: Facebook-Fanpages

Im Hinblick auf die Auswertung des Nutzerverhaltens zur Werbeoptimierung blieb lange Zeit ungeklärt – und wohl auch unbeachtet –, wer die datenschutzrechtliche Verantwortung für diese Vorgänge trägt. Im Juni 2018 hat der EuGH im viel beachteten „Facebook-Fanpage-Urteil“[12] festgestellt, dass eine gemeinsame Verantwortung (Joint Controllership) nach Art. 26 DSGVO des Netzwerk-Anbieters Meta Platforms und des jeweiligen Fanpage-Betreibers bzgl. der „Seiten-Insights“ vorliegt.

Nachdem die deutschen Aufsichtsbehörden im April 2019 feststellten, dass die von Meta Platforms daraufhin erstellte „Seiten-Insights-Ergänzung bezüglich des Verantwortlichen“ nicht die Anforderungen an eine Vereinbarung nach Art. 26 DSGVO erfüllt und die „Informationen zu Seiten-Insights“ die relevanten Verarbeitungstätigkeiten *„nicht hinreichend transparent und konkret“* darstellen und daher nicht ausreichend seien, *„um den Fanpage-Betreibern die Prüfung der Rechtmäßigkeit der Verarbeitung der personenbezogenen Daten der Besucherinnen und Besucher ihrer Fanpage zu ermöglichen“*, ist der Betrieb von solchen Fanpages datenschutzrechtlich nach wie vor problematisch. Denn Meta Platforms als Betreiber von Facebook nutzt die Nutzerdaten *„nicht ausschließlich zum Zweck der Bereitstellung eines sozialen interaktiven Netzwerks, sondern auch zu Werbezwecken, die auf feingranularen Profilen der Nutzenden aufsetzen, um für sie ‚passgenaue‘ Werbung im Auftrag von Unternehmen, Verbänden, Parteien etc. schalten zu können.*

[12] Vgl. EuGH, Urteil vom 05.06.2018, Rs. C-210/16.

Welche personenbezogenen Daten in welcher Art und Weise konkret verarbeitet werden, bleibt allerdings weitestgehend unklar."[13]

Tipp

Die genauen rechtlichen Probleme beim Betrieb einer Facebook-Fanpage finden sich in einem Kurzgutachten der DSK (Stand 18.03.2022), abrufbar unter: https://datenschutzkonferenz-online.de/media/weitere_dokumente/DSK_Kurzgutachten_Facebook-Fanpages_V1_18.03.2022.pdf.

Der BfDI hat am 17.02.2023 den Betrieb der Fanpage der Bundesregierung[14] erneut untersagt: vgl. Pressemitteilung 6/2023 bzw. Bescheid vom 17.02.2023: https://www.bfdi.bund.de/SharedDocs/Downloads/DE/DokumenteBfDI/Dokumente-allg/2023/Bescheid-Facebook-Fanpage.pdf?__blob=publicationFile&v=1

Auch wenn Meta Platforms inzwischen auf die Kritik der Aufsichtsbehörden reagiert und die „Vereinbarung über die gemeinsame Verantwortlichkeit" überarbeitet hat, finden sich Fanpage-Betreiber in der Lage wieder, einerseits in der datenschutzrechtlichen (Mit-)Verantwortung mit Meta Platforms zu stehen, andererseits jedoch angesichts der Übermacht des Netzwerkanbieters kaum Einfluss auf die Erfüllung der datenschutzrechtlichen Vorgaben nehmen zu können. Nach derzeitigem Stand lassen sich Facebook Fanpages nach wie vor nicht rechtmäßig betreiben – u. a. da Fanpage-Betreiber ihre Rechenschaftspflicht gem. Art. 5 Abs. 1 und 2 DSGVO nicht erfüllen können.

[13] DSK: FAQ zu Facebook-Fanpages (Stand: 22.06.2022), S. 1; abrufbar unter: https://www.datenschutzkonferenz-online.de/media/oh/20220622_oh_10_FAQ_Facebook_Fanpages.pdf (zuletzt aufgerufen am: 09.02.2024).

[14] Da öffentliche Stellen in besonderem Maß gesetzlich zum rechtskonformen Handeln verpflichtet sind, werden diese von den Aufsichtsbehörden vorrangig in die Pflicht genommen – vgl. z. B. https://datenschutz.hessen.de/datenschutz/internet-und-medien/facebook-seiten-von-oeffentlichen-stellen-auf-dem-pruefstand (zuletzt aufgerufen am: 09.02.2024).

Lösungsansätze

Der saloppe Umgang mit Kundendaten und -ansprachen im Rahmen von Social-Media-Auftritten rührt häufig von mangelndem Bewusstsein für die datenschutzrechtliche Relevanz und/oder fehlenden Regelungen und Zuständigkeiten für die Pflege des Unternehmensprofils.

Tipp

Es empfiehlt sich daher, entsprechend der obigen Ausführungen Regelungen zum Social-Media-Marketing festzuschreiben bzw. vorhandene Vorgaben aufs Social-Media-Marketing auszuweiten. Hier sollten klare Zuständigkeiten für die Pflege des Unternehmensprofils festgelegt werden. Durch entsprechende Sensibilisierungsmaßnahmen sollte das Bewusstsein bei den Mitarbeitenden geschaffen werden, dass auch Werbeaktivitäten auf Social-Media-Präsenzen sämtlichen datenschutzrechtlichen Vorgaben unterliegen. Auch Mitarbeitende mit Endkundenkontakt, die nicht im Marketing tätig sind (wie im Vertrieb oder Einkauf), sollten wissen, dass Social-Media-Kontakte nicht ohne Weiteres für den Kundenkontakt genutzt werden können.

Sollten „Insights“-Dienste dennoch genutzt werden, ist es Aufgabe insbesondere des Datenschutzbeauftragten, auf die derzeit bestehenden Unzulänglichkeiten und damit verbundenen Risiken hinzuweisen. Da die (Mit-)Verantwortlichkeit aufgrund des EuGH-Urteils außer Frage steht und sich zugleich kaum datenschutzkonforme Lösungen erzielen lassen, kann allenfalls eine risikobasierte Entscheidung über die Nutzung von Facebook, Instagram & Co. herbeigeführt werden. Die DSK empfiehlt Verantwortlichen, ihre Fanpages zu deaktivieren, bis sie in der Lage sind, die Pflichten aus der DSGVO zu erfüllen – wofür die Mitwirkung von Meta Platforms notwendig ist. Denn beide müssen gemeinsam sicherstellen, dass die Nutzenden von Facebook über die Verarbeitung ihrer Daten beim Aufruf der Fanpages informiert sind und die Verarbeitung auf Basis einer wirksamen Rechtsgrundlage stattfindet. Gemäß Art. 26 DSGVO müssen die gemeinsam Verantwortlichen in einer Vereinbarung intern festlegen, wie die Einhaltung der DSGVO gewährleistet wird.[15]

Tipp

Als risikominimierende Maßnahme sollte auf hinreichende Transparenz gegenüber den betroffenen Profilbesuchern geachtet werden. Es sollte daher eine Datenschutzinformation über die Datenverarbeitung im Rahmen des Social-Media-Auftritts erfolgen. Dies kann in Form einer Datenschutzerklärung abgebildet werden, die auf der jeweiligen Profilseite hinterlegt bzw. verlinkt wird. Dabei ist darauf zu achten, dass der Link zur Datenschutzerklärung auf der Profilseite unmittelbar abrufbar und eindeutig gekennzeichnet ist. Außerdem sollte die Datenschutzerklärung auch abrufbar sein, wenn der Profilbesucher nicht beim jeweiligen Netzwerk angemeldet ist.

Die Berliner Beauftragte für Datenschutz und Informationsfreiheit hat im November 2018 einen Fragenkatalog zur Prüfung des Betriebs von Facebook-Fanpages an einige Unternehmen in ihrem Zuständigkeitsbereich versendet. Er umfasst 15 Fragen und kann einen Eindruck der Prüftätigkeiten der Aufsichtsbehörden vermitteln sowie als Orientierung für eine interne Bewertung dienen.[16]

Tipp

Auch wenn ein entsprechendes Gerichtsurteil in Bezug auf andere Netzwerkanbieter (noch) nicht vorliegt, kann davon ausgegangen werden, dass sich die Bewertung des EuGH auch auf ähnliche „Insights"-Dienste z. B. von Instagram übertragen lässt. So bietet etwa auch das Netzwerk LinkedIn einen Vertrag über die gemeinsame Verantwortung an, der ebenfalls im Rahmen der Nutzungsbedingungen abgeschlossen wird.

[15] Vgl. https://www.datenschutzkonferenz-online.de/media/oh/20220622_oh_10_FAQ_Facebook_Fanpages.pdf (zuletzt aufgerufen am: 09.02.2024) mit weiteren Hinweisen.

[16] Vgl. https://www.datenschutz-berlin.de/themen/internet/facebook-fanpages (zuletzt aufgerufen am: 09.02.2024).

6.3.4 Einsatz von Trackingmechanismen zu Marketingzwecken

Infolge des viel beachteten EuGH-Urteils vom 01.10.2019 (Rs. C-673/17 – „Planet 49“; ▶ Kap. 6.1.8) rückte die Diskussion um den datenschutzkonformen Einsatz von Trackingmechanismen wie Cookies in den Fokus. Der EuGH entschied im Rahmen einer Vorlage zur Vorabentscheidung des BGH, dass nach den Vorgaben der ePrivacy-Richtlinie für eine wirksame Cookie-Einwilligung ein „Opt-out“ in Form der Abwahl eines vorangekreuzten Kästchens nicht ausreichend sei. Vielmehr sei ein aktives Verhalten des Nutzers erforderlich, also ein „Opt-in“ in den Einsatz von Cookies. Bei der Einholung einer Cookie-Einwilligung müsse neben der Identität des Verantwortlichen und des Zwecks der Datenverarbeitung auch über die Funktionsdauer der Cookies und einen etwaigen Zugriff Dritter auf die anfallenden Daten informiert werden.

Die deutschen Aufsichtsbehörden stellten v. a. klar, dass es unzureichend sei, wenn das bloße Weitersurfen auf der Website o. Ä. als Einwilligung in den Cookie-Einsatz gewertet wird. Auch einem „Opt-out“ mittels vorangekreuzten Kästchen erteilten sie eine klare Absage.[17]

Nach der Vorabentscheidung des EuGH entschied der BGH am 28.05.2020 (Az. I ZR 7/16 – Cookie Einwilligung II) abschließend in der Streitsache „Planet 49“. Demnach dürfen Cookies, die nicht zur Bereitstellung des Online-Dienstes erforderlich sind, nur mit vorheriger Einwilligung des Nutzers eingesetzt werden.

Tipp

Beim Einsatz von Cookies und anderen Trackingmechanismen zu Marketingzwecken sollte unter Einbeziehung des Datenschutzbeauftragten genau geprüft werden, ob eine Einwilligung aus datenschutzrechtlicher Sicht erforderlich ist. In aller Regel

[17] Vgl. https://www.baden-wuerttemberg.datenschutz.de/zum-einsatz-von-cookies-und-cookie-bannern-was-gilt-es-bei-einwilligungen-zu-tun-eugh-urteil-planet49/ (zuletzt aufgerufen am: 09.02.2024).

wird dies für Trackingmechanismen zu Marketingzwecken der Fall sein. Als konkretes Beispiel für einen einwilligungsbedürftigen Trackingdienst wird seitens der deutschen Aufsichtsbehörden „Google Analytics" genannt, das derzeit im Grunde nicht rechtskonform eingesetzt werden kann.

Sollte eine Einwilligung erforderlich sein, ist auf die wirksame Einholung einer solchen zu achten. Das heißt, es sind insbesondere die o. g. Anforderungen eines „Opt-ins" sowie die Erfüllung von Informationspflichten im Rahmen der Einwilligung zu beachten. Hierbei empfiehlt es sich, etwaige Stellungnahmen der jeweils zuständigen Aufsichtsbehörde zu berücksichtigen.

TTDSG als nationale Regelung

Unter welchen Umständen der Einsatz von Cookies zulässig ist, klärt das am 01.12.2021 in Kraft getretene TTDSG (vgl. im Detail ► Kap. 6.1.8).

Tipp

Die DSK hat eine Orientierungshilfe der Aufsichtsbehörden für Anbieter von Telemedien veröffentlicht, die detaillierte Hinweise für die Gestaltung von Einwilligungsbannern und Einwilligungsmanagement-Systemen ab dem 01.12.2021 enthält.[18]

Gemäß § 25 Abs. 1 Satz 1 TTDSG ist das Speichern von Informationen in Endeinrichtungen von Endnutzern oder der Zugriff auf Informationen, die bereits in Endeinrichtungen gespeichert sind, nur zulässig, wenn die Endnutzer auf der Grundlage von klaren und umfassenden Informationen eingewilligt haben. Der Anwendungsbereich von § 25 Abs. 1 Satz 1 TTDSG betrifft nicht nur das Setzen und Auslesen von Cookies, sondern auch den Einsatz aller übrigen technischen Mechanismen, die Informationen in Endgeräten spei-

[18] Vgl. DSK (Hg.): Orientierungshilfe der Aufsichtsbehörden für Anbieter:innen von Telemedien ab dem 1. Dezember 2021 (OH Telemedien 2021) Version 1.1 (Stand Dezember 2022); abrufbar unter: https://datenschutzkonferenz-online.de/media/oh/20221205_oh_Telemedien_2021_Version_1_1_Vorlage_104_DSK_final.pdf (zuletzt aufgerufen am: 09.02.2024).

chern oder aus diesen auslesen. Dabei gilt § 25 TTDSG unabhängig davon, ob ein Personenbezug der Informationen besteht oder nicht.

Ausnahmen vom Erfordernis der Einwilligung bestehen gem. § 25 Abs. 2 Satz 2 TTDSG nur für das Speichern oder Auslesen von technisch zwingend erforderlichen Informationen. Inwiefern der Dienst gewünscht ist, ist anhand objektiver Kriterien zu prüfen. Das bloße Aufrufen einer Website genüge noch nicht, um davon auszugehen, dass das gesamte Websiteangebot inkl. aller eingebetteten Funktionen gewünscht ist. Ohne Einwilligung dürfen auch technisch erforderliche Cookies erst dann gesetzt und ausgelesen werden, wenn sie erforderlich werden und nur solange, wie sie erforderlich sind.

Dabei ist § 25 Abs. 1 Satz 1 TTDSG nicht die einzige Rechtsgrundlage, die für eine wirksame Einwilligung im Hinblick auf die Verarbeitung von Nutzungsdaten zu beachten ist. Beim Betrieb von Telemedien sind lt. LfDI Rheinland-Pfalz zwei Schritte zu unterscheiden[19]: Die Rechtmäßigkeit der erteilten Einwilligung richtet sich

1. bei der Speicherung von und dem Zugriff auf Informationen in der Endeinrichtung nach § 25 Abs. 1 Satz 1 TTDSG und
2. bei der Weiterverarbeitung dieser Daten (z. B. Profilbildung und Werbeeinblendung) dagegen nach Art. 6 Abs. 1 Satz 1 lit. a DS-GVO.

Da sich (1) und (2) bei Telemedien i. d. R. aneinander ausschließen, sind zwei Einwilligungen nötig. Dabei lassen sich beide Einwilligungen grds. durch dieselbe Handlung der Websitebesucher (z. B. durch Einwilligungsbanner) erteilen – vorausgesetzt, es wird bereits an dieser Stelle über alle Zwecke der Datenverarbeitung informiert und es ist eindeutig erkennbar, dass es sich um mehrere Einwilligungen handelt.

Um eine umfassende Einwilligungslösung zu implementieren, kommen zunehmend sog. Consent-Management-Plattformen (CMP) zum Einsatz. Allerdings hängt das Einholen einer rechtskonformen

[19] Vgl. https://www.datenschutz.rlp.de/de/themenfelder-themen/cookies-cookie-banner/ (zuletzt aufgerufen am: 09.02.2024).

Einwilligung auf der Website vom konkreten Einsatz der CMP und den genauen Vorgängen auf dem jeweiligen Telemedienangebot ab. Da Websitebetreiber zahlreiche Konfigurationsmöglichkeiten haben, sorgt der bloße Einsatz einer CMP nicht automatisch zur Einholung rechtskonformer Einwilligungen und damit verbleibt die Verantwortlichkeit für die Wirksamkeit der eingeholten Einwilligungen bei den jeweiligen Telemedien-Anbietern.

Kontrollfragen: Liegt aus Sicht der Aufsichtsbehörden eine Ausnahme gem. § 25 Abs. 2 Nr. 2 TTDSG vor?[20]

Maßgebliche Kriterien für die Bestimmung des von Endnutzern ausdrücklich gewünschten Telemediendienstes

- ☐ Es ist granular festzulegen, für welche Funktion des Telemediendienstes welcher konkrete Speicher- und Auslesevorgang von Informationen auf dem Endgerät erfolgt.
- ☐ Es ist zu bestimmen, wessen primären Interessen diese Funktion dient: den eigenen Interessen der Anbieter, den Interessen der Websitenutzer, des eingebundenen Drittdienstleisters oder von Dritten.

Maßgebliche Kriterien für die Bestimmung der unbedingten Erforderlichkeit

- ☐ **Wann darf der Auslese- und Speichervorgang von Informationen auf dem Endgerät stattfinden?**
  Dieser darf erst dann beginnen, wenn die konkrete Funktion des Telemediendienstes vom Nutzer tatsächlich in Anspruch genommen wird.
- ☐ **Welche Informationen werden gespeichert und ausgelesen?**
  Diese Informationen müssen bezogen auf die granular festgelegte Funktion des Telemediendienstes unbedingt erforderlich sein. Insbesondere beim Cookieeinsatz ist nicht allgemein darauf abzustellen, dass ein Cookie gesetzt oder ausgelesen wird, sondern maßgeblich ist die im Cookie gespeicherte Information.

---

[20] Vgl. OH Telemedien 2021, S. 26–27.

- ☐ **Wie lange werden Informationen auf den Endgeräten gespeichert und für welchen Zeitraum können sie ausgelesen werden?**
  Der Zeitraum der Speicherung darf nur so lang gewählt werden, wie für die Umsetzung der granularen Funktion des Telemediendienstes erforderlich ist. Im Hinblick auf den Einsatz von Cookies muss dieser Zeitraum durch deren Laufzeit von vornherein festgelegt werden. Grundsätzlich sind Session-Cookies eher erforderlich als langlebige Cookies.
- ☐ **Für wen sind Informationen vom Endgerät ausles- und verwertbar?**
  Werden Informationen auf dem Endgerät des Nutzers bei der Inanspruchnahme eines Telemediums gespeichert, ist technisch sicherzustellen, dass diese nachfolgend grds. nur von den Betreibern der jeweiligen Website ausgelesen werden können. Da dies bei Third-Party-Cookies eben nicht der Fall ist, ist sicherzustellen, dass Drittdienstleister die ausgelesenen Informationen grds. ausschließlich für die von Nutzenden aufgerufenen Website verwenden.

Tipp

In der bereits erwähnten Orientierungshilfe „OH Telemedien 2021“ (S. 29 f.) lässt sich anhand von bestimmten Kriterien prüfen, welcher Cookieeinsatz einer Einwilligung bedarf und welche Anforderungen von Einwilligungsbannern aus Sicht der Aufsichtsbehörden erfüllt werden müssen (vgl. ► Kap. 6.5.2).

Für die interne Prüfung von Apps und Websites lassen sich auch die Prüffragen des BayLDA heranziehen, das im Rahmen einer anlasslosen, teils automatisierten Prüfung von Websites und Apps bayerischer Betreiber im Dezember 2023 untersuchte[21].

[21] Vgl. https://www.lda.bayern.de/de/kontrollen_stabsstelle.html > Prüfungspaket App und Webseiten (zuletzt aufgerufen am: 09.02.2024).

6.4 Data Acts der EU

Mit dem Digital Services Act (DSA) – als Nachfolger der E-Commerce-Richtlinie –, dem Digital Markets Act (DMA) und dem Data Governance Act (DGA) – als Ergänzung der Open-Data-Richtlinie (EU) 2019/1024 – hat die Europäische Kommission drei Vorschriften als Teil des europäischen Regulierungspakets, mit dem die EU die rechtlichen Rahmenbedingungen des Datenzugangs bzw. der Datennutzung in der Wertschöpfungskette neu ordnet, geschaffen. Es geht um die Modernisierung zentraler Spielregeln für Online-Plattformen, die Nutzbarmachung von maschinengenerierten Daten in einem vertrauenswürdigen Umfeld zu Forschungszwecken oder Innovationen und das Verbot unfairer Vertragsklauseln in standardisierten Datenlizenzverträgen.

Während der DSA (▶ Kap. 6.4.2) speziell großen Online-Plattformen den Kampf ansagt – wobei die Regulierung von deren Marktmacht schwierig sein wird –, sollen der DMA (▶ Kap. 6.4.1) für einen generell fairen digitalen Markt sorgen und der DGA (▶ Kap. 6.4.3) die Verfügbarkeit von Daten und deren gemeinsame Nutzung innerhalb der EU fördern. Der am 11.01.2024 in Kraft getretene Data Act (▶ Kap. 6.4.4) dagegen sieht eine erhöhte Kontrolle der Nutzer über die Daten, die von ihren vernetzten Geräten erzeugt werden, vor. Denn sie allein sollen darüber entscheiden, wie mit diesen Daten umgegangen werden soll, und ihnen ermöglichen, sie auszuwerten und unter bestimmten Bedingungen an Dritte weiterzugeben.

6.4.1 Digital Markets Act (DMA)

Mit dem Digital Markets Act (DMA) (Verordnung (EU) 2022/1925 des Europäischen Parlaments und des Rates vom 14. September 2022 über bestreitbare und faire Märkte im digitalen Sektor und zur Änderung der Richtlinien (EU) 2019/1937 und (EU) 2020/1828 – oder auch „Gesetz über digitale Märkte"), der am 01.11.2022 in Kraft getreten ist und großteils seit dem 02.05.2023 gültig ist, will die Europäische Kommission die Marktmacht großer Digitalunternehmen wie Meta, Google oder Microsoft regulieren, um einen fairen und wettbewerblichen Markt zu schaffen.

Wer ist davon betroffen?

Artikel 1 Abs. 1 DMA beschreibt den Gegenstand und Anwendungsbereich dadurch, dass harmonisierte Vorschriften festgelegt werden, die in der EU bestreitbare und faire digitale Märkte gewährleisten. Das Gesetz richtet sich an Gatekeeper (vgl. Art. 1 Abs. 2 DMA), also Betreiber zentraler Plattformdienste, die gem. Art. 3 Abs. 1 DMA erhebliche Auswirkungen auf den Binnenmarkt haben (lit. a), einen zentralen Plattformdienst betreiben, der gewerblichen Nutzern als wichtiges Zugangstor zu Endnutzern dient (lit. b), und hinsichtlich ihrer Tätigkeiten eine gefestigte und dauerhafte Position innehaben oder es absehbar ist, dass sie eine solche Position in naher Zukunft erlangen werden (lit. c).

Man geht davon aus, dass diese Kriterien bei Überschreiten der Schwellenwerte in Art. 3 Abs. 2 DMA automatisch erfüllt werden: und zwar wenn das Unternehmen in den vergangenen drei Geschäftsjahren im EWR einen Jahresumsatz von über 7,5 Mrd. Euro erzielt hat oder bei dem die Marktkapitalisierung mindestens 75 Mrd. Euro beträgt. Außerdem müssen diese Betreiber in der EU mehr als 45 Mio. monatliche und mehr als 10.000 aktive gewerbliche Nutzer aufweisen können (Art. 3 Abs. 2 lit. a und b DMA).

Tipp

Auch wenn kleinere Plattformen durch ein Verfahren der Europäischen Kommission mit einbezogen werden können, werden wohl nur die wenigsten Unternehmen die Regelungen des DMA tatsächlich beachten müssen. Trotzdem gilt es zu prüfen, ob das Unternehmen als Gatekeeper gilt und damit von den Verboten oder Verhaltenspflichten des DMA betroffen sind.

Pflichten für Gatekeeper

Auf Gatekeeper kommen gem. Artt. 5 und 6 DMA eine ganze Reihe von Verboten oder Verhaltenspflichten zu, die großteils auf der kartellrechtlichen Fallpraxis zu Artt. 101 und 102 AEUV beruhen und die dort enthaltenen abstrakten Ge- und Verbote konkretisieren. Beispielsweise soll davon abgesehen werden, dass Gatekeeper personenbezogene Daten, die von mehreren Diensten gesammelt werden, zusammenführen, wenn dafür keine Einwilligung der betroffenen Person vorliegt (Art. 5 Abs. 2 lit. b DMA). Endnutzer müssen die Möglichkeit bekommen, vorinstallierte Software-Anwendungen problemlos zu deinstallieren (Art. 6 Abs. 3 DMA) oder Anwendungen und App-Stores Dritter zu nutzen (Art. 6 Abs. 4 DMA). Weiterhin wird es Gatekeepern nicht mehr möglich sein, ihre eigenen Dienste bzw. Produkte besser zu bewerten als die der Konkurrenz (Art. 6 Abs. 5 DMA). Außerdem müssen sie im Hinblick auf ihre Messengerdienste den Nutzern ermöglichen, zwischen verschiedenen Plattformen (z. B. WhatsApp und Telegram) Nachrichten auszutauschen und Videoanrufe zu tätigen (Art. 6 Abs. 7 DMA – „Interoperabilität"). Gewerblichen Nutzern muss ermöglicht werden, Endnutzern dieselben Produkte oder Dienstleistungen über Online-Vermittlungsdienste Dritter zu anderen Preisen oder Bedingungen anzubieten als über die Online-Vermittlungsdienste des Gatekeepers (Art. 5 Abs. 4 DMA). Auch müssen gewerbliche Nutzer zukünftig Zugriff auf ihre Daten auf der Plattform des Gatekeepers haben (Art. 6 Abs. 10 DMA). Hinsichtlich der Einhaltung haben die Gatekeeper eine Berichtspflicht (Art. 11 DMA).

Tipp

Nach Art. 30 DMA drohen bei Verstoß Geldbußen von bis zu 10 % des weltweiten Gesamtumsatzes im vorausgegangenen Geschäftsjahr (Abs. 1), im Wiederholungsfall sogar von bis zu 20 % ihres weltweiten Gesamtumsatzes (Abs. 2). Bei systematischen Verstößen kann die Europäische Kommission eine Marktuntersuchung einleiten und erforderlichenfalls verhaltensbezogene oder strukturelle Abhilfemaßnahmen verhängen (Art. 18 DMA).

Kontrollfragen

- ☐ Können Dritte in bestimmten Situationen mit den eigenen Diensten zusammenarbeiten?
- ☐ Haben gewerbliche Nutzer Zugriff auf die Daten, die bei der Nutzung der Plattform generiert werden, und ist es ihnen möglich,

ihr Angebot zu bewerben und Verträge mit ihren Kunden außerhalb der Gatekeeper-Plattform abzuschließen?

- ☐ Stehen den Unternehmen, die auf der Plattform Werbung betreiben, die Instrumente und Informationen zur Verfügung, die jene benötigen, um eine eigene, unabhängige Überprüfung ihrer Werbung auf der Plattform vornehmen zu können?
- ☐ Ist sichergestellt, dass personenbezogene Daten, die von mehreren Diensten gesammelt werden, nur dann zusammengeführt werden, wenn dafür eine Einwilligung der betroffenen Person vorliegt?
- ☐ Werden die Zahlungsmöglichkeiten nicht auf eigene Zahlungsmethoden beschränkt?
- ☐ Sind bestimmte Software-Anwendungen vorinstalliert?
- ☐ Kommen bestimmte Bündelungspraktiken (Verkauf verschiedener Produkte als Paket) zum Einsatz?

Tipp

Wenn Unternehmen als gewerblicher Nutzer auf Gatekeeper angewiesen sind, sollten sich auch diese über die Vorgaben des DMA informieren, um die Vorteile des „faireren Geschäftsumfelds" nutzen zu können.

6.4.2 Digital Services Act (DSA)

Der Digital Services Act (DSA) (Verordnung (EU) 2022/2065 des Europäischen Parlaments und des Rates vom 19. Oktober 2022 über einen Binnenmarkt für digitale Dienste und zur Änderung der Richtlinie 2000/31/EG – oder auch „Gesetz über digitale Dienste"), der am 16.11.2022 in Kraft getreten Ist und seit dem 17.02.2023 in allen EU-Mitgliedstaaten gilt, verfolgt das Ziel, das Internet zu einem sicheren Raum für Nutzende zu machen, und dadurch Innovation, Wachstum und Wettbewerbsfähigkeit zu fördern und die Expansion kleinerer Plattformen, von KMU und Start-ups zu erleichtern – u. a. dadurch, dass Online-Plattformen und Suchmaschinen transparenter ausgestaltet werden, was v. a. mit der Schaffung neuer Pflichten für Anbieter digitaler Dienste einhergeht. Vermittlungsdienste werden stärker in die Verantwortung genommen, wobei die Verpflichtung von der jeweiligen Größe abhängig gemacht wird. Vermittlungsdienste mit mehr als 45 Mio. Nutzenden pro Monat treffen insgesamt strengere Verpflichtungen als bspw. Start-Ups.

Welche Vorgaben bringt der DSA mit sich?

Der DSA folgt der E-Commerce-Richtlinie, die den elektronischen Geschäftsverkehr innerhalb der EU seit mehr als 20 Jahren regelt, bzw. ergänzt und aktualisiert diese und schreibt so die Regeln für digitale Dienste fest.

Der DSA gilt für Online-Vermittlungsdienste (vgl. Art. 2 Abs. 1 DSA) – wie Internetzugangsdienste, soziale Netzwerke, Online-Marktplätze oder Suchmaschinen, die ihre Dienste innerhalb des Binnenmarkts anbieten – unabhängig, ob sie in der EU oder außerhalb niedergelassen sind. Ausnahmen bestehen für Kleinst- und Kleinunternehmen (vgl. Art. 19 DSA).

Mit dem DSA werden Vermittlungsdienste stärker in die Verantwortung genommen, was die Bekämpfung illegaler Inhalte inkl. Waren und Dienstleistungen angeht. Insbesondere werden sie zur Einrichtung von Mechanismen verpflichtet, die Nutzenden das Melden mutmaßlich illegaler Inhalte ermöglichen (Art. 16 DSA). Um diese illegalen Inhalte ermitteln und entfernen zu können, werden sog. „vertrauenswürdige Hinweisgeber" eingeführt, mit denen der Anbieter zusammenarbeitet (Art. 22 DSA).

Zudem werden Haftungsregeln für Online-Vermittlungsdienste näher definiert. „Sehr große" Online-Plattformen und Suchmaschinen (vgl. Art. 33 DSA) haben risikobasierte Maßnahmen zu ergreifen und ihr Risikomanagementsystem von unabhängiger Seite prüfen zu lassen, um den Missbrauch ihrer Systeme zu verhindern. Im Fokus stehen dabei etwa bestehende Gefahren wie die Verbreitung illegaler Inhalte oder Handlungen, die etwaige nachteilige Auswirkungen auf die Ausübung der Grundrechte haben (Art. 34 DSA). Plattformen müssen Risiken wie Desinformation oder Wahlmanipulation, Cybergewalt gegen Frauen oder jugendgefährdende Inhalte im Internet mindern.

Zudem gibt es Vorschriften für die Rückverfolgbarkeit gewerblicher Nutzer auf Online-Marktplätzen (vgl. Artt. 23 ff. DSA). Danach sollen das Aufspüren von Verkäufern illegaler Waren und die Feststellung, ob Produkte oder Dienste in einer amtlichen Datenbank als illegal klassifiziert wurden (vgl. ErwG 74 DSA), erleichtert werden. Mit der Festlegung des KYBC-Prinzips („Know Your Business Customer") sollen Unternehmerdaten wie Name, Adresse, Bankdaten und Handelsregistereintrag vor der Nutzung von Plattformdiensten in Erfahrung gebracht werden.[1]

Zudem bringt der DSA

- wirksame Schutzvorkehrungen für Nutzer mit der Möglichkeit, Entscheidungen der Plattformen zur Moderation von Inhalten auf der Grundlage neuer obligatorischer Informationen für Nutzer anzufechten, wenn ihre Inhalte entfernt oder eingeschränkt werden (Art. 20 DSA);
- eine transparentere Gestaltung für Online-Plattformen, inkl. besserer Informationen über die AGB sowie Transparenz in Bezug auf die Algorithmen, die für die Empfehlung von Inhalten oder Produkten an Nutzer verwendet werden (Art. 24 DSA);
- irreführenden Benutzeroberflächen, die darauf ausgelegt sind, Benutzer zu unerwünschten Handlungen zu verleiten („Dark Patterns"), sollen mit dem DSA genauso einen Riegel vorgeschoben werden wie bestimmten Arten von gezielter Werbung an Kinder (ErwG 67, 71 DSA).

Tipp

Zur Beaufsichtigung der Anbieter von Vermittlungsdiensten wird die unabhängige Beratergruppe „Europäisches Gremium für digitale Dienste" eingerichtet (Artt. 61 ff. DSA). Bei „sehr großen" Online-Plattformen und Suchmaschinen übernimmt die Europäische Kommission die Überwachung und Durchsetzung (Artt. 64 ff. DSA). Hierbei soll die Kommission auf europäischer Ebene mit den Mitgliedstaaten zusammenarbeiten.

[1] Vgl. https://www.dihk.de/de/themen-und-positionen/wirtschaft-digital/dihk-durchblick-digital/digital-service-act-63746 (zuletzt aufgerufen am: 09.02.2024).

Da die Aufsicht über sehr große Dienste also weitgehend bei der Europäischen Kommission zentralisiert ist und zwischen den mitgliedstaatlichen Behörden umfassende Kooperationsrechte und -pflichten bestehen, erhalten die Behörden eine Reihe effektiver Durchsetzungsbefugnisse – bis hin zur Sperrung des Dienstes. Bei Verstößen gegen die Vorschriften des DSA drohen Unternehmen Bußgelder von bis zu 6 % des weltweiten Jahresumsatzes (Art. 74 DSA). Der Durchsetzungsmechanismus besteht aber nicht nur aus Geldbußen. Der Koordinator für digitale Dienste und die Europäische Kommission sind befugt, Sofortmaßnahmen zu verlangen, soweit dies zur Behebung sehr schwerer Schäden erforderlich ist.

Bei unseriösen Plattformen, die wesentlichen Verpflichtungen nicht nachkommen und so das Leben und die Sicherheit der Menschen gefährden, wird es als letztes Mittel möglich sein, nach Anhörung aller Betroffenen bei Gericht eine zeitweilige Aussetzung der Dienste zu beantragen (vgl. ErwG 64 DSA).

Insgesamt kommt auf Vermittlungsdienste ein erhöhter Compliance-Aufwand (mit Transparenz- und Berichtspflichten) zu. Unternehmen sollten unbedingt prüfen, was sie im Rahmen ihrer internen Strukturen, der Darbietung ihrer Dienste sowie ihrer AGB verändern müssen, sowie entsprechende Prozesse anstoßen.

Übersicht zu den Verpflichtungen

	Vermittlungsdienste (kumulative Pflichten)	**Hostingdienste (kumulative Pflichten)**	**Online-Plattformen (kumulative Pflichten)**	**Sehr große Plattformen (kumulative Pflichten)**
Berichterstattung zu Transparenz	X	X	X	X
Berücksichtigung der Grundrechte in den Nutzungsbedingungen	X	X	X	X

	Vermittlungsdienste (kumulative Pflichten)	**Hostingdienste (kumulative Pflichten)**	**Online-Plattformen (kumulative Pflichten)**	**Sehr große Plattformen (kumulative Pflichten)**
Zusammenarbeit mit nationalen Behörden bei Anordnungen	X	X	X	X
Kontaktstellen und ggf. gesetzliche Vertretung	X	X	X	X
Meldung und Abhilfe sowie Pflicht zur Unterrichtung der Nutzenden	–	X	X	X
Meldung von Straftaten	–	X	X	X
Beschwerde- und Rechtsbehelfsmechanismus sowie außergerichtliche Streitbeilegung	–	–	X	X
Vertrauenswürdige Hinweisgeber	–	–	X	X
Maßnahmen gegen missbräuchliche Meldungen sowie Gegendarstellungen	–	–	X	X
Spezielle Pflichten für Marktplätze, z. B. Überprüfung der Berechtigungen von Drittanbietern („KYBC"), Compliance by Design, stichprobenartige Kontrollen	–	–	X	X
Verbot von Werbung, die sich gezielt an Kinder richtet oder spezielle personenbezogene Daten nutzt	–	–	X	X
Transparenz der Empfehlungssysteme	–	–	X	X

	Vermittlungsdienste (kumulative Pflichten)	Hostingdienste (kumulative Pflichten)	Online-Plattformen (kumulative Pflichten)	Sehr große Plattformen (kumulative Pflichten)
Transparenz von Online-Werbung gegenüber Nutzende	–	–	X	X
Verpflichtung zu Risikomanagement und Krisenreaktion	–	–	–	X
Externe und unabhängige Prüfung, interne Compliance-Funktion und öffentliche Rechenschaftspflicht	–	–	–	X
Möglichkeit für Nutzende zur Ablehnung von Empfehlungen anhand von Profiling	–	–	–	X
Datenaustausch mit Behörden und Forschung	–	–	–	X
Verhaltenskodizes	–	–	–	X
Zusammenarbeit im Krisenfall	–	–	–	X

6.4.3 Data Governance Act (DGA)

Mit dem zum 24.09.2023 gültig gewordenen Data Governance Act (DGA) (Verordnung (EU) 2022/868 des Europäischen Parlaments und des Rates vom 30. Mai 2022 über europäische Daten-Governance und zur Änderung der Verordnung (EU) 2018/1724 – oder auch „Daten-Governance-Rechtsakt“) verfolgt die EU das Ziel der Förderung einer gemeinsamen Nutzung von Daten in der EU, sodass Unternehmen und Start-ups Zugang zu mehr Daten zur Entwicklung neuer Produkte und Dienstleistungen erhalten. Es geht dabei um Data Sharing bzw. das Bereitstellen von Daten des öffentlichen Sektors, Datenaltruismus und Datenvermittlungsdienste.

Für den Zugang zu Big Data wird mit dem DGA neben der Förderung der Datenverfügbarkeit auch ein vertrauenswürdiges Umfeld zur Nutzung von Daten zu Forschungszwecken und für die Schaffung innovativer neuer Dienste und Produkte geschaffen – u. a. durch Mechanismen, die die sichere Weiterverwendung bestimmter Kategorien geschützter Daten des öffentlichen Sektors, die den Rechten anderer unterliegen, vereinfachen, das Vertrauen in die Datenvermittlungsdienste als neues Geschäftsmodell erhöhen und den Datenaltruismus fürs Gemeinwohl in der gesamten EU fördern. Damit ergänzt der DGA mit seinen Schutzvorkehrungen für Daten des öffentlichen Sektors, für Datenvermittlungsdienste und datenaltruistische Organisationen die Open-Data-Richtlinie (EU) 2019/1024, in der diese Arten von Daten nicht abgedeckt werden.

Instrumente des DGA

Der DGA beschreibt eine Reihe von Instrumenten, die sich grob in drei separate Themenfelder einteilen lassen:

1. Weiterverwendung bestimmter Kategorien geschützter Daten im Besitz öffentlicher Stellen

Zum einen soll die Datenteilung der öffentlichen Hand verbessert werden. Dies betrifft die Weitergabe geschützter Daten, die im Besitz öffentlicher Stellen sind. Dabei handelt es sich gem. Art. 3 Abs. 1 DGA um Daten, die der geschäftlichen oder statistischen Geheimhaltung, dem Schutz geistigen Eigentums Dritter oder dem Schutz personenbezogener Daten dienen. Hintergrund dieser Regelung ist der Gedanke, dass Daten, die mithilfe öffentlicher Gelder generiert oder gesammelt wurden, der breiten Öffentlichkeit zugutekommen sollen.

Der DGA schafft dabei keinen Anspruch auf die Weiterverwendung dieser geschützten Daten, gibt aber für den Fall der Weiterverwendung einige Rahmenbedingungen vor. So muss die Weiterverwendung etwa nichtdiskriminierend, verhältnismäßig sowie objektiv gerechtfertigt sein (Art. 5 Abs. 2 DGA). Hier sollen öffentliche Stellen dann sicherstellen, dass der Schutzcharakter der jeweiligen Daten auch erhalten bleibt. So können etwa geeignete Sicherungsmaßnahmen wie eine Anonymisierung zum Einsatz kommen (Art. 5 Abs. 3 DGA).

2. Anforderungen an Datenvermittlungsdienste

Ferner soll eine Struktur zur gemeinsamen Datennutzung durch sog. Datenvermittlungsdienste geschaffen werden. Durch die Nutzung sollen Unternehmen ihre Daten ohne die Gefahr eines Missbrauchs teilen können. Damit wird die Zugänglichkeit von qualitativ hochwertigen Daten auf freiwilliger Basis ermöglicht. Datenvermittlungsdienste sollen ausschließlich im Interesse der betroffenen Person tätig werden und entsprechend der Vorgaben des Datenschutzrechts handeln. Dabei darf der Datenvermittlungsdienst die Daten nicht für eigene Zwecke verwenden, sondern muss sie ausschließlich den Datennutzern zur Verfügung stellen (Art. 12 lit. a DGA). Er muss auch sicherstellen, dass das Verfahren für den Zugang zu seinem Dienst in Bezug auf den Preis fair, transparent und nichtdiskriminierend ist (Art. 12 lit. f DGA). Der Datenvermittlungsdienst unterliegt einer Anmeldepflicht, sodass er dieser Tätigkeit erst nach Anmeldung nachgehen kann (Art. 11 DGA).

Tipp

Dass Daten fortlaufend und evtl. sogar in Echtzeit den Nachfragenden zur Verfügung zu stellen sind, wird gerade KMU vor erhebliche Schwierigkeiten stellen, wenn es dafür noch keine Strukturen im Unternehmen gibt. Zudem ist zu klären, wie die Pflichten zu erfüllen sind und gleichzeitig Geschäftsgeheimnisse gesichert werden.

3. Datenaltruismus

Schließlich regelt der DGA den sog. Datenaltruismus, d. h. die freiwillige gemeinsame Nutzung von Daten auf der Grundlage der Einwilligung betroffener Personen zur Verarbeitung der sie betreffenden personenbezogenen Daten oder einer Erlaubnis anderer Dateninhaber zur Nutzung ihrer nicht personenbezogenen Daten für Zwecke von allgemeinem Interesse wie etwa die wissenschaftliche Forschung oder die Verbesserung der Erbringung öffentlicher Dienstleistungen (Art. 2 Nr. 16 DGA).

Dies soll Einzelpersonen und Unternehmen erleichtern, ihre Daten zum Wohl der Allgemeinheit freiwillig bereitzustellen. Voraussetzung dafür ist die Eintragung in einem nationalen Register, deren Eintragung EU-weit anerkannt wird (Artt. 17 ff. DGA). Nach Eintragung muss die altruistische Organisation ein spezifisches Regelwerk einhalten, mit diversen Transparenzanforderungen (Art. 20 DGA) oder besonderen Anforderungen zum Schutz der Rechte und Interessen betroffener Personen und juristischer Personen im Hinblick auf deren Daten (Art. 21 DGA).

Tipp

Der DGA normiert keine Pflicht für öffentliche Stellen, eine Datenweiterverwendung zu erlauben (Art. 1 Abs. 2 DGA). Nur wenn sie die Daten für eine Weiterverwendung bereitstellen, müssen sie sich auch an die Regelungen des DGA halten. Insgesamt wird den Behörden der Mitgliedstaaten die Überwachung und Registrierung der Datenvermittler überlassen – wobei die Befugnisse der Datenschutzbehörden daneben bestehen. Die Mitgliedstaaten legen die Sanktionen autonom fest, eine Höchstgrenze ist von der EU nicht vorgegeben.

Zudem müssen öffentliche Stellen über eine angemessene technische Ausstattung und über angemessene Sicherungsmechanismen verfügen, um sicherzustellen, dass Privatsphäre und Vertraulichkeit in vollem Umfang gewahrt bleiben (Art. 5 DGA). Hier ist eine entsprechend technische Infrastruktur nötig, damit sie die uneingeschränkte Wahrung der Privatsphäre und der Vertraulichkeit gewährleisten können. Zu möglichen technischen Lösungen zählen etwa eine Anonymisierung oder die Verarbeitung in besonderen Infrastrukturen, die von öffentlichen Stellen betrieben und beaufsichtigt werden. Immer wenn Daten an einen Weiterverwender übermittelt werden, sollte es Vorkehrungen geben, mit der die Vertraulichkeit der Daten sichergestellt werden kann.

✎ Beispiel zur Datennutzung

Daten zur Bekämpfung von Naturkatastrophen

Im Fall einer Notlage wie z. B. bei einer Naturkatastrophe kann eine öffentliche Stelle gem. DGA Unternehmen dazu auffordern, unentgeltlich Daten zur Verfügung zu stellen. Für den Fall, dass der Staat nur seinen gesetzlichen Verpflichtungen nachkommen will und die Daten nicht auf anderem Weg zu beschaffen sind, kann der Dateninhaber eine Aufwandsentschädigung für die Herausgabe verlangen.

Maschinendaten

Daten von Maschinen und Sensoren werden in der Industrie in großen Mengen generiert. Unterschiedliche Beteiligte haben ein Interesse an der Nutzung von solchen Daten. Man denke z. B. an Hersteller einer Automationskomponente, die Zugang zu Betriebsdaten ihrer Produkte erhalten möchten, die in einer von einem Dritten betriebenen Maschine verbaut sind. Auch wenn die Akteure dies bisher bereits weitgehend frei vertraglich regeln konnten, war häufig die ungleiche Marktmacht der Vertragsparteien – z. B. was den Ausschluss von Nutzungsrechten betrifft – ein Problem. Mit dem DGA wird allein dem Nutzer das Recht zugestanden, über seine Daten und deren Nutzung zu verfügen und diese ggf. auch an Dritte weiterzugeben.[2]

[2] Zu beiden Beispielen vgl. https://www.dihk.de/de/themen-und-positionen/wirtschaft-digital/dihk-durchblick-digital/data-act-63748 (zuletzt aufgerufen am: 09.02.2024).

6.4.4 Data Act

▪ Neu

Der Data Act[3] steht für die „Verordnung (EU) 2023/2854 des Europäischen Parlaments und des Rates vom 13. Dezember 2023 über harmonisierte Vorschriften für einen fairen Datenzugang und eine faire Datennutzung sowie zur Änderung der Verordnung (EU) 2017/2394 und der Richtlinie (EU) 2020/1828 (Datenverordnung)". In Kraft trat die Verordnung am 11.01.2024 und ist nach einer Übergangsfrist von 20 Monaten ab dem 12.09.2025 in der EU direkt anwendbar.

Ziele und Aufgaben

Der Data Act hat mehrere Ziele und Aufgaben:

1. **Förderung des Datenflusses und der Datennutzung:** Dafür enthält der Data Act Bestimmungen, um Daten in verschiedenen Lebensbereichen besser nutzen zu können.
2. **Schaffung eines Binnenmarktes für Daten:** Der Data Act zielt darauf ab, einen Binnenmarkt für Daten zu schaffen und Datensilos aufzubrechen. Er soll dazu beitragen, durch mehr Datennutzung zu mehr Wertschöpfung zu gelangen, insbesondere für neue Geschäftsmodelle, Start-Ups und KMU.
3. **Datenzugangs- und Datenweitergabeansprüche:** Der Data Act unterteilt sich grob in drei Regelungskomplexe: Datenzugangs- und Datenweitergabeansprüche, Wechsel zwischen Datenverarbeitungsdiensten/Interoperabilität und Smart Contracts. Der Datenzugangs- und Datenweitergabeanspruch des Nutzers gegen Dateninhaber hat bisher die größte Aufmerksamkeit erlangt.

[3] Vgl. https://eur-lex.europa.eu/eli/reg/2023/2854/oj (zuletzt aufgerufen am: 09.02.2024).

4. **Wechsel zwischen Datenverarbeitungsdiensten:** Der Data Act enthält auch Artikel zum Wechsel von Datenverarbeitungsdiensten.[4]

Details

Nach Art. 3 Abs. 1 Data Act – eine der zentralen Pflichten – sind vernetzte Produkte und damit verbundene Dienste so zu gestalten, dass die relevanten Daten (inkl. erforderlicher Metadaten) für die Nutzer standardmäßig leicht, sicher, kostenlos, in einem umfassenden, strukturierten, gängigen und maschinenlesbaren Format und, soweit zweckmäßig und technisch machbar, vom Dateninhaber direkt zugänglich gemacht werden.

Tipp

Dieser Datenzugang muss bei allen vernetzten Produkten und damit verbundenen Diensten, die ab dem 11.09.2026 in Verkehr gebracht werden, gewährleistet sein. Vor diesem Hintergrund sollten die Verantwortlichen im Unternehmen bereits jetzt die genauen Anforderungen in Abstimmung mit ihren Forschungs- und Entwicklungsabteilungen erarbeiten.

In Abs. 2 findet sich zudem eine umfangreiche Informationspflicht, wonach vor dem Abschluss eines Kauf-, Miet- oder Leasingvertrags für ein vernetztes Produkt der Nutzer zu informieren ist. Hier muss der Verkäufer diverse Angaben – u. a. über Art, Format, geschätzten Umfang der Produktdaten, ob das vernetzte Produkt in der Lage ist, Daten kontinuierlich und in Echtzeit zu generieren (vgl. Art. 3 Abs. 2 lit. a–d Data Act), erbringen.

Artikel 4 Data Act regelt das Recht der Nutzer auf Zugang zu den bei der Nutzung von Produkten oder verbundenen Diensten erzeugten Daten sowie das Recht auf deren Nutzung. Damit soll ihnen transparent ihre Zugänglichkeitsrechte eröffnen werden, ohne den fairen Wettbewerb (Stichwort: Geschäftsgeheimnisse, Produktentwicklung) aus dem Blick zu verlieren. Damit einhergehend regelt

[4] Vgl. https://www.cmshs-bloggt.de/rechtsthemen/cmsdatalaw/der-data-act-im-ueberblick/ (zuletzt aufgerufen am: 09.02.2024).

Abs. 13, dass die eigene Nutzung der Produktdaten und verbundenen Daten durch die Dateninhaber künftig nur noch auf Grundlage einer entsprechenden vertraglichen Vereinbarung mit den Nutzern (Datenlizenzvertrag) erlaubt ist.

Tipp

Es wird erwartet, dass durch den Data Act eine Vielzahl von Verträgen über den Zugang und die Nutzung von Daten geschlossen werden. Artikel 13 Data Act zielt daher darauf ab, missbräuchliche Vertragsklauseln zwischen Dateninhabern und Empfängern zu verhindern. Solche wären gegeben, *„wenn ihre Anwendung eine grobe Abweichung von der guten Geschäftspraxis bei Datenzugang und Datennutzung darstellt oder gegen das Gebot von Treu und Glauben verstößt"* (Art. 13 Abs. 3). Als Beispiel können Regelungen genannt werden, die die Haftung für die Qualität der zur Verfügung gestellten Daten einschränken. Die Europäische Kommission wird unverbindliche Mustervertragsklauseln einführen, um missbräuchliche Klauseln zu vermeiden (ErwG 62 Data Act).

Gemäß dem Recht auf Datenweitergabe (Art. 5 Data Act) müssen Dateninhaber den Datenzugang auch Dritten gewähren, wenn dies Nutzer verlangen, oder Dritte bevollmächtigen. Dieses Nutzerrecht ergänzt das Recht auf Datenübertragbarkeit gem. Art. 20 DSGVO (► Kap. 7.7), das ausdrücklich nicht verdrängt wird (Art. 1 Abs. 5 Satz 3 Data Act). Die Datenweitergabe muss transparent und zu fairen, angemessenen und nichtdiskriminierenden Bedingungen erfolgen (Art. 8 Abs. 1 Data Act), darf gleichzeitig aber auch in Rechnung gestellt werden (Art. 9 Abs. 2 lit. a Data Act).

Verhältnis zur DSGVO

Auch wenn der Data Act nicht-personenbezogene Daten erfasst, handelt es sich bei den meisten von Nutzern erzeugten Daten um personenbezogene Daten. Beispielsweise lassen sich Daten, die von vernetzten Autos, IoT-Geräten und anderen Konsumgütern erzeugt werden, typischerweise einer identifizierbaren Person zuordnen und sind daher personenbezogen. Damit fallen sie unter die DSGVO. Der Data Act und die DSGVO stehen zunächst grds.

nebeneinander, was die Frage nach dem Vorrang im Kollisionsfall aufwirft. Die Antwort darauf bietet Art. 1 Abs. 5: *„Im Falle eines Widerspruchs zwischen der [Datenverordnung] und dem Unionsrecht in Bezug auf den Schutz personenbezogener Daten bzw. der Privatsphäre oder den im Einklang mit dem Unionsrecht erlassenen nationalen Rechtsvorschriften haben das Unionsrecht oder das nationale Recht zum Schutz personenbezogener Daten bzw. der Privatsphäre Vorrang.“*

Soweit personenbezogene Daten verarbeitet werden, bedarf es also weiterhin einer Rechtsgrundlage nach der DSGVO. In der Regel wird hier auf Art. 6 Abs. 1 lit. c (wenn der Nutzer eigene Daten anfordert) und lit. f DSGVO (sofern Dritte Daten anfordern) zurückgegriffen werden. Insofern ist bei der Auslegung und Anwendung des Data Acts immer auch die DSGVO im Blick zu behalten.

6.5 Arbeitshilfen

Folgende Arbeitshilfen können Sie als bearbeitbare Word-Datei unter folgendem Link herunterladen:
https://www.publication.forum-verlag.com/downloads/3598/gesetze2024.zip

- Checkliste: Einwilligungserklärung und Widerruf im Marketing
- Checkliste: Cookies und Webanalyse
- Checkliste: Umgang mit personenbezogenen Daten im Beschäftigungsverhältnis (mit Infos zum Onboarding, zu den Besonderheiten der digitalen Personalakte und zum Offboarding)
- Checkliste: Umgang mit personenbezogenen Daten im Bewerbungsverfahren
- Checkliste: Einsatz von LLM-basierter Chatbots
- Muster: Benennung zum betrieblichen Datenschutzbeauftragten

7 Rechte der betroffenen Person

Natürliche Personen, deren personenbezogene Daten erhoben, verarbeitet und genutzt werden, haben gegenüber dem für die Datenverarbeitung Verantwortlichen umfangreiche Rechte. Diese sog. Betroffenenrechte sind in Kap. III, d. h. in den Artt. 12–23 DSGVO geregelt.

Der Begriff der „betroffenen Person" wird – im Rahmen der Definition von personenbezogenen Daten – in Art. 4 Nr. 1 DSGVO legaldefiniert, nämlich als mittels der verarbeiteten Daten „identifizierte oder identifizierbare natürliche Person". Die Rechte von Betroffenen umfassen Informations-, Auskunfts-, Berichtigungs-, Lösch- („Recht auf Vergessenwerden"), Einschränkungs- und Widerspruchsrechte in Bezug auf die Datenverarbeitung sowie das Recht auf Datenübertragbarkeit und dem Recht auf eine nicht ausschließlich automatisierte Entscheidung.

Außerdem hat der Betroffene ein Recht auf Beschwerde bei einer zuständigen Datenschutzaufsichtsbehörde, wenn er der Ansicht ist, dass die Verarbeitung der ihn betreffenden personenbezogenen Daten gegen das Datenschutzrecht verstößt (Art. 77 DSGVO).[1]

Tipp

Artikel 17 DSGVO regelt das Recht auf Löschung sowie das „Recht auf Vergessenwerden". Die Begriffe werden nicht als Synonyme verwendet. Dem ErwG 66 DSGVO ist zu entnehmen, dass das „Recht auf Vergessenwerden" seine Ausprägung in der in Abs. 2 geregelten Informationspflicht gegenüber Dritten findet.

[1] Vgl. https://www.bfdi.bund.de/DE/Buerger/Inhalte/Allgemein/Datenschutz/BeschwerdeBeiDatenschutzbehoereden.html (zuletzt aufgerufen am: 09.02.2024).

Um diesen Rechten Geltung zu verschaffen, stellt die DSGVO hohe Anforderungen an die Transparenz – und an die Informationspflichten gem. Artt. 12 ff. DSGVO –, insbesondere auch im Hinblick auf die tatsächliche Ausübungsmöglichkeit seitens des Betroffenen.

7.1 Recht auf transparente Information, Kommunikation und Modalitäten der Ausübung von Betroffenenrechten (Art. 12 DSGVO)

Zusammenfassung

Allen Betroffenenrechten ist gemein, dass sie eine umfassende Information des Betroffenen erfordern. Das gilt nicht nur für Entscheidungen zugunsten oder zulasten eines Betroffenen (z. B. im Rahmen eines Löschbegehrens), sondern auch für eventuelle Zwischeninformationen (z. B. bei andauernder Prüfung des Begehrens). Dabei ist eine für den Betroffenen leicht verständliche Sprache und für ihn leicht zugängliche Zugangs- sowie Interaktionsmöglichkeit zur Ausübung seiner Rechte unter Beachtung der jeweiligen Fristen sicherzustellen.

Grundlagen dieses Kapitels sind Art. 12 bzw. ErwG 58–60, 73 DSGVO und das Working Paper Nr. 260 der Artikel-29-Datenschutzgruppe[2].

Anforderungen

Die erforderlichen Informationen und Mitteilung sind im Rahmen der Betroffenenrechte nach Art. 12 Abs. 1 DSGVO von dem für die Verarbeitung von personenbezogenen Daten Verantwortlichen in präziser, transparenter, verständlicher und leicht zugänglicher

---

[2] Vgl. https://gdpr-text.com/guidelines/transparency/ (zuletzt aufgerufen am: 09.02.2024).

Form in einer klaren und einfachen Sprache mitzuteilen. Absatz 2 verpflichtet den Verantwortlichen dabei, die tatsächliche Ausübung der Rechte zu erleichtern.

Transparenz bei Informationen, Mitteilungen und Modalitäten

Für die Abfassung von Informationen und Mitteilungen an Betroffene sind insbesondere die nachfolgenden Grundsätze im Sinne der Transparenz zu beachten:

- Informationen müssen frei von Zweideutigkeiten sein und sollten Fachvokabular vermeiden,
- für den Betroffenen mit dem ihm zur Verfügung stehenden (technischen) Mitteln unmittelbar wahrnehmbar und erreichbar sein,
- inhaltlich richtig, vollständig und möglichst kurz abgefasst und
- für den Betroffenen so erfassbar sein, dass sie in seine Entscheidung über den Umgang mit seinen Daten einfließen können.
- Informationen sind nach Bedarf in sinnvolle Abschnitte zu sortieren und mit Überschriften zu versehen.

Die Übermittlung von Informationen und Mitteilungen im Rahmen der Betroffenenrechte kann schriftlich (d. h. in Papierform), aber auch elektronisch oder anderweitig, ggf. sogar mündlich erfolgen.

Tipp

Eine mündliche Information des Betroffenen setzt voraus, dass der Betroffene dies ausdrücklich verlangt und die Identität der betroffenen Person nachgewiesen wurde. Die Identitätsfeststellung kann ihrerseits in diesem Fall nicht mündlich erfolgen (vgl. Art. 12 Abs. 1 Satz 3 DSGVO). Eine mündliche Information muss der Verantwortliche auch nachweisen können, z. B. durch entsprechende Vorgaben an seine Beschäftigten (Verfahrensanweisungen).

Der Verantwortliche ist nach Art. 12 Abs. 2 DSGVO verpflichtet, dem Betroffenen die Ausübung seiner Rechte zu erleichtern. Wenn der Betroffene z. B. einen Antrag elektronisch stellt und nichts anderes angibt, so ist dieser gem. Art. 12 Abs. 3 Satz 4 DSGVO nach Möglichkeit auch auf elektronischem Weg zu unterrichten.

Tipp

Bei jedweder elektronischen Zugänglichmachung von personenbezogenen Daten ist dafür Sorge zu tragen, dass ein unbefugter Zugriff durch Dritte wirksam vermieden wird, etwa durch Verschlüsselung (Details dazu vgl. jeweils bei den unterschiedlichen Betroffenenrechten).

Informationen nach Artt. 13 und 14 DSGVO (▶ Kap. 7.2) können gem. Art. 12 Abs. 7 DSGVO auch durch eine Kombination von textlichen Inhalten mit standardisierten Bildsymbolen (sog. Icons) zur Verfügung gestellt werden.[3] Denn Symbole und Icons können Datenschutzhinweise verständlicher und übersichtlicher machen, gemäß dem Motto „Ein Bild sagt mehr als 1.000 Worte". Dennoch können Bildsymbole alleine nicht ausreichen, um den Pflichten nach Artt. 13 und 14 DSGVO vollumfänglich nachzukommen. Sofern solche Icons in elektronischer Form verwendet werden (z. B auf einer Website), ist zu beachten, dass diese maschinenlesbar sein müssen.

Tipp

Auf der Website des LfDI BW, der im August 2021 zu einem Wettbewerb für Datenschutz-Icons aufrief, stehen die Icons für Print- und digitale Nutzung kostenlos zum Download zur Verfügung.[4] Mit diesen können Verantwortliche sichtbarer darstellen, wie es sich mit dem Auskunftsrecht verhält, und Betroffene erkennen auf einen Blick, auf welche Rechtsgrundlage(n) eine Verarbeitung gestützt wird bzw. werden.

[3] Nach Art. 12 Abs. 8 DSGVO obliegt es der EU-Kommission, die Informationen, die durch Bildsymbole darzustellen sind, inkl. eines Verfahrens für die Bereitstellung standardisierter Bildsymbole, zu erlassen.

[4] Vgl. https://www.baden-wuerttemberg.datenschutz.de/datenschutz-icons/ (zuletzt aufgerufen am: 09.02.2024).

Weigerung (mangels Identifizierbarkeit)

Ausnahmsweise kann sich der für die Datenverarbeitung Verantwortliche gem. Art. 12 Abs. 2 Satz 2 DSGVO weigern, einem Betroffenenrecht nachzugehen, soweit dieser glaubhaft macht, dass er nicht in der Lage ist, die betroffene Person zu identifizieren, etwa weil entsprechende Daten nach Art. 11 Abs. 1 DSGVO gelöscht wurden.

Tipp

Vor einer leichtfertigen Weigerung ist aber abzuraten, u. a. weil hier die Rechenschaftspflicht nach Art. 5 Abs. 2 DSGVO „durchschlägt". Die Betroffenenrechte gehören sozusagen zur „heiligen Kuh" und sind mit das Herzstück der DSGVO. Entsprechend hohe Anforderungen sind an eine Weigerung zu stellen. So sollte z. B. im Fall einer Weigerung eine angemessene Dokumentation (inkl. der unternommenen Identifizierungsversuche) vorliegen.

Gemäß Art. 12 Abs. 6 DSGVO ist der Verantwortliche in begründeten Zweifelsfällen berechtigt, zusätzliche Informationen zum Abgleich und zur Bestätigung der Identität des Betroffenen anzufordern (z. B. Geburtsdatum, Postanschrift).

Lässt sich der Betroffene tatsächlich nicht identifizieren, ist der Betroffene nach Möglichkeit darüber zu informieren. Gleichzeitig kann der Betroffene nach Art. 11 Abs. 2 Satz 2 DSGVO durch die Bereitstellung zusätzlicher Informationen selbst dazu beitragen, eine Identifizierung zu ermöglichen (Details dazu vgl. jeweils bei den unterschiedlichen Betroffenenrechten).

Grundsätzlich unentgeltliche Informationen, Mitteilungen und Maßnahmen

Informationen, Mitteilungen und Maßnahmen sind dem Betroffenen im Rahmen seiner Betroffenenrechte gem. Art. 12 Abs. 5 DSGVO grds. unentgeltlich zur Verfügung zu stellen, soweit nicht ausnahmsweise offenkundig unbegründete oder – v. a. im Fall häufiger Wiederholungen – exzessive Anträge eines Betroffenen vorliegen. In diesen Fällen kann sich der Verantwortliche weigern oder ein angemessenes Entgelt (auf Basis seiner Verwaltungskosten) verlangen.

Tipp

Von der Möglichkeit, den Betroffenenrechten aufgrund von offenkundig unbegründeten oder exzessiven Anträgen nicht nachzukommen, sollte mit einer gewissen Zurückhaltung Gebrauch gemacht werden. Denn gem. Art. 12 Abs. 5 Satz 3 DSGVO muss der Verantwortliche den Nachweis für das Vorliegen eines solchen Falls erbringen.

Regelfrist: unverzüglich, spätestens in einem Monat

Informationen, Mitteilungen und ergriffene Maßnahmen müssen dem Betroffenen grds. unverzüglich, spätestens aber innerhalb eines Monats, nach Eingang des Antrags zur Verfügung gestellt werden (vgl. Art. 12 Abs. 3 Satz 1 DSGVO). Diese Frist kann zwar um weitere zwei Monate verlängert werden. Dies gilt allerdings nur insoweit, als dass dies durch die Komplexität und die zu bearbeitende Anzahl von Anträgen tatsächlich erforderlich ist. Im Fall einer längerfristigen Bearbeitungszeit muss der Verantwortliche dem Betroffenen ebenfalls innerhalb eines Monats die Fristverlängerung inkl. der Gründe für die Verzögerung anzeigen (vgl. Art. 12 Abs. 3 Satz 3 DSGVO).

Wird der Verantwortliche auf Antrag des Betroffenen hin nicht tätig, z. B. mangels Identifizierbarkeit, so ist der Betroffene spätestens innerhalb der Monatsfrist nicht nur über die Gründe hierfür zu unterrichten, sondern auch über die Möglichkeit, bei einer Aufsichtsbehörde Beschwerde oder einen gerichtlichen Rechtsbehelf einzulegen (vgl. Art. 12 Abs. 4 DSGVO).

Umsetzungshinweise

Im Rahmen der betrieblichen Umsetzung des Rechts auf transparente Information, Kommunikation und Modalitäten bei der Ausübung von Betroffenenrechten stellt sich grds. die Frage, ob die Kommunikation mit Betroffenen unmittelbar durch die jeweiligen Fachabteilungen abgewickelt wird oder ob eine zentrale (Clearing-)

Stelle, z. B. beim Datenschutzbeauftragten, als zentrale Kommunikationsstelle fungiert (vgl. dazu jeweils Ausführungen bei den unterschiedlichen Betroffenenrechten).

Unabhängig von der konkreten Ausgestaltung interner Vorgaben, Verfahren oder Prozesse zwingen die Vorgaben aus Art. 12 DSGVO zu einer dokumentierten, strukturierten, (fristen-)kontrollierten und damit nachweisbaren Vorgehensweise bei der Behandlung von Betroffenenanfragen. In diesem Sinne sollten verbindliche Vorgaben, d. h. Verfahren und Verantwortlichkeiten, sowie Vorlagen und Hilfsmittel einschließlich einer (zentralen) fachlichen und ggf. IT-seitigen Unterstützung sichergestellt werden.

Kontrollfragen

- ☐ Gibt es verbindliche Vorgaben, z. B. Verfahrens-/Prozessbeschreibungen für den Umgang mit Betroffenenanfragen?
- ☐ Gibt es für die Erfüllung von Informations- und Mitteilungspflichten standardisierte Vorlagen oder Textbausteine – inkl. Pflichtinformationen gem. DSGVO?
- ☐ Ist sichergestellt, dass der Umgang mit Betroffenenanfragen transparent und nachweisbar dokumentiert wird?
- ☐ Ist sichergestellt, dass Betroffenenanfragen unverzüglich, spätestens aber innerhalb eines Monats, beantwortet werden – inkl. Pflichtinformationen gem. DSGVO?
- ☐ Ist sichergestellt, dass bei einer dezentralen Umsetzung von Betroffenenrechten, d. h. unmittelbar durch die Fachbereiche, eine (zentrale) fachliche und ggf. IT-seitige Unterstützung vorhanden ist?

✎ Praxisbeispiel

Online-Shops mit ausländischen Kunden

Das BayLDA hat eine Auslegungshilfe[5] zu der Frage veröffentlicht, ob Informationspflichten eines Online-Shops, der sich explizit an europäische Kunden in verschiedenen europäischen Ländern

5 Vgl. https://www.lda.bayern.de/media/veroeffentlichungen/FAQ_Informationspflichten_Sprache.pdf (Stand 15.05.2019) (zuletzt aufgerufen am: 09.02.2024).

richtet, in der jeweiligen Landessprache oder nur in Englisch erfüllt werden muss. In diesem Zusammenhang ist auch die Frage zu klären, ob Auskunftsersuchen in der (Landes-)Sprache, in der die betroffene Person das Ersuchen erstellt hat, oder in der Sprache, in der der Shop betrieben wird und die übliche Systemkommunikation erfolgt, zu beantworten sind.

Gemäß Art. 12 Abs. 1 DSGVO haben die Informationen für betroffene Personen in präziser, transparenter, verständlicher und leicht zugänglicher Form in einer klaren und einfachen Sprache zu erfolgen. Das heißt, Online-Shops müssen Informationen in der gängigen Sprache des Landes zur Verfügung stellen, an das sich ihr Online-Angebot richtet. Laut Working Paper Nr. 260 (Rn. 13)[6] gehen die Europäischen Datenschutzaufsichtsbehörden davon aus, *„dass eine Übersetzung dann erfolgen sollte, wenn sich das Angebot an Personen mit einer entsprechenden Sprache richtet.“*

Aus diesem Grund empfiehlt das BayLDA, eine Übersetzung in jede Sprache des Landes vorzunehmen, an das sich der Online-Shop richtet. Denn wenn er seine Waren in der EU nicht durchgängig in englischer Sprache, sondern auch in den einzelnen Landessprachen der EU anbietet, hat er sicherzustellen, dass sowohl die Datenschutzinformationen in der jeweiligen Landessprache vorgehalten werden als auch Auskunftsbegehren in diesen Landessprachen erfolgen können.

Wenn ein Online-Shop dagegen seine Waren in Europa durchgängig in Englisch anbietet und ein Kunde in diesem englischsprachigen Online-Shop Waren bestellen kann, kann der Verantwortliche aus Sicht des BayLDA davon ausgehen, dass dieser Kunde auch mit englischen Datenschutzinformationen bzw. mit dem Verfassen von z. B. Auskunfts- oder Löschbegehren in Englisch kein Problem haben wird.

---

6 Vgl. https://ec.europa.eu/newsroom/article29/items/622227 (zuletzt aufgerufen am: 09.02.2024).

7.2 Recht auf Information (Artt. 13, 14 DSGVO)

Zusammenfassung

Der für die Verarbeitung von personenbezogenen Daten Verantwortliche muss sicherstellen, dass Betroffene frühzeitig, umfassend und transparent darüber informiert werden, ob und wie deren Daten verarbeitet werden. Dies gilt sowohl für den Fall, dass personenbezogene Daten unmittelbar bei der betroffenen Person erhoben werden (sog. Direkterhebung), als auch für eine anderweitige Erhebung (sog. Dritterhebung). Die Informationspflichten aus Artt. 13 und 14 DSGVO konkretisieren insoweit den Transparenzgrundsatz aus Art. 5 Abs. 1 lit. a DSGVO.

Grundlagen dieses Kapitels sind Artt. 13, 14 bzw. ErwG 60–62 DSGVO, §§ 4, 29, 32 BDSG sowie das Kurzpapier Nr. 10[1] der DSK und das Working Paper Nr. 260 der Artikel-29-Datenschutzgruppe (▶ Kap. 7.1 Fußnote 5).

Anforderungen

Erhebung beim Betroffenen (Art. 13 DSGVO Informationspflicht bei Erhebung von personenbezogenen Daten bei der betroffenen Person)

Zum Zeitpunkt der Erhebung von personenbezogenen Daten sind dem Betroffenen die in Art. 13 Abs. 1 und 2 DSGVO aufgeführten Informationen mitzuteilen. Dazu zählen

- (Firmen-/Vereins-)Name inkl. Kontaktdaten des Verantwortlichen (ggf. inkl. Vertreter) und ggf. des Datenschutzbeauftragten,
- die Zwecke, für die die personenbezogenen Daten verarbeitet werden sollen, sowie die Verarbeitungszwecke inkl. Rechtsgrundlage für die Verarbeitung,

[1] Vgl. https://www.datenschutzkonferenz-online.de/media/kp/dsk_kpnr_10.pdf (zuletzt aufgerufen am: 09.02.2024).

- ggf. berechtigte Interessen des Verantwortlichen oder Dritten, wenn die Datenerhebung auf dem berechtigten Interesse basiert (vgl. Art. 6 Abs. 1 lit. f DSGVO),
- ggf. Empfänger bzw. Kategorien von Empfängern[2],
- ggf. (beabsichtigte) Übermittlung in Drittländer, d. h. in Länder außerhalb der EU bzw. des EWR, oder an internationale Organisationen inkl. geeigneter Garantien für die Übermittlung (es gelten besondere Anforderungen[3]),
- (geplante) Speicherdauer bzw. Kriterien für die Festlegung,
- Betroffenenrechte (Auskunfts-, Löschungs-, Einschränkungs- und Widerspruchsrechte sowie Recht auf Datenübertragbarkeit),
- jederzeitiges Widerrufsrecht bzgl. Einwilligung (inkl. Hinweis, dass Verarbeitung auf Grundlage der Einwilligung bis zum Widerruf unberührt bleibt) für die zukünftige Verarbeitung,
- Beschwerderecht bei einer Aufsichtsbehörde,
- ggf. gesetzliche oder vertragliche Verpflichtung des Verantwortlichen, personenbezogene Daten Dritten bereitzustellen (inkl. möglicher Folgen bei Nichtbereitstellung),
- ggf. Informationen über Logik, Tragweite und Auswirkungen bei einer automatisierten Entscheidungsfindung (inkl. Profiling).

Einer Information der betroffenen Person bedarf es nach Art. 13 Abs. 4 DSGVO ausnahmsweise dann nicht, wenn und soweit sie (nachweisbar) bereits über die Informationen verfügt.

Der ErwG 60 DSGVO führt weiter aus, dass, sollten die personenbezogenen Daten bei der betroffenen Person erhoben werden, der Verantwortliche darüber hinaus dem Betroffenen auch mitteilen sollte, ob er verpflichtet ist, die personenbezogenen Daten bereitzustellen und welche Folgen eine Zurückhaltung der Daten nach sich ziehen würde.

---

[2] Nach Art. 4 Nr. 9 DSGVO sind „*Empfänger*" natürliche oder juristische Personen, Behörden, Einrichtungen oder andere Stellen, denen personenbezogene Daten offengelegt werden, unabhängig davon, ob es sich bei ihr um einen Dritten handelt oder nicht.

[3] Z. B. Übermittlung auf Basis eines sog. Angemessenheitsbeschlusses der EU-Kommission für das jeweilige Drittland, durch Abschluss von sog. EU-Standardvertrags- bzw. Standarddatenschutzklauseln unmittelbar zwischen den Parteien (vgl. ► Kap. 1.8.4).

Erhebung bei anderen Stellen (Art. 14 DSGVO Informationspflicht, wenn die personenbezogenen Daten nicht bei der betroffenen Person erhoben wurden)

Werden personenbezogene Daten nicht direkt beim Betroffenen (Direkterhebung), sondern bei einer anderen Stelle erhoben (Dritterhebung), so sind dem Betroffenen die in Art. 14 Abs. 1 und 2 DSGVO aufgeführten Informationen mitzuteilen. Diese gehen über die Pflichtinformationen bei der Direkterhebung in folgenden Punkten hinaus:

- Kategorien verarbeiteter personenbezogener Daten,
- (Daten-)Quelle der personenbezogenen Daten inkl. der Angabe, ob es sich um eine öffentliche Quelle handelt. Außerdem ist empfehlenswert, das Datum der Erhebung anzugeben.[4]

Nach Art. 14 Abs. 3 DSGVO muss die Information gegenüber dem Betroffenen innerhalb einer angemessenen Frist nach Erlangung der personenbezogenen Daten erfolgen, spätestens aber innerhalb eines Monats.

Werden die Daten des Betroffenen zur Kontaktaufnahme mit ihm verwendet, müssen die Informationen spätestens zum Zeitpunkt der ersten Kommunikation dem Betroffenen mitgeteilt werden. Bei Offenlegung von personenbezogenen Daten des Betroffenen gegenüber anderen Empfängern muss die Informationspflicht spätestens zum Zeitpunkt der ersten Offenlegung erfüllt werden (vgl. ErwG 61 DSGVO).

Tipp

Einer Information des Betroffenen bedarf es bei der Dritterhebung nach Art. 14 Abs. 5 DSGVO in den folgenden Fällen ausnahmsweise nicht:

- Der Betroffene verfügt (nachweisbar) bereits über die Informationen.

[4] Vgl. Amtsgericht Wertheim, Beschluss vom 12.12.2019, Az. 1 C 66/19, abrufbar unter: https://openjur.de/u/2196561.html (zuletzt aufgerufen am: 09.02.2024).

- Die Erteilung der Informationen erweist sich (im Einzelfall) als unmöglich bzw. unter Aufwandsgesichtspunkten als unverhältnismäßig.
- Es existiert eine ausdrückliche gesetzliche Regelung zur Erlangung bzw. Offenlegung.
- Die erhobenen Daten unterliegen einem Berufsgeheimnis mit Geheimhaltungspflicht.

Besonderheiten bei (nachträglicher) Zweckänderung

Sofern der Verantwortliche beabsichtigt, personenbezogene Daten des Betroffenen für einen anderen Zweck weiterzuverarbeiten als für den, für den sie ursprünglich erhoben wurden, ist der Betroffene gem. Art. 13 Abs. 3 (Erhebung beim Betroffenen) bzw. Art. 14 Abs. 4 (Dritterhebung) DSGVO vor der Weiterverarbeitung über die Änderung des Verarbeitungszwecks zu informieren.

Ergänzende Regelungen des BDSG

Im Rahmen der Informationspflichten nach Artt. 13 und 14 DSGVO sind ergänzend v. a. folgende Regelungen und Ausprägungen des BDSG zu beachten:

- **§ 4 BDSG – Videoüberwachung öffentlich zugänglicher Räume:** Nach Abs. 2 sind der Umstand der Beobachtung und der Name sowie die Kontaktdaten des Verantwortlichen durch geeignete Maßnahmen zum frühestmöglichen Zeitpunkt erkennbar zu machen. Darüber hinaus müssen für eine zulässige Videoüberwachung natürlich die weiteren Voraussetzungen aus § 4 BDSG vorliegen.
- **§ 29 BDSG – Rechte der betroffenen Person und aufsichtsbehördliche Befugnisse im Fall von Geheimhaltungspflichten:** Nach Abs. 1 besteht ergänzend zu den Ausnahmen zur Erfüllung der Informationspflicht keine Pflicht zur Information des Betroffenen, sofern durch die Erfüllung Informationen offenbart werden würden, die ihrem Wesen nach, v. a. wegen der überwiegenden berechtigten Interessen eines Dritten, geheim gehalten werden müssen.

- **§ 32 BDSG – Informationspflicht bei Erhebung von personenbezogenen Daten bei der betroffenen Person:** Über die Ausnahme nach Art. 13 Abs. 4 DSGVO hinaus besteht gem. § 32 Abs. 1 BDSG dann keine Informationspflicht des Betroffenen, sofern die beabsichtigte Verarbeitung

§ 32 Abs. 1 Nr. 1–5 BDSG

1. *eine Weiterverarbeitung analog gespeicherter Daten betrifft, bei der sich der Verantwortliche durch die Weiterverarbeitung unmittelbar an die betroffene Person wendet, der Zweck mit dem ursprünglichen Erhebungszweck [...] vereinbar ist, die Kommunikation mit der betroffenen Person nicht in digitaler Form erfolgt und das Interesse der betroffenen Person an der Informationserteilung nach den Umständen des Einzelfalls, insbesondere mit Blick auf den Zusammenhang, in dem die Daten erhoben wurden, als gering anzusehen ist,*
2. *im Fall einer öffentlichen Stelle die ordnungsgemäße Erfüllung der in der Zuständigkeit des Verantwortlichen liegenden Aufgaben [...] gefährden würde und die Interessen des Verantwortlichen an der Nichterteilung der Information die Interessen der betroffenen Person überwiegen,*
3. *die öffentliche Sicherheit oder Ordnung gefährden oder sonst dem Wohl des Bundes oder eines Landes Nachteile bereiten würde und die Interessen des Verantwortlichen an der Nichterteilung der Information die Interessen der betroffenen Person überwiegen,*
4. *die Geltendmachung, Ausübung oder Verteidigung rechtlicher Ansprüche beeinträchtigen würde und die Interessen des Verantwortlichen an der Nichterteilung der Information die Interessen der betroffenen Person überwiegen oder*
5. *eine vertrauliche Übermittlung von Daten an öffentliche Stellen gefährden würde.*

- **§ 33 BDSG – Informationspflicht, wenn die personenbezogenen Daten nicht bei der betroffenen Person erhoben wurden:** Über die Ausnahmen nach Art. 14 Abs. 5 DSGVO und § 29 BDSG hinaus besteht in folgenden Fällen **keine** Informationspflicht des Betroffenen:

- im Fall einer öffentlichen Stelle: soweit die Informationserteilung die ordnungsgemäße Erfüllung der in der Zuständigkeit des Verantwortlichen liegenden Aufgaben (nach Art. 23 Abs. 1 lit. a–e DSGVO) gefährden, die öffentliche Sicherheit oder Ordnung gefährden oder sonst dem Wohl des Bundes oder eines Landes Nachteile bereiten würde;
- im Fall einer nicht-öffentlichen Stelle: soweit die Informationserteilung die Geltendmachung, Ausübung oder Verteidigung zivilrechtlicher Ansprüche beeinträchtigen würde, die Verarbeitung von Daten aus zivilrechtlichen Verträgen beinhaltet und der Verhütung von Schäden durch Straftaten dient. Dies gilt allerdings nur, sofern nicht das berechtigte Interesse der betroffenen Person an der Informationserteilung überwiegt;
- soweit die zuständige öffentliche Stelle gegenüber dem Verantwortlichen festgestellt hat, dass das Bekanntwerden der Daten die öffentliche Sicherheit oder Ordnung gefährden oder sonst dem Wohl des Bundes oder eines Landes Nachteile bereiten würde; keiner Feststellung bedarf es für die Datenverarbeitung für Zwecke der Strafverfolgung.

Tipp

Zu beachten ist, dass auch bei einer Ausnahme von der Informationspflicht des Betroffenen der Verantwortliche nach § 33 Abs. 2 BDSG geeignete Maßnahmen zum Schutz der berechtigten Interessen des Betroffenen ergreifen muss, einschließlich der Bereitstellung der in Art. 14 Abs. 1 und 2 DSGVO genannten Informationen für die Öffentlichkeit – und zwar in präziser, transparenter, verständlicher und leicht zugänglicher Form in einer klaren und einfachen Sprache. Zusätzlich muss der Verantwortliche schriftlich dokumentieren, aus welchen Gründen er von einer Information abgesehen hat.

Umsetzungshinweise

Im Rahmen der betrieblichen Umsetzung der Informationspflichten nach Artt. 13 und 14 DSGVO ist sicherzustellen, dass der Betroffene entsprechend den genutzten Informations- und Kommunikationskanälen (z. B. per Telefon, Brief, Internet) über die Verarbeitung seiner personenbezogenen Daten informiert werden kann. Dazu sollten entsprechend dem Informations- bzw. Kommunikationskanal verbindliche Vorgaben festgelegt und – soweit vorhanden – mit dem Datenschutzbeauftragten abgestimmt werden (z. B. in Form von Vorlagen, Prozessen oder Arbeitsanweisungen).

Aus datenschutzrechtlicher Sicht sollte insbesondere je Kommunikationskanal definiert werden, wie die Informationen dem Betroffenen nachweisbar zur Verfügung gestellt werden. Gerade für die Kommunikationskanäle Telefon und Internet kann sich das aufgrund der „Unkörperlichkeit“ als Herausforderung erweisen. Zwar können dem Betroffenen die Informationen am Telefon vorgelesen werden, ggf. auch automatisiert über eine Bandansage. In der Praxis dürfte dies allerdings wenig praktikabel sein.

Denkbar wäre auch, dem Betroffenen einen Link zu einer Website mit den relevanten Informationen zur Verfügung zu stellen. Dies ist aber nur dann eine Option, wenn der Betroffene das Internet überhaupt nutzt. Ist dies nicht der Fall, kann dies dazu führen, dass dem Betroffenen vor einer (weiteren) Erhebung seiner personenbezogenen Daten zunächst die Pflichtinformationen anderweitig zur Verfügung gestellt werden müssen.

Tipp

Die Datenschutzstelle Fürstentum Liechtenstein hat auf ihrer Website Informationen zu Artt. 13 und 14 DSGVO veröffentlicht sowie Mustervorlagen nach Art. 13 DSGVO in Deutsch und Englisch.[5]

Kontrollfragen

- ☐ Gibt es verbindliche Vorgaben für die Information von Betroffenen, v. a. mit Blick auf Form, Fristen und Zuständigkeiten?
- ☐ Wurden die bisherigen Vorlagen zur Information von Betroffenen bzgl. der Pflichtinhalte nach DSGVO überprüft?

---

[5] https://www.datenschutzstelle.li/datenschutz/themen-z/informationspflicht-art-13-und-14-dsgvo (zuletzt aufgerufen am: 09.02.2024).

- ☐ Wurden je nach Kommunikationskanal mit dem Betroffenen geeignete Vorgehensweisen zur Erfüllung der Informationspflichten festgelegt?
- ☐ Wurden für den Fall des Gebrauchs von gesetzlichen Ausnahmen zur Informationspflicht verbindliche Vorgaben zum Umgang und zur Dokumentation festgelegt?
- ☐ Wurde überprüft, ob in vorhandenen Datenschutzhinweisen alle nach der DSGVO erforderlichen Pflichtinformationen enthalten sind?

✎ Praxisbeispiel

Anwendung des Art. 13 DSGVO im Gesundheitsbereich

Gerade Arztpraxen und Krankenhäuser nutzen Flyer bzw. Broschüren, um gegenüber ihren Patienten der Informationspflicht nach Art. 13 DSGVO nachzukommen. Folgende Checkliste zeigt, worauf dabei zu achten ist:

- ☐ **Überschrift:** Aus Transparenzgründen empfiehlt es sich, bereits in der Überschrift auf den Inhalt des Flyers hinzuweisen – z. B. mit „Informationen nach Art. 13 DSGVO" (statt „Datenschutzerklärung").
- ☐ **Trennung zwischen Informationspflichten und Einwilligungserklärungen:** Informationen nach Art. 13 DSGVO sind an einer separaten Stelle abzubilden und eben nicht mit ggf. einzuholenden Einwilligungserklärungen in einem Dokument zu vermengen.
- ☐ **Keine Unterschrift als Bestätigung der Kenntnisnahme:** Patienten (generell Betroffene) müssen nicht mit ihrer Unterschrift bestätigen, die Informationen gem. Art. 13 DSGVO erhalten zu haben (keine Annahmepflicht). Damit vermeidet man auch das Problem, wie man vorgeht, wenn diese die Unterschrift verweigern (was übrigens keine Ablehnung einer Behandlung rechtfertigt!). Denn bei der Informationspflicht nach Art. 13 DSGVO handelt es sich um ein Angebot an die Patienten, das sie annehmen können, aber nicht müssen. Daher sollten sie die Dokumente auch mit nach Hause nehmen können, um sie dort in Ruhe lesen zu können.

- ☐ **Konkrete Benennung der Datenempfänger:** Die Datenempfänger müssen so konkret wie möglich benannt werden – und eben nicht abstrakt à la „Empfänger Ihrer personenbezogenen Daten können andere Ärzte, Kassenärztliche Vereinigungen, Ärztekammern und privatärztliche Verrechnungsstellen sein". Schließlich arbeitet eine Arztpraxis in den meisten Fällen mit einer bestimmten privatärztlichen Verrechnungsstelle zusammen und gehört einer bestimmten Kammer und Kassenärztlichen Vereinigung an. Diese sollten dann nach einhelliger Meinung der Datenschutzaufsichtsbehörden auch konkret namentlich genannt werden. Zudem empfiehlt sich der Hinweis, dass Daten nur mit Einwilligung des Patienten an andere Ärzte und/oder weitere Behandlungsstellen übermittelt werden.
- ☐ **Verweis auf Rechtsgrundlungen und Aufbewahrungsfristen:** Nach Art. 13 Abs. 1 lit. c DSGVO ist der Verantwortliche verpflichtet, die Rechtsgrundlage für die (jeweilige) Verarbeitung mitzuteilen.
- ☐ **Beschwerderecht bei einer Aufsichtsbehörde:** Das Dokument (z. B. Flyer) muss zudem auf das Beschwerderecht bei einer Datenschutzaufsichtsbehörde hinweisen. Die Angabe einer konkreten Adresse ist nicht erforderlich. Artikel 77 DSGVO regelt hier *„[...] das Recht auf Beschwerde bei einer Aufsichtsbehörde, insbesondere in dem Mitgliedstaat ihres gewöhnlichen Aufenthaltsorts, ihres Arbeitsplatzes oder des Orts des mutmaßlichen Verstoßes [...]".*
- ☐ **Hinweis auf Art. 20 DSGVO:** Zu beachten ist, dass der Grundsatz der Datenportabilität keine Anwendung auf klassische Behandlungsverhältnisse findet. Denn die Datenerhebung im Rahmen eines Behandlungsvertrags bedarf keiner Einwilligung, da die Erlaubnisnorm des Art. 9 Abs. 2 lit. h DSGVO, auf die sich die Datenverarbeitung durch Angehörige von Gesundheits- und Heilberufen aufgrund eines Behandlungsvertrags stützt, in Art. 20 DSGVO (▶ Kap. 7.7) gerade nicht benannt wird – weshalb Angehörige der Heilberufe, soweit sie im Rahmen eines Behandlungsvertrags Daten verarbeiten, nicht verpflichtet sind, Behandlungsdaten in einem portablen Datenformat gem. Art. 20 DSGVO bereitzuhalten.

7.3 Recht auf Auskunft (Art. 15 DSGVO)

Zusammenfassung

Der für die Datenverarbeitung Verantwortliche hat sicherzustellen, dass Betroffene auf Antrag umfassend, unverzüglich und (i. d. R.) unentgeltlich Auskunft über die von ihnen verarbeiteten personenbezogenen Daten erhalten. Die Auskunft kann sich auf Stammdaten des Betroffenen (etwa Name oder Adresse), aber auch auf Details zu Lebenssachverhalten beziehen (wie Schadensfälle bei der Kfz-Versicherung). Das Auskunftsrecht umfasst auch eine Kopie, d. h. eine Wiedergabe der relevanten Daten für den Betroffenen. Dieser Anspruch ist „gesondert" zum Auskunftsrecht nach Art. 15 Abs. 1 DSGVO geltend zu machen, d. h., das Recht auf eine Datenkopie ist diesbezüglich nicht identisch – und zu unterscheiden – mit der Auskunft über die verarbeiteten Daten.

Grundlagen dieses Kapitels sind Art. 15 bzw. ErwG 63 und 64 DSGVO, §§ 27–30, 34 BDSG sowie das Kurzpapier Nr. 6 der DSK[1] und das Working Paper Nr. 260 der Artikel-29-Datenschutzgruppe (► Kap. 7.1 Fußnote 5).

Anforderungen

Inhalt, Zeitpunkt, Form und Kosten

Auf Anfrage ist dem Betroffenen mitzuteilen, ob personenbezogene Daten von ihm verarbeitet werden. Ist dies der Fall, sind ihm nach Art. 15 Abs. 1 und 2 DSGVO die folgenden Pflichtinformationen zur Verfügung zu stellen:

- Verarbeitungszwecke
- Kategorien personenbezogener Daten, die verarbeitet werden
- Empfänger oder Kategorien von Empfängern (v. a. im Hinblick auf Drittländer und internationale Organisationen; ► Kap. 7.2)

---

[1] Vgl. https://www.datenschutzkonferenz-online.de/media/kp/dsk_kpnr_6.pdf (zuletzt aufgerufen am: 09.02.2024).

- (geplante) Speicherdauer bzw. Kriterien für die Festlegung
- Betroffenenrechte (Auskunfts-, Lösch- [„Recht auf Vergessen“], Einschränkungs-, Widerspruchsrecht sowie Recht auf Datenübertragbarkeit)
- Beschwerderecht bei einer Aufsichtsbehörde
- Herkunft der Daten (soweit diese nicht beim Betroffenen erhoben wurden)
- ggf. Informationen über Logik, Tragweite und Auswirkungen bei einer automatisierten Entscheidungsfindung (inkl. Profiling)
- ggf. geeignete Garantien, wenn personenbezogene Daten an ein Drittland oder an eine internationale Organisation übermittelt werden (▶ Kap. 7.2)

EuGH, Urteil vom 12.01.2023 (Rs. C-154/21): Auskunft muss konkrete Empfänger nennen[2]

Der EuGH hat nach mehreren Vorlagefragen des Obersten Gerichtshofs Österreich im Rahmen eines Vorabscheidungsverfahrens zum Recht auf Auskunft nach Art. 15 Abs. 1 DSGVO entschieden: Danach umfasst dieses Recht auch eine Auskunft über die konkrete Identität von Empfängern personenbezogener Daten – außer die Empfänger lassen sich nicht identifizieren oder der Verantwortliche kann nachweisen, dass der Antrag auf Auskunft offenkundig unbegründet oder exzessiv ist. In diesem Fall kann er der betroffenen Person lediglich die Kategorien der betreffenden Empfänger mitteilen.

Im Urteilsfall klagte ein Betroffener gegen die Österreichische Post AG, die bei der Beantwortung eines Auskunftsersuchens des Betroffenen lediglich die Kategorien von Empfängern angegeben hatte. Da der EuGH mit seiner Entscheidung dieser Praxis nun eine Absage erteilte, ist eine umfassende Auskunft über die Empfänger aus Sicht des EuGH demnach der Regelfall.

---

2 Vgl. https://eur-lex.europa.eu/legal-content/DE/TXT/PDF/?uri=CELEX:62021CJ0154&from=de bzw. https://stiftungdatenschutz.org/veroeffentlichungen/datenschutzwoche/detailansicht/datenschutzwoche-vom-16012023-370 (jeweils zuletzt aufgerufen am: 09.02.2024).

OLG Celle, Urteil vom 15.12.2022 (Az. 8 U 165/22): Weite Auslegung des Rechts auf Auskunft und Kopie[3]

Nachdem das OLG Karlsruhe im Urteil vom 29.11.2022 (Az. 12 U 305/21) einen Rechtsmissbrauch annahm, wenn der Auskunft offenkundig weder eine datenschutzrechtliche noch anderweitige legitime Zielsetzung zugrunde liegt, legten die Richter aus Celle die Rechte auf Auskunft und Kopie nach Art. 15 DSGVO sehr weit und betroffenenfreundlich aus: Denn ihrer Ansicht nach sei der Anspruch auf Auskunft grds. nicht zweckgebunden und es können auch Zwecke, die dem Datenschutz fremd sind, verfolgt werden. Daher sei es auch unschädlich, dass die Auskunft im Urteilsfall dazu diente, die Unwirksamkeit von Beitragsanpassungen einer privaten Krankenversicherung zu belegen und eine Prämienrückzahlung zu verlangen. Nach der weiten Auslegung des Rechts auf Kopie aus Art. 15 Abs. 3 DSGVO soll der Verantwortliche lt. OLG Celle dem Betroffenen grds. alle bei ihm gespeicherten personenbezogenen Daten des Betroffenen übermitteln – was für Verantwortliche ein großer Aufwand bedeuten kann.

Die Auskunftserteilung hat nach Art. 12 Abs. 3 DSGVO unverzüglich, d. h. ohne schuldhaftes Verzögern zu erfolgen, spätestens jedoch innerhalb eines Monats nach Eingang des Antrags. Typischerweise wird dem Betroffenen die Auskunft in schriftlicher Form erteilt. Allerdings sieht Art. 15 Abs. 3 Satz 3 DSGVO auch ausdrücklich die Möglichkeit eines elektronischen Antrags vor, z. B. per E-Mail. In diesem Fall sind die Informationen vom Verantwortlichen in einem gängigen elektronischen Format bereitzustellen, soweit der Betroffene nichts anderes angibt. Gängig ist ein elektronisches Format, wenn es hinreichend verbreitet ist und mit Standard-Software wiedergegeben werden kann.

Gemäß Art. 12 Abs. 5 Satz 1 DSGVO sind Auskünfte an den Betroffenen grds. unentgeltlich zu erteilen (vgl. aber auch „Ausnahmen" in diesem Kapitel).

[3] Vgl. https://openjur.de/u/2460453.html bzw. https://stiftungdatenschutz.org/veroeffentlichungen/datenschutzwoche/detailansicht/datenschutzwoche-vom-09012023-368 (jeweils zuletzt aufgerufen am: 09.02.2024).

Bereitstellung einer Kopie

Der Verantwortliche muss auf Anfrage dem Betroffenen gem. Art. 15 Abs. 3 DSGVO eine Kopie der personenbezogenen Daten, die Gegenstand der Verarbeitung sind, zur Verfügung stellen. Damit ist eine Wiedergabe der konkret betroffenen personenbezogenen Daten inkl. der Bezeichnung der verwendeten Datenfelder gemeint.

✎ Beispiel

Für das Beispiel „Kundenstammdaten" könnten das etwa folgende Informationen sein:

Anrede: Herr
Vorname: Tim
Name: Schäfer
Straße/Hausnummer: Musterstraße 1
PLZ/Ort: 12345 Musterstadt

Tipp

Dabei fällt auf, dass die Regelung in Art. 15 Abs. 3 nicht – wie jeweils in den Fällen der Abs. 1 von Artt. 15–18, 20–22 DSGVO – mit der Wendung *„Die betroffene Person hat das Recht, [...]"* beginnt, sondern auf den Verantwortlichen abstellt.

Wenn dem Betroffenen im Rahmen der Auskunft personenbezogene Daten in einem elektronischen Format, z. B. als Word-Dokument, zur Verfügung gestellt werden, ist sicherzustellen, dass der Inhalt der Auskunft von Dritten nicht unbefugt zur Kenntnis genommen werden kann.

Tipp

Bei Auskünften im elektronischen Format sollte durch einen Passwortschutz der unbefugte Zugriff verhindert bzw. jedenfalls erschwert werden. Bestimmte Formate wie PDF unterstützen z. B. per se einen „Datei-Öffnungs-Schutz". Eine reine Textdatei (TXT) müsste dagegen mit einem zusätzlichen Tool zunächst mit einem Passwortschutz versehen werden (z. B. mittels Daten-

Komprimierungs-Tools auf Basis von ZIP oder RAR). Optimalerweise wird dabei auf ein Verschlüsselungsverfahren nach dem Stand der Technik (z. B. 256-bit-Verschlüsselung) zurückgegriffen, das Passwort auf einem anderen Kanal als die eigentliche Datei übermittelt (sog. Zwei-Faktor-Authentifizierung) und ein mindestens acht Zeichen langes Passwort verwendet werden, das Groß- und Kleinschreibung, mindestens eine Zahl und ein Sonderzeichen enthält.

Fragen nach einer sicheren Zurverfügungstellung von personenbezogenen Daten stellen sich insbesondere dann, wenn die Auskunftserteilung an Betroffene mittels Fernzugang erfolgen soll. Diese Möglichkeit sieht ErwG 63 DSGVO ausdrücklich vor: *„[...] Nach Möglichkeit sollte der Verantwortliche den Fernzugang zu einem sicheren System bereitstellen können, der der betroffenen Person direkten Zugang zu ihren personenbezogenen Daten ermöglichen würde. [...]“*

Ausnahmen

Ausnahmsweise darf die Auskunft nach Art. 12 Abs. 2 DSGVO verweigert werden, wenn der Verantwortliche glaubhaft nachweisen kann, den Betroffenen nicht identifizieren zu können. Für die Identifizierung sind grds. alle vertretbaren Mittel zu nutzen. Gemäß Art. 12 Abs. 6 DSGVO ist der Verantwortliche in begründeten Zweifelsfällen v. a. berechtigt, zusätzliche Informationen zum Abgleich und zur Bestätigung der Identität des Betroffenen anzufordern (z. B. Geburtsdatum, Postanschrift).

Tipp

In der „Aktuellen Kurz-Information 22: Identifizierung bei der Geltendmachung von Betroffenenrechten“ beantwortet der BayLfD Fragen, die sich bei der Anwendung des Art. 15 DSGVO stellen.[4]

Handelt es sich um offenkundig unbegründete oder exzessive Anträge, kann der Verantwortliche die Beauskunftung nach Art. 12

[4] Vgl. https://www.datenschutz-bayern.de/datenschutzreform2018/aki22.html (zuletzt aufgerufen am: 09.02.2024).

Abs. 5 lit. b DSGVO im Einzelfall verweigern. Allerdings trägt er dann auch das Risiko, d. h. die Beweislast für das Vorliegen eines unbegründeten bzw. exzessiven Charakters des Antrags (Art. 12 Abs. 5 Satz 3 DSGVO). Ebenso kann der Verantwortliche – auf Basis seiner Verwaltungskosten – für weitere Kopien ein angemessenes Entgelt verlangen, wenn es sich um offenkundig unbegründete oder exzessive Anträge handelt (Art. 12 Abs. 5 lit. a DSGVO). Auch hier trägt er das Risiko, ob es sich tatsächlich um einen „offenkundig" unbegründeten bzw. exzessiven Fall handelt.

Sofern keine Auskunft erteilt wird (z. B. da derzeit eine Identifizierung des Betroffenen unmöglich ist), muss der Verantwortliche den Betroffenen gem. Art. 12 Abs. 4 DSGVO unverzüglich, spätestens jedoch innerhalb eines Monats, über die Gründe hierfür unterrichten. Zudem ist der Betroffene in diesem Fall darauf hinzuweisen, dass er sich deswegen an eine Datenschutzaufsichtsbehörde (Art. 77 DSGVO) bzw. an ein Gericht (Art. 79 DSGVO) wenden kann.

Einschränkungen

Das Recht auf Auskunft des Betroffenen gilt nicht grenzenlos. Insbesondere dürfen nach Art. 15 Abs. 4 DSGVO die Rechte und Freiheiten Dritter durch die Auskunft nicht beeinträchtigt werden. Daher müssen die bereitgestellten Informationen grds. auf den Auskunftsersuchenden beschränkt werden. Personenbezogene Daten von Dritten sind folglich in Auskünften an den Betroffenen zu entfernen bzw. zu schwärzen.

Gemäß ErwG 63 DSGVO gelten neben dem Datenschutz v. a. auch Betriebs- und Geschäftsgeheimnisse (auch des Verantwortlichen) (§ 2 GeschGehG) sowie das Recht am geistigen Eigentum und hier besonders das Urheberrecht als schutzwürdige Interessen, die einer Auskunftserteilung entgegenstehen können.

§ 2 Abs. 1 GeschGehG

[...]

1. *Geschäftsgeheimnis [ist im Sinne des GeschGehG] eine Information,*
   a) *die weder insgesamt noch in der genauen Anordnung und Zusammensetzung ihrer Bestandteile den Personen in den Kreisen, die üblicherweise mit dieser Art von Informationen umgehen, allgemein bekannt oder ohne Weiteres zugänglich ist und daher von wirtschaftlichem Wert ist und*
   b) *die Gegenstand von den Umständen nach angemessenen Geheimhaltungsmaßnahmen durch ihren rechtmäßigen Inhaber ist und*
   c) *bei der ein berechtigtes Interesse an der Geheimhaltung besteht; [...]*

Ergänzende Regelungen des BDSG

Im Rahmen der Auskunftspflichten nach Art. 15 DSGVO sind ergänzend folgende Regelungen und Ausprägungen des BDSG zu beachten:

- **§ 27 BDSG – Datenverarbeitung zu wissenschaftlichen oder historischen Forschungszwecken und zu statistischen Zwecken:** Nach Abs. 2 werden die Auskunftsrechte des Betroffenen in den nachfolgenden Fällen eingeschränkt:
  - Die Verwirklichung der Forschungs- oder Statistikzwecke würde durch die Auskunftsrechte unmöglich gemacht oder ernsthaft beeinträchtigt werden, soweit die Beschränkung nach den Forschungs- oder Statistikzwecken notwendig ist.
  - Die Daten sind für Zwecke der wissenschaftlichen Forschung erforderlich, wobei die Auskunftserteilung einen unverhältnismäßigen Aufwand erfordern würde.
- **§ 28 BDSG – Datenverarbeitung zu im öffentlichen Interesse liegenden Archivzwecken:** Nach Abs. 2 bestehen keine Auskunftsrechte, wenn das Archivgut nicht durch den Namen der Person erschlossen ist oder keine Angaben gemacht werden, die das Auffinden des betreffenden Archivguts mit vertretbarem Aufwand ermöglichen.

- **§ 29 BDSG – Rechte der betroffenen Person und aufsichtsbehördliche Befugnisse im Fall von Geheimhaltungspflichten:** Gemäß Abs. 1 Satz 2 BDSG besteht kein Recht auf Auskunft, sofern durch die Auskunft Informationen offenbart werden würden, die aufgrund einer gesetzlichen Regelung oder aufgrund ihres Wesens, v. a. wegen der überwiegenden berechtigten Interessen eines Dritten, geheim gehalten werden müssen.
- **§ 30 BDSG – Verbraucherkredite:** Nach Abs. 1 sind Darlehensgeber aus anderen EU-Mitgliedstaaten durch Auskunfteien wie inländische Darlehensgeber zu behandeln. Zugleich sind Letztere nach Abs. 2 für den Fall, dass sie infolge einer Auskunft ein Darlehen ablehnen, verpflichtet, den Verbraucher unverzüglich hierüber sowie über die erhaltene Auskunft zu unterrichten.
- **§ 34 BDSG – Auskunftsrecht der betroffenen Person:** Über die zuvor genannten und in Art. 15 Abs. 4 DSGVO vorgesehenen Ausnahmen hinaus besteht nach Abs. 1 in folgenden Fällen kein Auskunftsrecht des Betroffenen:
  - sofern kein Informationsrecht nach § 33 BDSG vorliegt (► Kap. 7.2)
  - sofern die Daten aufgrund von Aufbewahrungsvorschriften nicht gelöscht werden dürfen oder ausschließlich Zwecken der Datensicherung oder der Datenschutzkontrolle dienen und eine Auskunftserteilung einen unverhältnismäßigen Aufwand erfordern würde sowie eine Verarbeitung zu anderen Zwecken durch geeignete technische und organisatorische Maßnahmen ausgeschlossen ist.

Tipp

Zu beachten ist, dass der Verantwortliche bei einer Ausnahme von der Auskunftserteilung nach § 34 Abs. 2 BDSG die Gründe der Auskunftsverweigerung zu dokumentieren hat. Zudem ist die Ablehnung gegenüber dem Betroffenen zu begründen, soweit dadurch nicht der mit der Verweigerung verfolgte Zweck gefährdet werden würde. Die zum Zweck der Auskunftserteilung an die betroffene Person und zu deren Vorbereitung gespeicherten Daten dürfen nur für diesen Zweck sowie für Zwecke der Datenschutzkontrolle verarbeitet werden; für andere Zwecke muss die

Verarbeitung entsprechend Art. 18 DSGVO eingeschränkt werden.

Tipp

Nach § 630g BGB hat der Patient das Recht auf Kopie der gesamten Patientenakte, allerdings nur unter den Voraussetzungen der Abs. 1 und 2. Dies sind v. a. der therapeutische Vorbehalt und Rechte Dritter, *„soweit der Einsichtnahme nicht erhebliche Rechte Dritter entgegenstehen"*. Diese Norm wurde vom Bundesgesetzgeber trotz Art. 15 DSGVO nicht geändert. Es ist daher davon auszugehen, dass er in der Akteneinsicht nach § 630g BGB eine von dem Auskunftsanspruch und dem Recht auf Kopie des Art. 15 DSGVO unabhängige Regelung mit anderem Inhalt und anderem Zweck sieht.

Umsetzungshinweise

Bei der Beauskunftung von Betroffenenanfragen stellt sich in der betrieblichen Umsetzung zunächst grds. die Frage, ob Auskünfte durch jeden Fachbereich in Eigenverantwortung beantwortet werden oder ob eine zentrale (Clearing-)Stelle, ggf. beim Datenschutzbeauftragten, eingerichtet wird.

Der Vorteil einer zentralen Stelle ist typischerweise eine hohe Prozesssicherheit sowie eine hohe Qualität in der Auskunftsbeantwortung. Der Nachteil besteht regelmäßig – insbesondere vor dem Hintergrund der gesetzlich vorgeschriebenen „Eile" – in einer zeitintensiveren Bearbeitung (aufgrund der internen Kommunikation) und der Gefahr eines „Flaschenhalses" an zentraler Stelle.

Ein Mittelweg kann eine Einstufung in unterschiedliche Arten von Auskünften, respektive Vorgehensweisen sein – z. B.:

- Standardauskunft in Bezug auf Stammdaten unmittelbar durch Fachbereiche und
- erweiterte Auskunft im Hinblick auf zusammenhängende Sachverhalte oder Informationen mit Bezug zu Dritten bzw.

Betriebsinterna in Abstimmung mit oder unmittelbar durch den Datenschutzbeauftragten.

Tipp

Unabhängig von der Frage, wer operativ für die Beauskunftung zuständig ist, sollte das interne Vorgehen bei der Betroffenenauskunft in einem verbindlichen Verfahren beschrieben und dokumentiert sein. Dies kann z. B. in Form eines eigenständigen (datenschutzrechtlichen) Prozesses (Arbeitsanweisung) oder durch Verankerung entsprechender Anforderungen bzw. (Prüf-) Aktivitäten in bestehenden Geschäftsprozessen erfolgen.

Soweit möglich, sollte die Auskunft an den Betroffenen auf Basis von standardisierten Vorlagen bzw. Textbausteinen erfolgen, um eine einheitliche Struktur und Vollständigkeit in der Beantwortung sicherzustellen – z. B. nach folgender Grundstruktur:

- Einleitung (Bezugnahme auf Antrag des Betroffenen, ggf. Nennung gesetzlicher Grundlagen)
- Pflichtinformationen
- Abschluss (z. B. Kontaktmöglichkeiten für weitergehende Fragen)

Insbesondere wenn datenschutzrechtliche Betroffenenanfragen dezentral, d. h. durch die Fachbereiche unmittelbar beantwortet werden und dabei ggf. elektronische Formate zum Einsatz kommen, sollte die Vorgehensweise samt Pflichtinhalten intern verbindlich geregelt sein. Im Fall einer dezentralen Umsetzung empfiehlt sich zudem eine (zentrale) datenschutzrechtliche Unterstützung; das können z. B. FAQ im Intranet, dezentrale Datenschutz-Ansprechpartner (z. B. Datenschutzkoordinatoren auf Abteilungsebene) oder der Datenschutzbeauftragte sein.

Die interne Regelung samt Dokumentation von datenschutzrechtlichen Aufgaben und Vorgängen empfiehlt sich nicht nur vor dem Hintergrund der Rechenschaftspflicht (vgl. Art. 5 Abs. 2 DSGVO). Insbesondere wenn gesetzliche Ausnahmen und Einschränkungen im Rahmen der Betroffenenauskunft geltend gemacht werden, ist eine angemessene Dokumentation (z. B. bei Abwägungsentscheidungen) dringend geboten.

Kontrollfragen

- ☐ Gibt es verbindliche Vorgaben für den Umgang mit Auskunftsanfragen von Betroffenen?
- ☐ Wurde das Verfahren bzw. der Prozess auf die Anforderungen der DSGVO, v. a. im Hinblick auf die zeitlichen Vorgaben überprüft?
- ☐ Erfolgt die Beantwortung von Betroffenenanfragen auf Basis von standardisierten Vorlagen bzw. Textbausteinen und sind dort die Pflichtinformationen nach DSGVO enthalten?
- ☐ Ist bei der Verwendung von elektronischen Formaten bzw. bei Nutzung eines Fernzugangs sichergestellt, dass der unbefugte Zugriff durch Dritte auf Inhalte der Auskunft wirksam verhindert wird?
- ☐ Ist sichergestellt, dass die Geltendmachung von gesetzlichen Ausnahmen und Einschränkungen bei der Betroffenenauskunft intern dokumentiert wird?
- ☐ Ist bei einer dezentralen Umsetzung der Betroffenenauskunft, d. h. unmittelbar durch die Fachbereiche, eine (zentrale) Unterstützung sichergestellt?
- ☐ Sind die Rechenschafts- und Nachweispflichten gem. Art. 5 Abs. 2 DSGVO („Accountability“) gewährleistet?

✎ Praxisbeispiel

Einige Aufsichtsbehörden bieten ein Musterschreiben für das Auskunftsersuchen nach Art. 15 Abs. 1 DSGVO an, z. B. (zuletzt aufgerufen am: 09.02.2024):

- https://www.baden-wuerttemberg.datenschutz.de/wp-content/uploads/2021/06/Muster-Auskunftsanspruch-nach-Art.-15-DS-GVO_0621.pdf
- https://www.tlfdi.de/mam/tlfdi/info/muster_auskunftsersuchen.pdf

7.4 Recht auf Berichtigung (Art. 16 DSGVO)

Zusammenfassung

Der für die Verarbeitung von personenbezogenen Daten Verantwortliche muss sicherstellen, dass unrichtige oder unvollständige Daten auf Antrag des Betroffenen unverzüglich berichtigt bzw. vervollständigt werden. Das gilt auch für weitere Empfänger von betroffenen Daten, die ebenfalls über die Berichtigung zu informieren sind. Außerdem kann der Betroffene unter Berücksichtigung der Zwecke der Verarbeitung die Vervollständigung seiner unvollständigen personenbezogenen Daten verlangen.

Tipp

Gemäß den Grundsätzen für die Verarbeitung personenbezogener Daten müssen jene nach Art. 5 Abs. 1 lit. d DSGVO *„sachlich richtig und erforderlichenfalls auf dem neuesten Stand sein; es sind alle angemessenen Maßnahmen zu treffen, [...] unrichtig sind, unverzüglich gelöscht oder berichtigt werden [...]“.*

Grundlagen dieses Kapitels sind Art. 16 bzw. ErwG 65 DSGVO sowie §§ 27, 28 BDSG.

Anforderungen

Der Betroffene hat nach Art. 16 DSGVO das Recht, vom Verantwortlichen zu verlangen, dass unrichtige personenbezogene Daten unverzüglich berichtigt werden. Der Betroffene kann nach Satz 2 darüber hinaus die Vervollständigung unvollständiger personenbezogener Daten einfordern, soweit dies im Hinblick auf die jeweiligen Verarbeitungszwecke angemessen ist. Zusätzlich sind nach Art. 19 DSGVO Empfänger, denen die vom Berichtigungsanspruch betroffenen Daten mitgeteilt wurden, über die Berichtigung zu informieren.

Inhalt, Gegenstand und Zeitpunkt der Berichtigung

Ein Anspruch des Betroffenen auf Berichtigung bzw. Vervollständigung besteht nur, wenn unrichtige bzw. unvollständige personenbezogene Daten vorliegen. Unrichtig sind Daten, wenn sie zum Zeitpunkt des Berichtigungsanspruchs nicht mit der Tatsachenlage übereinstimmen, z. B. bei einem falsch geschriebenen Namen oder einer unrichtigen Adresse. Die Pflicht zur Berichtigung besteht auch, wenn Daten unrichtig werden, z. B. bei einer Namensänderung oder aufgrund eines Umzugs.

Für die Beurteilung der Unrichtigkeit kommt es nicht auf deren Ursache oder den Umfang der Unrichtigkeit an. Ebenso wenig ist – über die Unrichtigkeit hinaus – ein Berechtigungsinteresse oder gar ein Schaden erforderlich. Dem Berichtigungsanspruch können dabei auch solche Daten unterfallen, aus denen Werturteile hervorgehen bzw. diese beinhalten, z. B. politische Meinungen, religiöse Weltanschauungen oder philosophische Überzeugungen (vgl. Art. 9 DSGVO). Dies gilt v. a. in Fällen, in denen das Werturteil auf tatsächliche Umstände zurückgeführt wird.

Darüber hinaus sind unvollständige Daten nach Art. 16 Satz 2 DSGVO zu ergänzen, wenn dies im Hinblick auf den Verarbeitungszweck angemessen ist. Unvollständig in diesem Sinne sind Daten, wenn sie zwar für sich genommen richtig, in der Gesamtheit aber missverständlich sind oder eine objektiv falsche Aussage treffen. Daher müssen die zu vervollständigenden Informationen des Betroffenen für den Verarbeitungsprozess auch tatsächlich relevant sein.

✎ Beispiel

Dies kann etwa der Fall sein, wenn im Vertriebs-/CRM-Tool eine negative Äußerung zu einem Ansprechpartner auf Kundenseite gespeichert wird („sehr ungeduldig“, „übt Druck aus“ o. Ä.), ohne zu erwähnen, dass der Kunde bereits seit Längerem auf eine dringend benötigte Lieferung gewartet hatte.

In diesen Fällen sind die (richtigen) Daten um zusätzliche Informationen zu ergänzen, sodass sie einen zutreffenden Aussagegehalt aufweisen. Bei der Geltendmachung eines Vervollständigungsanspruchs kann der Betroffene auch auf ergänzende Erklärungen zurückgreifen, um den (objektiven) Aussagegehalt näher zu begründen.

Der Berichtigungsanspruch ist grds. auf den Betroffenen bzw. seine konkret betroffenen personenbezogenen Daten begrenzt. Ein „Berichtigungsanspruch zugunsten Dritter“ oder eine „Sammelberichtigung“ sieht die DSGVO nicht vor. Für den Antrag verlangt die DSGVO keine bestimmte Form. Vielmehr kann der Betroffene den Antrag schriftlich, z. B. per SMS, mittels E-Mail, mündlich oder in sonstiger Form (auch konkludent) stellen, sofern die Unrichtigkeit der verarbeiteten Daten dargelegt wird oder sich jedenfalls durch „wohlwollende“ Auslegung ermitteln lässt.

Die Berichtigung bzw. Vervollständigung personenbezogener Daten muss vom Verantwortlichen grds. unverzüglich umgesetzt werden. Dafür setzt Art. 12 Abs. 3 Satz 1 DSGVO eine absolute Frist von einem Monat.

Mitteilungspflicht an Empfänger und Ausnahmen

Nach Art. 19 DSGVO muss der Verantwortliche allen Empfängern, denen personenbezogene Daten offengelegt wurden, jede Berichtigung von sich aus mitteilen. Gleiches gilt nach Art. 19 DSGVO für jede Löschung und Einschränkung der Verarbeitung (vgl. Artt. 17, 18 DSGVO). Unter Empfängern sind insbesondere andere Verantwortliche, Auftragsverarbeiter und Dritte zu verstehen. Eine Offenlegung liegt vor, wenn personenbezogene Daten übermittelt, verbreitet oder in anderer Form bereitgestellt werden. Ausreichend ist dabei die (bloße) Zugriffsmöglichkeit einer beschränkten Anzahl von Empfängern.

Von der Mitteilung kann nach Satz 1 nur abgesehen werden, wenn sich diese als unmöglich erweist oder mit einem unverhältnismäßigen Aufwand einhergeht. Diese Ausnahmen sind – entsprechend der „Stoßrichtung“ der DSGVO – grds. eng zu verstehen. Von einer Unmöglichkeit ist daher nur dann auszugehen, wenn die Namen der Empfänger objektiv nicht mehr verfügbar sind oder aufseiten des Verantwortlichen (pflichtwidrig) nicht mehr nachvollzogen werden kann, wem gegen über die Daten offengelegt wurden. Eine tatsächliche Unmöglichkeit liegt demzufolge etwa dann vor, wenn der Empfänger z. B. wegen Aufgabe der Geschäftstätigkeit nicht mehr existent ist.

Ein unverhältnismäßiger Aufwand kann vorliegen, wenn durch die Mitteilung an die Empfänger ein hoher zeitlicher und finanzieller Aufwand entsteht, der nicht im Verhältnis zum Interesse des Betroffenen auf Richtigstellung bzw. zum Interesse der Empfänger an der Möglichkeit zu einer Korrektur bzw. Vervollständigung steht. Dafür ist regelmäßig eine Interessenabwägung erforderlich. Dazu lässt sich allgemein festhalten, dass der Aufwand einer Mitteilung zur Berichtigung marginaler Fehler, wie offensichtliche Schreibversehen, eher als unverhältnismäßig anzusehen ist, während bei gravierend falschen Daten hohe Anforderungen an die Unverhältnismäßigkeit zu stellen sind.

Tipp

Nach Satz 2 ist zu beachten, dass der Verantwortliche – nach Mitteilung an die Empfänger der betreffenden Daten – den Betroffenen auf Antrag ergänzend auch über die Empfänger sowie die erfolgte Mitteilung unterrichten muss.

Ergänzende Regelungen des BDSG

Im Rahmen des Berichtigungs- bzw. Vervollständigungsanspruchs nach Art. 16 DSGVO sind ergänzend v. a. die folgenden Regelungen und Ausprägungen des BDSG zu beachten:

- **§ 27 BDSG – Datenverarbeitung zu wissenschaftlichen oder historischen Forschungszwecken und zu statistischen Zwecken:** zu dieser Ausnahme vom Berichtigungsrecht vgl. ► Kap. 7.3
- **§ 28 BDSG – Datenverarbeitung zu im öffentlichen Interesse liegenden Archivzwecken:** zu dieser Ausnahme vom Berichtigungsrecht vgl. ► Kap. 7.3

Umsetzungshinweise

Im Rahmen der betrieblichen Umsetzung ist sicherzustellen, dass Berichtigungsanfragen – unabhängig vom „Empfangskanal" – zügig an die zuständige Abteilung und/oder den DSB weitergegeben werden. Dafür sind intern entsprechende Vorgaben, Verfahren und Zuständigkeiten festzulegen. Neben der Prüfung (bzw. Auslegung) der Anfrage samt Umsetzung zählt zu den Aufgaben auch die Information des Betroffenen und ggf. die Mitteilung an Empfänger, denen gegenüber personenbezogene Daten offengelegt wurden. Wie bereits beim Auskunftsrecht ausgeführt, stellt sich auch hier die Frage, ob die interne Umsetzung dezentral durch die jeweiligen Fachbereiche, zentral durch eine (Clearing-)Stelle oder in einer Mischform erfolgen soll.

Für eine wirksame Umsetzung ist entscheidend, dass Berichtigungen – und umso mehr Vervollständigungen, d. h. die Ergänzung von Informationen – von den jeweiligen IT-Systemen und -Anwendungen unterstützt werden, z. B. durch zusätzliche Notiz-/Bemerkungsfelder in den Eingabemasken. Sofern die zu berichtigenden personenbezogenen Daten in mehreren IT-Systemen/-Anwendungen gespeichert sind, ist die Berichtigung in allen IT-Systemen vorzunehmen. Dabei sollte auf die Nachvollziehbarkeit entsprechender Änderungen geachtet werden, z. B. durch eine Protokollierung.

Wenn der Verantwortliche dem Berichtigungsbegehren nicht nachkommt und dabei auf gesetzliche Ausnahmen und Einschränkungen zurückgreift, ist vor dem Hintergrund der Rechenschaftspflicht eine angemessene Dokumentation dringend zu empfehlen.[1]

---

1 Zum Nachweis vgl. auch VG Köln, Urteil vom 25.03.2022 (Az. 25 K 2138/19), in dem ein Berichtigungsanspruch aus Art. 16 Satz 1 DSGVO abgelehnt wurde, da die Richtigkeit eines personenbezogenen Datums nicht nachgewiesen werden konnte (vgl. https://openjur.de/u/2395983.html [zuletzt aufgerufen am: 09.02.2024]).

Kontrollfragen

☐ Gibt es verbindliche Vorgaben für den Umgang mit Berichtigungsanfragen von Betroffenen?

☐ Wurden die internen Vorgaben auf die Anforderungen der DSGVO, v. a. auch im Hinblick auf die Vervollständigung von personenbezogenen Daten, überprüft?

☐ Unterstützen IT-Systeme und -Anwendungen die Berichtigung und Vervollständigung von personenbezogenen Daten, auch im Hinblick auf eine ausreichende Dokumentation (Protokollierung)?

☐ Ist bei der Datenhaltung in unterschiedlichen IT-Systemen sichergestellt, dass die Berichtigung alle IT-Systeme umfasst?

☐ Ist sichergestellt, dass Empfänger von personenbezogenen Daten über die Berichtigung informiert werden, ebenso wie (auf Antrag) der Betroffene?

☐ Ist bei einer dezentralen Umsetzung des Berichtigungsrechts, d. h. unmittelbar durch die Fachbereiche, eine (zentrale) Unterstützung, v. a. in Fällen der Ablehnung sichergestellt?

☐ Sind die Rechenschafts- und Nachweispflichten gem. Art. 5 Abs. 2 DSGVO („Accountability") gewährleistet?

✎ **Beispiel**

Das BayLDA bietet Betroffenen zum Download ein Musterschreiben für einen Antrag auf Berichtigung gem. Art. 16 DSGVO unter: https://www.lda.bayern.de/media/muster/Berichtigung.docx (zuletzt aufgerufen am: 09.02.2024).

7.5 Recht auf Löschung und Recht auf Vergessenwerden (Art. 17 DSGVO)

Zusammenfassung

Der für die Verarbeitung von personenbezogenen Daten Verantwortliche muss sicherstellen, dass personenbezogene Daten gelöscht werden, wenn für die Verarbeitung keine Rechtsgrundlage (mehr) besteht. Dies ist insbesondere der Fall, wenn der Betroffene dies (berechtigterweise) verlangt, die Daten für den ursprünglichen Zweck nicht mehr erforderlich sind, die Grundlage für die Verarbeitung entfällt oder diese unrechtmäßig verarbeitet wurden. Darüber hinaus hat der Betroffene nach der DSGVO ein „Recht auf Vergessenwerden“.

Grundlagen dieses Kapitels sind Art. 17 bzw. ErwG 65 und 66 DSGVO, §§ 4, 35 BDSG sowie das Kurzpapier Nr. 11 der DSK und des BayLDA[1].

Anforderungen (Löschgründe)

In Art. 17 Abs. 1 DSGVO wird der Verantwortliche v. a. in den folgenden Fällen zur Löschung von personenbezogenen Daten verpflichtet:

- **Zweckerfüllung** (Art. 17 Abs. 1 lit. a DSGVO): Wenn personenbezogene Daten für Zwecke, für die sie ursprünglich erhoben oder auf sonstige Weise verarbeitet wurden, nicht mehr benötigt werden, sind diese zu löschen. Dieser Löschgrund ist somit Ausfluss der Grundsätze der Datenminimierung und Speicherbegrenzung (Art. 5 Abs. 1 lit. c und e DSGVO).
- **Widerruf der Einwilligung** (Art. 17 Abs. 1 lit. b DSGVO): Sofern die Verarbeitung personenbezogener Daten auf Grundlage ei-

[1] Vgl. https://www.datenschutzkonferenz-online.de/media/kp/dsk_kpnr_11.pdf bzw. https://www.lda.bayern.de/media/baylda_ds-gvo_4_right_to_be_forgotten.pdf (jeweils zuletzt aufgerufen am: 09.02.2024).

ner Einwilligung erfolgt und der Betroffene seine Einwilligung widerruft, sind die entsprechenden Daten zu löschen. Gegebenenfalls kann sich der Verantwortliche hier aber auf eine andere Rechtsgrundlage berufen, z. B. auf das Vorliegen einer Aufbewahrungspflicht (etwa nach Handelsgesetzbuch [HGB] oder Abgabenordnung [AO]).

- **Widerspruch der betroffenen Person** (Art. 17 Abs. 1 lit. c DSGVO): Soweit der Verantwortliche die Verarbeitung personenbezogener Daten auf die Wahrung berechtigter Interessen stützt und die betroffene Person nach Art. 21 Abs. 1 DSGVO der weiteren Verarbeitung widerspricht (► Kap. 7.8), sind die entsprechenden Daten zu löschen, soweit nicht vorrangige berechtigte Gründe aufseiten des Verantwortlichen vorliegen.
- **Widerspruch der betroffenen Person gegen Direktwerbung** (Art. 17 Abs. 1 lit. c DSGVO): Widerspricht die betroffene Person der Direktwerbung gem. Art. 21 Abs. 2 DSGVO, sind die Daten (ohne weitere Interessenabwägung) zu löschen. Für die Direktwerbung gilt dabei grds. ein weites Verständnis, insbesondere jede unmittelbare Kontaktaufnahme zu einem Adressaten, z. B. persönliche Ansprache, Briefsendungen oder Kontakt per Telefon, E-Mail oder Social Media.
- **Unrechtmäßigkeit der Datenverarbeitung** (Art. 17 Abs. 1 lit. d DSGVO): Werden personenbezogene Daten unrechtmäßig verarbeitet, sind diese zu löschen. Dies ist v. a. der Fall, wenn keine entsprechende Erlaubnisnorm vorliegt (vgl. Art. 6 DSGVO), aber auch, wenn die Grundsätze zur Verarbeitung von personenbezogenen Daten (vgl. Art. 5 DSGVO) oder die Vorgaben zur technischen Ausgestaltung nicht eingehalten werden (vgl. Artt. 25, 32 DSGVO). Unrechtmäßig ist auch eine Verarbeitung von unrichtigen oder unvollständigen Daten, die – wenn keine Berichtigung bzw. Vervollständigung möglich ist – ebenfalls zu löschen sind. Anstelle der Löschung kann der Betroffene auch die Einschränkung der Verarbeitung verlangen (► Kap. 7.6).
- **Erfüllung einer rechtlichen Verpflichtung** (Art. 17 Abs. 1 lit. e DSGVO): Sofern das EU-Recht oder das Recht eines Mitgliedstaats die Löschung von personenbezogenen Daten vorschreibt, sind diese unter den jeweils dort genannten Voraussetzungen zu löschen (z. B. in Bezug auf Telekommunikations-/Verbindungsdaten).

Tipp

Zu beachten ist, dass auch für das Recht auf Löschung die Anforderungen aus Art. 12 DSGVO im Hinblick auf die Information, Kommunikation und Modalitäten der Durchsetzung (► Kap. 7.1) gelten.

Ausnahmen (Art. 17 Abs. 3 DSGVO)

Für das Löschen von personenbezogenen Daten gilt gem. Art. 17 Abs. 3 DSGVO eine Reihe von Ausnahmen, bei denen der Verantwortliche die betroffenen Daten trotz des Vorliegens eines Löschgrunds nach Abs. 1 nicht (sofort) löschen muss. Dazu zählen insbesondere:

- **freie Meinungsäußerung und Information** (Art. 17 Abs. 3 lit. a DSGVO): eine Verarbeitung, die zur Ausübung des Rechts auf freie Meinungsäußerung und Information erforderlich ist
- **rechtliche Verpflichtung** (Art. 17 Abs. 3 lit. b DSGVO): eine Verarbeitung, die zur Erfüllung einer rechtlichen Verpflichtung nach EU-Recht oder nach dem Recht eines Mitgliedstaats erforderlich ist, z. B. im Rahmen von Aufbewahrungspflichten aufgrund von handels- oder steuerrechtlichen Vorgaben, etwa im Hinblick auf Geschäftsbriefe und Verträge bzw. Rechnungen und Buchungsbelege
- **öffentliche Gesundheit** (Art. 17 Abs. 3 lit. c DSGVO): eine Verarbeitung, die aus Gründen des öffentlichen Interesses im Bereich der öffentlichen Gesundheit erforderlich ist (nach Art. 9 Abs. 2 und 3 DSGVO)
- **Archiv-, Forschungs- oder Statistikzwecke** (Art. 17 Abs. 3 lit. d DSGVO): eine Verarbeitung, die für im öffentlichen Interesse liegende Archivzwecke, wissenschaftliche oder historische Forschungszwecke (nach Art. 89 DSGVO) erforderlich ist, soweit eine Löschung voraussichtlich die Verwirklichung der Ziele dieser Verarbeitung unmöglich macht oder ernsthaft beeinträchtigt
- **Rechtsansprüche** (Art. 17 Abs. 3 lit. e DSGVO): sofern eine Verarbeitung zur Geltendmachung, Ausübung oder Verteidigung von Rechtsansprüchen erforderlich ist. Dies umfasst die Verfolgung von Rechtsansprüchen in Gerichts-, Verwaltungs- und

anderen außergerichtlichen Verfahren, und zwar sowohl gegenüber dem Betroffenen als auch gegenüber Dritten.

Umfang und Zeitpunkt der Löschung

Wenn Daten gelöscht werden müssen, heißt das, dass diese im Ergebnis für den Verantwortlichen nicht mehr zur Verfügung stehen dürfen, z. B. weil der entsprechende Datenträger physisch (DIN 66399 bzw. ISO/IEC 21964) vernichtet wurde oder weil die Daten gemäß dem Stand der Technik „unwiderruflich" gelöscht worden sind.

Tipp

Für ein datenschutzkonformes Löschen reicht z. B. das Löschen unter Windows per Verschieben und Leeren des „Papierkorbs" nicht aus. Denn die Daten sind in diesem Fall in unveränderter Form noch auf dem Datenträger gespeichert (lediglich der Indexeintrag wird aufgehoben). Andererseits wird bei der Löschung nicht verlangt, dass eine Rekonstruktion der Daten, z. B. auch unter Nutzung entsprechender technischer Hilfsmittel, absolut unmöglich ist. Das heißt, Datenträger müssen für eine datenschutzkonforme Löschung nicht physisch vernichtet werden. Allerdings muss der Aufwand für die Wiederherstellung von Daten unverhältnismäßig sein und dem jeweiligen Verarbeitungs- bzw. Risikokontext entsprechen.

Die Löschung muss grds. alle betroffenen personenbezogenen Daten umfassen, d. h. insbesondere auch sämtliche Kopien und Datenträger. Je nach Verarbeitungssituation sind dabei auch Daten bei Auftragsverarbeiten umfasst und ggf. auch Daten auf privaten Geräten der Mitarbeitenden, wenn diese – im Kontext von „bring your own device" (▶ Kap. 2.3.4) – auch dienstlich genutzt werden.

Trifft den Verantwortlichen eine Löschpflicht, sind die betreffenden personenbezogenen Daten unverzüglich zu löschen. Soweit keine besonderen Umstände vorliegen (z. B. Unklarheit bzgl. des Bestehens einer Löschverpflichtung), steht dafür nach Art. 12 Abs. 3 Satz 1 DSGVO eine maximale Frist von einem Monat zur Verfügung.

„Recht auf Vergessenwerden" (Art. 17 Abs. 2 DSGVO)

Über die Verpflichtung zur Löschung muss der für die Datenverarbeitung Verantwortliche nach Art. 17 Abs. 2 DSGVO

- im Fall der Öffentlichmachung von personenbezogenen Daten, d. h. der Ermöglichung des Datenzugriffs für einen unbestimmten Personenkreis (z. B. auf der eigenen Website) und
- einer Verpflichtung zur Löschung von personenbezogenen Daten des Betroffenen nach Art. 17 Abs. 1 DSGVO sowie
- einem Antrag des Betroffenen, aus dem sich zumindest aus den Umständen ein Löschverlangen ableiten lässt,

andere Verantwortliche über die Löschung aller Verlinkungen zu den betroffenen Daten oder Kopien hiervon unterrichten. Zu diesem Zweck muss der Verantwortliche unter Berücksichtigung der verfügbaren Technologie und der Implementierungskosten angemessene Maßnahmen, auch technischer Art, treffen, um dem „Recht auf Vergessenwerden" gebührend Rechnung zu tragen.

Tipp

Die Verpflichtung des Verantwortlichen im Rahmen des „Rechts auf Vergessenwerden" bezieht sich nur auf die Information anderer Verantwortlicher, nicht auf die Kontrolle, ob bei diesen tatsächlich auch alle Daten bzw. Verlinkungen gelöscht wurden. Bei den Maßnahmen müssen insofern geeignete, aber auch zumutbare Maßnahmen ausgewählt werden – so wäre z. B. eine vollständige Internetrecherche nach möglichen Verlinkungen kaum zu verlangen; andererseits müssen mindestens die dem Verantwortlichen bekannten Empfänger der betreffenden Daten über das Löschverlangen informiert werden (vgl. auch Art. 16 DSGVO im Fall der Berichtigung [▶ Kap. 7.4] bzw. Art. 30 Abs. 1 DSGVO für die Dokumentation von Empfängern).

Für das „Recht auf Vergessenwerden" gelten nach Art. 17 Abs. 3 DSGVO die gleichen Ausnahmen wie für das Recht auf Löschung.

Ergänzende Regelungen des BDSG

Im Rahmen des Rechts auf Löschung und „Vergessenwerden" nach Art. 17 DSGVO sind ergänzend insbesondere die folgenden Regelungen und Ausprägungen des BDSG zu beachten:

- **§ 4 BDSG – Videoüberwachung öffentlich zugänglicher Räume:** zu dieser Ausnahme vom Recht auf Löschung vgl. ► Kap. 7.2
- **§ 35 BDSG – Recht auf Löschung:** Es gelten die folgenden zusätzlichen Ausnahmen:
  - Nach Abs. 1 ist keine Löschung erforderlich, wenn es sich nicht um eine automatisierte Datenverarbeitung handelt und die Löschung wegen der besonderen Art der Speicherung nicht oder nur mit unverhältnismäßig hohem Aufwand möglich ist. Dabei muss das Interesse des Betroffenen an der Löschung als gering anzusehen sein. In diesen Fällen tritt an die Stelle einer Löschung die Einschränkung der Verarbeitung nach Art. 18 DSGVO (► Kap. 7.6). Diese Ausnahmemöglichkeit gilt nicht, wenn Daten unrechtmäßig verarbeitet wurden.
  - Nach Abs. 2 ist eine Einschränkung der Verarbeitung nach Art. 18 DSGVO anstelle der Löschung in den Fällen des Art. 17 Abs. 1 lit. a (Zweckfortfall) und d (unrechtmäßige Verarbeitung) DSGVO auch dann möglich, solange und soweit der Verantwortliche annehmen darf, dass durch die Löschung schutzwürdige Interessen der betroffenen Person beeinträchtigt werden würden. In diesem Fall muss der Verantwortliche den Betroffenen über die Einschränkung informieren, sofern sich dies nicht als unmöglich erweist oder einen unverhältnismäßigen Aufwand erfordern würde.
  - Nach Abs. 3 entfällt eine Löschverpflichtung auch in den Fällen des Art. 17 Abs. 1 lit. a DSGVO (Zweckfortfall), wenn einer Löschung satzungsgemäße oder vertragliche Aufbewahrungsfristen entgegenstehen.

Tipp

Insbesondere bei den Beschränkungen des Rechts auf Löschung bzw. Vergessenwerden bestehen Zweifel der Aufsichtsbehörden, inwiefern diese mit der DSGVO vereinbar sind. Daher sind diese zusätzlichen Ausnahmen grds. eng auszulegen und mit Zurückhaltung anzuwenden.

Umsetzungshinweise

Im Rahmen der betrieblichen Umsetzung sollte – entsprechend den unterschiedlichen Löschgründen – zwischen einer Ad-hoc-Löschung und einer regelbasierten Löschung unterschieden werden. Dabei stellt sich auch hier die Frage, in wessen Verantwortung nicht nur die Löschung als solche, sondern auch die Kommunikation mit dem Betroffenen und ggf. die Information von anderen Verantwortlichen, Auftragsverarbeitern und Dritten bzgl. der Löschung im Rahmen des „Rechts auf Vergessenwerden" durchgeführt wird (vgl. zu den Vor- und Nachteilen einer dezentralen bzw. zentralen Umsetzung bereits ▶ Kap. 7.3 und ▶ Kap. 7.4).

Ad-hoc-Löschung

Widerruft der Betroffene z. B. seine Werbeeinwilligung, sind die entsprechenden Daten ohne weitere Abwägung zu löschen. Gleiches gilt grds. auch für unrechtmäßig verarbeitete personenbezogene Daten. Gerade in diesen Fällen muss also sichergestellt werden, dass die betroffenen Daten unverzüglich, d. h. ohne schuldhafte Verzögerung (wirksam), gelöscht werden.

Entsprechende Löschbegehren sind daher – unabhängig vom Eingangskanal – unverzüglich an die zuständige Fachabteilung und/oder an den Prozessverantwortlichen weiterzugeben. Dort ist – ggf. mit zentraler Unterstützung durch den Datenschutzbeauftragten – zu prüfen, ob die Voraussetzungen für eine (individuelle) Löschung vorliegen. Wenn dies der Fall ist bzw. keine weiteren Voraussetzungen erfüllt werden müssen (etwa beim Werbewiderspruch), sollte die Löschung im entsprechenden IT-System vorgenommen und die erfolgte Löschung dokumentiert werden (Löschprotokoll). Das gilt insbesondere auch für die ggf. erforderliche Information von eingeschalteten Dienstleistern bzw. Auftragsverarbeitern.

Sofern dem Antrag auf Löschung nicht entsprochen wird bzw. werden kann – z. B. weil eine Ausnahme nach Art. 17 Abs. 3 DSGVO greift –, ist der Betroffene unter Nennung der maßgeblichen Gründe innerhalb eines Monats darüber zu informieren. Dabei sollten insbesondere Abwägungsentscheidungen im Rahmen der Geltendmachung von Ausnahmen intern dokumentiert werden (Rechenschaftspflicht, Art. 5 Abs. 2 DSGVO).

Regelbasierte Löschung

Für die regelbasierte, d. h. typischerweise antragsunabhängige Löschung von personenbezogenen Daten, empfiehlt sich die Erstellung von Löschkonzepten für alle IT-Systeme und -Anwendungen, in denen personenbezogene Daten verarbeitet werden. Löschkonzepte bilden den

- fachlichen (z. B. handels-/steuerrechtliche Aufbewahrungsfristen),
- datenschutzrechtlichen (z. B. Ausnahme nach Art. 17 Abs. 3 DSGVO),
- technischen (z. B. Löschung nach BSI IT-Grundschutz-Kompendium) und
- internen (z. B. Vieraugenprinzip, Dokumentation)

Rahmen für die Löschung von personenbezogenen Daten[2] – und sind v. a. auch Nachweisobjekt i. S. d. Rechenschaftspflicht (Art. 5 Abs. 2 DSGVO).

[2] Vgl. in diesem Kontext v. a. DIN 66398 – Leitlinie zur Entwicklung eines Löschkonzepts mit Ableitung von Löschfristen für personenbezogene Daten, informativ dazu: https://www.din-66398.de/ und https://www.bfdi.bund.de/DE/Fachthemen/Inhalte/Technik/Datenschutzgerechte-Datenträgervernichtung.html (jeweils zuletzt aufgerufen am: 09.02.2024).

Tipp

In der IT-Praxis ist es mit der Dokumentation von löschrelevanten Informationen in Form eines Löschkonzepts nicht getan. Vielmehr müssen die betroffenen Daten auch tatsächlich gelöscht werden. Es bedarf – v. a. in Zeiten der Digitalisierung – auch der Implementierung entsprechender Löschfunktionen in den IT-Systemen und -Anwendungen. Dabei kann z. B. danach unterschieden werden, ob die Löschung automatisiert, teilautomatisiert oder manuell erfolgt, durch wen die Löschung durchgeführt wird (ggf. Vieraugenprinzip) oder ob automatisierte Löschprotokolle generiert werden.

Bei öffentlich gemachten personenbezogenen Daten von Betroffenen im Internet (z. B. Namen von Ansprechpartnern auf einer Unternehmenswebsite) ist durch den Verantwortlichen sicherzustellen, dass diese bei Vorliegen eines Löschgrunds dem allgemeinen Zugriff entzogen werden (z. B. durch Löschung der Inhalte).

Tipp

Bei Veröffentlichungen und anschließender Löschung von personenbezogenen Daten im Internet empfiehlt es sich, Suchmaschinenbetreiber proaktiv anzuweisen, ihre Inhalte zu aktualisieren, damit die vom „Recht auf Vergessenwerden" betroffenen Daten trotz ihrer Entfernung nicht weiterhin in veralteten Suchergebnissen zu finden sind. Zusätzlich sind je nach Verarbeitungs-/Veröffentlichungskontext ggf. weitere Verantwortliche zu ermitteln und über das Löschbegehren zu informieren.

Zusammenfassung

Personenbezogene Daten sind zu löschen, wenn

- ☐ die betroffene Person die erteilte Einwilligung zur Verarbeitung widerruft bzw. zurückzieht und es damit keinen anderen Grund mehr gibt, personenbezogene Daten rechtmäßig zu verarbeiten;
- ☐ der Zweck zur Verarbeitung der personenbezogenen Daten wegfällt (z. B. im Rahmen eines Gewinnspiels, das nun abgeschlossen ist);
- ☐ die personenbezogenen Daten zur Vertragserfüllung erhoben werden und der Vertrag final erfüllt bzw. abgeschlossen ist;
- ☐ keine gesetzliche Pflicht zur Datenverarbeitung mehr besteht oder eine solche wegfällt.

Kontrollfragen

- ☐ Gibt es verbindliche Vorgaben für den Umgang mit Löschanfragen von Betroffenen?
- ☐ Wurden die internen Vorgaben auf die Anforderungen der DSGVO, v. a. auch im Hinblick auf das „Recht auf Vergessenwerden" überprüft?
- ☐ Werden für IT-Systeme und -Anwendungen Löschkonzepte erstellt und sind dort korrespondierende Löschfunktionen implementiert?
- ☐ Wird entsprechend dem Verarbeitungs-/Risikokontext und in Abhängigkeit vom verwendeten Speichermedium eine ausreichend wirksame Löschmethode verwendet?
- ☐ Ist bei der Datenhaltung in unterschiedlichen IT-Systemen sichergestellt, dass die Löschung alle IT-Systeme umfasst?
- ☐ Ist sichergestellt, dass im Rahmen des „Rechts auf Vergessenwerden" alle relevanten Stellen über das Löschbegehren informiert werden?
- ☐ Ist bei einer dezentralen Umsetzung des Löschrechts, d. h. unmittelbar durch die Fachbereiche, eine (zentrale) Unterstützung, insbesondere in Fällen der Ablehnung sichergestellt?

- ☐ Sind die Rechenschafts- und Nachweispflichten gem. Art. 5 Abs. 2 DSGVO („Accountability"), z. B. durch Löschprotokolle, gewährleistet?
- ☐ Sind entsprechende Prüfroutinen bei automatisierten Löschungen implementiert?

✎ Praxisbeispiel

Löschen von Patientendaten

Das BayLDA hat eine Auslegungshilfe für die Frage, wann ein Arzt Patientendaten löschen darf oder muss, herausgegeben[3]:

Gemäß Art. 17 DSGVO sind Daten insbesondere zu löschen, wenn sie für die Zwecke, für die sie erhoben oder auf sonstige Weise verarbeitet wurden, nicht mehr erforderlich sind (Abs. 1 lit. a). Hier besteht eine Löschpflicht auch ohne Aufforderung durch die betroffene Person. Daten, die für die Erreichung des Zwecks, für den die Daten erhoben wurden, noch benötigt werden, müssen nicht gelöscht werden. Man denke z. B. an Daten im Hinblick auf Medikamentenunverträglichkeiten, bei denen auch nach Ablauf gesetzlicher Aufbewahrungsfristen das Interesse des Patienten an der Speicherung das an der Löschung überwiegt. Gemäß Art. 17 Abs. 3 DSGVO dürfen Daten, für die eine gesetzliche Pflicht zur Aufbewahrung besteht, nicht gelöscht werden – z. B. nach § 630f Abs. 3 BGB (10 Jahre nach Abschluss der Behandlung aufzubewahren) oder § 109 Abs. 4 StrlSchV. Eine Ausnahme von der Löschpflicht kann sich aus Art. 17 Abs. 3 lit. e DSGVO ergeben, da lt. BayLDA *„die objektive Verjährungsfrist für Schadensersatzansprüche wegen Körper- oder Gesundheitsverletzung gemäß § 199 Abs. 2 BGB [30] Jahre nach Vornahme des poten[z]iell schadensträchtigen Verhaltens beträgt. Hier ist eine Abwägung („erforderlich") vorzunehmen unter Berücksichtigung der Interessen des Betroffenen und der Wahrscheinlichkeit der Geltendmachung von Ansprüchen."*

---

[3] In Anlehnung an https://www.lda.bayern.de/media/veroeffentlichungen/FAQ_Loeschen_von_Patientendaten.pdf (zuletzt aufgerufen am: 09.02.2024).

7.6 Recht auf Einschränkung der Verarbeitung (Art. 18 DSGVO)

Zusammenfassung

Der für die Verarbeitung von personenbezogenen Daten Verantwortliche muss sicherstellen, dass personenbezogene Daten von Betroffenen in der Verarbeitung eingeschränkt werden können. Dies gilt v. a., wenn die Richtigkeit der Daten bestritten wird, die Verarbeitung unrechtmäßig ist, die Daten nicht länger vom datenverarbeitenden Unternehmen, wohl aber vom Betroffenen benötigt werden oder der Betroffene der Verarbeitung widerspricht. Dabei sind auch hier die Transparenz-, Verfahrens- und Mitteilungsvorgaben aus Artt. 12, 19 DSGVO zu beachten.

Grundlagen dieses Kapitels sind Art. 18 bzw. ErwG 67 DSGVO sowie §§ 27, 28 und 35 BDSG.

Anforderungen

Die betroffene Person kann unter bestimmten Voraussetzungen gem. Art. 18 Abs. 1 DSGVO vom Verantwortlichen verlangen, dass die sie betreffenden personenbezogenen Daten in der Verarbeitung eingeschränkt werden – sofern einer der vier in Abs. 1 lit. a–d genannten Fallkonstellationen gegeben ist.

Unter Einschränkung der Verarbeitung ist nach Art. 4 Nr. 3 DSGVO *„die Markierung gespeicherter personenbezogener Daten mit dem Ziel gemeint, ihre zukünftige Verarbeitung einzuschränken“*. Im Ergebnis sind die Daten also so zu kennzeichnen bzw. in andere Systeme auszulagern, dass diese nicht mehr im „normalen“ Geschäftsbetrieb operativ genutzt werden (können).

Fallgruppen

Ein Recht des Betroffenen auf Einschränkung der Verarbeitung sieht Art. 18 Abs. 1 DSGVO insbesondere in den folgenden Fällen vor:

- **Bestreiten der Richtigkeit der Daten** (Art. 18 Abs. 1 lit. a DSGVO): Der Betroffene bestreitet die Richtigkeit der personenbezogenen Daten.
- **unrechtmäßige Verarbeitung** (Art. 18 Abs. 1 lit. b DSGVO): Die Verarbeitung der personenbezogenen Daten ist unrechtmäßig, wobei der Betroffene die Löschung seiner Daten ablehnt und stattdessen deren Einschränkung verlangt.
- **Geltendmachung von Rechtsansprüchen** (Art. 18 Abs. 1 lit. c DSGVO): Der Betroffene verlangt die Einschränkung seiner personenbezogenen Daten, weil er sie zur Geltendmachung von Rechtsansprüchen benötigt. Das gilt auch dann, wenn der Verantwortliche diese Daten eigentlich löschen müsste, weil sie für den ursprünglich mit der Verarbeitung verfolgten Zweck nicht mehr benötigt werden.
- **Widerspruch durch den Betroffenen** (Art. 18 Abs. 1 lit. d DSGVO): Der Betroffene legt Widerspruch gegen die Verarbeitung seiner personenbezogenen Daten ein (vgl. Art. 21 DSGVO, ▶ Kap. 7.8).

Ausnahmen

Von diesem „operativen Verarbeitungsverbot" von eingeschränkten Daten gelten nach Art. 18 Abs. 2 DSGVO folgende Ausnahmen:

- **Einwilligung des Betroffenen:** Der Betroffene hat in die weitere Verarbeitung seiner gespeicherten Daten eingewilligt.
- **Rechtsansprüche:** Die weitere Verarbeitung dient der Geltendmachung, Ausübung oder Verteidigung von Rechtsansprüchen.
- **Schutz Dritter:** Die weitere Verarbeitung dient dem Schutz der Rechte anderer (juristischer wie natürlicher) Personen.
- **öffentliches Interesse:** Die weitere Verarbeitung ist aus Gründen eines wichtigen öffentlichen Interesses zulässig.
- **(zwingende) schutzwürdige Interessen des Verantwortlichen:** Bei einem Widerspruch des Betroffenen ist eine weitere Verarbeitung nur zulässig, soweit der Verantwortliche zwingende schutzwürdige Gründe für die Verarbeitung nachweisen kann.

Tipp

Im Fall der weiteren Verarbeitung auf Basis der vorgenannten Ausnahmen muss der Verantwortliche nach Art. 18 Abs. 3 DSGVO den Betroffenen vor Aufhebung der Einschränkung hiervon unterrichten.

Ergänzende Regelungen des BDSG

Im Rahmen des Rechts auf Einschränkung der Verarbeitung nach Art. 18 DSGVO sind ergänzend insbesondere die folgenden Regelungen und Ausprägungen des BDSG zu beachten:

- **§ 27 BDSG – Datenverarbeitung zu wissenschaftlichen oder historischen Forschungszwecken und zu statistischen Zwecken:** zu dieser Ausnahme vom Recht auf Einschränkung der Verarbeitung vgl. ► Kap. 7.3
- **§ 28 BDSG – Datenverarbeitung zu im öffentlichen Interesse liegenden Archivzwecken:** zu dieser Ausnahme vom Recht auf Einschränkung der Verarbeitung vgl. ► Kap. 7.3
- **§ 35 BDSG – Recht auf Löschung:** zu dieser Ausnahme vom Recht auf Einschränkung der Verarbeitung vgl. ► Kap. 7.5

Umsetzungshinweise

Für die betriebliche Umsetzung stellen sich im Hinblick auf die organisatorische Regelung zur (de-/zentralen) Umsetzung des Rechts auf Einschränkung der Verarbeitung dieselben Fragen wie bei der Löschung bzw. der Berichtigung von personenbezogenen Daten.

Das gilt v. a. auch für den Fall der Ablehnung einer Einschränkung der Verarbeitung (Rechenschaftspflicht, Art. 5 Abs. 2 DSGVO) und bzgl. der Vorgaben aus Art. 12 DSGVO im Hinblick auf die Information, Kommunikation und Modalitäten der Ausübung von Betroffenenrechten. Zusätzlich ist die Mitteilungspflicht an Empfänger der betroffenen Daten nach Art. 19 DSGVO zu erfüllen.

Kontrollfragen

- ☐ Gibt es verbindliche Vorgaben für den Umgang mit Anfragen von Betroffenen bzgl. der Einschränkung der Verarbeitung von personenbezogenen Daten?
- ☐ Wurden die internen Vorgaben auf die Anforderungen der DSGVO überprüft?
- ☐ Unterstützen IT-Systeme und -Anwendungen die Einschränkung der Verarbeitung von personenbezogenen Daten?
- ☐ Ist bei der Datenhaltung in unterschiedlichen IT-Systemen sichergestellt, dass die Einschränkung der Verarbeitung alle IT-Systeme umfasst?
- ☐ Ist sichergestellt, dass Empfänger von personenbezogenen Daten über die Einschränkung der Verarbeitung informiert werden?
- ☐ Ist bei einer dezentralen Umsetzung des Einschränkungsrechts, d. h. unmittelbar durch die Fachbereiche, eine (zentrale) Unterstützung, insbesondere in Fällen der Ablehnung sichergestellt?

✎ **Beispiel**

Das BayLDA bietet Betroffenen ein Musterschreiben für einen Antrag auf Einschränkung der Verarbeitung gem. Art. 18 DSGVO unter: https://www.lda.bayern.de/media/muster/Einschraenkung%20der%20Verarbeitung.docx (zuletzt aufgerufen am: 09.02.2024).

7.7 „Recht auf Datenübertragbarkeit“ (Art. 20 DSGVO)

Zusammenfassung

Der für die Verarbeitung von personenbezogenen Daten Verantwortliche hat sicherzustellen, dass dem Betroffenen oder einem von ihm benannten Dritten auf Antrag solche personenbezogenen Daten in einem weiterverarbeitbaren Format überlassen werden, die der Betroffene dem Verantwortlichen auf Basis einer Einwilligung oder im Rahmen eines Vertrags selbst zur Verfügung gestellt hat.

Grundlagen dieses Kapitels sind Art. 20 bzw. ErwG 68 DSGVO, § 28 BDSG sowie das auch auf Deutsch erhältliche Working Paper Nr. 242 (Rev. 01) der Artikel-29-Datenschutzgruppe[1].

Anforderungen

Dem Betroffenen oder einem von ihm bestimmten Dritten sind vom Verantwortlichen nach Art. 20 Abs. 1 DSGVO auf Antrag die vom Betroffenen bereitgestellten personenbezogenen Daten, d. h. die eigentlichen Dateninhalte inkl. einer „selbstsprechenden“ Beschreibung (z. B. „Name: Müller“), in einem interoperablen, d. h. strukturierten, gängigen und maschinenlesbaren Format zur Verfügung zu stellen.

Unter einem strukturierten, gängigen und maschinenlesbaren Format ist eine Aufbereitung der Daten dergestalt zu verstehen, dass diese nach einer bestimmten Struktur angeordnet werden und sich das Format am Stand der Technik sowie der am Markt etablierten Praktiken orientiert.

---

[1] Vgl. https://www.datenschutzkonferenz-online.de/media/wp/20170405_wp242_rev01.pdf (zuletzt aufgerufen am: 09.02.2024).

✎ Beispiel

Zu den gängigen und maschinenlesbaren Formaten zählen u. a.: CSV, XML, HTML, ODT oder XLSX.

Voraussetzungen und Ausnahmen

Ein „Recht auf Datenübertragbarkeit" bzw. Datenportabilität des Betroffenen besteht nur, wenn die betreffenden Daten auf Basis

- einer Einwilligung oder
- eines Vertrags mit dem Betroffenen

von diesem selbst bereitgestellt wurden.

Zu den von diesem Recht umfassten Daten zählen nach Working Paper Nr. 242 (S. 11) auch solche, die das Ergebnis der Beobachtung der Tätigkeiten des Betroffenen sind, d. h. *„[...] also beispielsweise Rohdaten, die in einem intelligenten Messgerät oder von anderen miteinander vernetzten Geräten, in Tätigkeitsprotokollen oder in Webseiten- bzw. Suchverläufen verarbeitet werden."*

Gemäß Art. 20 Abs. 4 DSGVO darf das Recht auf Datenübertragung die Rechte und Freiheiten anderer Personen nicht beeinträchtigen. Zu diesen Rechten und Freiheiten zählen – ebenso wie beim Auskunftsrecht (► Kap. 7.3) – auch Rechte am geistigen Eigentum sowie Geschäfts- und Betriebsgeheimnisse (zur Definition vgl. ► Kap. 7.3). Folglich sind entsprechende Informationen und Daten grds. vom „Recht auf Datenübertragbarkeit" auszuklammern.

Unmittelbare Übermittlung an andere Verantwortliche

Auf Wunsch des Betroffenen ist der Verantwortliche gem. Art. 20 Abs. 2 DSGVO verpflichtet, die Daten unmittelbar an einen anderen Verantwortlichen zu übermitteln, *„soweit dies technisch machbar ist"*. Die Grenzen zeigt insoweit ErwG 68 DSGVO auf:

ErwG 68 DSGVO

Das Recht der betroffenen Person, sie betreffende personenbezogene Daten zu übermitteln oder zu empfangen, sollte für den Verant-

wortlichen nicht die Pflicht begründen, technisch kompatible Datenverarbeitungssysteme zu übernehmen oder beizubehalten.

Ergänzende Regelungen des BDSG

Im Rahmen des „Rechts auf Datenübertragbarkeit“ nach Art. 20 DSGVO sind ergänzend insbesondere die folgenden Regelungen und Ausprägungen des BDSG zu beachten:

- **§ 28 BDSG – Datenverarbeitung zu im öffentlichen Interesse liegenden Archivzwecken:** zu dieser Ausnahme vom Berichtigungsrecht vgl. ▶ Kap. 7.3

Umsetzungshinweise

Für die betriebliche Umsetzung stellen sich im Hinblick auf die organisatorische Regelung zur (de-/zentralen) Umsetzung des „Rechts auf Datenübertragbarkeit“ dieselben Fragen wie bei der Einschränkung der Verarbeitung, Löschung bzw. Berichtigung von personenbezogenen Daten (▶ Kap. 7.4, ▶ Kap. 7.5 und ▶ Kap. 7.6).

Das gilt v. a. auch im Hinblick auf die Vorgaben aus Art. 12 DSGVO mit Blick auf die Information, Kommunikation und Modalitäten der Rechtsausübung. Ebenso wie bei der Auskunftserteilung in einem elektronischen Format ist bei der Zurverfügungstellung von interoperablen Formaten darauf zu achten, dass entsprechende Daten sicher übermittelt und vor dem Zugriff von Dritten geschützt werden. So sollten Daten z. B. verschlüsselt und/oder passwortgeschützt übertragen werden.

Kontrollfragen

- ☐ Gibt es verbindliche Vorgaben für den Umgang mit Betroffenenanfragen zur „Datenübertragbarkeit" von personenbezogenen Daten?
- ☐ Unterstützen IT-Systeme und -Anwendungen die Ausgabe von interoperablen Formaten im Hinblick auf personenbezogene Daten?
- ☐ Ist bei der Datenhaltung in unterschiedlichen IT-Systemen sichergestellt, dass alle vom „Recht auf Datenübertragbarkeit" betroffenen personenbezogenen Daten zur Verfügung gestellt werden (können)?
- ☐ Ist bei einer dezentralen Umsetzung, d. h. unmittelbar durch die Fachbereiche, eine (zentrale) Unterstützung (fachlich und ggf. seitens der IT) sichergestellt?
- ☐ Gibt es eine Verfahrensbeschreibung, wie die Daten im Rahmen der Datenübertragbarkeit dem Betroffenen zur Verfügung gestellt werden (z. B. persönliche Übergabe, Versendung per Post, verschlüsselter USB-Stick)?
- ☐ Werden die Verfahren regelmäßig auf ihre Funktionalität hin überprüft?

✎ Beispiel

Aufgrund des Art. 20 DSGVO kann eine betroffene Person z. B. von einem sozialen Netzwerk verlangen, ihr ihre Profildaten und Kommunikationsinhalte so auszuhändigen, dass sie zu einem anderen sozialen Netzwerk wechseln kann, ohne dort Profil und Kommunikationsbeziehungen von Grund auf neu aufbauen zu müssen. Das heißt, die Daten müssen auf Anforderung in einem strukturierten, maschinenlesbaren Format bereitgestellt werden. Bei einem Wechsel des Energieversorgers, der Bank oder Versicherung, aber auch des Arbeitgebers kommt Art. 20 DSGVO ebenso zum Tragen. Denn das „Recht auf Datenübertragbarkeit" gilt bei jeder anderen automatisierten Verarbeitung personenbezogener Daten aufgrund einer Einwilligung oder einer Vertragsbeziehung mit der betroffenen Person – außer gegenüber der öffentlichen Verwaltung (Art. 20 Abs. 3 Satz 2 DSGVO).

Dabei hat der Betroffene die Wahl, seine Daten zu erhalten und dann selbst an einen neuen Verarbeiter weiterzugeben oder vom bisherigen Verarbeiter direkt an den neuen Verarbeiter weiterleiten zu lassen. Allerdings ist das Recht auf Datenportabilität auf die Daten beschränkt, die er dem Verarbeiter selbst zur Verfügung gestellt hat. Zu beachten ist, dass das „Recht auf Datenübertragbarkeit" nicht automatisch die Löschung beim bisherigen Verantwortlichen umfasst – diese muss die betroffene Person gem. Art. 17 DSGVO zusätzlich verlangen.[2]

[2] Vgl. https://www.datenschutz.rlp.de/de/themenfelder-themen/datenschutz-grundverordnung/recht-auf-datenuebertragbarkeit/ und https://www.datenschutz-berlin.de/buergerinnen-und-buerger/rechte/recht-auf-datenuebertragbarkeit/ (zuletzt aufgerufen am: 09.02.2024).

7.8 Recht auf Widerspruch (Art. 21 DSGVO)

Zusammenfassung
Der für die Verarbeitung von personenbezogenen Daten Verantwortliche muss sicherstellen, dass auf Widerspruch des Betroffenen im Einzelfall eine Verarbeitung seiner personenbezogenen Daten eingestellt wird. Dies kann der Fall sein, sofern sich der Verantwortliche bei der Verarbeitung auf die Wahrung berechtigter Interessen beruft und keine zwingenden schutzwürdigen Gründe für die Verarbeitung nachweisen kann oder wenn der Betroffene der Verarbeitung seiner Daten zu Zwecken der Direktwerbung widerspricht. Hintergrund der Vorschrift ist, dass der Betroffene in bestimmten Fällen „trotzdem“ ein Widerspruchrecht gegen die Datenverarbeitung durch den Verantwortlichen zugestanden werden soll (vgl. ErwG 69 DSGVO).

Das Widerspruchsrecht aus Art. 21 DSGVO ist Teil der in den Artt. 15–22 DSGVO geregelten Betroffenenrechten und hiervon die Spezialnorm der Verhinderung rechtmäßiger Datenverarbeitungen. Erhebt ein Betroffener begründeten Widerspruch, so kann er zusätzlich als weitere Rechtsfolge auch das Recht auf Löschung der in betreffenden personenbezogenen Daten gem. Art. 17 Abs. 1 lit. c DSGVO geltend machen. Bis geklärt ist, ob der Widerspruch tatsächlich begründet ist, steht dem Betroffenen gem. Art. 18 Abs. 1 lit. d DSGVO jedenfalls das Recht zu, die Einschränkung der Verarbeitung seiner Daten zu verlangen. Abzugrenzen ist das Widerspruchsrecht vom Widerrufsrecht aus Art. 7 Abs. 3 DSGVO, welches im Fall einer Einwilligung in die Datenverarbeitung gem. Art. 6 Abs. 1 1. Unterabsatz lit. a DSGVO Anwendung findet.[1]

1 Vgl. Munz, Martin: Widerspruchsrecht gegen Verarbeitungen, in: Taeger, Jürgen/Gabel, Detlev (Hrsg.): DSGVO – BDSG – TTDSG, Frankfurt a. M.: Fachmedien Recht und Wirtschaft/dfv Mediengruppe, 4. Aufl. 2022, Rn. 5.

Grundlagen dieses Kapitels sind Art. 21 bzw. ErwG 69 und 70 DSGVO, § 28 BDSG sowie das Kurzpapier Nr. 3 der DSK[2].

Anforderungen

Allgemeines Widerspruchsrecht

Nach Art. 21 Abs. 1 DSGVO kann der Betroffene im Rahmen seines allgemeinen Widerspruchsrechts der Verarbeitung aufgrund seiner besonderen Situation widersprechen. Der Anwendungsbereich des Abs. 1 gewährt ihm ein Widerspruchsrecht gegen eine Datenverarbeitung, die auf die Erlaubnistatbestände des Art. 6 Abs. 1 lit. e oder f DSGVO gestützt wird. Das Widerspruchsrecht besteht gegen jede Form der Verarbeitung von personenbezogenen Daten und erfasst damit grds. auch den gesondert genannten Spezialfall des sog. Profiling (vgl. Art. 4 Abs. 4 DSGVO; ► Kap. 7.9).

Für ein Widerspruchsrecht des Betroffenen müssen nach Art. 21 Abs. 1 DSGVO folgende Voraussetzungen erfüllt sein:

- **Verarbeitung aufgrund berechtigter Interessen nach Art. 6 Abs. 1 lit. f DSGVO:** Das allgemeine Widerspruchsrecht aufgrund einer besonderen Situation des Betroffenen greift nur, wenn die Datenverarbeitung vom Verantwortlichen auf die Wahrung berechtigter Interessen nach Art. 6 Abs. 1 lit. f DSGVO gestützt wird.
- **Widerspruchsinteresse des Betroffenen:** Der Betroffene kann das Widerspruchsrecht nur aus Gründen ausüben, die sich aus seiner besonderen Situation ergeben. Damit knüpft das Widerspruchsrecht an die Voraussetzung der Begründung durch den Betroffenen. Dieser muss darlegen können, dass sich die ursprüngliche Interessenabwägung des Verantwortlichen aufgrund seiner persönlichen Sondersituation als unzulässig darstellt. Eine solche liegt vor, wenn sich der Betroffene in außerordentlicher, spezifischer und individueller Weise von der Situation anderer Personen unterscheidet, etwa aufgrund familiärer, ge-

[2] Vgl. https://www.datenschutzkonferenz-online.de/media/kp/dsk_kpnr_3.pdf (zuletzt aufgerufen am: 09.02.2024).

sellschaftlicher, sozialer, wirtschaftlicher, rechtlicher oder sonstiger faktischer Umstände.

- **begründeter Widerspruch:** Der Widerspruch ist zwar grds. formlos möglich, d. h., er kann schriftlich, mündlich, per E-Mail oder in sonstiger Weise (auch konkludent) erhoben werden. Allerdings muss der Widerspruch eine Begründung enthalten. Erforderlich ist zumindest eine qualifizierte Darlegung des Widerspruchsinteresses, d. h. der Sondersituation des Betroffenen und der davon betroffenen Daten bzw. Verarbeitungen.
- **keine zwingenden schutzwürdigen Gründe** (Interessenabwägung erforderlich): Sofern ein berechtigtes Widerspruchsinteresse des Betroffenen aufgrund seiner Sondersituation vorliegt, muss der Verantwortliche eine erneute Interessenabwägung durchführen. Dem berechtigten Widerspruchsinteresse können nur *„zwingende schutzwürdige Gründe"* für die Verarbeitung entgegengestellt werden. Nach ErwG 47 und 49 DSGVO können solche zwingenden Gründe z. B. in der Betrugsbekämpfung oder Gewährleistung der Daten- und IT-Sicherheit liegen.

Nach Art. 21 Abs. 6 DSGVO hat der Betroffene – ähnlich dem allgemeinen Widerspruchsrecht – ein besonderes Widerspruchsrecht für Verarbeitungen, die zu (privaten oder öffentlichen) wissenschaftlichen oder historischen Forschungszwecken bzw. zu statistischen Zwecken nach Art. 89 Abs. 1 DSGVO erfolgen. Wie beim allgemeinen Widerspruchsrecht bedarf es aufseiten des Betroffenen eines Widerspruchsinteresses, das sich aus seiner besonderen Situation ergibt. Hinsichtlich der Form und des Inhalts des Widerspruchs gelten ebenfalls die Anforderungen entsprechend dem allgemeinen Widerspruchsinteresse.

Ausnahmen vom allgemeinen Widerspruchsrecht

Ein Widerspruchsrecht ist gem. Art. 21 Abs. 1 Satz 2 Alt. 2 DSGVO („ausnahmsweises Weiterverarbeitungsrecht") ausgeschlossen, wenn die Verarbeitung der Geltendmachung, Ausübung oder Verteidigung von Rechtsansprüchen des Verantwortlichen dient.

Erfasst ist dabei die Verfolgung von Rechtsansprüchen in Gerichts-, Verwaltungs- oder anderen außergerichtlichen Verfahren, und zwar sowohl gegenüber dem Betroffenen als auch gegenüber Dritten.

Die Darlegungslast trifft dabei den Verantwortlichen. Gemäß dem Wortlaut der Norm muss der Verantwortliche das Überwiegen seines Verarbeitungsinteresses nachweisen, d. h. entsprechende Tatsachen für ein Überwiegen darlegen.[3]

Widerspruchsrecht bei Direktwerbung

Bei der Verarbeitung von personenbezogenen Daten zu Zwecken der Direktwerbung steht dem Betroffenen gem. Art. 21 Abs. 2 und 3 DSGVO ein Widerspruchsrecht zu. Dieses Recht genießt absoluten Vorrang vor dem Verarbeitungs-/Werbeinteresse des Verantwortlichen. Daher bedarf es keiner weiteren Voraussetzungen, v. a. keiner Abwägung.

Das Widerspruchsrecht des Betroffenen setzt insoweit nur Folgendes voraus:

- Es handelt sich um (Direkt-)Werbung unter Verwendung der personenbezogenen Daten des Betroffenen. Dabei ist zu beachten, dass ein weiter Werbebegriff gilt, folglich praktisch jede Kontaktaufnahme zum Betroffenen, v. a. mittels elektronischer Kommunikation, erfasst ist (vgl. dazu ▶ Kap. 7.5 – Löschgründe).
- Der Widerspruchsantrag des Betroffenen enthält eine hinreichend klare Erklärung, mit der Verarbeitung zu Zwecken der Direktwerbung nicht einverstanden zu sein. Es bedarf weder einer weitergehenden Begründung (anders als beim allgemeinen Widerspruchsrecht) noch einer besonderen Form.

Als Rechtsfolge des Widerspruchs sieht Art. 21 Abs. 3 DSGVO ein unmittelbares Verbot der Datenverarbeitung zu Werbezwecken vor.

Unterrichtungspflicht über Widerspruchsrecht

Der Betroffene muss gem. Art. 21 Abs. 4 DSGVO spätestens zum Zeitpunkt der ersten Kommunikation einen ausdrücklichen Hinweis auf das (allgemeine und werbebezogene) Widerspruchsrecht erhalten. Dabei ist neben dem Widerspruchsrecht v. a. auch der für die

[3] Vgl. BGH, Beschluss vom 22.02.2016, Az. II ZR 48/15, abrufbar unter: https://juris.bundesgerichtshof.de/cgi-bin/rechtsprechung/document.py?Gericht=bgh&Art=en&nr=74742&pos=0&anz=1 (zuletzt aufgerufen am: 09.02.2024).

Datenverarbeitung Verantwortliche zu nennen, um dem Betroffenen eine Ausübung des Widerspruchsrechts (wie auch seiner sonstigen Betroffenenrechte) ohne Schwierigkeiten zu ermöglichen.

Ergänzende Regelungen des BDSG

Im Rahmen des Widerspruchrechts nach Art. 21 DSGVO sind ergänzend insbesondere folgende Regelungen und Ausprägungen des BDSG zu beachten:

- **§ 28 BDSG – Datenverarbeitung zu im öffentlichen Interesse liegenden Archivzwecken:** zu dieser Ausnahme vom Widerspruchsrecht vgl. ► Kap. 7.3

Umsetzungshinweise

Für die betriebliche Umsetzung stellen sich im Hinblick auf die organisatorische Regelung zur (de-/zentralen) Umsetzung des Widerspruchsrechts im Kern die gleichen Fragen wie bei der Einschränkung der Verarbeitung und der Löschung bzw. Berichtigung personenbezogener Daten (► Kap. 7.4, ► Kap. 7.5 und ► Kap. 7.6).

Das gilt insbesondere auch für den Fall der Zurückweisung im Rahmen des allgemeinen Widerspruchrechts; in Anbetracht der Rechenschaftspflicht gem. Art. 5 Abs. 2 DSGVO sollten entsprechende Interessenabwägungen unbedingt (ausführlich) dokumentiert werden. Zusätzlich sind die Vorgaben aus Art. 12 DSGVO im Hinblick auf die Information, Kommunikation und Modalitäten der Rechtsausübung zu beachten.

Kontrollfragen

- ☐ Gibt es verbindliche Vorgaben für den Umgang mit Widersprüchen von Betroffenen bzgl. der Verarbeitung ihrer personenbezogenen Daten?
- ☐ Unterstützen IT-Systeme und -Anwendungen die unverzügliche Einstellung der Verarbeitung der berechtigterweise von einem Widerspruch erfassten personenbezogenen Daten?
- ☐ Ist bei der Verarbeitung aufgrund berechtigter Interessen nach Art. 6 Abs. 1 lit. f DSGVO sichergestellt, dass die berechtigten Interessen dokumentiert werden?

- ☐ Ist sichergestellt, dass Betroffene in verständlicher sowie transparenter Art und Weise bereits bei der ersten Kontaktaufnahme über ihr Widerspruchsrecht informiert werden?
- ☐ Ist bei der Datenhaltung in unterschiedlichen IT-Systemen sichergestellt, dass alle vom „Recht auf Datenübertragbarkeit“ betroffenen personenbezogenen Daten zur Verfügung gestellt werden (können)?
- ☐ Ist bei einer dezentralen Umsetzung, d. h. unmittelbar durch die Fachbereiche, eine (zentrale) Unterstützung, insbesondere im Rahmen von Abwägungsentscheidungen sichergestellt?
- ☐ Sind Kontrollprozesse implementiert, die eine gesetzeskonforme Umsetzung prüfen?

✎ Praxisbeispiel

Umsetzung im Online-Shop: Werbewiderspruch und Einwilligungswiderruf

Online-Händler haben verschiedene Möglichkeiten zur gezielten werblichen Ansprache ihrer Seitenbesucher oder Kunden. Dabei haben betroffene Personen gem. Art. 21 DSGVO das Recht, vom Online-Händler das wirksame Abstellen dieser Datenverarbeitungen zu Direktwerbezwecken zu verlangen. Wichtig ist, dass der Werbewiderspruch nicht nur die konkrete Verarbeitung zu Werbezwecken, sondern auch das Auswerten dieser Daten für Marketingmaßnahmen oder Marktanalysen („Profiling“) erfasst. Zudem greift die Löschpflicht des Online-Händlers, denn gem. Art. 17 Abs. 1 lit. c DSGVO muss er als Verantwortlicher bei einem wirksamen Widerspruch die Verarbeitung zu Werbezwecken abstellen **und** dafür sorgen, dass die verwendeten Datensätze grundsätzlich unwiederbringlich entfernt werden.

Im Online-Handel ist der Werbewiderspruch grds. bei Verarbeitungen

- zum Zweck des Versands von E-Mail-Newsletter (Einwilligungspflicht gem. § 7 Abs. 2 Nr. 3 UWG),
- zum Zweck der Telefonwerbung gegenüber Verbrauchern (Einwilligungspflicht gem. § 7 Abs. 2 Nr. 2 UWG; unzumutbare Belästigung) und

- cookiebasierte Verarbeitungen über spezielle Tools zur Einblendung personalisierter Werbeanzeigen (§ 25 TTDSG)

nicht relevant – bei postalischer Direktwerbung (wie Briefkasten- und Prospekteinwurfwerbung, Werbeflyer) dagegen schon. Denn diese Datenverarbeitungen lassen sich gem. DSGVO und UWG grds. auf berechtigte Interessen an der Direktwerbung stützen.

Unternehmen sollten beachten, dass vielen Verbrauchern und Kunden der Unterschied zwischen einem Einwilligungswiderruf und einem Direktwerbewiderspruch nicht geläufig bzw. klar ist und daher einen „Werbewiderspruch" gem. Art. 21 Abs. 2 DSGVO erklären, obwohl sie eigentlich die Datenverarbeitung für den Versand von Newslettern oder After-Sales-E-Mails etc. – oder auch beides – abstellen wollen. Das heißt, dass Betreiber von Online-Shops zum einen eingegangene „Werbewidersprüche" daraufhin prüfen müssen, in welchem Umfang der Kunde zukünftig Direktwerbemaßnahmen unterbinden möchte, und zum anderen diesem Gesuch entsprechend nachkommen müssen. Wenn ein Kunde zudem Datenverarbeitungen unterbinden will, die rechtlich gesehen über einen Widerruf der jeweils erteilten Einwilligung abgestellt werden müssten, hat der Online-Händler dennoch den Werbewiderspruch als Wunsch zu deuten, auch diese Direktwerbemaßnahmen für die Zukunft abzustellen.

Tipp

Wann das Wettbewerbsrecht greift und das UWG zu beachten ist, wird in ► Kap. 6.3.2 im Detail thematisiert.

7.9 Recht auf nicht ausschließlich automatisierte Entscheidungen im Einzelfall inkl. Profiling (Art. 22 DSGVO)

Zusammenfassung

Der für die Verarbeitung von personenbezogenen Daten Verantwortliche muss sicherstellen, dass Entscheidungen oder Maßnahmen, die dem Betroffenen gegenüber rechtliche Wirkung entfalten, nicht ausschließlich auf einer automatisierten Verarbeitung beruhen. Gleiches gilt für Entscheidungen oder Maßnahmen, die den Betroffenen erheblich beeinträchtigen, insbesondere auch im Fall des Profilings.

Die Vorschrift soll vor dem Hintergrund allumfassender, sich häufig im Verborgenen abspielender und ein „diffuses Unbehagen" auslösender Datenerfassung mit dazu beitragen, die Einzelnen davor zu schützen, zum „bloßen Objekt" der Datenverarbeitung zu werden. Der durch Digitalisierung von Verfahren vorangetriebenen „Entmenschlichung" von Entscheidungen, durch die Personen beeinträchtigt werden, soll entgegengewirkt und ein „Abwehrrecht gegen vollautomatisierte Entscheidungsverfahren" geschaffen werden.[1]

Grundlagen dieses Kapitels sind Art. 22 bzw. ErwG 71 und 72 DSGVO, §§ 30, 31 und 37 BDSG sowie das Working Paper Nr. 251 der Artikel-29-Datenschutzgruppe[2].

Anforderungen

Nach Art. 22 Abs. 1 DSGVO hat der Betroffene ein Recht darauf, keinen Entscheidungen unterworfen zu werden, die ausschließlich auf

[1] Vgl. Taeger, Jürgen: Art. 22 DSGVO, I. Allgemeines, in: Taeger, Jürgen/Gabel, Detlev (Hrsg.): DSGVO – BDSG – TTDSG, Frankfurt a. M.: Fachmedien Recht und Wirtschaft/dfv Mediengruppe, 4. Aufl. 2022, Rn. 9.

[2] Vgl. https://ec.europa.eu/newsroom/just/document.cfm?doc_id=47963 (zuletzt aufgerufen am: 09.02.2024).

einer automatisierten Verarbeitung basieren und ihm gegenüber eine rechtliche Wirkung entfalten oder ihn in ähnlicher Weise erheblich beeinträchtigen, z. B. im Fall der Ablehnung des Abschlusses eines Kaufvertrags mangels Bonität. Das gilt gleichermaßen für das sog. Profiling, also z. B., wenn persönliche Aspekte des Betroffenen im Rahmen einer automatisierten Entscheidung oder Maßnahme analysiert werden.

Voraussetzungen

Das Recht des Betroffenen greift nur dann, wenn die nachfolgenden Voraussetzungen erfüllt sind:

- **Automatisierte Entscheidung:** Art. 22 Abs. 1 DSGVO bezieht sich nur auf Datenverarbeitungen, die ausschließlich auf einer automatisierten Entscheidung beruhen. Dies sind solche, die voll automatisiert, also ohne menschliches Zutun von einer Maschine getroffen werden.
- **Profiling:** Von Art. 22 Abs. 1 DSGVO ist auch das Profiling von Betroffenen erfasst, d. h. *„jede Art der automatisierten Verarbeitung personenbezogener Daten, die darin besteht, dass diese personenbezogenen Daten verwendet werden, um bestimmte persönliche Aspekte, die sich auf eine natürliche Person beziehen, zu bewerten, insbesondere um Aspekte bezüglich Arbeitsleistung, wirtschaftliche Lage, Gesundheit, persönliche Vorlieben, Interessen, Zuverlässigkeit, Verhalten, Aufenthaltsort oder Ortswechsel dieser natürlichen Person zu analysieren oder vorherzusagen"* (Art. 4 Nr. 4 DSGVO).[3]
- Davon ist auch die Berechnung eines Wahrscheinlichkeitswerts umfasst, z. B. im Hinblick auf Kredit-Scoring-Verfahren oder Verfahren zur Auswahl von Bewerbern und Mitarbeitern. Im Rahmen des Profilings verlangt ErwG 71 DSGVO den Einsatz von geeigneten mathematischen oder statistischen Verfahren samt Absicherung durch TOM zur Minimierung des Risikos von Fehlern.

[3] Weitere Informationen stellt die Datenschutzstelle Fürstentum Liechtenstein zur Verfügung unter: https://www.datenschutzstelle.li/datenschutz/themen-z/profiling (zuletzt aufgerufen am: 09.02.2024).

- **Rechtliche Wirkung bzw. erhebliche Beeinträchtigung:** Art. 22 Abs. 1 DSGVO bezieht sich auf solche Entscheidungen, die gegenüber dem Betroffenen rechtliche Wirkung entfalten oder sie in ähnlicher Weise erheblich beeinträchtigen. Dazu zählen z. B. Entscheidungen über die Vergabe eines Darlehens oder die automatische Ablehnung eines Antrags ohne jegliches menschliche Eingreifen aufgrund voreingestellter sozioökonomischer Filter.

Ausnahmen

Das Recht auf eine nicht ausschließlich automatisierte Entscheidung gilt nicht unbeschränkt. Vielmehr sieht Art. 22 Abs. 2 DSGVO die nachfolgenden Ausnahmen vor:

- **Abschluss und Erfüllung eines Vertrags** (Art. 22 Abs. 2 lit. a DSGVO): Eine ausschließlich automatisierte Entscheidung ist zulässig, wenn diese im Rahmen des Abschlusses oder der Erfüllung eines Vertrags erforderlich ist.
- **Erlaubnis aufgrund des EU-Rechts oder des Rechts eines Mitgliedstaats** (Art. 22 Abs. 2 lit. b DSGVO): Eine ausschließlich automatisierte Entscheidung ist zulässig, sofern sie nach EU-Recht oder aufgrund des Rechts eines Mitgliedstaats explizit erlaubt ist, v. a. im Kontext der Bekämpfung von Betrug und Steuerhinterziehung oder zur Sicherstellung der Sicherheit und Zuverlässigkeit eines vom Verantwortlichen bereitgestellten Dienstes. Es sind dann die jeweiligen gesetzlichen Vorgaben zu beachten, zu denen insbesondere auch angemessene Maßnahmen zur Wahrung der Rechte und Freiheiten sowie der berechtigten Interessen der Betroffenen zählen.
- **Ausdrückliche Einwilligung** (Art. 22 Abs. 2 lit. c DSGVO): Eine ausschließlich automatisierte Entscheidung ist zulässig, soweit dafür eine ausdrückliche Einwilligung der betroffenen Person vorliegt.

Sofern ausnahmsweise eine ausschließlich automatisierte Entscheidung im Kontext eines Vertragsabschlusses bzw. im Fall der Einwilligung durch den Betroffenen zulässig ist, muss der Verantwortliche nach Art. 22 Abs. 3 DSGVO angemessene Maßnahmen treffen, um die Rechte und Freiheiten sowie die berechtigten Interessen des Betroffenen zu wahren.

Zu diesen Maßnahmen zählen:

- spezifische Unterrichtung des Betroffenen (Artt. 13 Abs. 2 lit. f, 14 Abs. 2 lit. g DSGVO)
- Recht auf Erwirkung des Eingreifens einer Person aufseiten des Verantwortlichen
- Darlegungsmöglichkeit des Standpunkts des Betroffenen und Berücksichtigung durch den Verantwortlichen bei der Entscheidungsfindung
- Anfechtungsmöglichkeit der Entscheidung

Bei besonderen Kategorien personenbezogener Daten (vgl. Art. 9 DSGVO) sind die automatisierte Entscheidungsfindung und das Profiling nach Art. 22 Abs. 4 DSGVO grundsätzlich unzulässig, soweit nicht im Einzelfall eine Einwilligung des Betroffenen vorliegt oder das EU-Recht bzw. das Recht eines Mitgliedstaats dies ausdrücklich erfordert. In diesem Fall sind die zuvor genannten Schutzmaßnahmen sicherzustellen.

Ergänzende Regelungen des BDSG

Im Rahmen des Rechts auf eine nicht ausschließlich automatische Entscheidung im Einzelfall nach Art. 22 DSGVO sind ergänzend v. a. die folgenden Regelungen und Ausprägungen des BDSG zu beachten:

- **§ 30 BDSG – Verbraucherkredite:** zu dieser Ausnahme vom Widerspruchsrecht vgl. ► Kap. 7.3
- **§ 31 BDSG – Schutz des Wirtschaftsverkehrs bei Scoring und Bonitätsauskünften:** Nach Abs. 1 ist die Verwendung eines Wahrscheinlichkeitswerts über ein bestimmtes zukünftiges Verhalten einer natürlichen Person zum Zweck der Entscheidung über die Begründung, Durchführung oder Beendigung eines

Vertragsverhältnisses mit dieser Person i. S. d. Scorings[4] nur zulässig, soweit die Datenschutzvorschriften eingehalten wurden, die genutzten Daten zur Berechnung des Scoring-Werts nachweisbar für die Wahrscheinlichkeit des Verhaltens erheblich sind und nicht ausschließlich Anschriften für die Berechnung verwendet wurden – es sei denn, dass der Betroffene vor Berechnung des Scoringwerts darüber unterrichtet wurde. Die Unterrichtung ist zu dokumentieren.

- **§ 37 BDSG – Automatisierte Entscheidungen im Einzelfall einschließlich Profiling:** Neben den in Art. 22 Abs. 2 DSGVO genannten zulässigen Ausnahmen ist nach Abs. 1 eine Entscheidung auch dann zulässig, wenn die Entscheidung im Rahmen der Leistungserbringung nach einem Versicherungsvertrag ergeht und dabei
  - dem Begehren des Betroffenen stattgegeben wurde oder
  - die Entscheidung auf der Anwendung verbindlicher Entgeltregelungen für Heilbehandlungen beruht. Dabei muss der Verantwortliche allerdings für den Fall, dass dem Antrag nicht vollumfänglich stattgegeben wurde, angemessene Maßnahmen zur Wahrung der berechtigten Interessen des Betroffenen analog zu Art. 22 Abs. 3 DSGVO (s. o.) ergreifen. Zusätzlich ist der Betroffene über diese Rechte spätestens zum Zeitpunkt der Mitteilung, aus der sich ergibt, dass dem Antrag der betroffenen Person nicht vollumfänglich stattgegeben wird, zu informieren.

Umsetzungshinweise

Im Rahmen der betrieblichen Umsetzung des Rechts des Betroffenen auf eine nicht ausschließlich automatische Entscheidung im Einzelfall stellt sich – neben organisatorischen Fragen (vgl. dazu ► Kap. 7.3, ► Kap. 7.4, ► Kap. 7.5 und ► Kap. 7.8) – v. a. die Herausforderung, entsprechende Abfragen bzw. Prüfprozesse mög-

---

[4] Unter „Scoring" ist die *„Verwendung eines Wahrscheinlichkeitswerts [im Hinblick auf] ein bestimmtes zukünftiges Verhalten einer natürlichen Person zum Zweck der Entscheidung über die Begründung, Durchführung oder Beendigung eines Vertragsverhältnisses mit dieser Person"* zu verstehen (§ 31 Abs. 1 Satz 1 BDSG).

lichst frühzeitig im Rahmen der Produkt-/IT-Entwicklung zu implementieren.

Idealerweise wird bereits bei der Planung und Konzeption entsprechender Produkte und IT-Systeme die Zulässigkeit automatischer Entscheidungen (ggf. inkl. Profiling) positiv festgestellt. Andernfalls läuft der Verantwortliche Gefahr, in ein datenschutzrechtlich unzulässiges Produkt bzw. IT-System zu investieren – und sich ggf. weitergehenden Ansprüchen von Betroffenen oder Datenschutzaufsichtsbehörden auszusetzen. Dabei sind gerade auch im Fall einer zulässigen automatischen Entscheidung vom Verantwortlichen Maßnahmen zum Schutz der Rechte und Freiheiten des Betroffenen umzusetzen.

Zur Vermeidung von ausschließlich automatisierten Entscheidungen kann es bspw. erforderlich sein, alle aus Sicht des Betroffenen negativen Ergebnisse aus einer automatisierten Entscheidung (z. B. Ablehnung eines Vertragsschlusses) noch einmal durch einen Sachbearbeiter überprüfen zu lassen, der zugleich die finale Entscheidungsgewalt innehat.

Kontrollfragen

- ☐ Gibt es verbindliche Vorgaben zum Einsatz von automatischen Entscheidungen im Einzelfall bzw. für Profiling?
- ☐ Basieren automatische Entscheidungen im Einzelfall auf einer zulässigen Rechtsgrundlage, insbesondere auf einem Vertragsverhältnis bzw. einer Einwilligung des Betroffenen?
- ☐ Werden bei einer zulässigen automatischen Entscheidung im Einzelfall die Interessen des Betroffenen durch geeignete Maßnahmen sichergestellt, z. B. durch Einwirken eines Menschen?
- ☐ Ist im Rahmen des Profilings bzw. Scorings sichergestellt, dass geeignete mathematische oder statistische Verfahren zum Einsatz kommen?
- ☐ Gibt es einen verbindlichen Prozess für die Unterrichtung gem. § 31 BDSG und ist eine entsprechende Dokumentation (Abs. 1 Nr. 4) gewährleistet?

✎ Praxisbeispiele

Entscheidung über Kreditvergabe oder Einstellungen

Die Entscheidung über eine Kreditvergabe darf nicht ohne jegliches menschliche Eingreifen ausschließlich auf dem automatisiert berechneten Scoringwert des Kreditnehmers beruhen, sondern muss auch noch andere Faktoren miteinbeziehen. Ansonsten wäre sie gem. Art. 22 Abs. 1 DSGVO unzulässig. Auch die Personalentscheidung über eine via Online-Tool neu zu besetzende Stelle darf zwar bei einer sehr großen Anzahl an Bewerbungen auf nach stellenrelevanten Kriterien automatisch vorselektierte Kandidaten beschränkt sein, muss aber letztlich auf eine ganzheitliche Beurteilung der einzelnen Bewerbungen gestützt werden. Nur auf diese Weise fällt er nicht unter das Verbot von Art. 22 Abs. 1 DSGVO.

Profiling und Scoring bei Kunden

Profiling und Scoring finden deutlich häufiger statt als vermutet. Man denke z. B. an den Fall, dass ein Händler vor dem Vertragsabschluss wissen will, mit welcher Wahrscheinlichkeit der Käufer die vereinbarte Zahlung schuldig bleibt, oder für das Marketing Kunden aus Gründen der Servicepolitik in unterschiedliche Kategorien eingeteilt werden sollen. Häufig genügt bei Letzterem die klassische Unterteilung in A-, B- und C-Kunden. Es liegt bereits ein einfacher Fall von Profiling vor, wenn diese Unterteilung mittels automatisierter Verfahren erfolgt – die Zuordnung wird anhand des bisherigen Kaufverhaltens und der Nähe zur gewünschten Zielgruppe teil- oder vollautomatisch vorgenommen. Deutlich komplexer wird es, wenn mithilfe automatisierter Verfahren das künftige Kaufverhalten der einzelnen Kunden vorhergesagt werden soll und ihnen aus diesem Grund gezielte Werbung zugestellt wird.

■ **Neu**

EuGH, Urteil vom 07.12.2023 (Rs. C-26/22 und C-64/22): Scoring bzgl. Kreditentscheidung

Der EuGH hat mit diesem Urteil[5] das Scoring der Schufa („Schutzgemeinschaft für allgemeine Kreditsicherung“) als unzulässig eingestuft, wenn Kunden der Auskunftei – z. B. Banken – v. a. anhand des Schufa-Werts über Kredite entscheiden. In diesem Fall handle es sich um eine verbotene automatisierte Entscheidung, urteilten die Richter.

Der EuGH entschied außerdem, dass private Wirtschaftsauskunfteien wie u. a. die Schufa-Daten über die Restschuldbefreiung nach einer Privatinsolvenz nicht länger speichern dürfen als das öffentliche Insolvenzregister. Die Schufa hatte ihre eigene Speicherfrist allerdings schon im März 2023 von drei Jahren auf sechs Monate verkürzt und damit an das öffentliche Verzeichnis angepasst[6].

---

[5] https://eur-lex.europa.eu/legal-content/DE/TXT/PDF/?uri=CELEX:62022CJ0026 (zuletzt aufgerufen am: 09.02.2024).

[6] Vgl. https://www.bundesgerichtshof.de/SharedDocs/Pressemitteilungen/DE/2023/2023059.html (zuletzt aufgerufen am: 09.02.2024).

7.10 Sonderfall: Recht am eigenen Bild (DSGVO vs. KUG)

Zusammenfassung
Das Recht am eigenen Bild ist in Deutschland im Kunsturhebergesetz (KUG oder KunstUrhG) geregelt. Zugleich handelt es sich bei Bildern von (identifizierbaren) Personen um personenbezogene Daten nach der DSGVO. Nachdem bereits vor der DSGVO für die Anfertigung und die Verwendung von Personenfotos grds. eine Einwilligung des Abgebildeten oder eine Rechtsgrundlage, die die Verarbeitung des Bildes erlaubt, erforderlich war, bringt die DSGVO hier keine Neuerung.[1]

Fotografien von lebenden Personen, egal ob analog oder digital, enthalten stets personenbezogene Daten i. S. v. Art. 4 Nr. 1 DSGVO, wenn hierauf Personen erkennbar sind. Neben dem äußeren Erscheinungsbild der Person, aus dem sich physische und physiologische Merkmale entnehmen lassen, werden ggf. Zusatzinformationen durch das jeweilige Aufnahmegerät generiert (z. B. zu Ort und Zeit der Bildaufnahme). Wenn die Aufnahmen weiter technisch ausgewertet werden, z. B. über einen Abgleich mit Datenbanken oder Gesichtserkennungstechnik etc., könnten zudem der Name und andere Informationen über die Betroffenen ermittelt werden, wenn der jeweilige Fotograf die Personen selbst nicht näher kennt.[2]

Grundlagen dieses Kapitels sind §§ 22, 23 KUG und Artt. 2, 4, 6, 13, 14 und 85 DSGVO.

Rechtlicher Hintergrund

Das Recht am eigenen Bild bezieht sich auf die Entscheidungsfreiheit jedes Einzelnen, selbst darüber zu bestimmen, ob und in

---

1. Vgl. https://www.bundestag.de/resource/blob/563840/bf59a00573853a-abbee2c32ddd01e3cd/WD-3-156-18-pdf-data.pdf (zuletzt aufgerufen am: 09.02.2024).
2. Vgl. https://www.datenschutz.rlp.de/de/themenfelder-themen/recht-am-eigenen-bild/ (zuletzt aufgerufen am: 09.02.2024).

welchem Zusammenhang Bilder von ihm erstellt und veröffentlicht werden. Es ist Ausfluss des Allgemeinen Persönlichkeitsrechts (APR) und dient dem Schutz der Privat- und Intimsphäre des Abgebildeten. Damit schützt es im Ergebnis insbesondere auch die individuellen Freiheiten und Rechte von Betroffenen i. S. d. DSGVO.

Regelungen nach KUG

§ 22 KUG verlangt für die Veröffentlichung und Verbreitung von Bildnissen grds. eine Einwilligung des Abgebildeten, die nach Satz 2 im Zweifel als erteilt gilt, sofern dieser eine Entlohnung erhält. Vom Einwilligungserfordernis sieht § 23 KUG aber in folgenden Fällen Ausnahmen vor:

- **Bildnisse aus dem Bereich der Zeitgeschichte:** Unter Zeitgeschichte sind zunächst alle Fragen zu verstehen, die von allgemeinem gesellschaftlichen Interesse sind, etwa politische, wissenschaftliche oder sportliche Ereignisse. Natürliche Personen, die aufgrund ihrer besonderen Stellung oder ihrer besonderen Leistungen Teil dieser Zeitgeschichte sind, also z. B. Politiker, Wissenschaftler oder Sportler, sind daher grds. für die Allgemeinheit von Interesse. Aber auch Zeitzeugen, sonstige an diesen Ereignissen Beteiligte oder Familienangehörige können zu „Personen der Zeitgeschichte“ werden (z. B. ein Staatsanwalt in einem spektakulären Mordfall). Diese müssen nach § 23 KUG daher unter gewissen Bedingungen die Berichterstattung über sie, auch in Form von Bildnissen, aufgrund des allgemeinen Informationsinteresses hinnehmen. Inzwischen fordert die Rechtsprechung stets eine Gesamtabwägung des Informationsinteresses der Allgemeinheit mit dem Recht auf Privatsphäre der abgebildeten Person.
- **Bilder, auf denen die Personen nur als Beiwerk neben einer Landschaft oder sonstigen Örtlichkeit erscheinen:** Bei Bildnissen von öffentlichen Plätzen und Sehenswürdigkeiten kann i. d. R. nicht sichergestellt werden, dass nicht auch Dritte, d. h. Passanten und Besucher, unbeabsichtigt (mit) abgebildet werden. Sofern es sich bei den (mit) abgebildeten Personen nur um „Beiwerk“ handelt, ist nach § 23 KUG eine Veröffentlichung auch ohne Einwilligung der Abgebildeten zulässig. Die abgebildeten

Personen müssen der Umgebung insofern aber deutlich untergeordnet sein.

- **Bilder von Versammlungen, Aufzügen und ähnlichen Vorgängen, an denen die dargestellten Personen teilgenommen haben:** Bei Bildnissen von Großveranstaltungen steht i. d. R. das jeweilige Ereignis im Fokus, z. B. ein Musikkonzert oder eine Demonstration, nicht aber einzelne Personen, die daran teilgenommen haben. Daher stuft § 23 KUG Bildnisse von solchen Ereignissen grds. als zulässig ein. Im Übrigen wäre die Einholung der Einwilligungen aller Teilnehmer auch mit einem unverhältnismäßigen Aufwand verbunden.
- **Bildnisse, die nicht auf Bestellung angefertigt sind, sofern die Verbreitung oder Schaustellung einem höheren Interesse der Kunst dient:** Nach der Rechtsprechung des Bundesverfassungsgerichts entzieht sich die grundgesetzlich geschützte Kunstfreiheit einer trennscharfen Definition. Ob ein Bildnis daher einem höheren Interesse der Kunst dient und der Abgebildete eine Veröffentlichung auch ohne Einwilligung hinnehmen muss, bedarf der Betrachtung im Einzelfall. Ein höheres Interesse der Kunst lässt sich allerdings gegen die Veröffentlichung aus kommerziellen Gründen, aus Sensationsgier oder – wie im Gesetz ausdrücklich erwähnt – gegen Auftragsarbeiten abgrenzen.
- **Grenzen der Ausnahmeregelung – Interessenabwägung:** Die Ausnahmen zum Einwilligungserfordernis nach § 23 KUG gelten nicht unbeschränkt. Vielmehr zieht die Rechtsprechung die Grenze dort, wo Bildnisse in die Privat- oder Intimsphäre des Abgebildeten eingreifen, z. B. indem sie die abgebildete Person verunglimpfen oder zu einer Gefährdung des Abgebildeten führen. Auch Bildnisse zu Werbezwecken sind grds. von der Ausnahmeregelung ausgeschlossen.

Regelungen nach DSGVO

Die DSGVO enthält keine Regelung speziell für Abbildungen von Menschen.[3] Vielmehr sind die „allgemeinen" DSGVO-Regelungen

[3] Die DSGVO verwendet den Begriff „Bild" nicht direkt, sondern nur im Rahmen der Beschreibung von biometrischen Daten im Kontext von „*Gesichtsbilder[n]*" (vgl. Art. 4 Nr. 14 DSGVO).

auf die „spezielle“ Konstellation „Bilder“ anzuwenden. Maßgeblich sind hierfür insbesondere:

- **personenbezogene Daten** (Art. 4 Nr. 1 DSGVO): Personenbezogene Daten sind alle Informationen, die sich auf eine identifizierte oder identifizierbare natürliche Person beziehen. Für eine Identifizierbarkeit reicht es bei Fotos/Videos aus, wenn einzelne Betrachter den Namen einer auf der Foto-/Videoaufnahme abgebildeten Person zuordnen können. Damit sind vom Anwendungsbereich nur solche Fotos/Videos grds. ausgeschlossen, auf denen keine Personen zu erkennen sind.
- **automatisierte Verarbeitung** (Art. 4 Nr. 2 DSGVO): Aufgrund des breiten Anwendungsbereichs der DSGVO ist bereits das Schießen eines Fotos bzw. das Drehen eines Videos eine Verarbeitung, zumindest sofern es sich um eine digitale Kamera handelt. Bei analogen Fotos liegt dagegen keine automatisierte Verarbeitung i. S. d. DSGVO vor. Allerdings unterfallen auch Analogfotos der DSGVO, wenn diese in einem (auch nur analogen) Foto-/Dateisystem geordnet werden.
- **keine ausschließlich persönliche bzw. familiäre Tätigkeit** (Art. 2 Abs. 2 lit. c DSGVO): Werden Fotos/Videos durch natürliche Personen zur Ausübung ausschließlich persönlicher oder familiärer Tätigkeiten aufgenommen, unterliegen sie nicht der DSGVO („Haushaltsprivileg“). Dabei können die Grenzen, insbesondere bei Nutzung von Online-Diensten und sozialen Netzwerken, durchaus verschwimmen: Eine Veröffentlichung auf Facebook an eine große Anzahl von Freunden und „Followers“ jedenfalls dürfte einer rein persönlichen bzw. familiären Tätigkeit wohl nicht mehr entsprechen. Anders kann die Bewertung dagegen bei einer z. B. per Passwort geschützten Nutzergruppe ausfallen.
- **Zulässigkeit** (Art. 6 Abs. 1 lit. a, b, f DSGVO): Für die Zulässigkeit von Foto- und Videoaufnahmen gilt zunächst das „normale“ Regel-Ausnahme-Verhältnis, d. h., das Erstellen von Fotos und Videos ist grds. unzulässig, soweit nicht im Einzelfall eine Erlaubnis vorliegt. Im Rahmen der Erlaubnistatbestände nach Art. 6 DSGVO kommen hier insbesondere eine Einwilligung, die Erfüllung eines Vertrags einschließlich der Durchführung vorvertraglicher Maßnahmen sowie berechtigte Interessen in Be-

tracht. Im Rahmen der Einwilligung ist zu beachten, dass diese informiert, freiwillig und unmissverständlich erteilt werden muss. Andererseits bedarf es keiner schriftlichen Einwilligung mehr, weshalb auch eine konkludente, d. h. durch schlüssiges Verhalten erteilte Einwilligung grds. genügt (z. B. Posieren für die Kamera). Allerdings trägt derjenige, der sich auf eine Einwilligung beruft, auch das Beweisrisiko (Nachweispflicht), weshalb sich eine Einwilligung in Schriftform (z. B. Opt-in, E-Mail) empfiehlt. Werden Foto- und Videoaufnahmen als solche beauftragt, z. B. anlässlich eines Werbefilms oder eines Firmen-Events, ist zu beachten, dass zwar im Verhältnis zwischen Auftraggeber (Kunde) und Auftragnehmer (Fotograf) die Zulässigkeit aus dem Vertragsverhältnis folgt. Dieses gilt aber gerade nicht im Verhältnis zu Dritten (z. B. Gäste, Besucher). Sofern schließlich berechtigte Interessen die Grundlage darstellen, bedarf es einer umfassenden Abwägung der Interessen im Einzelfall.

- **Informationspflichten** (Artt. 13, 14 DSGVO): Der Verantwortliche i. S. d. DSGVO muss bei der Verarbeitung personenbezogener Daten seinen Informationspflichten gem. Artt. 13, 14 DSGVO nachkommen (▶ Kap. 7.2). Im Hinblick auf die Erstellung von Fotos und Videos heißt das v. a. in „Vor-Ort-Situationen", dass mindestens prominent per Aushang anzugeben ist, zu welchem Zweck Aufnahmen erstellt werden, ob und wo eine Veröffentlichung geplant ist und wer der Ansprechpartner für Betroffene ist (etwa um eine Löschung zu ermöglichen). Je nach Situation (z. B. bei einer großen Menschenmenge) können dabei auch Ausnahmen zur Informationspflicht greifen (▶ Kap. 7.2) bzw. ein gestuftes Vorgehen bei den Informationspflichten ausreichend sein (etwa in Form eines möglichst unübersehbaren Aushangs vor Ort inkl. Verweis auf detailliertere Informationen auf einer Website).
- **Anwendung nationaler Regelungen** (Art. 85 DSGVO): Grundsätzlich finden nationale Datenschutzregelungen der Mitgliedstaaten neben der DSGVO keine Anwendung mehr, sofern die DSGVO nicht selbst eine entsprechende Öffnungsklausel enthält. Für Fotos und Videos ist dies im Hinblick auf das deutsche KUG umstritten, jedenfalls im Hinblick auf die unternehmerische Praxis (vgl. nachfolgenden Diskussionsstand).

Diskussionsstand

Inwiefern das KUG neben der DSGVO insbesondere im betrieblichen Kontext anwendbar bleibt, ist im Einzelnen umstritten. Klarheit scheint lediglich für den **journalistischen Bereich** zu bestehen: Hier bildet Art. 85 Abs. 2 DSGVO nach mehreren Gerichtsentscheidungen[4] eine hinreichende Öffnungsklausel für eine nationale Regelung im Rahmen der öffentlichen Berichterstattung. Das heißt, für Verarbeitungen zu journalistischen Zwecken bleibt das KUG nach bisher erfolgter Rechtsprechung anwendbar.

Außerhalb des journalistischen Bereichs ist die Frage der Anwendbarkeit des KUG für die betriebliche Praxis noch weitgehend offen, da der unternehmerische Bereich in Art. 85 Abs. 2 DSGVO nicht erwähnt wird. Der juristische Streit entbrennt sich insofern an der Frage, ob Art. 85 Abs. 1 DSGVO eine ausreichende Öffnungsklausel darstellen kann. Die Gegner einer Öffnungsklausel führen dabei an, dass Abs. 1 zu vage formuliert sei und eher zum Ausdruck bringen solle, dass die Mitgliedstaaten verpflichtet seien, die bestehenden nationalen Regelungen an die DSGVO anzupassen (aber nicht eigens zu regeln). Die Befürworter einer Öffnungsklausel halten dem entgegen, dass Abs. 1 im Hinblick auf die Regelungskompetenz für die Mitgliedstaaten gerade nicht abschließend sei und die speziell für den Anwendungsfall „Bildnisse von Menschen" bestehenden deutschen Regelungen letztlich zu ausgewogenen Ergebnissen führen. Demzufolge stellten die bestehenden Regelungen aus dem KUG auf der Wertungsebene in einer Gesamtabwägung insbesondere nach Art. 6 Abs. 1 lit. f DSGVO keinen Widerspruch dar, sondern können (und sollten) vielmehr in die Abwägung konkret einbezogen werden.[5]

Umsetzungshinweise und Empfehlungen

Im Ergebnis bestehen für die betriebliche Praxis immer noch Unsicherheiten über die Anwendung des KUG neben der DSGVO. Kon-

[4] Vgl. OLG Köln, Beschluss vom 08.10.2018, Az. 15 U 110/18; LG Frankfurt, Urteil vom 27.09.2018, Az. 2-03 O 320/17; OLG Köln, Beschluss vom 18.06.2018, Az. 15 W 27/18.

[5] In diesem Sinne: LG Frankfurt, Urteil vom 13.09.2018, Az. 2-03 O 283/18; sofern die Wertungen aus DSGVO und KUG zu deckungsgleichen Ergebnissen führen, kann eine formale Abgrenzung damit letztlich offenbleiben.

kret äußert sich das in den Anforderungen an die Einwilligung von Abgebildeten, deren Widerruf sowie die im KUG geregelten Ausnahmen zum Einwilligungserfordernis:

- **Form der Einwilligung:** Für die Einwilligung des Abgebildeten/ Betroffenen verlangen weder das KUG noch die DSGVO eine besondere Form. Allerdings stuft das KUG die Annahme einer Entlohnung im Zweifel als Einwilligung ein. Diesen „Spezialfall" regelt die DSGVO wiederum nicht. Nach ErwG 32 DSGVO ist aber auch eine konkludente, d. h. durch schlüssiges Verhalten erklärte Einwilligung möglich, die durchaus in der Annahme einer (gesonderten) Vergütung liegen kann. Insofern liegt bei näherer Betrachtung auch hier kein unauflösbarer Wertungswiderspruch zwischen KUG und DSGVO vor. Vielmehr kann die KUG-Regelung als „Auslegungshilfe" bemüht werden.

Tipp

Um gar nicht erst auf Zweifelsfälle und die Auslegung von Umständen zurückgreifen zu müssen, empfiehlt sich in der betrieblichen Praxis eine schriftliche Einwilligungserklärung – sowohl im Verhältnis zu Externen als auch innerbetrieblich (zu Beschäftigten). Im Verhältnis zu Beschäftigten ist die schriftliche Einwilligungserklärung nach der (bisherigen) Rechtsprechung des BAG zudem zwingend, da nur eine schriftliche Einwilligung in die Veröffentlichung von Bildnissen eine Abgrenzung der Freiwilligkeit und Unabhängigkeit von der jeweiligen Verpflichtung aus dem Arbeitsverhältnis erlaube.

- **Widerruf der Einwilligung:** Nach Art. 7 Abs. 3 DSGVO kann der Betroffene seine Einwilligung jederzeit widerrufen. Nach der Rechtsprechung zum KUG ist der Widerruf dagegen mit zusätzlichen Hürden verbunden, d. h., es muss entweder ein wichtiger Grund vorliegen oder die innere Einstellung des Abgebildeten muss sich verändert haben („gewandelte Überzeugung"). Damit würde die Anwendung des KUG die Rechte des Betroffenen nach der DSGVO evtl. unzulässigerweise einschränken. Allerdings besteht nach der DSGVO die Möglichkeit, die betriebliche Verarbeitung von Fotos/Videos neben der Einwilligung (oder Vertragserfüllung) ggf. auch auf ein berechtigtes Interesse zu stützen. In diesem Kontext kann und muss dann eine Gesamtabwägung der widerstreitenden Interessen erfolgen, deren Ergebnis aber letztlich von den Umständen des jeweiligen Einzelfalls abhängt.

Tipp

Was das Risiko eines Widerrufs – z. B. von ehemaligen Mitarbeitenden – angeht, kann sich der Verantwortliche bei Widerruf einer Einwilligung für die weitere Verarbeitung – z. B. bei einem Image-Video, in dem auch Mitarbeitende des Unternehmens gezeigt werden und das auf der Homepage oder bei YouTube öffentlich abrufbar ist – ggf. auf ein berechtigtes Interesse nach Art. 6 Abs. 1 lit. f DSGVO berufen. Zu beachten ist allerdings, dass der Betroffene im Fall der Geltendmachung eines berechtigten Interesses **vor** Beginn der Verarbeitung auch darüber informiert werden muss (▶ Kap. 7.2).

- **Ausnahmen vom Einwilligungserfordernis:** Nach § 23 KUG kann in bestimmten Fällen von einer Einwilligung abgesehen werden, v. a. bei Bildnissen im öffentlichen Raum, bei Vorgängen im öffentlichen Interesse oder im Interesse der Kunst. Wie bereits ausgeführt, besteht insofern zwischen den Ausnahmeregelungen des § 23 KUG und der DSGVO auf den ersten Blick ein Widerspruch. Dieser lässt sich (nach Meinung der Autorin) auflösen, wenn die Regelungen des § 23 KUG im Sinne einer Auslegungshilfe im Rahmen einer Bewertung nach DSGVO herangezogen werden, zumal auch die Ausnahmeregelungen des § 23 KUG nicht grenzenlos gelten.

Tipp

Zunächst ist festzustellen, dass die Ausnahmeregelungen des § 23 KUG außerhalb des journalistischen Bereichs für Unternehmen typischerweise nur einen eingeschränkten Anwendungsbereich haben. Relevant sind hier z. B. Aufnahmen vom Betriebsgelände oder von Arbeitsabläufen (etwa im Rahmen eines Unternehmensvideos), auf denen auch Mitarbeitende zu sehen sind. Hier könnte die Ausnahme „Personen nur als Beiwerk" (s. o.) greifen. Dagegen dürften die übrigen Ausnahmen des § 23 KUG für „klassische" Unternehmen eine eher untergeordnete Rolle spielen. Sofern dies mit vertretbarem Aufwand umsetzbar ist, sollte daher im Zweifel eine ausdrückliche (schriftliche) Einwilligung eingeholt werden.

Aufgrund der nach wie vor bestehenden Unsicherheiten zur Anwendung des KUG neben der DSGVO für den unternehmerischen Bereich empfiehlt sich angesichts der erheblichen Bußgeldandrohung des Art. 83 DSGVO in der Zusammenfassung eine Ausrichtung an der DSGVO:

- ☐ Einwilligungen im Hinblick auf Foto-/Filmaufnahmen sollten, v. a. auch bei Mitarbeitenden oder Minderjährigen (und zusätzlich von den Eltern[6]), grds. schriftlich eingeholt werden; von den Ausnahmen vom Einwilligungserfordernis nach KUG sollte nur mit Zurückhaltung Gebrauch gemacht (und die Annahme einer Ausnahme im Zweifel dokumentiert) werden.
- ☐ Auf die Aufnahme von Fotos und Videos im öffentlichen bzw. betrieblichen Rahmen sollte so prominent wie möglich durch entsprechende Aushänge aufmerksam gemacht und die Pflichtinformationen nach Artt. 13, 14 DSGVO (z. B. in einem separaten Infoschreiben – vgl. auch Beispiel am Ende des Kapitels) zur Verfügung gestellt werden.
- ☐ Bei der Geltendmachung von berechtigten Interessen im Hinblick auf Foto-/Videoaufnahmen sind Betroffene vorab darüber zu informieren. Dabei sollte das berechtigte Interesse im Vorfeld zur Erstellung von Foto- und Videoaufnahmen hinreichend abgewogen und dokumentiert werden.

[6] Vgl. z. B. Musterformular „Minderjährige Schülerinnen und Schüler – Einwilligung in die Veröffentlichung von personenbezogenen Daten (einschließlich Fotos)", abrufbar unter: https://www.km.bayern.de/download/4003_anlage_6.1_veoerffentlichungen_einwilligung_mj_schueler.doc (zuletzt aufgerufen am: 09.02.2024).

Tipp

Dabei ist die Einwilligung jederzeit für die Zukunft widerruflich. Sofern auf dieser Grundlage Mitarbeiterfotos veröffentlicht wurden, sind diese zu löschen. Gegebenenfalls kann auch eine Unkenntlichmachung z. B. durch Verpixeln ausreichend sein.

Tipp

Die Landesbeauftragte für den Datenschutz und die Informationsfreiheit Rheinland-Pfalz stellt auf ihrer Online-Präsenz ausführliche Informationen zu den „Rechtlichen Anforderungen beim Fotografieren unter der DS-GVO“ sowie Musterformulare für die Umsetzung der Informationspflichten und Mustertexte für Einwilligungen zur Verfügung.[7]

Praxisbeispiel

Einwilligungserklärung und Infoschreiben

Sollen Bild-, Ton- oder Videoaufnahmen von Beschäftigten veröffentlicht werden, müssen die Verantwortlichen den aufzunehmenden Personen ausführlich darlegen, worum es bei den Aufnahmen genau geht und welchen Zweck sie erfüllen. Mitarbeitende oder Teilnehmende einer Fortbildung etc. müssen darauf hingewiesen werden, dass keine Verpflichtung zur Aufnahme besteht und dass ihre Verweigerung ohne negative Folgen bleibt und nicht begründet werden muss. Dabei spielt eine schriftliche Erläuterung als Grundlage, die den Abzulichtenden/Aufzunehmenden neben der eigentlichen **schriftlichen** Einwilligungserklärung vorgelegt werden sollte, eine wichtige Rolle. Diese Erklärung muss lt. der Berliner Beauftragten für Datenschutz und Informationsfreiheit[8] individuell je nach Projektvorhaben etc.

---

[7] Vgl. https://www.datenschutz.rlp.de/de/themenfelder-themen/recht-am-eigenen-bild/ (zuletzt aufgerufen am: 09.02.2024).

[8] In Anlehnung an https://www.datenschutz-berlin.de/fileadmin/user_upload/pdf/broschueren/2020-BlnBDI-Datenschutz_Bild_Ton_Video.pdf (zuletzt aufgerufen am: 09.02.2024).

verfasst sein und – am Beispiel von Kindertageseinrichtungen – folgende Punkte enthalten:

- ☐ Zweckbestimmung: möglichst konkrete Beschreibung des Zwecks bzw. der Ziele der Aufnahmen (z. B. in der Kita: Dokumentation, Beobachtung der Kinder, Erinnerungen
- ☐ Hinweis, dass man freiwillig auf den Aufnahmen zu sehen/hören ist
- ☐ Hinweis auf die Möglichkeit, der Einwilligung (jederzeit) zu widerrufen (wichtig: im Fall eines Widerrufs ist die betroffene Aufnahme zu löschen bzw. zu verpixeln)
- ☐ Hinweis auf die Zugriffsrechte bzw. Nutzung: Wann und wo werden die Aufnahmen gezeigt/abgespielt bzw. von wem angesehen/angehört? In welcher Weise werden sie genutzt bzw. (weiter)verwendet?
- ☐ Hinweis auf den Aufbewahrungsort der erhobenen Daten und auf die Person, an die sie u. U. weitergegeben werden (z. B. Versicherung, dass die Daten oder ein Feedback zu den Daten nicht an den Arbeitgeber weitergeleitet werden)
- ☐ Dauer der Aufbewahrung und Zeitpunkt der Löschung: Hinweis darauf, wie lange die Aufnahmen aufbewahrt, wann und durch wen sie wieder gelöscht/vernichtet werden (z. B. wenn das Kind die Kita verlässt)
- ☐ Hinweis, dass die Veröffentlichung – wenn eine solche z. B. in einem Buch, einer Zeitschrift oder einem Film geplant ist – falls gewünscht auch ohne Angabe von Namen erfolgt

Wichtig: Da der Arbeitgeber nicht in der Lage ist, die geltenden strengen Maßnahmen zu ergreifen, die eine sichere Nutzung dienstlicher Daten auf privaten Endgeräten (wie Smartphones, Foto-/Videokameras) ermöglichen, noch die ihm obliegenden Kontrollpflichten wirksam auszuüben, ist die Nutzung privater Endgeräte untersagt und nur der Einsatz unternehmens- bzw. einrichtungseigener Technik zugelassen.

8 Rechts-, Haftungs- und Zahlungsfolgen bei Verstößen

8.1 Potenzielle (Rechts-)Folgen

Werden die Rechte und Pflichten von Betroffenen verletzt oder sonstige Vorgaben der DSGVO – z. B. bei Verstößen für die Verarbeitung gem. Artt. 5, 6, 7 und 9 DSGVO oder auf den Nicht-Abschluss einer Vereinbarung zur Verarbeitung von personenbezogenen Daten im Auftrag (Art. 28 DSGVO) – nicht erfüllt, kann diese „Non-Compliance" zu durchaus gravierenden Konsequenzen für Verantwortliche und Auftragsverarbeiter führen.

Zu den möglichen Konsequenzen zählen nicht nur die Bußgelder i. H. v. bis zu 20 Mio. Euro bzw. 4 % des weltweiten Jahresumsatzes des vorangegangenen Geschäftsjahres, je nach dem was höher ist (vgl. Art. 83 Abs. 5 DSGVO). Neben den Befugnissen der Aufsichtsbehörden zur Verhängung von Bußgeldern haben auch Betroffene, Kunden, Wettbewerber sowie Verbände (im Rahmen des sog. Verbandsklagerechts, Artt. 13, 14 UKlaG) aufsichtsrechtliche bzw. gerichtliche Rechtsschutzmöglichkeiten. Je nach Verarbeitungssituation und Art der Datenschutzverletzung kann die Rechtsfolge z. B. auch in einem Sonderkündigungs- oder Schadensersatzrecht des Kunden münden – von einem potenziellen Reputationsverlust, insbesondere bei „Datenpannen", ganz zu schweigen.

In drastischen Fällen kommen auch eine Strafbarkeit und die Verhängung von Bußgeldern in Betracht (vgl. §§ 42, 43 BDSG).

8.2 Rechte von Betroffenen

Die Betroffenenrechte sind in Kap. III (vgl. ► Kap. 7), die Rechtsbehelfe, Haftung und Sanktionen, insbesondere die nachfolgend aufgeführten Möglichkeiten zur Durchsetzung der Rechte, dagegen in Kap. VIII der DSGVO geregelt.

Beschwerderecht (Art. 77 DSGVO)

Betroffene haben gem. Art. 77 Abs. 1 DSGVO das Recht auf Beschwerde bei einer Datenschutzaufsichtsbehörde, soweit sie der Ansicht sind, dass die Verarbeitung der betreffenden Daten gegen die Vorgaben der DSGVO verstößt.

Gemäß ErwG 141 DSGVO stellt Art. 77 DSGVO zunächst sicher, dass der Betroffene ein Beschwerderecht bei einer Aufsichtsbehörde hat. Die Norm dient damit auch der Umsetzung des Art. 8 GRCh, was der EuGH bereits bei seiner „Safe-Harbor"-Entscheidung am 06.10.2015 (Rs. C-362/14)[1] klargestellt hat, und ist eine Konkretisierung der Rechte aus Art. 8 GRCh.

Das Recht auf Beschwerde steht nur der betroffenen Person i. V. m. Art. 4 Nr. 1 DSGVO zu, dabei genügt eine vielmehr begründete Vermutung über eine z. B. unrechtmäßige Verarbeitung.

Ein Anlass für eine Beschwerde durch einen Betroffenen kann z. B. sein, wenn der für die Verarbeitung der personenbezogenen Daten Verantwortliche nicht innerhalb der Monatsfrist auf einen Antrag des Betroffenen auf Auskunft reagiert (vgl. Art. 12 Abs. 3 und 4 DSGVO). In einem solchen Fall kann die Datenschutzaufsichtsbehörde z. B. zur Ermittlung des Sachverhalts von ihren Untersuchungsbefugnissen nach Art. 58 Abs. 1 DSGVO Gebrauch machen oder nach Art. 58 Abs. 2 DSGVO eine Warnung im Hinblick auf einen möglichen Verstoß aussprechen.

[1] Vgl. https://eur-lex.europa.eu/legal-content/DE/ALL/?uri=CELEX%3A62014CJ0362 (zuletzt aufgerufen am: 09.02.2024).

Tipp

Entgegen entsprechender Meinungen im Schrifttum ist die jeweilige Aufsichtsbehörde zur Bearbeitung von anonymen Beschwerden nicht verpflichtet. Es besteht des Weiteren auch keine Frist für die Einlegung einer Beschwerde. Allerdings kann die Aufsichtsbehörde von einer Untersuchung bei verjährten Rechtsverstößen absehen.[2]

Gerichtlicher Rechtsschutz (Art. 79 DSGVO)

Gemäß Art. 79 Abs. 1 DSGVO hat jeder Betroffene das Recht auf einen wirksamen gerichtlichen Rechtsbehelf, wenn er davon ausgeht, dass seine Rechte infolge einer unzulässigen Verarbeitung verletzt wurden. Die Zuständigkeit der Gerichte richtet sich dabei – bei nationalen Streitigkeiten – nach nationalen Regelungen, d. h. bei zivilrechtlichen Streitigkeiten (z. B. im Arbeitsverhältnis) nach der Zivilprozessordnung (ZPO) bzw. dem Gerichtsverfassungsgesetz (GVG) und bei verwaltungsrechtlichen Streitigkeiten nach der Verwaltungsgerichtsordnung (VwGO) bzw. den jeweiligen Fachgesetzen (z. B. im Hinblick auf gegen den Verantwortlichen ergriffene Maßnahmen der Datenschutzaufsichtsbehörde zur Untersuchung eines Sachverhalts aufgrund der Beschwerde eines Betroffenen).[3]

Artikel 79 DSGVO beruht auf Art. 22 DSRI. Danach hatten die Mitgliedstaaten vorzusehen, dass jede Person bei der Verletzung ihrer garantierten Rechte bei Gericht einen Rechtsbehelf einlegen kann. Dabei bleibt es dem Betroffenen als Kläger überlassen, ob er die Gerichte des Mitgliedstaats anruft, in dem der Verantwortliche oder Auftragsverarbeiter eine Niederlassung hat, oder die Gerichte des Mitgliedstaats, in dem der Betroffene wohnt (vgl. ErwG 145 DSGVO). Dabei ist nur eine betroffene Person i. S. v. Art. 4 Nr. 1

---

[2] Vgl. Moos, Flemming/Schefzig, Jens: Kap. 8 Recht auf Beschwerde bei einer Aufsichtsbehörde, in: Taeger, Jürgen/Gabel, Detlev (Hrsg.): DSGVO – BDSG – TTDSG, Frankfurt a. M.: Fachmedien Recht und Wirtschaft/dfv Mediengruppe, 4. Aufl. 2022, S. 1380, Rn. 11, 12.

[3] Bei internationalen Streitigkeiten ist gem. Art. 79 Abs. 2 DSGVO grds. das Gericht des Mitgliedstaats zuständig, in dessen Zuständigkeitsbereich der Verantwortliche bzw. Auftragsverarbeiter seinen Sitz hat.

DSGVO, d. h. nur eine natürliche Person, klagebefugt. Eine Klagebefugnis juristischer Personen besteht nach Art. 78 Abs. 1 DSGVO.

Haftung und Recht auf Schadensersatz (Art. 82 DSGVO)

Jede betroffene Person hat nach Art. 82 Abs. 1 DSGVO gegen den Verantwortlichen oder gegen den Auftragsverarbeiter Anspruch auf Schadensersatz für materielle und immaterielle Schäden. Ein solcher Anspruch kann sich etwa aus einer unzulässigen Videoüberwachung oder der versehentlichen Veröffentlichung von personenbezogenen Daten des Betroffenen ergeben (z. B. bei gehackten und anschließend veröffentlichten [Gesundheits-, personenbezogenen] Daten). Dabei haftet nach Abs. 2 jeder beteiligte Verantwortliche entsprechend seinem Verursachungsbeitrag.

Der Anspruch richtet sich auch gegen Auftragsverarbeiter. Dieser haftet gem. Abs. 2 aber nur insoweit, als er die ihm speziell auferlegten Pflichten nicht nachgekommen ist oder unter Nichtbeachtung der rechtmäßig erteilten Anweisungen durch den Verantwortlichen oder gegen dessen Anweisungen gehandelt hat. Nach Abs. 3 entfällt im Einzelfall eine Haftung, wenn der Verantwortliche bzw. Auftragsverarbeiter nachweisen kann, dass er in keinerlei Hinsicht für den Umstand verantwortlich ist, durch den Schaden eingetreten ist.

Auf DSGVO-Verstöße gestützte Schadensersatzklagen werden zunehmend bedeutender

Dies zeigen folgende Urteile[4], in denen jeweils ein Schadensersatz zugesprochen worden ist. Dennoch ist die Anzahl der Entscheidungen deutscher Gerichte nach wie vor überschaubar und die zugesprochenen Beträge bewegen sich i. d. R. (noch) im mittleren vierstelligen Bereich:

- **Neu**
- **ArbG Oldenburg, Urteil vom 09.02.2023, Az. 3 Ca 150/21 (anhängig: LAG Niedersachsen, Az. 12 Sa 219/23):** Das ArbG Oldenburg hat einem ehemaligen Mitarbeiter einen immateriel-

[4] Vgl. https://www.cmshs-bloggt.de/tmc/datenschutzrecht/dsgvo-schadensersatz-uebersicht-ueber-aktuelle-urteile-und-entwicklungen-laufend-aktualisiert/ (zuletzt aufgerufen am: 09.02.2024).

len Schadensersatz i. H. v. 10.000 Euro zugesprochen, da der Arbeitgeber die geforderte Auskunft über die Datenverarbeitung nach Art. 15 DSGVO erst 20 Monate später erteilt hat (= 500 Euro für jeden Monat, in dem die Auskunftspflicht nicht erfüllt wurde) – wobei bereits der DSGVO-Verstoß zu einem auszugleichenden immateriellen Schaden führte.

- **ArbG Dresden, Urteil vom 11.01.2023, Az. 4 Ca 688/22:** Wegen einer verspäteten und unvollständigen Auskunft (Art. 15 DSGVO) sprach das ArbG Dresden der Klägerin ein Schmerzensgeld i. H. v. 2.500 Euro zu. Es zog dabei Art. 83 Abs. 2 und 5 lit. b DSGVO zur Ermittlung der Höhe des zu leistenden Betrags heran: Der Betrag setzte sich dabei aus 1.000 Euro für die verspätete Auskunft und aus 1.500 Euro für die unvollständige Auskunftserteilung zusammen.
- **LG München I, Endurteil vom 20.01.2022, Az. 3 O 17493/20[5]:** Bei diesem Fall sprach das Gericht einen Schadensersatz i. H. v. 100 Euro aufgrund einer Übermittlung der dynamischen IP-Adresse an Google ohne Einwilligung des Betroffenen durch Einbettung von Google Fonts auf der Website der Beklagten, die eine Verbindung zum Google-Server in den USA herstellte, zu. Hierin sah das Gericht eine Verletzung des Persönlichkeitsrechts durch Verstoß gegen Art. 6 Abs. 1 lit. a und f DSGVO.
- **LG München I, Urteil vom 09.12.2021, Az. 31 O 16606/20:** Da bei einem Datenleck aufgrund von nicht ausreichenden TOM u. a. Konto- und Ausweisdaten bei einem Finanzdienstleister abgeflossen sind, wurde ein Schadensersatzanspruch von 2.500 Euro zugesprochen; denn bei Einhaltung der DSGVO-Maßstäbe hätte ein Schaden aufgrund eines drohenden Identitätsmissbrauchs vermieden werden können.
- **OLG Dresden, Urteil vom 30.11.2021, Az. 4 U 1158/21[6]:** Aufgrund einer unrechtmäßigen Datenverarbeitung – nämlich das Ausspähen und Weitergabe von Daten – wurde der Schadensersatzanspruch von 5.000 Euro aufgrund einer überschrittenen Bagatellgrenze bejaht.

---

[5] Vgl. https://www.gesetze-bayern.de/Content/Document/Y-300-Z-BECKRS-B-2022-N-612 (zuletzt aufgerufen am: 09.02.2024).
[6] Vgl. https://openjur.de/u/2381765.html (zuletzt aufgerufen am: 09.02.2024).

- **AG Pfaffenhofen/Ilm, Endurteil vom 09.09.2021, Az. 2 C 133/21[7]:** Bei diesem Datenschutzverstoß, bei dem eine Werbe-E-Mail ohne Einwilligung übersendet worden war, wurde ein Schadensersatzanspruch von 300 Euro bejaht. Den Anspruch begründete das Gericht aufgrund mehrfacher Verstöße gegen datenschutzrechtliche Bestimmungen und einem „unguten Gefühl" des Werbeadressaten.
- **ArbG Münster, Urteil vom 25.03.2021, Az. 3 Ca 391/20:** In diesem Fall lag ein Datenschutzverstoß vor, da Marketingfotos einer Arbeitnehmerin ohne vorherige schriftliche Einwilligung gem. § 26 Abs. 2 Satz 3 BDSG verwendet worden sind; der Schadensersatzanspruch von 5.000 Euro wurde gem. Art. 82 DSGVO, § 823 BGB i. V. m. § 22 KUG oder aus § 15 AGG bejaht.

Nach dem Urteil des OLG Bremen vom 16.07.2021 (Az. 1 W 18/21) reicht die Behauptung eines Verstoßes, ohne dass tatsächlich ein dadurch entstandener Schaden vorgebracht wird, nicht aus. Das heißt, neben dem Anspruch nach Art. 82 Abs. 1 DSGVO auf Schadensersatz gegen den Verantwortlichen oder den Auftragsverarbeiter müssen trotzdem bestimmte Kriterien für einen Schadensersatzanspruch erfüllt sein:

- Verstoß gegen die DSGVO **und**
- ein materieller oder immaterieller Schaden **und**
- das Verschulden seitens des Verantwortlichen oder des Auftragsverarbeiters.

Auch wenn nach den Erwägungsgründen der DSGVO der Schadensbegriff weit auszulegen ist, begründet nicht jeder Verstoß einen Anspruch. Dafür muss eben ein Schaden entstanden sein und dieser Schaden muss auch von der betroffenen Person hinreichend vorgetragen werden.

Vertretung von Betroffenen (Verbandsklagerecht, Art. 80 DSGVO)

Gemäß Art. 80 Abs. 1 DSGVO kann der Betroffene eine Einrichtung, Organisation oder Vereinigung (ohne Gewinnerzielungsabsicht)

[7] Vgl. https://openjur.de/u/2352669.html (zuletzt aufgerufen am: 09.02.2024).

beauftragen, in ihrem Namen eine Beschwerde einzureichen, ein Recht gem. Artt. 77–79 DSGVO wahrzunehmen und das Recht auf Schadensersatz nach Art. 82 DSGVO in Anspruch zu nehmen. Damit können also z. B. von Verbraucherzentralen im Namen von Betroffenen unmittelbar datenschutzrechtliche Verstöße gerichtlich verfolgt werden.

Europäische Verbandsklage bzgl. Datenschutzverstößen

Die „Richtlinie (EU) 2020/1828 des Europäischen Parlaments und des Rates vom 25. November 2020 über Verbandsklagen zum Schutz der Kollektivinteressen der Verbraucher und zur Aufhebung der Richtlinie 2009/22/EG", die am 24.12.2020 EU-weit in Kraft getreten ist, verpflichtete den deutschen Gesetzgeber, die Vorgaben der Richtlinie bis zum 25.12.2022 in nationales Recht umzusetzen und ab dem 25.06.2023 anzuwenden. Wenn grenzüberschreitende Sachverhalte vorliegen, hat der Kläger das Wahlrecht, in welchem Mitgliedstaat er die Klage erheben will (sog. Forum Shopping).

■ **Neu**

Nach einem gegen Deutschland eingeleiteten Vertragsverletzungsverfahren der EU-Kommission aufgrund der nicht fristgerechten Umsetzung stärkte der Bundestag am 25.07.2023 den Schutz der Kollektivinteressen der Verbraucher und stimmte für das Verbandsklagenrichtlinienumsetzungsgesetz (VRUG) mit seinem Herzstück, das Verbraucherrechtedurchsetzungsgesetz (VDuG), das die EU-Richtlinie schließlich in nationales Recht umsetzt und bis auf den neu eingefügten § 7a Verbandsklageregisterverordnung (zum 01.01.2026) am 13.10.2023 in Kraft getreten ist.[8]

Mit der Richtlinie erhöht sich das Risiko für weitreichende Schadensersatzklagen aufgrund eines einzelnen Datenschutzverstoßes. Denn mit der Neuregelung können Datenschutzverstöße, die wie z. B. ein Hackerangriff aufgrund fehlerhafter Prozessdesigns oder

[8] Vgl. https://www.recht.bund.de/bgbl/1/2023/272/VO bzw. https://dip.bundestag.de/vorgang/gesetz-zur-umsetzung-der-richtlinie-eu-2020-1828-%C3%BCber-verbandsklagen-zum/298218 (jeweils zuletzt aufgerufen am: 09.02.2024).

unzureichender IT-Sicherheit sehr viele Geschädigte betreffen, seit 2023 Verbraucher-Massenklagen verursachen und so die Schadensersatzsumme schnell vervielfachen. Mit der europäischen Verbandsklage können Betroffene gegen Unternehmen klagen, die gegen verbraucherschützende EU-Vorschriften wie die DSGVO verstoßen. Die Klage kann im Gegensatz zur bereits bestehenden Musterfeststellungsklage direkt auf die Zahlung von Schadensersatz gerichtet sein. Allerdings darf nur eine „qualifizierte Einrichtung" eine solche Klage erheben, also jede Organisation oder öffentliche Stelle, die Verbraucherinteressen vertritt und von einem Mitgliedstaat zur Erhebung von Verbandsklagen benannt worden ist. Sie muss vor ihrer Benennung bereits zwölf Monate zum Schutz von Verbraucherinteressen öffentlich tätig gewesen sein und darf keinen Erwerbszweck verfolgen. Außerdem sieht die Richtlinie die Möglichkeit vor, dass Kläger vom beklagten Unternehmen die Offenlegung von Beweismitteln verlangen können.

Tipp

Das heißt, dass mit der EU-Richtlinie bzw. mit dem VRUG für Unternehmen durch die Abhilfeklage ein beträchtliches Haftungsrisiko entstehen kann, da damit zu rechnen ist, dass evtl. zukünftig erheblich mehr Verbraucher ihre Ansprüche beim Verbandsklagenregister anmelden werden, statt über eine Individualklage geltend zu machen. Zudem will auch die Verbraucherzentrale dieses neue Rechtsinstrument zügig einsetzen.

Auch Unternehmen mit max. zehn Mitarbeitenden, deren Jahresumsatz oder Jahresbilanz 2 Mio. Euro nicht übersteigt, dürfen sich einer Verbandsklage anschließen.

8.3 Rechte von Aufsichtsbehörden

Untersuchungs-, Abhilfe- und Genehmigungsmaßnahmen

Ziel des Art. 58 DSGVO ist, die einheitliche Überwachung und Durchsetzung in der gesamten Union sicherzustellen. Die Aufsichtsbehörden sollten in jedem Mitgliedstaat dieselben Aufgaben und wirksamen Befugnisse haben, insbesondere im Fall von Beschwerden natürlicher Personen (vgl. ErwG 129 DSGVO). Den Aufsichtsbehörden steht nach Art. 58 DSGVO ein umfangreiches Instrumentarium zur Verfügung, um ihrer Rolle als Kontrollinstanz nachzukommen. Dazu zählen nicht nur Bußgelder, sondern v. a. auch korrespondierende Untersuchungs-, Abhilfe- und Genehmigungsbefugnisse. So können gegenüber Verantwortlichen und Auftragsverarbeitern z. B. vorsorgliche Warnungen seitens der Aufsichtsbehörden ausgesprochen werden, wenn die beabsichtigte Verarbeitung voraussichtlich einen Verstoß gegen die DSGVO darstellt. Ebenso können Verwarnungen ausgesprochen werden, wenn eine Verletzung bereits stattgefunden hat.

Die Aufsichtsbehörden haben im Rahmen eines förmlichen Verfahrens auch die Möglichkeit, Anweisungen gegenüber dem Verantwortlichen bzw. Auftragsverarbeiter zu treffen. Das kann z. B. die Entsprechung bzw. Umsetzung von Betroffenenrechten oder die Herstellung einer gesetzeskonformen Verarbeitung umfassen. Die Aufsichtsbehörden können zudem Anordnungen treffen, z. B. im Hinblick auf die Einstellung von Datenübermittlungen in Drittländer ohne angemessenes Datenschutzniveau. Darüber hinaus können Aufsichtsbehörden auch unmittelbar in die Verarbeitung eingreifen, indem Beschränkungen oder Verbote ausgesprochen werden oder die Berichtigung, Löschung bzw. Einschränkung von personenbezogenen Daten angeordnet wird.

Geldbußen durch Aufsichtsbehörden (Art. 83 DSGVO)

Die Aufsichtsbehörden sind berechtigt, zusätzlich oder anstelle von Maßnahmen gem. Art. 58 DSGVO Geldbußen zu verhängen – in jedem Fall wirksam, verhältnismäßig und abschreckend (Art. 83 Abs. 1 DSGVO).

Bei Pflichtverletzung in Bezug auf folgende Artikel der DSGVO drohen dem Verantwortlichen bzw. Auftragsverarbeiter Bußgelder i. H. v. 10 Mio. Euro bzw. von bis zu 2 % des weltweiten Jahresumsatzes des vorangegangenen Geschäftsjahres, je nachdem, welcher der Beträge höher ist (vgl. Art. 83 Abs. 4 DSGVO):

- Art. 8 DSGVO: Verarbeitung von personenbezogenen Daten von Kindern
- Art. 11 DSGVO: Datensparsamkeit (wenn Bestimmbarkeit nicht mehr erforderlich)
- Artt. 25–39 DSGVO: Privacy by Design/Default, gemeinsam Verantwortliche, Vertretung in EU, Auftragsverarbeitung, Verarbeitungsverzeichnis, Zusammenarbeit mit der Aufsichtsbehörde, Datensicherheit, Meldepflichten, DSFA, DSB
- Art. 42 DSGVO: Zertifizierung

Bis zu 20 Mio. Euro bzw. bis zu 4 % des weltweiten Jahresumsatzes (je nachdem, was höher ist) drohen dem Verantwortlichen bzw. Auftragsverarbeiter bei Verletzung folgender Vorschriften (vgl. Art. 83 Abs. 5 DSGVO):

- Art. 5 DSGVO: Grundsätze der Verarbeitung
- Artt. 6 und 7 DSGVO: Rechtmäßigkeit der Verarbeitung, Bedingungen für die Einwilligung, Vertragserfüllung, rechtliche Verpflichtung
- Art. 9 DSGVO: besondere Datenkategorien
- Artt. 12–22 DSGVO: Rechte von Betroffenen, v. a. Informations-/Mitteilungspflichten sowie Auskunfts-/Widerspruchsrechte
- Artt. 44–49 DSGVO: Übermittlung in Drittländer
- Art. 58 DSGVO: aufsichtsrechtliche Maßnahmen/Anweisungen
- Art. 85 DSGVO: nationale Vorschriften, v. a. bzgl. Meinungsäußerung, Informationsfreiheit, Beschäftigtendatenschutz

Tipp

„Unternehmensgruppen“ (vgl. Art. 4 Nr. 19 DSGVO), d. h. Konzernen, droht – z. B. bei Vernachlässigung der Wahrnehmung entsprechender (zentraler) Governance-Funktionen – die Gefahr, dass im Rahmen der Bemessung eines Bußgelds auf den

Konzernumsatz abgestellt wird. Insoweit kann ein eigentlich „kleiner" Fehler ggf. sehr teuer werden.

Konzept zur Berechnung von DSGVO-Bußgeldern

Der EDSA hat am 24.05.2023 die Leitlinien zur Berechnung von Bußgeldern wegen möglicher DSGVO-Verstöße angenommen[9] – mit dem Ziel, das Bußgeldrecht in der EU zu vereinheitlichen. Der EDSA geht darin davon aus, dass die Datenschutzaufsichtsbehörden auch unmittelbar Bußgelder gegen Muttergesellschaften für Datenschutzverstöße von Tochtergesellschaften verhängen können. Begründet wird dies mit einer Durchgriffshaftung für Datenschutzverstöße im Konzern. Datenschutzaufsichtsbehörden können außerdem, so der EDSA, auch Bußgelder direkt gegen Unternehmen verhängen. Der EDSA verzichtet dabei bewusst, anders als z. B. im deutschen Ordnungswidrigkeitenrecht, auf einen Nachweis einer für den Datenschutzverstoß kausal gewordenen Aufsichtspflichtverletzung einer Leitungsperson des Unternehmens.

Tipp

Die deutschen Datenschutzaufsichtsbehörden werden die neuen Vorgaben des EDSA zukünftig in die Berechnung und Verhängung von Bußgeldern zugrunde legen. In der Berechnung und Verhängung von Bußgeldern kommt den nationalen Datenschutzaufsichtsbehörden aber weiterhin ein großer Ermessensspielraum zu – sicherzustellen ist dabei, dass das Bußgeld stets abschreckend und wirksam ist.

Sonstige (nationale) Sanktionen inkl. Strafbarkeit (Art. 84 DSGVO, §§ 41 ff. BDSG)

Über Art. 84 vermittelt die DSGVO den Mitgliedstaaten die Befugnis, zusätzliche Sanktionen für Verstöße festzulegen, insbesondere für Verstöße, die keiner Geldbuße nach Art. 83 DSGVO unterliegen.

[9] Vgl. https://edpb.europa.eu/system/files/2023-06/edpb_guidelines_042022_calculationofadministrativefines_en.pdf (zuletzt aufgerufen am: 09.02.2024).

Davon hat der deutsche Gesetzgeber in Form der §§ 41 ff. BDSG wie folgt Gebrauch gemacht:

- Nach § 41 BDSG sind für Verstöße und Verfahren die Bußgeld- und Strafverfahren des Gesetzes über Ordnungswidrigkeiten (OWiG) anwendbar.
- Nach § 42 BDSG wird
  - gem. Abs. 1 mit Freiheitsstrafe bis zu drei Jahren oder mit Geldstrafe bestraft, wer wissentlich nicht allgemein zugängliche personenbezogene Daten einer großen Zahl von Personen unberechtigt einem Dritten übermittelt oder auf andere Art und Weise zugänglich macht und hierbei gewerbsmäßig handelt;
  - gem. Abs. 2 mit Freiheitsstrafe bis zu zwei Jahren oder mit Geldstrafe bestraft, wer personenbezogene Daten, die nicht allgemein zugänglich sind, unberechtigt verarbeitet oder durch unrichtige Angaben erschleicht und dabei gegen Entgelt oder in der Absicht handelt, sich oder einen anderen zu bereichern oder einen anderen zu schädigen.
- Nach § 43 BDSG handelt ordnungswidrig, wer im Kontext von Verbraucherkrediten (vgl. § 30 BDSG) vorsätzlich oder fahrlässig ein Auskunftsverlangen nicht richtig behandelt oder einen Verbraucher nicht, nicht richtig, nicht vollständig oder nicht rechtzeitig unterrichtet. Eine solche Ordnungswidrigkeit kann mit bis zu 50.000 Euro geahndet werden.

8.4 Erfahrungen mit Bußgeldern

Bußgelder in der EU[10]

Im europäischen Kontext hat die luxemburgische Datenschutzkommission (CNDP) im Juli 2021 das erste hohe Bußgeld von 746 Mio. Euro gegen einen Online-Händler aus den USA verhängt (aufgrund Nichteinhaltung der allgemeinen Grundsätze der Datenverarbeitung); an zweiter Stelle steht das gegen Google verhängte Bußgeld

[10] Vgl. https://gdprhub.eu/index.php?title=Welcome_to_GDPRhub (zuletzt aufgerufen am: 09.02.2024).

der französischen Datenschutzbehörde CNIL im Januar 2019 mit 50 Mio. Euro.[11] Hintergrund des Google-Bußgelds waren Informations- und Transparenzdefizite nach der DSGVO. So seien etwa Informationen nicht leicht genug zugänglich und Formulierungen unklar gewesen, z. B. zum Speicherzeitraum. Weiterhin seien – mangels Transparenz – auch die Einwilligungen zur Anzeige personalisierter Werbung ungültig.

Tipp

Die Bußgeldentscheidung nimmt die DSGVO nicht nur ernst, sondern offensichtlich wörtlich: Sind Informationen erst über mehrere Klicks und Buttons zu erreichen, fehlt es an einer leichten Zugänglichkeit – und folglich an zulässigen Einwilligungen. Auch wenn der Umfang der Datenverarbeitung bei Google in einer eigenen Klasse spielt, skizziert die Entscheidung doch die Handlungsmaxime für jedwede Verarbeitung von personenbezogenen Daten: Sie muss aus Sicht des Betroffenen verständlich und transparent sein!

Bußgelder in Deutschland

Tipp

Für den „Fall eines Falles" empfiehlt sich ein zügiger und offener Austausch mit der Datenschutzaufsichtsbehörde, da dies erheblichen Einfluss auf die Bemessung des Bußgelds haben kann. Vom Spielen auf Zeit oder von der Offenlegung per „Salami-Taktik" u. Ä. kann daher nur abgeraten werden.

Interessenkonflikt des betrieblichen Datenschutzbeauftragten

Die Berliner Beauftragte für Datenschutz und Informationsfreiheit (BlnBDI) hat im September 2022 gegen die Tochtergesellschaft eines Berliner Handelskonzerns ein Bußgeld i. H. v. 525.000 Euro verhängt. Es lag ein Interessenkonflikt des internen DSB vor. Dieser

[11] Vgl. https://www.cnil.fr/fr/cookies-la-cnil-sanctionne-google-hauteur-de-150-millions-deuros (zuletzt aufgerufen am: 09.02.2024).

war mit der unabhängigen Kontrolle von Entscheidungen betraut, die er in anderer Funktion (der DSB war Geschäftsführer von zwei Tochterunternehmen) selbst getroffen hatte. Der DSB musste somit die Einhaltung des Datenschutzrechts durch die beiden Auftragsverarbeiter, überwachen, die von ihm selbst als Geschäftsführer geleitet wurden.[12]

Auftragsverarbeitung

Die Landesbeauftragte für den Datenschutz (LfD) Niedersachsen hat im Juli 2022 gegen die Volkswagen AG eine Geldbuße i. H. v. 1,1 Mio. Euro festgesetzt.[13] Grund sind Datenschutzverstöße in Zusammenhang mit dem Einsatz eines Dienstleisters bei Forschungsfahrten für ein Fahrassistenzsystem zur Vermeidung von Verkehrsunfällen. Die Prüfungen der LfD ergaben, dass neben den fehlenden vorgeschriebenen Informationen gem. Art. 13 DSGVO und nicht durchgeführten, aber erforderlichen Datenschutz-Folgenabschätzung mit dem Unternehmen, welches die Fahrten durchführte, keine Vereinbarung zur Auftragsverarbeitung (AVV) nach Art. 28 DSGVO abgeschlossen worden war.

Tipp

Die Bußgeldentscheidung unterstreicht die Notwendigkeit sowohl für den Verantwortlichen als auch den Auftragsverarbeiter, die vertraglichen Regelungen mit Partnern und Dienstleistern auf eine „AV-Relevanz“ zu prüfen und nach Bedarf AVV abzuschließen.

Verstoß gegen die Transparenz- und Informationspflichten

Am 24.09.2021 verhängte die Hamburger Datenschutzbehörde gegen die Vattenfall Europe Sales GmbH ein Bußgeld i. H. v. 900.000 Euro aufgrund eines Verstoßes gegen die Transparenz- und

[12] Vgl. https://www.datenschutz-berlin.de/fileadmin/user_upload/pdf/pressemitteilungen/2022/20220920-BlnBDI-PM-Bussgeld-DSB.pdf (zuletzt aufgerufen am: 09.02.2024).

[13] Vgl. https://lfd.niedersachsen.de/startseite/infothek/presseinformationen/1-1-millionen-euro-bussgeld-gegen-volkswagen-213835.html (zuletzt aufgerufen am: 09.02.2024).

Informationspflichten. Die verantwortliche Stelle führte im Zeitraum August 2018–Dezember 2019 im Rahmen von Vertragsanfragen für Sonderverträge einen Datenabgleich durch. Die Sonderverträge, die zur Neukundengewinnung dienten, waren mit Bonuszahlungen für die Kunden verbunden. Dazu wurden personenbezogene Daten von Interessenten, die eine Anfrage für einen Sondervertrag gestellt hatten, mit Verträgen von Bestandskunden abgeglichen, um Fälle von „Bonus-Shopping" wechselfreudiger Kunden zu verhindern. Das Problem war, dass der für die Verarbeitung Verantwortliche die Kunden nicht ordnungsgemäß über diese durchgeführten Vergleiche informiert hatte und damit lt. Datenschutzbehörde gegen die Transparenz- und Informationspflichten (Artt. 12 und 13 DSGVO) verstieß.[14]

Tipp

Das Bußgeld zielte dabei nicht auf die Frage ab, ob ein solcher Datenabgleich überhaupt zulässig ist oder nicht. Denn dies sei in der DSGVO nicht explizit geregelt. Vattenfall kann die Daten auch weiterhin abgleichen – vorausgesetzt, die Verbraucher haben vorher zugestimmt, dass ihre Daten für den Abgleich genutzt werden dürfen.

Videoüberwachung ohne Rechtsgrundlage

Die LfD Niedersachsen verhängte im Oktober 2021 gegen einen Elektronikhändler ein Bußgeld i. H. v. 10,4 Mio. Euro aufgrund nicht rechtmäßiger Videoüberwachung seiner Mitarbeitenden (und auch einiger Kunden).[15] Mindestens zwei Jahre wurde deren Arbeitsplätze, Verkaufsräume, Lager und Erholungsräume ohne Rechtsgrundlage videoüberwacht, um lt. Aussagen des Unternehmens kriminelle Handlungen zu verhindern bzw. zu untersuchen und die Warenbewegungen in den Lagern zu verfolgen. Allerdings hat ein

[14] Vgl. https://www.heise.de/news/DSGVO-Vattenfall-muss-900-000-Euro-nach-Bonushopper-Auslese-zahlen-6200668.html (zuletzt aufgerufen am: 09.02.2024).

[15] Vgl. https://lfd.niedersachsen.de/startseite/infothek/presseinformationen/lfd-niedersachsen-verhangt-bussgeld-uber-10-4-millionen-euro-gegen-notebooksbilliger-de-196019.html (zuletzt aufgerufen am: 09.02.2024).

Unternehmen zur Diebstahlprävention zunächst mildere Methoden in Betracht zu ziehen und darf eine Videoüberwachung zur Aufdeckung von Straftaten nur bei einem begründeten Verdacht gegen bestimmte Personen einsetzen. Ist dies der Fall, kann es zulässig sein, jene für einen begrenzten Zeitraum mit Kameras zu überwachen. Dies traf bei diesem Fall allerdings nicht zu, da weder eine Beschränkung auf einen bestimmten Zeitraum noch auf bestimmte Mitarbeitende vorlag. Dazu kam, dass die Aufnahmen in vielen Fällen deutlich länger als vorgeschrieben gespeichert worden sind.

Nicht rechtskonformes Authentifizierungsverfahren

Einen Bußgeldbescheid von beträchtlicher Höhe erhielt im Dezember 2019 ein deutscher Telekommunikationsdienstleister. Laut BfDI lag hier ein Datenschutzverstoß nach Art. 32 DSGVO vor, da ein Anrufer beim Kundenservice des Unternehmens allein durch die Eingabe des Namens und des Geburtsdatums umfangreiche Informationen über dessen persönliche Daten erhalten konnte und der Anbieter damit kein DSGVO-konformes Authentifizierungsverfahren sicherstellte bzw. keine hinreichende TOM ergriffen hatte, um zu verhindern, dass Unberechtigte bei der telefonischen Kundenbetreuung Auskünfte zu Kundendaten erhalten können.[16]

Nach einem Einspruch gegen den Bußgeldbescheid wurde das Bußgeld von ursprünglich 9,55 Mio. auf 900.000 Euro reduziert – u. a. deshalb, da das Authentifizierungsverfahren lange Zeit unbeanstandet geblieben sei und es dem Unternehmen daher an einem konkreten Problembewusstsein fehlte. Zudem sah das LG Bonn den Verstoß als eher geringfügig an, da er nicht zu einem massiven Datenleck führen konnte.

Nicht rechtskonformes Archivsystem für Mieterdaten

Auch im Fall der Immobiliengesellschaft „Deutsche Wohnen SE" entschied das LG Berlin am 24.02.2021 gegen die Berliner Datenschutzaufsichtsbehörde und hob den Bußgeldbescheid von 14,5 Mio. Euro von November 2019 (damals das zweithöchste

[16] Vgl. https://www.heise.de/newsticker/meldung/DSGVO-Verstoss-1-1-muss-knapp-10-Millionen-Euro-Strafe-zahlen-4608676.html (zuletzt aufgerufen am: 09.02.2024).

Bußgeld in Deutschland) aufgrund von Verfahrensfehlern auf.[17] Die Immobiliengesellschaft bewahrte über Jahre hinweg personenbezogene Daten ohne rechtliche Grundlage auf. Denn für die Speicherung der personenbezogenen Daten der Mieter setzte sie ein Archivsystem ein, das keine Möglichkeit für eine Löschung nicht mehr benötigter Daten vorsah. Damit wurden personenbezogene Daten von Mietern gespeichert, ohne dass eine Prüfung auf Zulässigkeit oder Notwendigkeit der Speicherung standfand – mit der Folge, dass auf personenbezogene Daten betroffener Mieter, die über einen langen Zeitraum gespeichert wurden, ohne dass diese Daten noch dem ursprünglichen Erhebungszweck dienten, zugegriffen werden konnte. Darunter waren u. a. Informationen zu persönlichen und finanziellen Verhältnissen der Mieter wie Gehaltsabrechnungen, Selbstauskünfte, Auszüge aus Arbeits- und Ausbildungsverträgen, Steuer- und Krankenversicherungsdaten sowie Kontoauszüge.

Dass das Bußgeld nicht höher ausfiel, ließ sich darauf zurückführen, dass die Deutsche Wohnen SE erste Maßnahmen ergriff, um den rechtswidrigen Zustand zu bereinigen, und formal gut mit der Berliner Aufsichtsbehörde zusammengearbeitet hat. Auch die Tatsache, dass keine missbräuchlichen Zugriffe auf die unzulässig gespeicherten Daten nachgewiesen werden konnten, führte schließlich zu einem Bußgeld im mittleren Bereich des möglichen Bußgeldrahmens. Neben dem Bußgeld für den strukturellen Verstoß verhängte die Berliner Datenschutzbeauftragte in 15 konkreten Einzelfällen weitere Bußgelder zwischen 6.000 und 17.000 Euro gegen das Unternehmen aufgrund der unzulässigen Speicherung von personenbezogenen Daten von Mietern.

Tipp

Auch wenn dieser Fall aufgrund von Verfahrensfällen nicht zum Bußgeld führte, zeigt er, dass das DSGVO-konforme Löschen von personenbezogenen Daten bzw. „Datenfriedhöfe“ (wie es die Berliner Landesdatenschutzbeauftragte bezeichnete) zu einer der größten Herausforderungen für Unternehmen gehören.

[17] Vgl. https://www.datenschutz-berlin.de/fileadmin/user_upload/pdf/pressemitteilungen/2019/20191105-PM-Bussgeld_DW.pdf (zuletzt aufgerufen am: 09.02.2024).

Eine Vielzahl an übertragenden und empfangenden Verarbeitungssystemen, massenhaft unkontrolliert gehortete Daten und Mitarbeitende, die für diese Themen nicht oder nicht ausreichend sensibilisiert sind, stellen weiterhin eine große Hürde bei der Umsetzung des aktuellen Datenschutzrechts dar. Umso wichtiger ist ein wirksames Löschkonzept, das detailliert geplant und stringent umgesetzt werden muss – auch im Hinblick auf das zukünftige Vermeiden hoher Bußgelder.

8.5 Sonstige (Rechts-)Folgen

Je nach Verarbeitungssituation drohen dem für die Verarbeitung von personenbezogenen Daten Verantwortlichen bzw. Auftragsverarbeiter noch weitere Konsequenzen, insbesondere in Kundenbeziehungen, gegenüber Wettbewerbern und im Hinblick auf die Wahrnehmung am Markt.

Im Kundenverhältnis

Sofern der Verantwortliche gegen die Vorgaben der DSGVO verstößt, kann dies zu vertraglichen Konsequenzen in der Beziehung zu Kunden führen. So ist es z. B. möglich, dass der Kunde einen Datenschutzverstoß als Vertragsverletzung auslegt und von seinem Recht auf außerordentliche Kündigung Gebrauch macht.

Denkbar ist auch, dass der Kunde aufgrund einer Datenschutzverletzung geschädigt wird (z. B. da er seinerseits von Betroffenen in Anspruch genommen wurde, weil deren Daten unberechtigt veröffentlicht wurden). In diesem Fall drohen sozusagen „durchgereichte“, ggf. vertraglich begründbare Schadensersatzansprüche des Kunden (etwa der Vorwurf, keine ausreichenden technischen und organisatorischen Maßnahmen zum Schutz der Datenverarbeitung umgesetzt zu haben).

Wettbewerber

Eine weitere „Gefahrenquelle“ bei der Missachtung von datenschutzrechtlichen Vorgaben besteht in der potenziellen „Abmahnfähigkeit“ entsprechender Produkte und Leistungen. So könnte bspw. der Verstoß gegen Informationsrechte (Artt. 12 ff. DSGVO) in einem Online-Angebot unter dem Aspekt des „Vorteils durch Rechtsbruch“ aus wettbewerbsrechtlicher Perspektive von Konkurrenten angegriffen werden.

Dies erfolgt typischerweise in Form einer Abmahnung, in der eine strafbewehrte Unterlassungserklärung im Hinblick auf den Verstoß verlangt wird. Sollte keine Unterlassungserklärung abgegeben werden, kommt es regelmäßig zu einstweiligen Verfügungsverfahren, d. h. beschleunigten Gerichtsverfahren (in denen eine vorläufige Entscheidung getroffen wird).

Es ist allerdings umstritten, ob Datenschutzverletzungen nach der DSGVO – i. S. v. Marktverhaltensregeln – überhaupt mit dem Wettbewerbsrecht geltend gemacht werden können:

- Gegen eine wettbewerbsrechtliche Geltendmachung von Datenschutzverstößen durch Mitbewerber wird vorgebracht, dass das Regelungssystem der Artt. 77–84 DSGVO abschließend und somit der Rückgriff auf das (nationale) Wettbewerbsrecht verwehrt sei. Datenschutzrechtliche Ansprüche könnten vielmehr nur durch den Betroffenen selbst geltend gemacht werden (mit Ausnahme des Verbandsklagerechts nach Art. 80 Abs. 2 DSGVO, s. o.).
- Für die Möglichkeit der Geltendmachung von datenschutzrechtlichen Verstößen im Wege des Wettbewerbsrechts wird vorgebracht, dass das Sanktionssystem nach der DSGVO gerade nicht abschließend sei, was sich aus Art. 84 Abs. 1 DSGVO ergebe, da den Mitgliedstaaten die Festlegung der über die DSGVO hinausgehenden Sanktionen für Datenschutzverstöße gerade selbst obliege. Insofern stellten die DSGVO-Vorgaben lediglich einen Mindeststandard dar, der weitere nationale Gesetze zur Durchsetzung des Datenschutzes gerade nicht verbiete, sondern ausdrücklich erlaube.

Tipp

In der Rechtsprechung wird das Thema unterschiedlich beurteilt: Es existieren sowohl Urteile, nach denen ein Rückgriff auf das nationale Wettbewerbsrecht verwehrt ist[18], als auch Entscheidungen, die es ausdrücklich erlauben[19]. Die weitere Entwicklung dieser Streitfrage hängt daher davon ab, ob der BGH – als höchste zivilrechtliche Entscheidungsinstanz mit bindender Wirkung für nachgeordnete Gerichte – die Möglichkeit erhält, grds. über diese Frage zu entscheiden.

Reputationsverlust

Datenschutzverstöße können darüber hinaus einen erheblichen Reputationsverlust mit sich bringen und im Worst Case das Vertrauen in die Produkte und Leistungen des Verantwortlichen und/oder Auftragsverarbeiters nachhaltig beschädigen oder sogar zerstören.

Gerade wenn es sich um „sensible" Daten handelt, die z. B. persönliche oder gar intime Details preisgeben oder die anfällig für Missbrauch durch Dritte sind (z. B. Bankdaten), kann der Verlust und insbesondere die Offenlegung – etwa aufgrund eines Hacker-Angriffs – den Verantwortlichen und/oder Auftragsverarbeiter in der Wahrnehmung am Markt empfindlich treffen.

8.6 Datenschutzsanktionenrecht

Das Datenschutzsanktionenrecht hat mittlerweile an Bedeutung gewonnen. Die Datenschutzaufsichtsbehörden der EU-Mitgliedstaaten haben durchaus eine Vielzahl von Ermittlungsverfahren eingeleitet, welche mit Erlass von Bußgeldbescheiden abgeschlossen wurden. Die Bußgeldhöhen bewegen sich in Höhe von mehreren

[18] Vgl. LG Würzburg, Beschluss vom 13.09.2018, Az. 11 O 1741/18 UWG, sowie OLG Hamburg, Urteil vom 25.10.2018, Az. 3 U 66/17.

[19] Vgl. LG Bochum, Urteil vom 07.08.2018, Az. I-12 O 85/18, sowie LG Wiesbaden, Urteil vom 05.11.2018, Az. 5 O 214/18.

Millionen Euro, teils auch im oberen Bereich. Viele in der Praxis auftretende Rechtsfragen sind noch ungeklärt und teils noch nicht einmal identifiziert. Ein wesentlicher Grund hierfür ist, dass das Datenschutzsanktionenrecht nur z. T. durch das Unionsrecht geregelt wird. Den EU-Mitgliedstaaten wird z. B. die Durchsetzung von Geldbußen oder das Schaffen von Straftatbeständen überlassen. Durch das Aufeinandertreffen von unionsrechtlichen Vorgaben und nationalrechtlichen Regelungen sind Auslegungsfragen und Kompetenzkonflikte vorprogrammiert.[20]

Die DSGVO enthält weder allgemeine Regelungen zum Ordnungswidrigkeitenrecht noch Verhaltensregeln für das Bußgeldverfahren, für das Art. 83 Abs. 8 DSGVO lediglich angemessene Verfahrensgarantien im nationalen Recht vorschreibt. Aus diesem Grund verweist § 41 Abs. 1 BDSG v. a. für die materiellen Vorschriften des OWiG[21] auf die entsprechende Anwendung der allgemeinen Vorschriften des OWiG und § 41 Abs. 2 BDSG für das Bußgeldverfahren auf die entsprechende Anwendung der Vorschriften des OWiG, der Strafprozessordnung (StPO) und des Gerichtsverfassungsgesetz (GVG)[22]. Die Verweisungen gelten jeweils unter dem Vorbehalt, dass das BDSG nichts anderes bestimmt.

§ 41 BDSG – Anwendung der Vorschriften über das Bußgeld- und Strafverfahren

(1) Für Verstöße nach Artikel 83 Absatz 4 bis 6 [DSGVO] gelten, soweit dieses Gesetz nichts anderes bestimmt, die Vorschriften des Gesetzes über Ordnungswidrigkeiten sinngemäß. Die §§ 17, 35 und 36 [OWiG] finden keine Anwendung. § 68 des Gesetzes über Ordnungswidrigkeiten findet mit der Maßgabe Anwendung, dass das Landgericht entscheidet, wenn die festgesetzte Geldbuße den Betrag von einhunderttausend Euro übersteigt.

[20] Vgl. Klaas, Arne/Momsen, Carsten/Wybitul, Tim (Hrsg.): Datenschutzsanktionenrecht. Handbuch für die Unternehmens- und Anwaltspraxis, München: C.H Beck 2023.

[21] Das Ordnungswidrigkeitengesetz regelt Fragen zur Ahndung von Rechtsverstößen bei rechtswidrigen und vorwerfbaren Handlungen gegen Tatbestände, die von Gesetzen bei Ordnungswidrigkeiten festgestellt werden.

[22] Das GVG regelt u. a. die Zuständigkeiten der Gerichte in Strafsachen und in Zivilsachen.

(2) Für Verfahren wegen eines Verstoßes nach Artikel 83 Absatz 4 bis 6 [DSGVO] gelten, soweit dieses Gesetz nichts anderes bestimmt, die Vorschriften des Gesetzes über Ordnungswidrigkeiten und der allgemeinen Gesetze über das Strafverfahren, namentlich der Strafprozessordnung und des Gerichtsverfassungsgesetzes, entsprechend. Die §§ 56 bis 58, 87, 88, 99 und 100 [OWiG] finden keine Anwendung. § 69 Absatz 4 Satz 2 [OWiG] findet mit der Maßgabe Anwendung, dass die Staatsanwaltschaft das Verfahren nur mit Zustimmung der Aufsichtsbehörde, die den Bußgeldbescheid erlassen hat, einstellen kann.

§ 1 OWiG – Begriffsbestimmung

(1) Eine Ordnungswidrigkeit ist eine rechtswidrige und vorwerbare Handlung, die den Tatbestand eines Gesetzes verwirklicht, das die Ahnung mit einer Geldbuße zuläßt.

(2) Eine mit Geldbuße bedrohte Handlung ist eine rechtswidrige Handlung, die den Tatbestand eines Gesetzes im Sinne des Absatzes 1 verwirklicht, auch wenn sie nicht vorwerfbar begangen ist.

Ordnungswidrigkeiten sind folglich Delikte, deren Sanktionen der Gesetzgeber zuerst der Verwaltung aufträgt. Als Delikt wird ein missbilligtes Verhalten bezeichnet, welches der Gesetzgeber mit einem Übel bedroht.[23]

Für das Bußgeldverfahren gelten jeweils über die Verweisungsnorm in § 41 Abs. 2 Satz 1 BDSG gem. § 46 Abs. 1 OWiG, § 160 Abs. 1 StPO der Amtsermittlungsgrundsatz und nach § 47 Abs. 1 OWiG das Opportunitätsprinzip.

§ 46 Abs. 1 OWiG gibt für das OWiVerfahrensrecht als Prinzip, dass das OWiG Spezialreglungen trifft und im Übrigen die allgemeinen Gesetze über das Strafverfahren gelten, allerdings nur sinngemäß. Zu prüfen ist das OWiVerfahrensrecht in fünf Schritten:[24]

---

[23] Krenberger, Benjamin/Krumm, Carsten: OWiG – Ordnungswidrigkeitenrecht, München: C.H. Beck 7. Aufl. 2022, § 1 Rn. 1.

[24] Krenberger/Krumm: OWiG, § 46, Rn. 3.

1. eigene Regelungen des OWiG,
2. spezielle Verweisungen des OWiG,
3. einschlägige Regelungen des allgemeinen Rechts,
4. Ausnahmen in Abs. 3–6,
5. sinngemäße Anpassung des allgemeinen Rechts an den Kontext des OWiG.

Es ist umstritten, ob der Gesetzgeber durch die angeordnete „sinngemäße" Anwendung des OWiG in § 41 Abs. 1 BDSG einen Vorrang der DSGVO zum Ausdruck bringen wollte, aufgrund dessen die Verweisung auf das OWiG nur insoweit gelte, wie die DSGVO Lücken enthalte, oder ob es sich lediglich um eine „Analogieverweisung" handelt, nach welcher die Vorschriften des OWiG, die sonst nur für Ordnungswidrigkeiten nach Bundes- und Landesebene gelten, bei Verstößen gegen Unionsrecht eben nur entsprechend angewendet werden können.[25]

[25] Vgl. Thiel, Barbara in: Klaas/Momsen/Wybitul (Hrsg.): Datenschutzsanktionenrecht, München: C.H. Beck 2023, § 4 Rn. 2.

Gesetzesgrundlagen und Adressen

Gesetzesgrundlagen

Folgende Gesetze bzw. Verordnungen, die Organisationen beim Datenschutz beachten müssen, stehen als PDF-Dateien im Volltext zur Verfügung und können in einer ZIP-Datei heruntergeladen werden unter: https://www.publication.forum-verlag.com/downloads/3598/gesetze2024.zip:

- Bundesdatenschutzgesetz (BDSG [aktuelle Fassung] und alte, bis zum 24.05.2018 gültige Fassung)
- Datenschutz-Grundverordnung (DSGVO)
- Gesetz über das Bundesamt für Sicherheit in der Informationstechnik (BSI-Gesetz – BSIG)
- BSI-Kritisverordnung (BSI-KritisV)
- IT-Sicherheitsgesetz (IT-SiG)
- Kunsturhebergesetz (KUG)
- Telekommunikationsgesetz (TKG)
- Telemediengesetz (TMG)
- Gesetz über den Datenschutz und den Schutz der Privatsphäre in der Telekommunikation und bei Telemedien (Telekommunikation-Telemedien-Datenschutz-Gesetz – TTDSG)
- Gesetz über Unterlassungsklagen bei Verbraucherrechts- und anderen Verstößen (Unterlassungsklagengesetz – UKlaG)
- Gesetz gegen den unlauteren Wettbewerb (UWG)

Adressen der Aufsichtsbehörden

In der oben genannten ZIP-Datei finden sich auch die Adressen für die

- Aufsichtsbehörden für den nicht-öffentlichen Bereich
- Aufsichtsbehörden für den öffentlichen Bereich
- Aufsichtsbehörden für die Kirchen

Abkürzungsverzeichnis

A

AEUV	Vertrag über die Arbeitsweise der Europäischen Union
a. F.	alte Fassung
Alt.	Alternative
ArbG	Arbeitsgericht
Art(t).	Artikel (Artt. ist die Pluralform)
AVV	Vereinbarung zur Auftragsverarbeitung
Az.	Aktenzeichen

B

BAG	Bundesarbeitsgericht
BayLDA	Bayerisches Landesamt für Datenschutzaufsicht
BDSG	Bundesdatenschutzgesetz
BetrVG	Betriebsverfassungsgesetz
BfDI	Bundesbeauftragte/-r für den Datenschutz und die Informationsfreiheit
BGB	Bürgerliches Gesetzbuch
BGH	Bundesgerichtshof
BSI	Bundesamt für Sicherheit in der Informationstechnik
BSIG	BSI-Gesetz
BSI-KritisV	Verordnung zur Bestimmung Kritischer Infrastrukturen nach dem BSI-Gesetz (BSI-Kritisverordnung)

D

DSB	Datenschutzbeauftragte/-r
DSFA	Datenschutz-Folgenabschätzung
DSG-EKD	Kirchengesetz über den Datenschutz der Evangelischen Kirche in Deutschland
DSGVO	EU-Datenschutzgrundverordnung
DSK	Konferenz der unabhängigen Datenschutzbehörden des Bundes und der Länder

E

EDSA	Europäischer Datenschutzausschuss
EMRK	Europäische Menschenrechtskonvention
ErwG	Erwägungsgrund
EuGH	Europäischer Gerichtshof
EWR	Europäischer Wirtschaftsraum

G

gem.	gemäß

GG	Grundgesetz
GRCh	Grundrechtecharta
grds.	grundsätzlich
I	
i. H. v.	in Höhe von
i. S. d.	im Sinne der/des
i. V. m.	in Verbindung mit
K	
KDG	Gesetz über den kirchlichen Datenschutz
KI	künstliche Intelligenz
KRITIS	Schutz Kritischer Infrastrukturen
KUG	Kunsturhebergesetz (wird auch mit KunstUrhG abgekürzt)
L	
lit.	littera (nach Buchstaben gegliederte Aufzählungen in Rechtsnormen)
N	
NZA	Neue Zeitschrift für Arbeitsrecht
O	
OWiG	Gesetz über Ordnungswidrigkeiten
P	
PDCA-Zyklus	Plan-Do-Check-Act-Zyklus
R	
Rn.	Randnummer
Rs.	Rechtssache
Rz.	Randziffer
S	
SDM	Standard-Datenschutzmodell
T	
TKG	Telekommunikationsgesetz
TMG	Telemediengesetz
TOM	technische und organisatorische Maßnahme
TTDSG	Telekommunikation-Telemedien-Datenschutz-Gesetz
U	
UKlaG	Gesetz über Unterlassungsklagen bei Verbraucherrechts- und anderen Verstößen
UWG	Gesetz gegen den unlauteren Wettbewerb
Z	
Ziff.	Ziffer

Stichwortverzeichnis